Philosophie de la signification

Tome I

En couverture :
Walker Evans (Américain, 1903-1975)
Roadside Store Between Tuscaloosa and Greensboro, Alabama
1936
Photographie argentique sur gélatine
19.4 x 24.4 cm
Getty Museum Collection
Digital image courtesy of Getty's Open Content Program
Domaine Public

Philosophie de la signification

Tome I

C'est proprement avoir les yeux fermés, sans tâcher jamais de les ouvrir, que de vivre sans philosopher.

René Descartes, *Principes de la philosophie*, lettre-préface, 1644

La vie sans musique n'est qu'une erreur, une besogne éreintante, un exil.

Friedrich Nietzsche, *Lettre à Peter Gast*, 15 janvier 1888

INTRODUCTION

LA PHILOSOPHIE EST UN ANTI-RELATIVISME — La question de la vérité a constitué, depuis les origines de la pensée humaine jusqu'à la crise actuelle de la rationalité, le problème central de la philosophie et son idée régulatrice. Dès l'Antiquité grecque, la philosophie s'est édifiée sur la présupposition fondamentale selon laquelle l'esprit humain était non seulement apte à élargir progressivement sa connaissance des phénomènes naturels, mais également capable d'approfondir la compréhension des principes qui rendaient cette connaissance possible. Les objections sceptiques et relativistes, bien qu'elles servissent fréquemment d'aiguillon à l'exercice de la pensée philosophique — du « *je sais que je ne sais rien* » de Socrate au doute cartésien — n'étaient alors pas érigées en paradigmes. En dépit de controverses parfois vives, l'histoire de la pensée, offrit *grosso modo*, jusqu'au siècle des Lumières, l'image générale d'une progression des idées vers davantage de précision et de clarté. S'il est vrai que la contestation, parfois radicale, des pouvoirs et des prétentions de la raison anima nombre de disputes philosophiques, cette contestation parut, jusqu'au tournant du XIXème siècle, minoritaire, pour ne pas dire anecdotique. Le XIXème siècle, qui fut le siècle de bien des contradictions, commençant avec Chateaubriand pour s'achever à l'aube du déchaînement brutal de la Grande Guerre, fut aussi le siècle qui, dans le sillon des succès théoriques de la fin du XVIIIème siècle, rendit visible les succès pratiques de la science. La seconde révolution industrielle, en consacrant la nouvelle civilisation du rail, du fer, puis de l'acier, modifia profondément et durablement les sociétés occidentales, créant de nouveaux modes de vie et bousculant les rapports de force. Porté par les idées pragmatiques des sciences modernes, l'esprit de progrès souffla avec une telle intensité qu'il finit par ébranler le cadre théorique dont il était pourtant le produit : la vieille philosophie fut rangée dans les archives de l'histoire aux côtés de la théologie et de la métaphysique, de sorte que les philosophes finirent par affirmer, comme pour se dédouaner d'une charge qui avait fini par peser trop lourd sur leurs épaules : « nous autres n'avons plus rien à faire avec l'idée de *vérité* ». Et comment, en effet, dans cette atmosphère de la fin du XIXème siècle saturée des vapeurs de l'industrie et du progrès pouvait-on survivre en tant que philosophe ? Fallait-il être assez naïf pour croire que l'on pouvait encore prétendre chercher le Beau, le Bien, le Vrai ? Le philosophe désabusé ne devait-il pas montrer qu'il prenait acte des avancées des sciences et qu'il renonçait sur le champ à toutes ses anciennes chimères ?

À partir du milieu du XIXème siècle et jusque dans les années 1930, une large part de la philosophie se trouva engagée dans un mouvement d'alignement sur le modèle épistémique de la science. Tour à tour, le scientisme, le positivisme, le matérialisme historique, le matérialisme radical, le physicalisme, le structuralisme et le réductionnisme constituèrent des tentatives de conformer la réflexion philosophique aux impératifs méthodologiques et aux modes de validation propres aux sciences. Dès lors, le philosophe se voyait délégitimé dans sa prétention à dévoiler le mécanisme profond des choses et à en saisir les causes ultimes : sa tâche se voyait réduite à l'analyse des structures, des régularités et des conditions formelles du savoir, dans une perspective où la quête d'un principe fondateur s'effaçait au profit de l'explication immanente des phénomènes. Tout au plus lui restait-il, à l'image du savant, la possibilité de dégager quelques îlots de vérité — ces vérités secondes que l'on nomme prudemment des « résultats ». Mais la question première, celle qui conditionne toute entreprise philosophique, à savoir la possibilité même de comprendre et d'exprimer le monde, s'était elle-même dissoute, comme frappée d'obsolescence. La disparition de l'horizon de la vérité transforma, de fait, profondément le philosophe. Que pouvait-il bien attendre d'un monde débarrassé du couperet de l'évidence ? Coincé entre le scientifique, l'idéologue et le niais, et sommé de choisir entre la chronique de la déconstruction et la transmutation idéologique, le philosophe fit l'expérience de l'inexorable amaigrissement de son domaine, de sorte qu'il se trouva bientôt confronté à une question terrible pour tout homme qui aspire à la recherche du vrai : la philosophie est-elle morte ?

Si la question de la mort de la philosophie fut corrélative de l'inexorable progression de l'esprit pragmatique qui animait la science moderne, elle fut aussi contemporaine d'un débat interne à la philosophie qui fut en grande partie provoqué par la réception de l'œuvre de Nietzsche en Europe à la fin du XIXème et au début du XXème siècle. En faisant le procès de la vieille idée de vérité[1], la philosophie de Nietzsche constituait en effet le point de départ d'une

---

[1] Notion que Nietzsche met d'ailleurs souvent entre guillemets dans son œuvre, voir à ce sujet Éric Blondel, *Les guillemets de Nietzsche : philologie et généalogie* in *Nietzsche aujourd'hui ?*

nouvelle branche de la philosophie continentale européenne qui, se tournant majoritairement contre l'esprit des Lumières et la philosophie de Kant, finirait par annexer le problème de la vérité à la question des valeurs (la vérité devenant une « valeur comme une autre[2] »). Alors que Nietzsche avait été l'artisan du dynamitage des racines théologiques de la philosophie, il devint paradoxalement l'inspirateur d'une nouvelle théologie sans racines qui anima une grande partie de la philosophie occidentale du XXème siècle. La destruction de la tradition rationaliste, la remise en cause radicale de l'idée de vérité furent prises pour ainsi dire « au pied de la lettre » par nombre de successeurs de Nietzsche qui pensèrent l'histoire écrite. La prophétie anti-idéaliste de Nietzsche eut en somme valeur de décret : le fil de la tradition philosophique était rompu, il s'agissait d'en prendre acte, mais Nietzsche avait-il eu seulement raison d'annoncer la destruction de l'ancienne philosophie de la connaissance ?

En réalité, la question de la vérité ne fut réglée ni par Nietzsche, ni par ses héritiers, d'abord parce qu'un règlement négatif de la question ne pouvait se faire qu'au prix d'un retournement logique que Nietzsche refusa toujours de considérer — l'affirmation selon laquelle il n'existe pas de vérité, si elle prétend être valide se contredisant elle-même dans la mesure où elle crée une vérité particulière tout en niant la possibilité générale de la vérité[3] — ensuite parce que Nietzsche se

---

[2] Voir notamment à ce sujet Geoffroy de Clisson, *Les Anti-humanistes ou l'avènement des Contre-Lumières*.
[3] Que faire en effet de l'affirmation de Nietzsche selon laquelle « il n'y pas de vérité » : soit elle est vrai et elle se

garda bien d'affronter la philosophie rationnelle avec les arguments du rationalisme, préférant souvent la polysémie accommodante de l'aphorisme à la rigueur de la démonstration logique[4]. C'est pourquoi nous, qui sommes les successeurs de Nietzsche, n'en sommes-nous pas pour autant les dépositaires (nous ne sommes liés par aucun héritage). Il nous appartient donc à notre tour de nous poser les questions qui traversent son œuvre et de ne pas les considérer comme irrévocablement réglées avant d'en avoir reparcouru les difficultés et réévalué les promesses. Qu'est-ce qu'une chose ? Qu'est-ce que l'être ? Que puis-je dire du monde ? Le philosophe est à l'image de l'enfant, qui ne se satisfait jamais totalement d'une réponse provisoire. En répétant inlassablement « pourquoi ? », il cherche à s'approcher au plus près des choses, à en comprendre les rouages et les liaisons. Mais comment précisément saisir et dire quelque chose du monde ? Comment trouver cette *harmonie* entre le discours sur les choses et les choses elles-mêmes ? De la survie de cette question dépend sans doute la survie de la philosophie et probablement aussi celle de la science elle-même.

Les sciences modernes, en adoptant très majoritairement le point de vue matérialiste en tant que méthode puis en tant que doctrine, avaient cru s'être débarrassé des questions épistémologiques. Ce fut pourtant l'émergence d'un nouveau paradigme

---

contredit, puisqu'il existe au moins une affirmation vraie (celle qui affirme qu'il n'y a pas de vérité) soit elle est fausse et la vérité existe.

[4] « Ce qui a besoin d'être démontré pour être cru ne vaut pas grand-chose » écrit par exemple Nietzsche dans le *Crépuscule des idoles*.

antimatérialiste qui acheva de détacher la science des questions fondamentales auxquelles elle s'était traditionnellement donnée pour tâche de répondre. C'est au mois d'octobre 1927, autour du fameux congrès annuel de Solvay qui réunit vingt-neuf personnalités scientifiques — dont dix-sept étaient ou allaient devenir Prix Nobel de physique — que se joua le tournant idéologique majeur du XXème siècle en matière d'épistémologie des sciences. Les représentants de l'école de Copenhague (Niels Bohr et Werner Heisenberg notamment), partisans d'une mécanique quantique probabiliste en rupture profonde avec les principes de la physique classique s'opposèrent alors aux partisans de la théorie déterministe à laquelle Albert Einstein, Erwin Schrödinger, Louis de Broglie et Paul Dirac notamment continuaient d'adhérer. S'en suivit une longue controverse entre Niels Bohr et Albert Einstein qui, en dépit des succès théoriques qui donnèrent raison à Bohr sur le caractère non local de la mécanique quantique, n'est pas encore aujourd'hui définitivement tranchée. Le principe de complémentarité que Niels Bohr exposa publiquement pour la première fois au congrès international de physique qui se tint à Côme le 16 septembre 1927 — soit quelques semaines à peine avant le congrès de Solvay — fut à l'origine d'une séparation de la physique moderne en deux branches constituées d'un côté par ceux qui, avec Einstein, continuaient de croire à la possibilité d'appliquer à la théorie quantique les principes épistémologiques de la physique classique au premier rang desquels figurait le déterminisme, et de l'autre de ceux qui, dans le sillage de Bohr considérèrent que les impasses théoriques de la mécanique quantique ne pouvaient être surmontées dans le cadre épistémologique de la physique classique. Chez Nils Bohr, le principe de complémentarité fit l'objet, dans les années 1920 et 1930 notamment, de nombreux développements, approfondissements et extensions, tant du point de vue de la compréhension des sciences que dans la perspective de la philosophie de la connaissance que Bohr tenta d'esquisser à partir de son idée initiale[5]. C'est, à l'origine, pour tenter d'apporter une réponse aux contradictions apparemment indépassables suscitées par les premiers développements de la théorie des quanta que Nils Bohr évoqua l'idée de complémentarité. Le caractère apparemment dual de la matière, à la fois onde et particule et le problème de l'indétermination selon lequel il est impossible de connaître simultanément la position et la quantité de mouvement d'une même particule — que Heisenberg théorisera sous le nom de « principe d'incertitude » — plongeait alors les physiciens dans des interrogations épistémologiques qui semblaient inextricables. Plutôt que de céder à l'idée, défendue notamment par Einstein, selon laquelle la mécanique quantique n'offrait pas une description complète de la réalité, Nils Bohr soutint qu'il devait exister plusieurs descriptions nécessaires d'un même phénomène, que des couples de descriptions mutuellement exclusives pouvaient être appliquées simultanément, sans qu'aucune des descriptions isolées ne puisse suffire à donner une description exhaustive du phénomène en question (une description exhaustive au sens classique étant, par conséquent, impossible). L'idée de complémentarité

---

[5] Voir à ce sujet Bernadette Bensaude-Vincent, *L'évolution du principe de complémentarité dans les textes de Bohr (1927-1939)*, in *Revue d'histoire des sciences*, année 1985, pp. 231-250.

répondait à cette triple constatation : la description quantique d'un phénomène, bien qu'étant contradictoire avec la description classique, lui était en fait « irréductiblement » complémentaire. La description quantique du phénomène n'entrait dès lors plus en contradiction frontale avec la physique classique, le changement d'échelle justifiant en quelque sorte le changement de paradigme. Dans l'approche de Bohr, il ne faut cependant pas négliger la portée du problème de l'indétermination, lui-même intimement lié au problème plus fondamental de la mesure. Alors que, dans le cadre de la physique classique, la question de la mesure restait secondaire, elle devenait, à l'échelle atomique, d'une importance déterminante. La mesure de tout phénomène n'étant envisageable que sur le mode de l'interaction avec ledit phénomène, il fallait bien s'attendre au rôle graduellement perturbateur que l'observateur allait devoir jouer à mesure qu'il se rapprochait de l'échelle atomique. Si, au niveau de la physique classique, l'expérimentateur avait toujours affaire à la mesure d'un système organisé, à l'échelle de la mécanique quantique, le physicien était confronté à l'individualité[6] des phénomènes atomiques, individualité fatalement perturbée par la dualité introduite par l'idée même de mesure. Il fallait donc bien renoncer au point de vue de Sirius que le physicien classique pensait pouvoir avoir sur les choses et intégrer l'observateur (l'instrument de mesure) au sein même de la théorie des quanta. En somme, se reposait, à l'échelle de l'observation atomique, le vieux problème philosophique de la séparation entre le sujet et l'objet, et la

---

[6] Notion que Bohr met lui-même en avant dans l'explication de son principe de complémentarité.

question de leur délimitation respective dans la définition et la description des phénomènes. Au niveau atomique cependant, la séparation n'était plus un problème de théoricien, mais remettait en cause l'idée même d'expérience et d'expérimentation. La solution apportée par Bohr consista à faire cohabiter deux descriptions irréconciliables de la réalité dans une approche à la fois modulaire et pragmatique des phénomènes physiques : au niveau des systèmes organisés de particules, les principes épistémologiques classiques continuaient de s'appliquer tandis que la description des phénomènes quantiques pouvait réclamer à bon droit — au nom de la complémentarité — de s'affranchir des principes spatio-temporels et de la causalité qui dominaient la physique classique (causalité que l'observateur ne pouvait plus constater lui-même, sa position de perturbateur le condamnant à se faire le décodeur-interprète de ses propres expériences[7]).

Si Bohr continua pendant la majeure partie de son existence de réfléchir à l'articulation entre l'épistémologie classique et la physique quantique, c'est pourtant majoritairement la dimension pragmatique de son approche qui fut retenue par les disciples de l'école de Copenhague. A la suite des remarques de Bohr, les scientifiques finirent généralement par se détourner des questions épistémologiques pour se consacrer au développement de modèles théoriques descriptifs dont l'ambition n'était plus d'expliquer le réel dans les termes

---

[7] Plus le physicien se rapproche de l'échelle quantique, plus les résultats se déduisent à défaut de se constater. Cette approche déductiviste et interprétative devient inévitable à l'échelle des particules.

de la physique classique⁸. A partir des années 1940, la mécanique quantique fut de plus en plus envisagée comme un formalisme théorique et de moins en moins comme une tentative d'explication rationnelle des phénomènes. « Si vous croyez comprendre la mécanique quantique, c'est que vous ne la comprenez pas », se plaisait à répéter le physicien Richard Feynman, Prix Nobel de physique en 1965, lors de ses cours universitaires : les théories modernes de la physique quantique n'avaient pas pour objectif d'expliquer le monde, mais seulement de le faire fonctionner. Les difficultés majeures suscitées par les contradictions, demeurées irrésolues, entre la théorie de la relativité générale développée par Einstein — valide au niveau des grands ensembles, mais inopérante à l'échelle atomique et subatomique — témoignent encore des failles épistémologiques qui se creusèrent dans les années 1920 sans jamais véritablement se refermer. La science moderne, sans doute emportée par le flux de son développement pratico-théorique négligea de plus en plus l'étude de ses fondements épistémologiques : le

---

⁸ En cela ils trahirent probablement l'ambition de Nils Bohr, qui écrivait en 1949 : « Peu importe à quel point les phénomènes quantiques transcendent les explications de la physique classique, il n'en demeure pas moins que les descriptions que l'on en fera devront être données en termes classiques. L'argument est, simplement, que par « expérience » nous entendons une situation dans laquelle nous pouvons décrire aux autres ce que nous avons fait et appris ; par conséquent, la description des dispositifs expérimentaux et les résultats des observations doivent être exprimés dans un langage sans ambiguïté, applicable dans la terminologie de la physique classique. » in *Discussions with Einstein on Epistemological Problems in Atomic Physics*

matérialisme lui-même avait fini dans les impasses épistémologiques de l'indéterminisme quantique.

Si bon nombre de physiciens se gardèrent bien de prendre position quant à la question de la cohérence générale de la mécanique quantique et de sa complétude — la majorité penchant plutôt cependant pour l'hypothèse de la complétude — cela ne fut pas tout à fait le cas des biologistes et des neuro-scientifiques qui restèrent, eux, majoritairement acquis aux idées classiques du matérialisme (idées qui demeuraient par ailleurs valides à leur échelle). Là aussi, cependant, le problème de la complémentarité devait se poser, quoiqu'en des termes bien différents. Déjà, dans les années 1930, Nils Bohr, réactivant les positions prises par son père Christian Bohr, professeur de physiologie à l'université de Copenhague, voyait dans le débat entre mécanisme et le finalisme[9] une extension possible de son principe de complémentarité. Selon Bohr, le mécanisme et le finalisme, théories scientifiques fécondes quoique mutuellement exclusives,

---

[9] En biologie, le mécanisme et le finalisme sont deux cadres explicatifs opposés. Le mécanisme considère que les phénomènes biologiques résultent uniquement de causes matérielles et efficientes, sans intention ni but. Il s'inscrit dans une approche physico-chimique où les organismes sont analysés comme des systèmes régis par des interactions causales aveugles (ex. : la sélection naturelle explique l'évolution sans intention sous-jacente). Le finalisme, en revanche, postule que les structures et fonctions biologiques tendent vers une finalité intrinsèque, comme si elles étaient orientées vers un but (ex. : l'œil semble conçu pour voir). En biologie moderne, le finalisme est généralement rejeté en tant qu'explication causale, mais certains concepts, comme la téléonomie, permettent de parler de finalité apparente sans recourir à un principe intentionnel.

pouvaient être considérées comme complémentaires. En biologie, comme en psychologie, Bohr insistait sur les limites de l'approche purement mécaniste qui, tentant de réduire les processus psychiques ou physiques à l'individualité de particules isolées, en oubliait l'individualité et l'intégrité de l'organisme entier. Lors d'une interview qu'il accorda le 17 novembre 1962[10], peu de temps avant sa mort, Bohr révéla que l'application du principe de complémentarité à la psychologie lui avait été inspirée par la lecture, vers 1905 des *Principes de psychologie* du pragmatique William James, dans lequel ce dernier montrait qu'il est impossible de décomposer la conscience en éléments[11]. Dans le débat contemporain interne aux neurosciences, ce problème de la complémentarité — ou en tout cas de la juxtaposition de deux positions fécondes qui paraissent mutuellement irréconciliables — se posa de nouveau à travers les interrogations liées à l'émergence de la conscience : comment en somme, un amas de matière peut-il penser, sentir, parler... et prétendre dire quelque chose du monde ? Ce problème de l'émergence, nous assurent les neuroscientifiques, sera bientôt résolu, de sorte que le matérialisme pourra trouver dans les développements des sciences de la vie

---

[10] Le 17 novembre 1962, peu avant sa mort, Niels Bohr a accordé une interview à Thomas S. Kuhn, Leon Rosenfeld, Aage Petersen et Erik Rudinger. Cette discussion faisait partie d'une série d'entretiens menés entre le 31 octobre et le 17 novembre 1962, dans le cadre des *Archives for the History of Quantum Physics*. Ces entretiens ont eu lieu dans le bureau de Bohr à Carlsberg, Copenhague, Danemark

[11] *Principles of Psychology*, « The stram of thougts », William James, 1896, cité par Bernadette Bensaude-Vincent, *L'évolution du principe de complémentarité dans les textes de Bohr (1927-1939)*, in *Revue d'histoire des sciences*, année 1985, p. 248

son ultime justification. Pouvons-nous seulement en être certains ? Les neuroscientifiques, en nous promettant une résolution proche d'un problème vieux de plusieurs millénaires,[12] ne croiraient-ils pas eux aussi — comme naguère les philosophes — à la possibilité de sauter par-dessus leur ombre ? Ne retrouveront-ils pas, au bout du chemin, les grandes questions qui animent la philosophie depuis les origines de la pensée ? Et qu'arrivera-t-il lorsque, après tant d'errances et de tâtonnements, ils penseront avoir trouvé cette « vérité » ultime et fondatrice dont ils avaient commencé par nier la possibilité[13] ?

La question de la vérité, n'est, pour l'homme, ni une question technique, ni une annexe de la philosophie. Elle dépasse d'ailleurs très largement l'enjeu de l'avenir de la philosophie : à travers, elle se détermine notre mode de relation au monde, la façon dont nous le comprenons, la manière dont nous y agissons. Elle est, pour tout homme qui s'interroge sur les choses, une boussole, un fil d'Ariane qu'il s'efforce de sentir et de suivre à travers les sinuosités spécieuses des idéologies, du relativisme intégral, de l'antirationalisme, de l'antiscience. Tout au long du XXème siècle, siècle des guerres modernes, de la violence générale et du soupçon, s'installa peu à peu l'idée que la boussole était perdue, que le fil était rompu. Il fallut admettre que « tous les points de vue se valent », et que la vérité était une chimère. « *Laissons-donc cela !* » déclarait Jean-Luc Nancy dans une conférence qu'il prononçait à la faculté

---

[12] Voir notamment Stanislas Dehaene, *Le code de la conscience*.
[13] L'idée de matérialisme (système moniste) niant par définition l'idée d'une vérité absolue, comme nous le détaillerons plus loin.

de Zurich en 1980[14]. Ne nous embarrassons plus, en effet, d'une question qui appartient au passé, et creusons le sillon envoûtant de l'irrationalisme, tel fut le *credo* du XXème siècle. On pensait alors que la désaffection de la question de la vérité était le résultat d'un processus évolutif long et irréversible, que toute l'histoire de la philosophie tendait vers cette conclusion. Rien n'est cependant moins exact. La défiance envers l'idée de vérité n'est pas le résultat d'une progression linéaire de l'histoire des idées. Le doute, le combat, l'affrontement ont toujours existé et marqué les clivages de l'histoire de la pensée. Platon contre les Sophistes, les Humanistes contre la scolastique, les Lumières contre les Anti-Lumières... Les idées ont toujours suscité, à travers l'histoire, leur contradiction. Dans le domaine de la pensée, comme ailleurs, il faut se méfier du mythe du progrès linéaire.

---

[14] Jean-Luc Nancy, *Notre Probité* in *L'Impératif catégorique*, conférence présentée en janvier 1980, à la *Philosophische Fakultät* de Zurich : « Nous savons qu'il est facile de chercher à « coincer » Nietzsche, qui ne parlerait qu'au nom d'une vérité adéquation de plus, ou plutôt de la toujours identique vérité adéquation.
Nous savons aussi, Heidegger l'a montré, que celui qui pense dire ainsi la vérité sur Nietzsche — pour le dénoncer — prétend lui-même à la vérité de son discours sur Nietzsche. Or s'il veut prendre Nietzsche en défaut au nom de la proposition que la vérité est illusion, il tombe à son tour sous le coup de l'accusation, etc. Laissons donc cela. »

NOTE PRELIMINAIRE

Je m'attache à montrer dans ce livre que la question de la vérité n'a pas été définitivement tranchée par l'avènement des sciences modernes et de la méthodologie matérialiste — dont le darwinisme fut l'une des manifestations et l'un des éclatants succès — qu'elle ne peut l'avoir été et qu'elle demeure entière et centrale. Il me semble cependant que la proposition qui consiste à remettre en jeu la question de la vérité ne peut être recevable qu'à certaines conditions. Je crois d'abord que tout philosophe qui prétend faire un travail sérieux sur la question de la vérité et des fondements de la connaissance doit certes bien connaître l'histoire de la philosophie, mais aussi et peut-être surtout s'être intéressé de près aux grandes révolutions scientifiques de l'ère moderne, et tout particulièrement à celles qui ont bouleversé le XXème siècle : la théorie de la relativité et la mécanique quantique (ce qui n'exclut pas les découvertes et théories plus récentes qui souvent s'y rattachent ou en dérivent). Je n'ai bien sûr pas la prétention d'avoir fait le tour de ces questions (qui le pourrait ?), au moins ai-je le sentiment d'en avoir saisi les principaux fondements méthodologiques et épistémologiques. Aussi ai-je tenté d'y apporter des réponses, ou au moins, une contradiction. Ensuite, il m'a semblé qu'une forme « nouvelle » devait être recherchée. J'ai ainsi souhaité privilégier l'exposition « schématique » et « visuelle » de mes idées à un travail qui aurait mis davantage l'accent sur les enchaînements argumentatifs logiques (ces enchaînements demeurant bien néanmoins dans le présent travail). J'ai privilégié de courts paragraphes et des aphorismes quand cela m'a semblé adapté et tenté de mettre ma pensée en images lorsque cela m'a paru pertinent. Cette forme m'est apparue en accord avec le fond de l'idée que je veux ici défendre : la vérité se conçoit toujours sous le mode de l'*harmonie*, de l'accord, de la correspondance, du parallélisme, la méthode déductive logique n'étant qu'un moyen de la « faire voir ». La vérité, comme je tenterai de le montrer, ne se saisit pas uniquement par la sécheresse de l'argumentation rationnelle, mais se manifeste par plusieurs modes de relation à l'objet (visuel, auditif, imaginatif, sentimental…). Il me semble d'ailleurs qu'une conception trop mécaniste de la raison a été, à travers l'histoire de la philosophie, à l'origine de bien des malentendus. La forme que je propose ici plaide également, disons aussi par effet de parallélisme, pour un élargissement du rationalisme. Je n'entends donc pas toujours emporter l'adhésion par une argumentation qui chercherait à persuader, mais plutôt à exposer, montrer, faire sentir quand cela est possible, sans pour autant céder aux facilités du didactisme. Enfin, il m'a semblé que les critiques du matérialisme, y compris du matérialisme le plus récent (je pense notamment au physicalisme) qui radicalise les positions du matérialisme classique à l'égard de l'idée de vérité, devaient être prises au sérieux. C'est la raison pour laquelle le début de ce livre a été conçu comme une réponse aux matérialistes et notamment aux physicalistes et aux néo-darwinistes. Les deux critiques fondamentales que le matérialisme sceptique adresse à la philosophie classique sont à mon sens les suivantes : premièrement, rien ne nous indique qu'il existe autre chose que de la matière, des forces, des particules qui organisent et structurent le réel. L'idée d'individualité doit donc être repensée à la lumière du fait que l'individu n'est qu'une unité organisationnelle constituée de matière. Par conséquent, ce que nous nommons volonté, liberté, idée, vérité, ne sont à leur tour que des manifestations particulières d'une organisation de la matière, cette organisation étant le résultat d'un processus évolutif long gouverné par le hasard. Ainsi donc, là où nous pensons voir des « vérités », il n'y aurait en réalité que des processus chimiques et mentaux qui par un jeu d'échange de matière nous donneraient l'illusion d'un accord absolu quand il n'existerait en fait que des réactions en chaîne qui ne signifient rien en et par elles-mêmes (argument de la circularité). Le corolaire de cet argument est l'idée que, deuxièmement, l'homme ne pourrait prétendre à un dépassement de la matière dont il est constitué (argument de la finitude), dans la mesure où, comme tout organisme animé ou inanimé, il s'y réduirait totalement et ne pourrait s'en extraire pour adopter une position de surplomb. Lui-même étalon de ce qu'il prétend mesurer, il est, en effet, comme l'avait déjà affirmé Protagoras il y a plus de deux millénaires : « la mesure de toute chose ». Ces critiques, si elles ne sont pas tout à fait récentes sur le fond, ont l'avantage de la radicalité (qui apporte parfois une forme de clarté). Il m'a ainsi paru essentiel de les considérer dans leur profondeur et dans l'étendue de leurs implications. Dans un univers dont rien ne nous indique qu'il ne soit pas uniquement constitué de matière finie, comment prétendre nous arracher à la circularité de nos raisonnements, de nos volitions, de nos sentiments ? Comment même attacher un sens à l'idée de vérité et à toutes les autres idées produites par notre raison ? Si l'homme est la mesure de toute chose, alors sans doute faudra-t-il, pour tenter de répondre à ces questions, retourner à cette unité de matière organisée que l'on appelle l'homme. Dans cette tentative de retour à l'homme, nous évoquerons ce qui, depuis les origines de l'humanité, est peut-être l'une des clés de la compréhension de l'homme, en même temps qu'une question fondamentale adressée à la philosophie et à la science : la musique. Bien qu'il puisse paraître surprenant de lier le sort de la vérité à celui de la musique, c'est d'abord par la musique que m'est revenue à l'esprit la question de la vérité. A première vue, la musique ne semble pas être le chemin le plus évident vers la question de la vérité : elle est non figurative, ne désigne ni ne signifie rien, ne correspond à rien et semble intimement lié à la subjectivité, au sentiment et à l'imagination. Rien donc ici qui me disposerait à poser de manière nouvelle la question de la vérité, ce d'autant plus qu'il ne s'agissait pas pour moi de recycler la vieille idée nietzschéenne de vérité esthétique, délivrée du concept d'adéquation. Pourtant l'étude de la musique, de ces mécanismes, sans se réduire à l'étude des lois physiques qui conduisent l'univers, s'y apparente par bien des aspects. Si elle ne possède pas le pouvoir explicatif de la loi physique, la musique expose une réalité logique brute, celle de l'essence numérale du monde, en même temps qu'elle nous renvoie, sans totalement s'y réduire, à notre propre subjectivé, à ce qui fait que nous réagissons, que nous pensons, que nous sentons, bref, que nous sommes des hommes.

Livre I

Qu'est-ce que la connaissance ?

POURQUOI LE MATERIALISME EST UNE IMPASSE LOGIQUE

> Je vous prie de ne pas oublier que le matérialisme est lui aussi une hypothèse métaphysique, une hypothèse qui s'est certes montrée très féconde dans le domaine des sciences de la nature, mais qui n'en demeure pas moins une hypothèse. Or, si l'on oublie que telle est sa nature, il devient un dogme qui, au même titre que d'autres dogmes, peut faire obstacle au progrès des sciences et mener à une passion intolérante.
>
> Herman Helmholtz, *La pensée dans la médecine*, 1877

LES IMPASSES LOGIQUES DU PHYSICALISME REDUCTIONNISTE ET DU NEODARWINISME

1.

QU'EST-CE QUE LE DARWINISME DU POINT DE VUE DE L'EPISTEMOLOGIE DES SCIENCES ? — Le darwinisme, en tant qu'application rigoureuse du vieux principe matérialiste à la biologie, est fondé sur l'idée que la matière est sans intentionnalité. Soumise aux jeux du hasard, elle finit par s'auto-organiser à l'image des figures cellulaires qui apparaissent dans la fameuse simulation mathématique de John Horton Conway intitulé « le jeu de la vie ». Ce jeu dit « à zéro joueur » — puisqu'il ne nécessite l'intervention d'aucun joueur extérieur — possède des règles très simples censées imiter l'apparition des premières formes de la vie. Le jeu se déroule sur une grille à deux dimensions qui ressemble au jeu de go. Les cases du jeu, appelées « cellules » peuvent seulement être dans deux états : vivantes ou mortes. A chaque itération du jeu, les cellules inertes qui se trouvent à proximité immédiate d'exactement trois cellules vivantes, deviennent, à leur tour, vivantes : elles naissent. Les cellules qui se trouvent à proximité de deux ou trois cellules vivantes restent vivantes, sinon elles meurent. Chaque cellule est en contact direct avec huit autres cellules. Les cellules vivantes sont colorées sur la grille. Les cellules mortes sont incolores. L'intérêt de ce jeu réside avant tout dans le fait que des règles de départ relativement simples parviennent à engendrer des figures complexes, comme le planeur qui se décale en diagonale toutes les quatre générations ou des canons qui engendrent eux-mêmes un flux de planeur. Des structures stables, instables ou périodiques apparaissent au fur et à mesure du jeu qui évolue vers une complexité croissante.

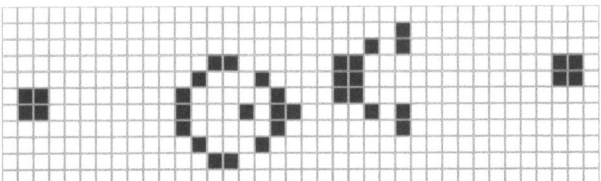

Planeurs de canon de Gosper

La figure reproduite ci-dessus est un planeur de canon. Les canons sont des figures lâchant des débris. Ils sont eux-mêmes capables de produire des planeurs à un rythme variable (le premier planeur à avoir été découvert se formait par exemple toutes les trente générations). Le jeu illustre bien les principes de l'évolution darwiniste. Il montre qu'il est possible, avec

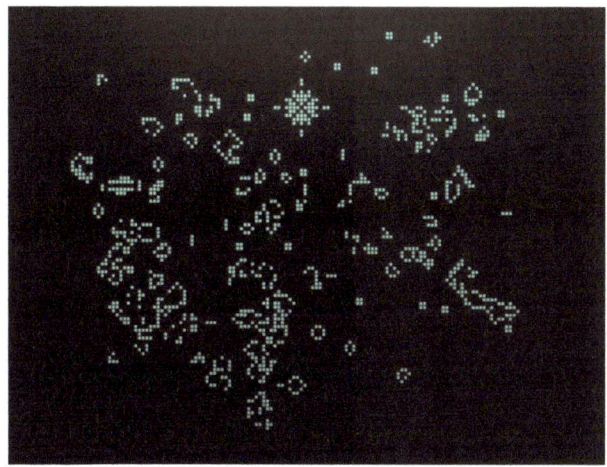

(Ctrl + Clic sur l'image pour la version en ligne)

 des règles de départ très simples, de se passer de l'hypothèse d'une intentionnalité de la matière. Le hasard désordonné des conditions de départ finit par produire des figures organisées qui émergent et dominent le jeu. En somme, le jeu de la vie illustre le principe de raison suffisante défendue par le darwinisme : s'il n'est pas nécessaire de faire appel à un

faisceau de raisons pour expliquer un phénomène, alors il faut s'en tenir à la raison suffisante. En l'espèce, on veut ici démontrer que la matière n'a pas besoin d'autre chose que d'elle-même pour s'organiser et s'animer. Les tentatives d'unification de la science dérivent de ce principe de raison suffisante : il faut toujours essayer de trouver le mécanisme unitaire simple qui est à l'origine de la complexité d'un phénomène. Si le phénomène complexe est expliqué avec une règle simple, on dira, en langage de mathématicien, que la démonstration est « élégante ». Ces règles simples que la pensée doit s'appliquer à elle-même — fuir la contradiction, parvenir à un plus grand degré d'unité en synthétisant l'expérience dans des principes unificateurs féconds — viennent de la philosophie (le principe de raison suffisante est formulé par Leibniz au XVIIème siècle, on en trouve des intuitions dès l'Antiquité, le principe de non-contradiction est déjà défini chez Aristote) ; il n'y a aucune raison pour que la philosophie ne continue pas de s'y tenir.

2.

LE MONISME PHYSICALISTE EST-IL LOGIQUEMENT SOUTENABLE ? — Les neuroscientifiques contemporains[15], s'inscrivant dans les cadres méthodologiques du darwinisme et du matérialisme, ont majoritairement adopté le postulat selon lequel la signification des

---

[15] Je pense notamment ici à Jean-Pierre Changeux, à Stanislas Dehaene, à António Damásio ou encore à Daniel C. Dennett bien qu'il soit un philosophe des sciences plutôt qu'un neuroscientifique.

processus mentaux pouvait être assimilée à leur substrat matériel (psychologisme). Ils se dispensèrent cependant, pour la plupart, de toute tentative de démonstration ou de fondement critique, érigeant en principe incontesté ce qui, à l'origine, n'était qu'une hypothèse de travail. Pour la majorité des neuroscientifiques et des philosophes de la conscience, la capacité à rendre compte du phénomène de l'émergence de la vie — ou plus précisément de l'auto-organisation de la matière — sans recourir à un principe explicatif excédant la matière, parut constituer une preuve suffisante à l'affirmation selon laquelle « tout est matière ».

En suivant la voie tracée par la cybernétique, les neuroscientifiques réduisirent l'information à une réalité exclusivement matérielle, ses seules propriétés physiques étant considérées comme suffisantes pour en expliquer le pouvoir signifiant (y compris, par extension, l'information selon laquelle « tout est matière », ce qui soulève, comme nous l'examinerons plus loin, des questions sur le statut de cette affirmation au regard de la problématique générale de la vérité). En amont de l'émergence des neurosciences, la science moderne amorçait, en effet, dès les années 1940, sa mue épistémologique, en consacrant une nouvelle approche du problème de la signification, centrée sur la réduction de l'information à la question de sa modélisation pratique. C'est dans ce contexte que la cybernétique, formulée par Norbert Wiener dans les années 1940 et 1950, conceptualisa l'information comme un processus intrinsèquement matériel, inhérent à l'échange et au traitement de signaux physiques au sein de systèmes donnés. La cybernétique de Wiener, qui avait pour objectif de comprendre les systèmes de contrôle et de communication dans les machines et les organismes vivants, partageait avec les neurosciences naissantes un intérêt pour les processus d'information, de régulation, et d'adaptation. Ainsi, lors dès les années 1950 et 1960, les neuroscientifiques intégrèrent la plupart des concepts clés de la cybernétique, en particulier l'idée centrale que le cerveau et le système nerveux opéraient comme des systèmes dynamiques d'échange et de traitement de l'information. Bien que les neurosciences aient historiquement émergé comme une discipline issue de la biologie et de la médecine, imprégnée du scientisme du XIXème siècle et reposant sur le postulat de l'absence de toute cause endogène (auto-engendrée) dans l'explication du comportement humain, c'est la cybernétique qui, en introduisant une vision systémique et physique du traitement de l'information, vint compléter le cadre conceptuel des sciences du cerveau. C'est au sein de ce cadre conceptuel renouvelé que les neuroscientifiques, entreprirent, dans la seconde partie du XXème siècle, de se confronter au problème de « l'émergence » de la conscience. La problématique de la conscience, directement issue de la question de la modélisation physique des flux informationnels, fut en réalité essentiellement reléguée au statut de problème « résiduel », émergeant comme une difficulté périphérique au sein d'un cadre explicatif principalement orienté vers la matérialité des processus.

L'une des façons de minimiser l'importance du problème de la conscience consista à tenter de montrer qu'elle n'était pas une donnée importante dans le fonctionnement du vivant et que l'essentiel des processus de décision pouvaient avoir lieu en dehors de son champ. En 1983, Benjamin Libet, neurobiologiste et neurologue américain, conduisit ainsi une expérience dans laquelle il demanda à des participants, dont l'activité cérébrale était enregistrée par un électro-encéphalogramme (EEG) et l'activité musculaire par un électromyogramme, de fixer le centre d'une horloge. Celle-ci possédait un cadran divisé en soixante démarcations correspondant à des intervalles de 43 millisecondes, pour un temps de révolution total de 2,56 secondes[16]. Un point lumineux se déplaçait autour de ce cadran. Les participants étaient invités à laisser émerger spontanément une intention ou un besoin d'effectuer une simple flexion de l'index ou du poignet, sans planifier ni se concentrer sur un moment précis pour agir. À l'issue de chaque essai, ils avaient pour tâche d'indiquer la position du point lumineux sur le cadran au moment où ils avaient pris conscience de leur décision d'agir. Les résultats de l'étude montrèrent que le « potentiel de préparation motrice » situé au niveau de l'aire motrice supplémentaire (une région du cortex cérébral située dans le lobe frontal, sur la face médiale de chaque hémisphère) s'activait 550 millisecondes *avant* le début de l'acte moteur, et, fait le plus remarquable, 350 à 400 millisecondes *avant* le moment de la prise de décision consciente, rapporté par les sujets de l'expérience.

---

[16] Nous nous référons ici à l'expérience telle que décrite par Krystèle Appourchaux dans son essai, *Un nouveau libre arbitre*, Ch. III, Les expériences de Benjamin Libet et leurs critiques.

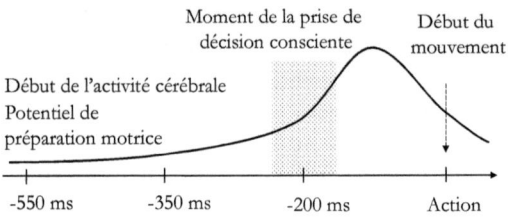

Ce décalage constaté entre la conscience de la prise de décision et l'acte lui-même (l'acte précédant en somme la décision consciente d'agir) conduisit la plupart des neuroscientifiques à affirmer que les intentions d'agir ne pouvaient être à l'origine de l'action (puisque la conscience de vouloir agir était, d'après l'interprétation que faisait Libet de l'expérience, postérieure à la préparation de l'acte lui-même). En cantonnant le problème de l'intentionnalité à celui de la perception consciente de l'acte et en ramenant le sujet de la décision à sa réalisation matérielle, les commentateurs de l'expérience de Libet[17] adoptaient en fait une vision très restrictive de la détermination de nos comportements. Fondant leur argumentation sur la primauté temporelle des processus inconscients par rapport à la conscientisation de l'acte, les neuroscientifiques

---

[17] Parmi lesquels nous pouvons citer Daniel Wegner, *The Illusion of Conscious Will* (2002), Sam Harris *Free Will* (2012), Patrick Haggard, Thomas Metzinger, John-Dylan Haynes (qui a montré que les intentions d'agir pouvaient être prédites jusqu'à 7 secondes avant qu'elles ne deviennent conscientes, sur la base d'activités cérébrales enregistrées), Peter Carruthers (philosophe de la psychologie qui s'appuie sur l'expérience de Libet pour combattre l'idée du libre-arbitre), ou encore, en France, Stanislas Dehaene qui reprend à peu près les mêmes thèses dans *Le Code de la conscience* (2013) en s'appuyant sur l'expérience de Libet.

dirigeaient en réalité leurs critiques contre une conception philosophique datée de la liberté. De fait, la conception de la liberté à laquelle s'attaquaient les neuroscientifiques se rapprochait de l'idée d'un « libre arbitre », une capacité de détermination totale du sujet qui planerait au-dessus de tout mécanisme physique ou naturel. La notion de libre-arbitre, si elle trouvait ses premières formulations dans l'Antiquité Grecque (chez Socrate, Platon et Aristote notamment) préoccupa surtout les philosophes chrétiens du Moyen-Age (de saint Augustin à Thomas d'Aquin) qui considéraient le problème dans le cadre des déterminants de l'action de l'homme et de sa responsabilité morale vis-à-vis de Dieu. Les discussions théologiques sur le libre arbitre s'inscrivaient ainsi principalement dans les controverses sur la qualification du péché ou sur la nature de l'intervention divine (rappelons-nous par exemple des débats théologiques sur la grâce efficace et la grâce suffisante[18]). Signalons par ailleurs que les défenseurs de la doctrine du libre arbitre prenaient pour la plupart acte du problème des déterminants matériels de l'action, l'intervention divine constituant pour eux le troisième terme qui devait en quelque sorte permettre de sortir des contradictions de la doctrine du péché (si les hommes sont déterminés à commettre le péché et que Dieu est le créateur des hommes, cela signifie-t-il

---

[18] Les Jésuites, adoptant les positions de Luis de Molina qui tentait de concilier la toute-puissance divine avec le libre arbitre humain, tandis que les jansénistes, se rangeant derrière la théologie de Jansénius qui lui-même revenait à une interprétation stricte de la pensée augustinienne, défendaient l'idée selon laquelle les hommes étaient marqués par le péché originel et que seule la grâce « suffisante » et irrésistible de Dieu pouvait les libérer de leurs déterminismes matériels (bas).

nécessairement que Dieu veuille le pécher ?). Outre le fait que les objections formulées par les neurosciences à l'encontre de la conception classique du libre arbitre ne saisissaient pas pleinement la richesse conceptuelle et les nuances développées par la philosophie chrétienne médiévale — réduisant en particulier cette doctrine à une prétendue capacité humaine d'agir « à l'image de Dieu », sans tenir compte des déterminations matérielles —, les critiques des neuroscientifiques apparaissent également mal orientées. Elles négligeaient, en effet, une question fondamentale : celle de la hiérarchie des intentions, qui constitue le point nodal de toute réflexion sur la liberté et la conscience. Dans les commentaires des conclusions de l'expérience de Libet, par exemple, les neuroscientifiques omirent systématiquement de mentionner que, pour que le sujet de l'expérience, la décision d'appuyer de manière aléatoire sur le bouton n'était rendue possible que par ce que Kant nommait une « archidécision » (le cadre global de la décision d'appuyer — autrement dit, la règle de comportement que je me suis fixée avant l'événement et qui déterminera ma décision lorsqu'il surviendra), cette archidécision étant la condition première de la décision, pour le sujet de l'expérience, d'appuyer sur le bouton. Ainsi, si le sujet de l'expérience avait le sentiment sans doute erroné de conscientiser le moment de la prise de décision avant la prise de décision effective, il ne se trompait pas en pensant qu'il avait été le seul à décider de la *possibilité* même d'appuyer sur le bouton (si cette action avait été susceptible d'entraîner la mort du sujet, par exemple, nous pouvons aisément nous figurer que ce dernier aurait écarté l'idée, dans son archidécision, de presser le bouton, à quelque moment que ce soit).

À travers l'exemple de cette célèbre expérience, nous pouvons observer comment s'opéra, chez les neuroscientifiques, un glissement subtil, mais significatif : ce qui n'était initialement qu'un cadre méthodologique sans prétention ontologique déterminée (le matérialisme méthodologique) se transformait en une affirmation philosophico-scientifique qui transmuait la méthodologie en ontologie (le matérialisme ontologique). Ce matérialisme ontologique, souvent revendiqué par les neuroscientifiques que nous qualifions, par commodité, de « néodarwinistes », s'appuyait en réalité sur le mésusage du principe de raison suffisante et sur son application à des problématiques qui dépassaient le strict domaine de la physique (ce qui, paradoxalement, conduisit les neuroscientifiques à adopter des positions métaphysiques, c'est-à-dire *non démontrables* au sein de la physique ou de la biologie). Dans le contexte de la biologie, ce principe d'unification soutenait la théorie de l'évolution formulée par Darwin : avec l'hypothèse (biologiquement soutenable) du matérialisme intégral, il devenait inutile de postuler une intentionnalité de la matière pour expliquer l'émergence de la vie. Cependant, ce qui n'était qu'un outil heuristique chez Darwin glissait, chez certains néodarwinistes radicaux, vers une ontologie qui soutenait la thèse du « tout matériel ». Le principe méthodologique d'unification rationnelle des causes et des effets (raison suffisante) se muait ainsi en une thèse philosophique déterminée, selon laquelle le monde était entièrement réductible à son unité matérielle. Ce glissement méthodologico-ontologique représentait une confusion dangereuse entre une méthode explicative et une vision globale du réel. Ce qui n'était à l'origine qu'une hypothèse localement efficace se vit transfiguré en une loi générale. Ainsi, l'assertion hypothétique selon laquelle l'apparition des organismes vivants et leur évolution pouvait être intégralement expliquée par l'évolution de combinaisons matérielles (selon le principe de raison suffisante) se transformait en une proposition méta-physique : « tout est matière » — cette proposition pouvant à son tour être ramenée à l'énoncé non démontrable selon lequel « il n'existe rien qui ne soit pas matière ». Dans le cadre de la théorie du langage, le paradigme ontologico-matérialiste conduisit à affirmer une équivalence — tout aussi indémontrable — entre le support physique de l'information (le substrat neuronal) et l'information elle-même. Les neurosciences tentaient en vérité de supprimer frontière entre la signification du mot et ses propriétés physiques. Les mots, tels que « chat », « table » ou « arbre », se trouvaient, par exemple, réduits à leurs corrélats neurobiologiques ou aux *stimuli* mentaux dont ils procédaient (la représentation mentalement induite d'un chat, d'une table ou d'un arbre). Une telle approche abolissait de fait la distinction fondamentale entre le signifiant et le signifié, réduisant ainsi la complexité intentionnelle et conceptuelle du langage à une mécanique d'interactions matérielles. Ce passage d'une méthode empirique à une ontologie réductionniste manifestait un décalage profond entre les observations scientifiques et les conclusions métaphysiques que l'on prétendait en tirer.

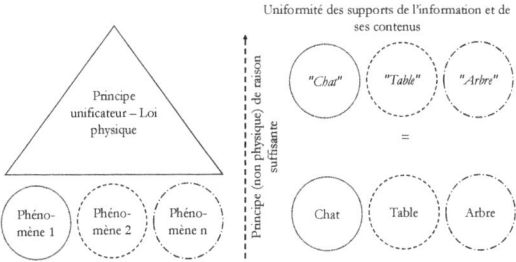

Le schéma ci-dessus illustre l'idée selon laquelle la science moderne, en s'appuyant sur le principe de raison suffisante (que nous soutenons par ailleurs), tend naturellement à une forme d'unification (partie gauche du schéma). Cette unification procède de l'idée que plusieurs phénomènes liés entre eux par une même cause peuvent entrer dans un modèle ou une théorie explicative unificatrice. Cependant, le problème du matérialisme ontologique vient de l'application de ce principe à des entités qui ne sont pas nécessairement réductibles à la pure matérialité (partie droite du schéma). Comme nous le verrons plus loin, la règle unificatrice, par exemple, ne peut pas elle-même être dite « matérielle ». La signification ne se réduit pas nécessairement à ses supports physiques. L'élargissement du principe de raison suffisante conduisit les neuroscientifiques à enjamber toute la problématique de la signification en l'assimilant par un coup de force à la problématique de la matière. Ils décrètent ainsi de fait une équivalence non démontrée entre le support matériel des phénomènes et leur signification. Pour le neuroscientifique, le support neuro-cérébral du mot « chat » (ce qui se produit dans mon cerveau quand je vois un chat ou quand je pense un chat) équivalait strictement à mon ressenti et à mon expérience du mot « chat ». L'information est égale à sa manifestation (son support physique). En d'autres termes, « chat » (l'observation matérielle de l'effet de la perception ou de la pensée du chat dans mon cerveau). =

chat (l'idée générale que je me fais du chat), ce qui est une position psychologiste infondée comme nous le montrerons plus loin.

Dans l'analyse du langage, les neuroscientifiques abolirent de fait toute distinction entre la signification et son substrat matériel. De cette réduction découla une assimilation de la pensée, dans sa globalité, à un simple processus physique : le mental et le psychique furent intégralement réinterprétés à travers les catégories de la physique. Ce refus de toute forme de dualisme — ancré dans une application généralisée du principe de raison suffisante — conduisit à une conception du réel intrinsèquement monolithique, moniste et plate. Le radicalisme matérialiste trahissait peut-être en cela une méprise plus profonde sur la notion même d'« idée ». En effet, de nombreux neuroscientifiques semblaient en être restés à une interprétation littérale de l'allégorie de la caverne, se figurant sans doute le « monde des idées » comme un univers séparé et irréel, où le chariot ailé de l'âme heurtait une voûte céleste imaginaire. Pourtant, en attribuant un contenu physique à un modèle initialement conçu sur la base d'un principe dépourvu de toute référence phénoménale ou empirique, les neuroscientifiques, sans probablement en avoir pleinement conscience, s'inscrivaient bel et bien dans une démarche proprement métaphysique, en contradiction avec leurs propres exigences méthodologiques. Cette tension révélait l'aporie fondamentale d'un discours qui, tout en revendiquant l'exclusion de la métaphysique, ne pouvait s'empêcher d'y recourir dès lors qu'il prétendait rendre compte du réel dans son intégralité.

3.

LE MATERIALISME REPOSE SUR UNE PETITION DE PRINCIPES — Le matérialisme réductionniste procède de la même manière que le structuralisme des années 1960 : la méthode d'abord agnostique (l'hypothèse de travail) sort de sa stricte visée utilitaire pour devenir une théorie fallacieuse du tout, qui prend ses prémisses pour ses conclusions.

Le modèle matérialiste d'évolution du vivant (la théorie de l'évolution), fondé sur le principe de raison suffisante, exclut par principe tout autre motif (tout en omettant d'étudier la signification du principe de raison suffisante : est-il lui-même matière et si oui quelle est son équivalent physique ?). De là, les néodarwinistes en concluent que tout est matière, proposition uniquement soutenable par une démonstration tautologique, et par conséquent non scientifique.

4.

TAUTOLOGIES PHYSICALISTES ET IMPASSES DES THEORIES MONISTES — Pour prouver que tout est matière, il faudrait montrer en toute rigueur qu'il n'existe rien qui ne soit pas matière or si l'énoncé postule précisément que tout est matière, on aura tôt fait d'affirmer que ce qui n'est pas matière est aussi matière, « tout est matière » revenant en somme à dire, « l'ensemble des entités de l'univers est matière » ou encore « tout ce qui existe est matière » ce qui revient encore à dire que la matière est tout, ce étant compris les affirmations selon lesquelles « tout est matière » et « tout n'est pas matière ». L'affirmation « tout est matière » est donc purement tautologique et autoperformative dans la mesure où elle équivaut strictement à la proposition « la matière est tout », ce qui revient finalement à dire que « la matière est matière ».

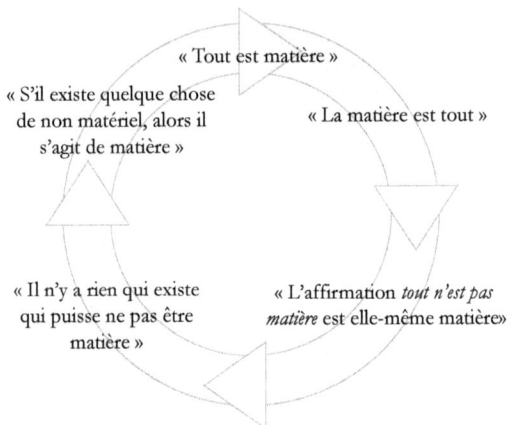

Dans sa signification, l'énoncé « tout est matière » équivaut strictement à l'énoncé « rien n'est matière ». Les énoncés « tout est » ou « rien n'est » tombant sous les mêmes critiques de l'inconsistance et de l'indétermination.

Aux extrêmes, l'idéalisme absolu et le matérialisme radical sont donc strictement équivalents en tant que théories monistes, tautologiques. Les idéalistes les plus enthousiastes s'étaient d'ailleurs réjouis dans les années 1920 et 1930 lorsque l'on observa peu à peu la matière se dissoudre dans le jeu des forces (interaction gravitationnelle, interaction électromagnétique, interaction faible puis, dans les années 1970 interaction forte). On s'était alors empressé d'affirmer que rien d'autre n'existait que la loi, que rien n'était matière, que tout était idée. Dans l'idéalisme absolu, comme dans le matérialisme radical, la théorie moniste est tautologique, elle ne signifie rien, n'a aucun contenu concret.

5.

Les néodarwinistes ne sont généralement pas avares en assertions tautologiques, l'une d'elles étant que le langage est uniquement le résultat du développement des structures qui permettent le langage. Nous ne disons pas mieux.

6.

« C'EST MON CERVEAU QUI A DIT ÇA » — Il y a quelques années, alors que je lisais *L'homme neuronal* de Jean-Pierre Changeux, ma fille, qui devait alors avoir quatre ou cinq ans, fut très intriguée par les schémas et les productions graphiques du livre. Pour répondre à ses questions, je lui expliquais brièvement et du mieux que je pus le sujet général du livre, le fonctionnement du cerveau et des neurones. Quelques jours plus tard, alors qu'elle venait de laisser échapper je ne sais quelle petite insolence (dont elle est coutumière), elle me déclara : « ce n'est pas moi, c'est mon cerveau qui a dit ça ».

La question de l'emergence de la conscience

7.

Comment la matiere pense ? La matiere fait-elle des hypotheses sur elle-meme ? — Tant que l'on ne pourra pas expliquer par quel miracle il se trouve que la matière pense, on ne pourra pas sérieusement soutenir la thèse du matérialisme absolu. Même si nous admettions que, par on ne sait quel prodige, la matière auto-engendrée, en suivant des règles qui lui préexistaient (et qu'elle ne fait que rejouer à l'aveugle), ait fini par s'organiser avec un certain degré de complexité ou de régularité étonnant (pensons par exemple à la structure moléculaire du cristal), nous ne serions pas pour autant mieux fondés à expliquer le saut qualitatif de la matière inerte à la matière vivante. Comment la matière peut-elle se constituer en organisme vivant dont le mode d'interaction avec le monde diffère radicalement des formes inertes les plus complexes ? Comment le vivant émerge-t-il de l'inerte ? Comment le vivant devient-il conscient ? Comment le vivant devient-il conscient de lui-même ? Comment le vivant devient-il rationnel ? Ce sont les questions sur lesquelles butent systématiquement le matérialisme radical et le physicalisme. A chaque degré d'émergence du vivant, le même saut qualitatif, le même point aveugle. Du strict point de vue du physicalisme réductionniste, l'unique solution du problème consiste à nier le problème (c'est-à-dire à rester dans la dialectique tautologique que nous avons détaillée avant) : la matière n'émerge pas de l'inerte, elle est mue par des forces, le vivant ne devient pas conscient, la conscience est une illusion, un concept de philosophe dont on viendra à bout, l'identité n'existe pas, il n'y a pas de conscience de soi-même et, dans la mesure où les idées ne sont pas, la rationalité n'est rien. En somme, tout est matière et la matière est tout. Seulement, aussitôt que le physicaliste a terminé sa profession de foi (métaphysique, comme nous l'avons signalé un peu plus tôt), il s'empresse de tomber dans les pièges qu'il s'est lui-même tendu.

Les difficultés épistémologiques suscitées par le matérialisme ontologique généralement adopté par les neuroscientifiques apparaissent de manière particulièrement frappante dans un ouvrage paru en 1998, issu d'un dialogue entre le philosophe Paul Ricœur et le neurobiologiste Jean-Pierre Changeux, intitulé *Ce qui nous fait penser, la nature et la règle*. Alors que Jean-Pierre Changeux défend l'idée selon laquelle la pensée s'identifie à l'activité cérébrale (la pensée comme manifestation des interactions neuronales, modulées par des mécanismes évolutifs et génétiques), Paul Ricœur fait remarquer à Changeux qu'il confond deux sens distincts du mot « origine » : l'origine au sens darwinien (l'origine biologique et historique), et l'origine au sens du *motif*, de la justification (au sens où l'on pourrait parler de l'origine d'un comportement par exemple : le fondement, la légitimité, mais aussi, en un sens la finalité, le motif et l'objectif du comportement). La compréhension entre les deux interlocuteurs est cependant difficile dans la mesure où, précisément, le second sens du mot « origine » n'existe pas pour Jean-Pierre Changeux. L'évolution biologique de la matière étant l'unique critère d'explication du monde, l'origine de nos comportements, le motif d'une action, etc., se rapportent toujours en dernier ressort à l'origine historique, biologique, c'est-à-dire à la cause physique qui déclenche l'action. Dès lors que Jean-Pierre Changeux récuse l'existence ou la pertinence du second sens du mot « origine », nous nous trouvons dans une situation de blocage, aucun des deux interlocuteurs n'acceptant de partir des fondements axiomatiques de l'autre. Ce rejet mutuel ne peut pas être fécond : en privant les deux protagonistes d'un socle commun, il interdit la progression du dialogue (le dialogue approfondit sa circularité). Si nous voulons sortir des apories de la discussion entre Changeux et Ricœur, nous n'avons ainsi pas d'autre choix que d'accepter les fondements axiomatiques de l'une des deux thèses et de tenter dans un second temps d'observer où ces fondements nous conduisent. Dans le cas où s'affrontent deux propositions mutuellement exclusives, il nous suffira en principe de montrer la contradiction de l'une pour accréditer l'autre (principe de tiers exclu[19]). Or si nous faisons le choix de demeurer dans la logique du physicaliste réductionniste[20] et que nous nous abordons le problème de l'*origine* par le biais des déterminismes biologiques, nous voyons d'emblée que la question de l'origine biologique est en fait profondément intriquée à celle de finalité. Pour Darwin, le monde biologique aussi tend vers une fin, celle de la meilleure adaptation possible d'un organisme à son environnement. Le darwinisme est bien une théorie de l'évolution *adaptative* d'organismes

---

[19] Nous savons que le principe de tier exclu a été aussi remis en cause, notamment dans l'intuitionnisme de L.E.J Brouwer, nous aurons l'occasion d'y revenir.
[20] Ce que Jean-Pierre Changeux se défend d'être mais je dois avouer que la différence entre sa théorie et le réductionnisme ne m'a pas semblé aller de soi.

vivants à leur milieu. A ce titre, il a, lui aussi, *sa* vérité, il réfléchit, lui aussi, en termes d'adéquation, les combinaisons hasardeuses de la vie tâtonnant, à travers une multitude de combinaisons, vers la forme de vie *la plus adéquate en fonction d'un milieu donné*. Si le milieu évolue, la formule d'adéquation tendra à évoluer avec le milieu. En cela, le darwinisme est déjà, en un sens, un dualisme (une confrontation entre un organisme et un réel donné). On ne peut donc pas affirmer, comme le fait Changeux et comme le veut la tradition darwinienne, que la matière soit dépourvue d'intentionnalité. S'il existe une finalité de la matière (la matière organisée tend vers un objectif, celui de sa survie, en fonction d'un réel donné), il existe aussi une forme d'intentionnalité de la matière organisée (intention de conservation, de survie et de reproduction *a minima*). Il ne faut pas assimiler trop vite matière inerte et matière vivante, organisée. Si, en effet, l'on prive la matière vivante organisée d'intentionnalité, on se prive en même temps du critère de différenciation entre la matière inerte et la matière vivante (qu'est-ce que la matière inerte si ce n'est une matière dépourvue d'intentions ?). A partir du moment où la matière fait corps (la matière s'assemble, fait partie d'une organisation générale, organique), elle se dote d'une direction et d'une finalité, c'est-à-dire d'une intention. Ce n'est pas parce que la matière unitaire est dépourvue d'une telle intention (quelle est l'intention d'une protéine ?), que l'organisme vivant (et fait de matière) en est, lui, dépourvu. Il y a là une assimilation d'une proposition à une autre qui dépasse, encore une fois, le strict cadre du matérialisme méthodologique. L'histoire, cependant, ne s'arrête pas là. Dans les formes les plus avancées de la vie, l'adaptation des espèces à leur environnement a eu pour corollaire l'émergence de formes d'intelligences rationnelles, l'un des moments clés de cette émergence ayant été l'apparition chez l'homme de la faculté de désigner et de nommer les choses. En lui permettant d'objectiver le monde, le langage conduisit ainsi l'homme (matière « supérieurement organisée ») à se comprendre progressivement comme un être séparé de son environnement, capable d'utiliser son industrie à apprivoiser la nature dont il se fit « comme le maître et possesseur[21] ». Avec l'émergence du langage, l'intention de la matière n'était plus seulement effective (constatée) elle devenait aussi codifiée, formalisée dans un langage objectif : la matière était désormais capable de penser et de communiquer ses pensées. Si nous adoptons le strict

---

[21] René Descartes, *Discours de la méthode*, texte établi par Victor Cousin, Levrault, 1824, tome I, sixième partie. Cette citation bien connue a été tellement commentée et caricaturée que nous la reproduisons *in extenso* ci-après. Elle s'inscrit à mon sens parfaitement dans le contexte que nous décrivons ici :
« Mais, sitôt que j'ai eu acquis quelques notions générales touchant la physique, et que, commençant à les éprouver en diverses difficultés particulières, j'ai remarqué jusques où elles peuvent conduire, et combien elles diffèrent des principes dont on s'est servi jusques à présent, j'ai cru que je ne pouvais les tenir cachées sans pécher grandement contre la loi qui nous oblige à procurer autant qu'il est en nous le bien général de tous les hommes : car elles m'ont fait voir qu'il est possible de parvenir à des connaissances qui soient fort utiles à la vie ; et qu'au lieu de cette philosophie spéculative qu'on enseigne dans les écoles, on en peut trouver une pratique, par laquelle, connaissant la force et les actions du feu, de l'eau, de l'air, des astres, des cieux, et de tous les autres corps qui nous environnent, aussi distinctement que nous connaissons les divers métiers de nos artisans, nous les pourrions employer en même façon à tous les usages auxquels ils sont propres, et ainsi nous rendre comme maîtres et possesseurs de la nature. »

point de vue darwinien (une approche biologique et physique de la question de l'*origine* de nos comportements), nous voyons comment nous sommes conduits à limiter d'emblée le pouvoir d'explication du matérialisme radical. En partant de l'idée de combinaisons et de recombinaisons hasardeuses et aveugles de la matière, nous avons en effet été conduits à évoquer (i) le saut qualitatif de la matière inerte vers la matière organique (ii) la problématique de l'adaptation des organismes, c'est-à-dire de leur séparation duale avec un monde qui leur est extérieur (iii) la question de l'intentionnalité de la matière organique, l'organisme vivant cherchant la survie, la croissance et la reproduction, et enfin (iv) la question de la formalisation de la matière par la matière — ce que nous appelons la pensée — dans un langage organisé. Nous constatons aussi que le strict cadre théorique du matérialisme intégral se révèle incapable d'offrir une description unifiée et cohérente de ces phénomènes (dans la mesure où le matérialisme demeure dans un cadre moniste qui rejette toute théorie de l'intentionnalité, l'intention étant elle-même immanquablement réduite à la matière ce qui à nouveau pose les problèmes que nous venons d'évoquer). Le problème de l'intentionnalité de la matière se pose avec une intensité encore plus grande lorsque nous considérons les comportements humains (comportements qui sont eux-mêmes en partie déterminés par le langage, qui est à son tour une manifestation de l'intentionnalité que le matérialisme tente par ailleurs de réduire). Contrairement à ce que l'on pourrait affirmer au sujet d'organismes simples, on ne peut sérieusement soutenir que l'homme ne fasse que tâtonner « au petit bonheur la chance » et sur des millénaires pour trouver la formule d'adéquation la plus satisfaisante à son milieu (nous pourrions sans doute d'ailleurs faire la même remarque à propos de la plupart des espèces animales et sans doute aussi végétales). Si l'homme, par exemple, se trouve dans un milieu froid, il se réfugiera dans une grotte ou construira un abri (ou allumera un feu s'il est déjà parvenu à l'âge du feu) : il n'attendra pas que l'évolution le dote de poils longs ou d'une peau de phoque. L'adaptation est ici « immédiate », elle est le fruit du sujet lui-même et non pas d'une évolution d'une infinie lenteur : l'homme (comme la plupart des animaux) a la possibilité d'interagir avec son environnement, de le modifier et de se modifier lui-même sans que cela soit le résultat d'un long processus sélectif de nature évolutionniste (les combinaisons testées au hasard). De même, face à l'émergence d'une nouvelle maladie, l'espèce humaine n'attendra plus d'être décimée et de développer, par sélection des organismes les plus robustes, des résistances acquises sur plusieurs générations, elle développera un vaccin dont l'action quasi-immédiate aura un effet protecteur sur l'espèce. A cela, les néodarwinistes auront tôt fait de répondre que le comportement de l'homme est en lui-même de nature évolutionniste. En d'autres termes, affirmeront-ils, c'est parce que l'évolution a permis à l'homme de se doter d'une intelligence situationnelle que l'homme ira d'instinct se réfugier dans une cave, construire une cahute ou fabriquer un vaccin (nous voyons ici encore la marque d'un raisonnement régressif et tautologique). Ce faisant, les néo-darwinistes manqueront de nouveau la différence de nature entre le processus matériel qui conduit à l'émergence de formes organisées de vie (processus sans doute de nature hasardeuse et combinatoire) et le phénomène de l'*émergence* de la vie elle-même, c'est-à-dire la génération d'une matière autonome (qui a ses propres règles, qui agit d'après son intérêt propre, c'est-à-dire qui est *dotée* d'intentionnalité). Ce que les néodarwinistes traitent quasi-universellement comme un problème résiduel (le problème de l'émergence) est en réalité le problème central de toute réflexion sur les fondements de la science et de la philosophie. Signalons que dans le cas de la création d'un nouveau vaccin, non seulement le mécanisme sélectif « naturel » n'opèrera plus (face à une agression donnée, les plus fragiles sont protégés au même titre que les plus robustes) mais on ne peut plus dans ce cas affirmer, de surcroit, que la matière agisse ici au hasard et sans intentionnalité[22]. Dans notre

---

[22] A ce sujet, Murray Gell-Mann, physicien américain, Prix Nobel de physique pour ses travaux sur la théorie des quarks écrit, dans *Le quark et le jaguar* (1994) : « [Le genre d'apprentissage des bactéries] diffère de manière intéressante de celui qui passe par l'usage d'un cerveau. Nous avons souligné le fait que des formes mutantes manifestant une résistance de la bactérie à un antibiotique pouvaient facilement être présentes par hasard lors de l'introduction du médicament et que ces normes avaient en tout cas existé de temps à autre dans le passé. Les idées, en revanche, se présentent le plus souvent en réponse à un problème qu'elles ne lui préexistent. » Op. Cit., p. 87, éditions Champs, Flammarion, 1997, Paris. Gell-Mann exprime ici une idée à peu près semblable à la nôtre : la différence entre l'adaptation d'une bactérie à un antibiotique et la naissance de l'idée du vaccin. Ces deux types de réponses ne peuvent pas être assimilées l'une à l'autre : « Il existe bien, précise Gell-Mann, quelques légers signes en biologie de mutations survenues comme réponse occasionnelle à un besoin, mais si le phénomène existe vraiment, il est relativement insignifiant en comparaison de la mutation au hasard. » Curieusement, Murray Gell-Mann, semble par la suite tenter d'assimiler l'évolution des théories scientifiques à l'évolution biologique.

exemple, la matière « supérieurement organisée » (l'homme) a développé des défenses qui ne sont pas acquises par un processus évolutif (la faculté rationnelle est acquise, certes, mais la réponse à l'agression d'un nouveau virus ne l'est pas, c'est la différence entre le vaccin et la résistance acquise). En partant de la théorie selon laquelle la matière s'organise par hasard et sans intentionnalité dans un monde qui lui préexiste, on parvient donc à une conclusion inverse : la matière finit par développer des mécanismes intentionnels, c'est-à-dire non hasardeux. Si alors, je définis la matière comme une organisation sans intentionnalité, déterminée par un jeu de forces aveugles, j'arrive irrémédiablement à un paradoxe : soit l'intentionnalité

Nous ne sommes pas opposés par principe à cette vision, mais il faut signaler que le processus de sélection des théories dépend de leur effectivité (de leur correspondance avec les faits, de leur faculté à les expliquer). C'est le caractère effectif de la théorie comme le caractère adapté de l'organisme qui explique sa survie. Seulement (i) le critère normatif d'effectivité précède la théorie (et la survie de l'organisme le plus approprié) : c'est parce que l'organisme ou la théorie correspond à une norme imposée par le réel, par l'environnement biologique, qu'elle est correcte ou adaptée et non l'inverse : la règle précède l'existence et (ii) le cerveau humain, par sa capacité à saisir la règle, à saisir l'idée qui précède à sa réalisation effective n'est pas soumis au même mécanisme biologique que celui des bactéries qui tâtonnent au hasard pour résister à l'antibiotique, le tâtonnement étant le résultat d'un processus sélectif impliquant la mort des bactéries non-résistantes : rien de tel dans le fonctionnement du cerveau qui formule une idée (les cellules qui ne contribuent pas à former l'idée adéquate ne sont pas punies de mort !). En dépit des remarques qu'il formule à l'encontre du réductionnisme, Gell-Mann semble souvent prisonnier des présupposés réductionnistes de la neurobiologie moderne (« Nous sommes presque tous réductionnistes » déclare-t-il, p. 138).

est historiquement surajoutée à la matière, et elle devient alors autre chose que de la simple matière (problème de l'émergence), soit la matière est, dès l'origine, dotée d'une intentionnalité, et alors elle n'est pas non plus totalement matière (puisque la définition d'une matière dotée d'intentionnalité est contradictoire avec notre théorie initiale selon laquelle la matière est précisément ce qui n'est pas doté d'intentionnalité, mais qui est mû par un jeu de force hasardeux qui la contraint à lentement s'adapter à un environnement donné). Tout réduire à la matière équivaut par conséquent à doter la manière d'une intentionnalité, c'est-à-dire autre chose que de la matière, ce qui est contradictoire.

Théorie	Faits	Conclusion
1. La matière est tout 2. La matière n'est pas dotée d'intentions, elle est uniquement mue par un jeu de forces aveugles 3. La matière propose des combinaisons *au hasard*, seules les combinaisons gagnantes sont conservées (« *selection of the fittest* »)	La matière en s'organisant ne propose plus des combinaisons à l'aveugle. Ce sont des combinaisons ciblées, non hasardeuses (expérimentation scientifique)	1. La matière n'est pas tout 2. La matière peut-être dotée d'intention, elle n'est donc pas uniquement matière 3. La matière propose des combinaisons non hasardeuses

Contre-argument : La science est elle-même issue d'un processus évolutif hasardeux.

Réponse : Le scientifique ne tâtonne pas au hasard. Même si l'on admettait le modèle purement expérimental (la science comme série de tests hasardeux), on ne pourrait pas sérieusement affirmer que la correction de l'hypothèse première serait de nature évolutive (hasardeuse). Le scientifique ne testera pas l'ensemble des combinaisons pour arriver à une hypothèse confirmée expérimentalement, comme on testerait au hasard les combinaisons d'un coffre-fort. Il est toujours mû par une idée, une intuition (une projection de l'imagination) qu'il teste. S'il en allait autrement, il n'y aurait pas de scientifiques, uniquement des testeurs d'hypothèses qui tâtonneraient parmi une infinité de possibilités. C'est la raison pour laquelle le développement de la science est de nature exponentielle, ce qui n'est pas le cas des processus évolutifs décrits par Darwin (malgré une capacité de test de la nature infiniment supérieure à celle du scientifique). A ce sujet, Einstein notait d'ailleurs que l'idée qui consiste à affirmer que le scientifique ne fait pas d'hypothèses, idée qui fut le *Credo* de scientifiques de premier plan n'est en réalité pas sérieusement soutenable : « Nous constatons maintenant avec évidence combien sont dans l'erreur les théoriciens de la connaissance qui croient que la théorie vient par induction de l'expérience. Même le grand Newton, écrit Einstein, n'a pu s'affranchir de cette erreur (*hypotheses non fingo*, "je ne fais pas d'hypothèses")[23] . »

---

[23] Albert Einstein, *La physique et la réalité*, 1936, in *Conceptions scientifiques*, Flammarion 2016, Paris, Champs Sciences, p. 36

8.

HYPOTHESE SUR L'EMERGENCE : UN UNIVERS INTELLECTUELLEMENT FECONDE ? — Pour tenter de sortir des impasses logiques du physicalisme réductionniste, Thomas Nagel[24], avançait l'idée d'un univers « fécondé » dès son origine et qui finirait par donner naissance à une multitude de consciences contenues en puissance dans les éléments originels de l'univers. Cette théorie métaphorique a pour mérite de pousser le paradoxe du physicalisme à son terme : le problème originel de la fécondité, et donc de l'intentionnalité de la matière. Elle ne fait qu'effleurer en revanche un problème à notre sens plus fondamental : celui de la loi qui régit notre univers et permet sa fécondité.

9.

LE PROBLEME DE L'EMERGENCE DE LA CONSCIENCE DANS LE CADRE D'UNE EPISTEMOLOGIE MONISTE — Il n'y a pas, à proprement parler, de « problème d'émergence de la conscience » que nous pourrions poser dans les termes du physicalisme réductionniste.

---

[24] Philosophe analytique né en 1937, Thomas Nagel est d'origine yougoslave, naturalisé américain. Il est professeur de Philosophie et de Droit à l'Université de New-York. Il s'oppose à la thèse physicaliste réductionniste qui identifie les états mentaux à des processus neurobiologiques, notamment dans un article publié en 1974 et demeuré célèbre, intitulé « ce que cela fait d'être une chauve-souris » (« *What is like to be a bat* »).

Pour les réductionnistes[25], la conscience étant un phénomène purement physique (l'embrasement de nombreuses régions du cortex cérébral, la détection d'ondes et de fréquences spécifiques dans le cerveau, la synchronisation massive de signaux électromagnétiques du cortex), son émergence ne peut, à son tour être expliquée que par des motifs physiques, matériels. Posé en ces termes, le problème de l'émergence de la conscience est insoluble, car il se confond immanquablement avec celui plus fondamental du vivant (de la matière organique), qui en est à l'origine. Le matérialisme réductionniste considère la conscience comme un phénomène historique qui se superpose au vivant. Aussi loin que nous remontions dans l'histoire, cependant, le problème de l'émergence de la conscience demeure lié au problème de l'émergence du vivant, à celui de l'auto-organisation de la matière (tout être vivant contient en germe la possibilité de ce que nous appelons conscience, le vivant implique déjà une forme conscience implicite de la séparation entre l'organisme et ce qu'il n'est pas). Nous retombons donc ici sur le problème de l'intentionnalité de la matière. Le réductionnisme n'explique pas davantage le phénomène d'émergence de la conscience humaine que celui de l'émergence de la vie. Il ne peut ni ne pourra le faire sans tomber dans

---

[25] J'adopte ici une conception « large » du réductionnisme physicaliste. Je suis conscient qu'il existe mille nuances de réductionnisme et que nombre de neuroscientifiques refusent cette étiquette qu'ils trouvent sans doute péjorative. Je considère ici comme réductionniste toute thèse fondée sur l'idée que le monde peut intégralement s'expliquer et se décrire en termes de processus physiques. Le réductionnisme physicaliste est donc considéré ici comme une version moderne du matérialisme radical.

une métaphysique[26] (contre laquelle il s'était élevé dans ses prémisses).

---

[26] L'idée que nous trouvons ici et là, selon laquelle « un jour les neurosciences expliqueront tout » parait naïve et rappelle bien des enthousiasmes douchés du XIXème et XXème siècle, voir par exemple Stanislas Dehaene, *Le code de la conscience*

LA DUALITE SCHEMATIQUE DU MONDE : LE MONDE SEPARE

> Ce qui est rationnel est effectif, et ce qui est effectif est rationnel.
>
> Georg Wilhem Friedrich Hegel, Préface des *Principes de la philosophie du droit*, 1820

QU'EST-CE QUE LE DUALISME ? HISTOIRE D'UNE INCOMPREHENSION

10.

LE DUALISME DU POINT DE VUE DES NEUROSCIENCES — Les neuroscientifiques se font, la plupart du temps, une idée fausse (ou tout au moins partielle) du dualisme en confondant la dualité classique entre le corps et l'esprit avec la séparation entre le sensible et l'intelligible, le matériel et l'idée. L'exemple typique choisi par les neuroscientifiques pour disqualifier le dualisme est ce qu'ils appellent le « théâtre cartésien[27] ». Descartes, affirment-ils, défend l'idée selon laquelle la conscience fonctionne à la manière d'un théâtre : les événements se passent à l'intérieur de notre conscience et nous les regardons

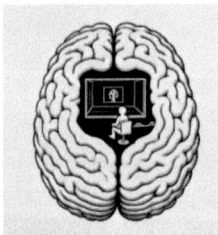

---

[27] Idée défendue par Daniel Dennett dans *La conscience expliquée* et largement reprise par la communauté des neurosciences, voir notamment en France Stanislas Dehaene, *Le code de la conscience*.

comme nous regarderions défiler des images sur un écran. Il existerait ainsi, selon la vision cartésienne (selon les neuroscientifiques en question), une version concentrée de nous-même, à l'intérieur de notre cerveau, qui interagirait avec les données communiquées par l'intermédiaire des sens dans notre conscience. Cette vision évidemment simplificatrice bute entre autres sur le problème de la régression à l'infini (y a-t-il un autre petit homme dans le cerveau du petit homme de notre cerveau ?). Bien que cette extrapolation n'ait en réalité pas grand-chose à voir avec la pensée de Descartes, elle nous renseigne sur la manière dont les neurosciences conçoivent le dualisme (pour le discréditer). Pour la plupart des neuroscientifiques, en effet, le dualisme renvoie instantanément à la séparation entre l'âme et le corps[28], à la métaphysique, à la religion. Lorsque les neurosciences pensent dualisme, elles pensent séparation ontologique, religion, mystique de l'âme, sans doute pour ne pas penser au problème plus immédiat et plus concret de la différence entre la matière et l'idée.

---

[28] Séparation que Descartes tente paradoxalement de réduire et non d'aggraver avec ces hypothèses sur la « petite glande » qu'il considère comme une meilleure candidate à exercer ses fonctions sur le corps que tous les tous les organes « doubles » (membres, yeux, hémisphères cérébraux…).

11.

La confusion entre l'information et son support — Le réductionnisme physicaliste confond le support de l'information et l'information elle-même, le réseau de neurones activé et l'idée, l'écriture et l'encre. L'information ne peut s'identifier à la matière. La matière, à strictement parler, ne contient pas d'information, elle demeure toujours au niveau de ce qu'elle est.

LES DEGRES D'EMERGENCE – LES DEGRES DE
LIBERTE – LE PROBLEME DE LA MORALE

12.

LE COUPLE VRAI-FAUX CONTRE LE MATERIALISME
INTEGRAL : LA MACHINE COMME FIGURE CONCRETE
DU DUALISME – En caricaturant des positions dualistes vieilles de plusieurs siècles, les matérialistes radicaux ont pensé avoir emporté une victoire décisive sur la philosophie. Le dualisme ayant été rapidement assimilé à l'opposition entre le corps et l'âme, on avait cru régler le compte des philosophes en leur faisant remarquer combien la question de l'âme était spéculative et n'intéressait pas les sciences[29]. Dans les années 1940 et 1950, les développements intenses de la cybernétique, par la schématisation des mécanismes logiques puis par leur réduction à des processus physiques semblèrent fournir les arguments décisifs aux réductionnistes : si, affirmèrent-ils, nous pouvons par des processus physiques simples, simuler des mécanismes mentaux qui nous apparaissent complexes, c'est que l'homme, comme tout être vivant, est entièrement réductible aux interactions physiques qui se produisent en lui. Ici encore, la machine à validation tautologique du réductionnisme fonctionnait à plein : « tout est matière, or tout est matière, donc tout est matière » (on vous l'avait bien dit !). Cependant, s'il est vrai que la

---

[29] C'était oublier Kant qui, en 1781 avait déjà exclu l'âme de ce que la raison avait la possibilité de connaître, au même titre que le monde (la chose « en soi ») et Dieu (*Critique de la raison pure*). Rien de très nouveau donc dans la position des physicalistes réductionnistes sur la question de l'existence de l'âme et sur ses interactions supposées avec le corps.

cybernétique reposait tout entière sur la formalisation mathématique du monde et sur la traduction de cette formalisation en mécanismes physiques, il n'en demeure pas moins que ce processus de formalisation trouvait son origine dans nos propres structures logiques, qui sont celles que nous communiquions à la machine. Ainsi, le fait même que la règle produise les résultats attendus par son formalisateur est une confirmation physique du fait que la règle fonctionne, qu'elle produit son effet. Dans le cas de la machine à calculer, non seulement la règle fonctionne (la machine trouvera bien le résultat « 4 » à l'opération proposée « 2+2 ») mais les règles qui ont permis de réaliser une telle machine fonctionnent également (la machine affichera sur son écran le chiffre « 4 »). La machine est, en cela, une objectivation de l'idée[30], c'est-à-dire une

---

[30] Le concept d'idée est employé ici dans le sens d'« hypothèse intentionnelle ». L'expérimentateur teste une hypothèse déduite d'une théorie plus générale, qui a probablement à son tour été déduite de l'expérience. Il ne s'agit pas ici de discuter de la genèse de la formation de l'idée, mais plutôt d'insister sur la possibilité de voir dans le monde concret le prolongement d'une idée abstraite qui, avant d'être produite et testée sur le monde peut n'avoir eu aucune réalité concrète (autre que celle des processus chimiques qui ont présidé à sa formation, mais qui pour autant n'en sont pas la réalisation concrète : pour le dire autrement, il peut se former dans mon esprit l'idée d'un avion ou même d'une licorne à cinq têtes sans que nécessairement j'aie déjà eu l'occasion de voir un avion ou une licorne à cinq têtes. Les processus mentaux qui m'auront amené à créer l'avion ou la licorne ne seront pas identifiables à leur objet. L'idée est différente de ce qu'elle désigne, y compris si, comme l'affirment les physicalistes — et que d'ailleurs nous ne songeons pas à contester — elle est issue de, ou repose sur des processus chimiques qui président à sa formation. Pour le dire

idée devenu objet, une illustration *in concreto* de l'effectivité de la règle, de sa réalité, de son caractère non spéculatif[31], oserait-on dire, de sa « vérité[32] ». La machine fonctionne ou ne fonctionne pas, elle valide ou invalide une hypothèse ou une théorie (c'est-à-dire une « idée » dans le sens particulier que nous lui avons donné ici). Loin de discréditer le dualisme, la machine en est donc l'illustration la plus aboutie : il y a la matière et il y a la matière *organisée* par l'idée. L'idée peut être confirmée ou infirmée par l'expérimentation, c'est-à-dire être dite « vraie » ou « fausse » selon son degré de conformité avec les attentes de l'expérimentateur. Lorsque la machine fonctionne, c'est-à-dire lorsqu'elle produit le résultat escompté par l'expérimentateur ou l'ingénieur qui l'a conçue, elle sépare le monde en deux : celui de l'idée (l'hypothèse, la théorie) d'un côté, celui de sa réalisation effective de l'autre. En validant la proposition selon laquelle une idée peut être vraie ou fausse, effective ou ineffective, la machine ouvre ainsi la brèche du dualisme, non pas tant parce qu'elle entérine l'opposition duale entre le vrai et le faux, mais plutôt parce qu'en manifestant dans le monde la possibilité de confirmer un discours, elle est un témoignage concret d'un mode de connaissance qui opère sur le mode de la correspondance entre un discours et sa destination (en l'occurrence, la réalisation

---

autrement, « le concept de chien n'aboie pas », comme l'avait fait remarquer astucieusement Louis Althusser en extrapolant un passage de l'*Ethique* (I, proposition 17) de Spinoza).

[31] Dans le sens où l'idée a un « effet » visible (et mesurable) sur le monde.

[32] Le terme « vérité » étant ici entendu comme conformité à ce qui est attendu.

concrète du discours). La machine, en tant que cas particulier de la figure de correspondance entre l'idée et sa réalisation effective est un démenti concret au relativisme (les turbines tournent, les avions décollent, les relativistes montent dans les avions).

13.

Peut-on penser un monde sans lois ? —Lorsqu'en 1934, il se trouva pour la première fois face au mobile de Calder intitulé *Un univers* au MoMA de New York, Albert Einstein serait, parait-il, resté sans bouger pendant les quarante minutes du cycle mécanique complet du mobile. Dans le l'œuvre de Calder, tout ce qui nous est en principe caché apparaît au premier plan. Ce sont ainsi les fils de la causalité rendus visibles par Calder qui se trouvent au centre de l'œuvre : le mécanisme, représenté par un amas organisé de la matière (« *pipe, motor, wire, wood and string* » indique le sous-titre de l'œuvre) est en réalité le vrai sujet du mobile, alors que les astres occupent une place presque anecdotique. Déterminés et contraints dans leur mouvement par un réseau de treillis métalliques, ils sont soumis à une force supérieure qui apparait ici dans toute sa trivialité : la loi. Est-ce la vue de cette œuvre qui inspira à Einstein sa célèbre phrase « Dieu ne joue

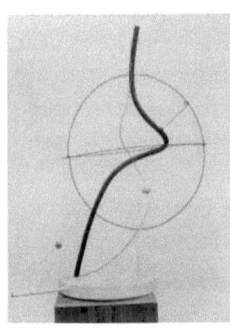

Alexander Calder, *A Universe*, 1934, tuyau en fer peint, fil d'acier, moteur et bois avec ficelle.

pas aux dés[33] » ? Il semble en tout cas que, dans l'œuvre de Calder, tout comme dans la pensée d'Einstein, ce soit la règle, le mécanisme légal, qui vienne en premier et non sa manifestation visible (les astres). Que se passerait-il en effet si les fils, les tuyaux, le moteur et le bois (« *pipe, motor, wire, wood and string* ») étaient ôtés de l'œuvre ? Les astres pourraient-ils se soutenir d'eux-mêmes par l'opération du Saint-Esprit ? Faut-il dès lors considérer que la règle en tant que condition de subsistance de notre univers n'y est pas directement réductible ? En poursuivant une réflexion d'Einstein sur les origines de l'univers, le mathématicien et physicien (futur Prix Nobel de physique) Roger Penrose avait trouvé une probabilité de 1 sur $10^{10^{123}}$ pour qu'un univers comme le nôtre survive à ses premiers instants. Autrement dit, il y aurait une chance sur $10^{10^{123}}$ pour qu'univers donné adopte un ensemble de paramètres qui n'entrainent pas sa destruction immédiate[34]. Les calculs de Roger Penrose

---

[33] On retrouve des traces écrites de l'expression dans les correspondances d'Einstein avec Max Born (7 septembre 1944 – in *A. Einstein, M. Born, Correspondance* 1916-1955), dans une lettre à Michèle Bosso datée du 30 novembre 1949, dans une lettre à Niels Bohr datée du 4 avril 1949 ou encore dans une autre lettre à Erwin Schrödinger datée de 22 décembre 1950. On sait qu'Einstein employait en réalité assez souvent l'expression, probablement même avant les années 40, le paradoxe EPR (Einstein-Podolsky-Rosen) ayant été publié dans un article daté de 1935, soit peu après cette « rencontre » d'Einstein avec le mobile de Calder.
[34] Voir Roger Penrose, *The Road to Reality*, New York, Alfred A. Knopf, 2005, pp. 762-765. Voir également *The Large, the Small and the Human Mind*, trad. Française : *Les deux infinis de l'esprit humain* : « J'ai illustré par un dessin représentant le Créateur, en train de pointer un point minuscule dans

faisaient suite aux réflexions de plusieurs physiciens, tels qu'Andreï Linde ou Brandon Carter, qui s'interrogeaient sur l'extrême improbabilité des « bons » réglages des constantes physiques qui caractérisent notre univers. Andreï Linde avait ainsi émis l'hypothèse de l'existence d'une « mousse » d'univers, chacun ayant eu son Big Bang et répondant à ses propres lois ou constantes physiques, alors que Brandon Carter proposa l'idée du « principe anthropique » qu'il déclina en un « principe anthropique faible » selon lequel ce que nous observons doit être compatible avec les conditions nécessaires à notre présence en tant qu'observateurs — sinon nous ne serions pas là pour observer — et un « principe anthropologique fort » selon lequel l'univers doit avoir des lois et des paramètres fondamentaux afin que des êtres sensibles puissent y apparaître à un moment déterminé de son histoire. Si le principe anthropique faible est tautologique dans sa construction (ce principe revenant à affirmer : « si les conditions nécessaires et suffisantes à notre existence n'étaient pas produites, alors nous ne pourrions pas exister », c'est-à-dire en somme : « si nous n'existions pas, c'est que les conditions nécessaires et suffisantes à notre existence n'auraient pas été produites »), il n'est pas pour autant tout à fait

---

l'espace de phase qui décrit toutes les conditions initiales possibles, le seul point à partir duquel notre univers doit avoir évolué pour qu'il ressemble, aussi peu que ce soit, à celui dans lequel nous vivons. Pour atteindre ce point, le Créateur doit le localiser dans l'espace de phase avec une précision de $1/(10^{10})^{123}$. Si on inscrivait le nombre de zéros nécessaires pour représenter ce nombre sur chacune des particules élémentaires actuellement présentes dans l'Univers, on serait encore loin de pouvoir l'écrire. », éditions Flammarion, Champs Sciences, 1999, p. 63

stérile dans la mesure où il sert de fondement au principe anthropologique fort et, par ricochet, à l'interrogation sur les conditions de possibilité de l'existence de la formation d'univers cohérents (observables ou non), c'est-à-dire d'univers qui ne se sont pas effondrés à cause de leurs contradictions physico-logiques. En tant qu'êtres sensibles et rationnels, nous sommes le produit tardif d'un univers régulé (un univers qui ne s'est pas effondré sur lui-même). C'est dans cet univers que notre rationalité a émergé et ce sont ses lois que nous essayons de comprendre. Si l'univers ne s'est sans doute pas constitué pour nous (dans l'objectif de nous créer) ou à partir de nous, nous sommes nécessairement tributaires de ses conditions initiales et soumis aux lois qui le gouvernent. Nous sommes en quelque sorte « constitués du même bois » que lui, pris dans les fils de cette double soumission existentielle : je suis le produit de la régularité des lois qui ont présidé à la formation de mon univers, lui-même contraint par ces mêmes régularités qui m'ont vu apparaitre à un moment donné de son histoire. La scène finale de *2001 l'Odyssée de l'espace* exprime bien cette abyssale vérité cosmologique : le nouveau-né, entouré d'un halo de lumière ouvre ses yeux ronds sur la parfaite circularité des astres, il est le produit de cette circularité, l'achèvement en un sens de ce processus légal infini qui, par un incompréhensible mystère, a fini par élever la matière au-dessus d'elle-même.

Si, de fait, nous admettions par expérience de pensée l'existence d'un monde totalement privé de règles ou même de toute régularité (à supposer qu'un tel monde fut possible), alors le matérialisme intégral deviendrait sans doute admissible : la règle n'existant plus, la matière n'aurait plus à s'en prévaloir. Le matérialisme intégral ainsi débarrassé de toute règle pourrait échapper à ses contradictions bien qu'en toute rigueur la logique étant par définition exclue de ce monde, nous n'aurions rien à penser, à croire ou à admettre, nous serions nous-mêmes des formations sans substance, sans règle et sans but (qu'est-ce en effet que la règle si ce n'est l'idée subjective et effective qui représente et explique les phénomènes de manière intelligible et dynamique ?). Dans ce monde anomique, nous ne pourrions en effet rien dire sur le monde (la notion même de discours n'aurait pas de sens : pas d'idée, pas de communication, pas de correspondance possible), nous resterions sur le plan zéro de la matière. La matière ne serait alors ni organisée, ni pensable, elle serait simplement inerte et égale à elle-même, flottant entre sa possibilité et sa réalisation. Le fait même, cependant, que le monde, à travers le prisme de notre perception sensible, nous présente des régularités — fussent-elles uniquement statistiques — le fait que nous puissions en dire quelque chose (et même quelque chose de faux) est, pour nous, une confirmation de ce que tout ne saurait se réduire à la matière. La matière n'étant pas anomique, elle n'est, de fait, pas tout (elle ne peut décrire la totalité dans le langage). Comment pourrait-elle en effet prétendre à la totalité alors même qu'elle obéit à des règles qui ne sont lui sont pas réductibles ou assimilables (c'est-à-dire qui ne peuvent pas être dites « matérielles[35] ») ? On pourrait faire

---

[35] Entre autres contradictions et paradoxes, si nous supposions que les règles étaient elles-mêmes matérielles,

remarquer ici à juste titre que ce n'est pas de la matière comme « chose en soi » dont il est question lorsque nous discourons de la « matière » mais de la matière comme phénomène, c'est-à-dire comme synthèse de notre sensibilité et notre imagination, comme nous l'expliquerons plus loin (voir *Qu'est-ce qu'une chose ?* § 23 et suivants). Lorsque nous parlons des règles de la matière, nous discourons par conséquent à propos des règles des phénomènes, qui constituent notre seul mode d'accès au réel. Nous ne disons donc rien de la matière en tant que telle (en tant que substrat brut des phénomènes). A cette objection, nous répondons que, pas plus dans un discours à propos des « choses en soi » que dans un discours sur les phénomènes (les substrats des choses médiatisés par notre conscience), nous ne pouvons assimiler la règle à la matière. Dans une perspective dualiste, qui admet qu'en tant qu'être sensibles nous n'ayons accès qu'à des phénomènes (des manifestations des choses par les sens) et jamais directement à des choses *en soi*, il nous est aisé de montrer que la règle n'est pas réductible à la matière (qu'elle n'est pas matérielle). Pour cela, il nous suffit de montrer que la règle n'est pas un phénomène (qu'elle n'est donc pas « matérielle » dans une perspective dualiste). Considérons donc l'hypothèse selon laquelle la règle serait entièrement réductible aux phénomènes, c'est-à-dire qu'elle serait elle-même un phénomène, une régularité heureuse et fortuite qui se produirait matériellement dans notre cerveau à chaque fois que

---

cela nous conduirait à poser l'existence d'autres règles qui réguleraient cette matière, ces autres règles étant elles-mêmes matérielles en appelleraient d'autres, et ainsi de suite, à l'infini.

nous pensons la règle. Dans ce cas, nous serions incapables d'expliquer l'objectivité des mathématiques ou de la géométrie (son caractère contraignant et non-relatif). Or cette objectivité est pour nous établie dans la mesure où (i) les figures idéales de la géométrie, par exemple, ne se rencontrent jamais dans la nature sous leur forme parfaite (on a jamais vu un triangle, un carré, ni même un cercle parfait dans la nature[36]), où (ii) les lois qui dérivent de ces figures idéales (ou *idéelles*) sont invariables et ne sont donc pas réductibles aux phénomènes qui sont eux changeants par nature (dans la géométrie euclidienne, la somme des angles d'un triangle sera toujours égale à 180 degrés et le périmètre d'un cercle sera invariablement égal à $2\pi r$, et ce, indépendamment de toute considération phénoménale) et (iii) ces lois non-réductibles aux phénomènes sont effectives, c'est-à-dire qu'elles parviennent à expliquer le réel et à y introduire de nouvelles régularités. Si donc nous soutenons que la règle mathématique n'est qu'un pur jeu de l'esprit (un jeu de l'esprit sans réalité concrète, une forme d'auto-illusion matérielle de l'esprit envers lui-même), il nous devient impossible d'expliquer l'effectivité de la règle. La preuve de la totale *apriorité* et de l'antériorité formelle de la règle nous fut d'ailleurs donnée par les géométries non-euclidiennes, puisque c'est au XIXème siècle que Gauss, Riemann et Christoffel ont fondé les géométries différentielles sur des considérations strictement mathématiques (et donc légalistes), or ce n'est que plusieurs décennies plus tard, au début du XXème siècle que ces géométries ont trouvé leur application effective

---

[36] C'est d'ailleurs l'un des grands arguments de l'empirisme de Hume contre le rationalisme.

dans la théorie de la relativité. Ici, le schème *idéel* (dans le sens « qui relève de l'idée abstraite ») a donc historiquement précédé son application concrète et effective. La règle n'a, selon toute évidence, pas été tirée des phénomènes, elle a au contraire permis de les expliquer par une abstraction intellectuelle qui précédait de plusieurs décennies la découverte d'une théorie générale des phénomènes. On pourrait encore nous faire l'objection que les phénomènes, en tant que constructions mentales, pourraient bien être de simples apparences ou de pures illusions, sans relation effective et causale avec un substrat matériel. Dans ce cas, notre expérience du monde se limiterait à la perception de ces phénomènes et il nous serait alors impossible de postuler davantage que la perception de la réalité phénoménale « à chaque fois que je la perçois » ou qu'elle se manifeste à moi : c'est la position du psychologisme ou de ce que l'on a parfois appelé l'« idéalisme psychologique ». Ce cadre conceptuel, qui revendique pour lui la rigueur la plus radicale soutient que, dans la mesure où nous avons toujours affaire à une réalité phénoménale (à une réalité médiatisée par nos sens), nous ne pouvons faire de prédictions et de théories que sur cette réalité phénoménale, jamais sur la matière ou la chose en elle-même. En toute rigueur, ce point de vue est exact, nous ne déduisons ni n'appliquons jamais la règle d'après ou à une chose *en soi* (la « matière brute » et non médiatisée) mais cela ne signifie pas pour autant que la règle puisse, elle, se réduire à un pur phénomène ni que le phénomène ne soit qu'une simple illusion, ce que les psychologistes ou les idéalistes les plus ardents sont parfois allés jusqu'à soutenir (sans le démontrer). Il est vrai cependant que le problème de la relation entre le phénomène et son substrat demeure entier : on ne peut prouver en toute rigueur qu'il existe un lien *causal* de nature *déterministe* entre la « matière brute » et le phénomène (bien que cette preuve ne nous soit pas d'une grande utilité dans la mesure où nous n'avons jamais affaire à la matière brute, mais toujours aux phénomènes).

En partant de ces considérations, certains partisans du psychologisme allèrent jusqu'à remettre en question la réalité du monde extérieur (d'un monde qui existerait en dehors des phénomènes, c'est-à-dire en dehors de notre perception du monde *au moment* où nous le percevons). Cette querelle autour de la réalité du monde ne constituait en rien une problématique inédite ; elle innervait déjà en profondeur l'histoire de la philosophie, se déployant depuis Platon jusqu'à Descartes, de Descartes à Kant[37], et poursuivant son

---

[37] Nous pensons bien sûr à l'allégorie de la caverne chez Platon ou à l'hypothèse du malin génie chez Descartes. Notons que dans La *Critique de la raison pure*, Kant apporte une réponse à l'idéalisme psychologique en s'appuyant notamment sur notre intuition du temps : « J'ai conscience de mon existence comme déterminée dans le temps. Toute détermination de temps suppose quelque chose de *permanent* dans la perception. Or, ce permanent ne peut pas être une intuition en moi. En effet, tous les principes de détermination de mon existence, qui peuvent être trouvés en moi, sont des représentations, et ont besoin, comme telles, de quelque chose de permanent, qui soit distinct de ces représentations, et par rapport à quoi leur changement, et par conséquent mon existence dans le temps où elles changent, peuvent être déterminées. », *Analytique transcendantale*, p. 261
La réfutation du psychologisme chez Kant préfigure en cela les travaux de Putnam sur la référence (voir § 31 – *Contre le psychologisme*). Kant veut prouver, contre Descartes, que notre expérience interne n'est pas plus certaine que notre

développement critique au fil des XIXème et XXème siècles. Dans un ouvrage paru en 1969 sous le titre de *Über Gewißheit* (*De la certitude*), qui rassemble des aphorismes écrits par Wittgenstein de 1949 à 1951, année de sa mort, Wittgenstein s'en prenait par exemple vigoureusement aux positions de G.E. Moore et notamment à l'un de ses articles daté de 1939 intitulé *Proof of an External World* (*Preuve de l'existence du monde extérieur*) dans lequel Moore tentait de prouver l'existence du monde sur la base d'une approche purement subjectiviste et apodictique que Wittgenstein récusait. G.E. Moore cherchait à réfuter le scepticisme en proposant une démonstration simple et directe de l'existence du monde extérieur. Il établissait d'abord trois critères qu'une preuve rigoureuse devait respecter : la prémisse devait être distincte de la conclusion, elle devait être connue comme vraie, et la conclusion devait logiquement en découler. Sur cette base, il proposait une preuve empirique : en montrant ses mains et en affirmant « voici une main, et en voici une autre », il concluait que des objets extérieurs se manifestaient à nous et, par conséquent, qu'un monde extérieur existait

---

expérience externe. Il arrive même à renverser la position qu'il prête à Descartes, en établissant sa thèse par une démonstration où l'expérience interne n'est possible elle-même que sous la condition de l'expérience externe, si bien que l'expérience externe apparaît presque comme plus certaine que l'interne, ou, en tous cas, comme sa condition préalable, du point de vue transcendantal. La conscience de moi-même dans le temps n'est possible que par la détermination de mon existence dans le temps, c'est-à-dire que par la succession ou le changement de mes représentations dans le temps. La conscience de ma propre existence est donc en même temps une conscience immédiate de l'existence d'autres choses hors de moi.

(première prémisse : « voici une main », seconde prémisse : « en voici une autre », conclusion : « il existe au moins deux objets extérieurs, donc un monde extérieur existe — il s'agit ici d'un raisonnement déductif appliqué à une preuve empirique). Moore défendait la légitimité de cette preuve en expliquant que nous avions plus de certitude quant à la perception immédiate de nos mains que de doute sceptique quant à ce qui la remettait en question. Il renversait ainsi l'exigence cartésienne d'une justification ultime, affirmant que nous avons un accès immédiat au monde extérieur, sans nécessité de démonstration métaphysique. Son argument reposait sur une épistémologie du bon sens, où l'évidence perceptuelle l'emportait sur les hypothèses sceptiques, invalidant ainsi l'idée que nous devions d'abord prouver l'existence du monde avant d'en faire l'expérience. Dans *De la certitude*, Wittgenstein répondait à Moore par une formule lapidaire : « tu ne sais rien du tout ! » La formule peut sembler indiquer une position sceptique, mais le contexte et l'intention de Wittgenstein sont plus complexes et subtils. Wittgenstein critiquait la façon dont Moore utilisait le terme « savoir ». Pour Wittgenstein, les propositions de Moore (comme « voici une main ») n'étaient pas des exemples de connaissances ordinaires, elles étaient en réalité trop fondamentales pour être sujettes à la vérification ou au doute. Elles devaient former, selon Wittgenstein, le cadre même dans lequel des propositions de connaissance ordinaire pouvaient être formulées. Wittgenstein introduisait ainsi l'idée de « certitudes indubitables » (*hinge propositions*), qui sont des croyances fondamentales que nous ne remettons pas en question dans la pratique quotidienne. Ces certitudes ne sont pas vérifiées par des preuves, mais sont acceptées comme des points de départ nécessaires pour tout discours et toute enquête rationnelle. Wittgenstein faisait ainsi la distinction entre ce que nous pouvons savoir dans un sens ordinaire (des faits spécifiques vérifiables) et ces certitudes fondamentales qui étaient selon lui plus proches de la croyance (une croyance fondamentale et structurante qui constituait le cadre de toute connaissance possible). Dire, selon Wittgenstein, « je sais que ceci est une main » dans un contexte où il n'y a aucun doute possible sur le fait que nous avons devant nous une main, vidait en réalité de son sens ordinaire le terme « savoir ». En disant à Moore « tu ne sais rien du tout ! », Wittgenstein ne défendait ainsi pas réellement une position sceptique, mais entendait plutôt clarifier la signification du terme « savoir ». Il voulait montrer que les affirmations de Moore, bien que correctes dans un sens quotidien, n'étaient pas des connaissances au sens strict. Elles étaient plutôt pour Wittgenstein des certitudes fondamentales qui formaient le cadre de notre pensée et de nos actions.

Nous reconnaissons, à la suite de Wittgenstein, que les énoncés d'existence, tout comme les propositions totalisantes, ne sauraient être générateurs de connaissance, bien qu'ils ne relèvent pas nécessairement de ce que Wittgenstein désignait comme des « certitudes fondamentales ». En raison de leur structure logique, ces énoncés se révèlent soit tautologiques, soit contradictoires : ils ne peuvent produire davantage qu'eux-mêmes et, ce faisant, ne permettent pas d'accéder à une connaissance déterminée et effective du réel. Nous touchons ici à l'impasse inhérente à tout système moniste, laquelle réside dans la nature même de ses affirmations, le plus souvent formulées sous la forme d'énoncés existentiels du type « le monde existe » (réalisme), « le monde n'existe pas » (illusionnisme), « tout est matière » (matérialisme intégral) ou « tout est idée » (idéalisme absolu ou psychologisme). Ces énoncés d'existence peuvent en fait être ramenés à des énoncés totalisants ou à leur négation : ils ne sont appliqués à aucune catégorie particulière, mais se rapportent toujours à un ensemble qui n'est pas défini (ou délimité). De fait, l'énoncé « le monde existe » ne signifie rien de moins que « tout ce que je peux percevoir ou sentir a une existence », or l'existence étant elle-même définie comme ce qui peut être perçu (senti ou mesuré) l'énoncé précédent revient donc à affirmer « tout ce qui existe pour moi a une existence pour moi » (ce qui est tautologique), tandis que l'énoncé « le monde n'existe pas » ne signifie rien de plus que « rien n'a d'existence » (négation de l'énoncé totalisant). En tant que négation d'un énoncé tautologique et totalisant (un énoncé qui ne se rapporte pas à un ensemble défini — et qui relève ainsi plus de l'axiome ou de la définition que d'une hypothèse qu'il s'agirait de corroborer ou d'infirmer), il est contradictoire (il est une pure négation assertorique). Ainsi, l'énoncé « rien n'a d'existence » suppose-t-il, par exemple, que les raisonnements eux-mêmes soient définis comme « non-existants » ce qui serait pour nous un *non-sens* dans la mesure où cela viendrait disqualifier le cadre même qui nous est nécessaire pour penser ce qui est existant et ce qui ne l'est pas. Un tel énoncé se heurte donc à une contradiction performative : il présuppose l'existence du cadre logique nécessaire à son énonciation tout en niant ce même cadre. Si les énoncés d'existence appliqués à des totalités non définies et leur négation ne sont pas symétriques (les uns étant tautologiques, les autres contradictoires) c'est précisément parce que leur expression même tient à l'utilisation d'un langage signifiant que, d'une part, nous ne pouvons définir que comme « quelque chose » (au risque de tomber dans une contradiction) et qui d'autre part, est le seul instrument susceptible de fonder ou de contredire la proposition en question (si nous délégitimons le cadre signifiant, les énoncés deviennent indécidables).

Si nous tentons de formaliser notre problème en logique classique, nous obtenons la formule suivante : $\forall x, x \in W$, ce qui signifie que tout x existant, x est un élément de W où W est « le monde » (« *World* »), c'est-à-dire la totalité de ce qui existe. En théorie des ensembles classiques (Zermelo-Fraenkel), un tel ensemble n'est pas définissable en raison du paradoxe de Russell[38] (paradoxe qui souligne en réalité le non-sens des propositions totalisantes dans la mesure où elles s'autoréfèrent sans restriction, nous aurons l'occasion d'y revenir plus loin, voir notamment le paradoxe de Cantor qui dérive du paradoxe de Russell,

---

[38] Le paradoxe de Russell concerne l'ensemble R défini comme l'ensemble de tous les ensembles qui ne s'appartiennent pas eux-mêmes : $R = \{x \mid x \notin x\}$
La question est : R s'appartient-il lui-même ?
— Si $R \in R$, alors par définition, il ne doit pas s'appartenir.
— Si $R \notin R$ alors par définition, il doit s'appartenir.
Cette contradiction montre qu'un ensemble ne peut être défini sans restriction sur l'appartenance, ce qui invalide l'idée d'un ensemble totalisant contenant « tous les ensembles ».

§ 34 — *L'intuitionnisme comme réponse aux apories logiques du formalisme*, note de bas de page). En logique modale, nous pourrions exprimer la proposition de la manière suivante : $\forall x, \Diamond E(x) \rightarrow x \in W$, ce qui revient à la proposition tautologique « si x peut exister dans un monde possible, alors il appartient à la totalité des mondes possibles ». En logique existentielle, enfin, Si nous entendons « l'ensemble des x possibles » comme toutes les valeurs que x peut prendre au sein d'un monde défini, alors nous pouvons écrire : $X \subseteq W$ où X représente l'ensemble de toutes les valeurs que x peut prendre et W est l'ensemble du monde réel, ce qui signifie : « tout ce qui peut être pris comme valeur de x appartient au monde ». Enfin, si nous voulons préciser que x peut prendre n'importe quelle valeur sans restriction, alors nous avons simplement : $X = M$, ce qui signifie que l'ensemble des valeurs possibles de x est exactement l'ensemble du monde.

Formule	Signification de la formule	Problème logique
$\forall x, x \in W$	Tout appartient au monde réel (problème de totalisation en théorie des ensembles).	Tautologie triviale
$\forall x, \Diamond E(x) \rightarrow x \in W$	Tout ce qui est possible appartient aux mondes possibles.	Indécidabilité des possibles
$X \subseteq W$	Tout ce qui est possible appartient au monde réel.	Absence de distinction entre les possibles et le réel
$X = W$	L'ensemble des possibles et le monde sont identiques.	Absence de distinction entre les possibles et le réel

De la même manière, nous nous étudions désormais la proposition contradictoire selon laquelle le monde n'existe pas, nous obtenons la proposition logique $W = \emptyset$ où W est l'ensemble contenant tout ce qui existe. Notre proposition signifie donc « l'ensemble de tout ce qui existe est vide ». Pourtant, l'énoncé « le monde n'existe pas » doit être formulé et compris par quelqu'un. Or, pour que cette phrase soit énoncée, il faut qu'il y ait *a minima* : un locuteur qui parle, un système logique dans lequel l'énoncé a un sens, un cadre d'existence minimal où cette phrase est formulée. Mais, si $W=\emptyset$, alors rien n'existe, pas même l'énoncé lui-même. On a donc une contradiction performative : l'acte même d'énoncer que « le monde n'existe pas » suppose que quelque chose existe (au minimum le langage et celui qui parle). Le problème ici est analogue à celui des totalités auto-négatrices : si W est un ensemble totalisant (incluant tout ce qui existe), alors dire que W est vide revient à dire « tout est rien », ce qui est contradictoire (cela rappelle la contradiction de l'ensemble de tous les ensembles qui ne s'appartiennent pas dans le paradoxe de Russell). Si l'on reformule la proposition en logique modale, on peut écrire : $\neg\exists x(x \in W)$ ce qui signifie « il n'existe aucun élément appartenant à W ». Mais cela est problématique, car si l'énoncé est vrai, alors il n'existe rien, pas même l'énoncé lui-même (puisque W est l'ensemble de tout ce qui existe). Or si l'énoncé existe, alors quelque chose existe, ce qui réfute immédiatement la proposition. Nous avons donc une contradiction autoréférentielle, qui rappelle les paradoxes des propositions autodestructrices. Une autre manière d'exprimer cette idée serait de proposer : $\forall x, x \notin W$, ce qui signifie « pour tout x, x n'appartient pas au monde ». Mais cette formulation est également problématique, car si W représente tout ce qui existe, alors cette phrase revient à dire « rien n'existe », ce qui, encore une fois, autodétruit la possibilité même d'énoncer quoi que ce soit.

Formule	Signification de la formule	Problème logique
$W = \emptyset$	L'ensemble de tout ce qui existe est vide	Impossible si W est censé contenir tout ce qui existe.
$\neg \exists x (x \in W)$	Il n'existe aucun élément appartenant à W	Négation absolue, mais elle réfute son propre énoncé
$\forall x, x \notin W$	Pour tout x, x n'appartient pas au monde	Problème d'auto-référence : il faudrait que l'énoncé lui-même n'existe pas.

Si désormais nous étudions l'hypothèse selon laquelle le monde n'existerait qu'en moi, que mes perceptions ne seraient qu'illusions, rêves et fantasmagories, ne serions pas alors conduits à de semblables réflexions ? Que signifie en effet que le monde n'existe qu'en moi sinon que le « *moi* est tout » ? Ne sommes-nous pas ici à nouveau confrontés à un nouvel énoncé totalisant ? De fait, l'énoncé « le *moi* est tout » ne signifie rien d'autre, à nouveau, que « tout ce qui existe est *moi* », ou, pour le dire de manière légèrement différente, « tout ce qui existe peut être qualifié de "moi" ». Quelle somme de connaissances contient cet énoncé ? L'énoncé est en réalité à nouveau pure proposition assertorique du type $\forall x, x \in M$, où M (« Moi ») représente l'ensemble de tous les ensembles. Non seulement cet énoncé génère une somme nulle de connaissance pour le sujet, mais il se heurte en outre à une contradiction interne. Comme dans nos raisonnements précédents, cet énoncé totalisant pose en effet le problème du paradoxe de Russell[39] (qui invalide l'idée d'un ensemble contenant

---

[39] Le paradoxe de Russell met en lumière un problème fondamental des ensembles totalisants qui s'auto-incluent sans restriction.

Application au monisme : la contradiction d'un ensemble totalisant

Un monisme absolu postule qu'il n'existe qu'une seule réalité qui inclut tout. Par exemple :
— Monisme matérialiste : « tout est matière. »
— Monisme idéaliste : « tout est esprit. »
— Solipsisme radical : « tout est moi. »
Nous allons voir comment ces affirmations rencontrent un problème d'auto-inclusion et d'auto-référence, analogue au paradoxe de Russell.

Paradoxe du monisme matérialiste : « tout est matière »
Si nous définissons l'ensemble du monde W comme l'ensemble de tout ce qui existe et que nous affirmons :
W={x|x est matériel}, mais nous pouvons alors poser la question : « le concept de matière lui-même est-il matériel ? »
— Si la notion de « matière » est elle-même matérielle, alors elle est un objet matériel parmi d'autres, ce qui pose un problème car une catégorie conceptuelle ne peut pas être un objet physique. Quels sont les attributs matériels de la notion de matière ? A-t-elle une masse, un volume, une position dans l'espace ? Si elle n'a pas ces propriétés, alors elle n'est pas matérielle au sens du monisme matérialiste. Ainsi, si la notion de « matière » est matérielle, alors elle devient un objet parmi les objets qu'elle définit, ce qui pose un problème (auto-inclusion).
— Si la notion de « matière » n'est pas matérielle, alors tout n'est pas matière, ce qui réfute le monisme matérialiste.
Ainsi, comme dans le paradoxe de Russell, l'ensemble des choses matérielles ne peut pas inclure sa propre définition sans contradiction.

Paradoxe du monisme idéaliste : « tout est esprit »
Si nous affirmons que « tout est esprit », E={x|x est matériel}, alors cette affirmation elle-même doit être un produit de l'esprit, c'est-à-dire une idée ou une représentation. Mais alors, celui qui énonce cette proposition est-il aussi réductible à une simple idée ?
— Soit l'énonciateur n'est lui-même qu'une idée, alors il n'y a pas de sujet autonome pour formuler

et valider l'affirmation « tout est esprit », ce qui la prive de toute portée cognitive.

— Soit l'énonciation suppose un sujet sensible qui formule les idées : dans ce cas, le monisme idéaliste s'effondre, puisqu'il faut alors admettre une réalité qui ne se réduit pas à l'esprit (le sujet qui énonce).

Ce paradoxe met en évidence un problème fondamental du monisme idéaliste : il ne peut pas rendre compte de la condition d'énonciation qui le rend lui-même possible, sans supposer un niveau qui excède son propre cadre.

Un idéaliste pourrait objecter que le niveau réflexif de la pensée ne contredit pas le monisme, mais en est une manifestation, en intégrant dans sa définition de l'esprit un rapport dynamique entre pensée et autoréflexion. Par exemple, l'idéalisme absolu hégélien ne conçoit pas l'esprit comme une entité statique, mais comme un processus dialectique qui se connaît lui-même à travers ses propres déterminations.

Réponse : il s'agit bien ici de distinguer l'idéalisme absolu de Hegel de l'idéalisme subjectif « simple » de Berkeley par exemple. Hegel ne nie pas l'existence de la matière, il l'intègre dans un processus dialectique où elle n'est qu'un moment du développement de l'esprit. Pour Hegel, la matière n'est pas première, mais elle n'est pas non plus illusoire. Par ailleurs, l'idée même d'un processus dynamique de l'esprit implique le dualisme, y compris chez Hegel (qui voit dans la dialectique, donc dans les oppositions duales, le moteur du dynamisme).

Paradoxe du solipsisme : « tout est moi »

Si nous affirmons : « tout ce qui existe est moi », alors nous avons : $M=\{x|x=moi\}$, mais encore une fois, nous pouvons poser la question, comme nous l'avons déjà fait plus haut, l'idée que « tout est moi » est-elle, elle-même, moi ?

— Si cette idée est moi, alors elle fait partie de moi, mais qui la pense ? Cela suppose une distinction entre *moi* et *l'idée de moi*, ce qui introduit une dualité dans le monisme solipsiste.

tous les ensembles). Pour illustrer ce paradoxe, considérons la proposition suivante : « l'idée que "tout est *moi*" est-elle elle-même *moi* ? ». Si cette idée est *moi*, alors elle fait partie de moi, mais qui la pense ? Cela suppose une distinction entre *moi* et *l'idée de moi*, ce qui introduit une dualité dans le monisme solipsiste (et invalide la proposition selon laquelle « tout est *moi* »). Si cette idée n'est pas *moi*, alors tout n'est pas *moi*, et l'énoncé est faux.

Dès lors que nous admettons l'hypothèse — il faut reconnaître assez largement corroborée jusqu'à aujourd'hui — de l'existence d'un monde qui nous est extérieur (c'est-à-dire d'un monde qui ne nous soit pas réductible ou assimilable), nous *ne pouvons pas ne pas faire* l'hypothèse d'une règle qui précéderait l'émergence de notre conscience du monde (et ce même si nous n'étions pas là pour la penser, les mathématiques, par

---

— Si cette idée n'est pas moi, alors tout n'est pas moi, et l'énoncé est faux.

Le solipsisme rencontre donc une auto-réfutation, car il est obligé de se séparer lui-même en une idée et un sujet pensant, ce qui est contradictoire avec l'affirmation initiale.

Le paradoxe de Russell montre que les totalités définies sans restriction sont auto-contradictoires. Or, les monismes radicaux (matérialisme, idéalisme, solipsisme) tentent de définir une totalité unique, ce qui les expose à des contradictions similaires. Ainsi, tout monisme absolu tend à s'auto-effondrer lorsqu'il est analysé logiquement, à cause du même problème que celui du paradoxe de Russell : une totalité qui tente de se contenir elle-même est instable et contradictoire. L'une des solutions consisterait à introduire une distinction entre niveaux de réalité (ex. matière/conscience, sujet/objet), ce qui mène vers un dualisme radical. Une autre approche consisterait à ne pas tenter de totaliser la réalité dans une seule catégorie, ce qui mène à une vision pluraliste du monde.

exemple, étaient là avant que nous naissions et seront toujours là après notre mort, nous les avons conçus, mais ils sont indépendants de notre existence et de notre expérience du monde). La notion de règle, ou de légalité, même si elle n'est rien en dehors du moment où nous la pensons transcende notre expérience des phénomènes comme elle doit nécessairement transcender leurs substrats matériels (même si nous ne pouvons pas démontrer de lien causal entre le phénomène et son substrat matériel, nous ne pouvons pas concevoir non plus l'existence d'un univers sans cohérence qui ne s'effondrerait pas sur lui-même). Ainsi, le fait de rapporter la règle à des mécanismes psychologiques ou à des processus mentaux ne saurait en altérer le caractère normatif et universel. C'est uniquement à la condition de cette normativité universalisable que nous pouvons prétendre à une forme de communicabilité objective, c'est-à-dire à la science et à la connaissance en général. Nous vivons, de fait, dans un univers qui ne s'est pas effondré sur lui-même, dans lequel la matière présente des régularités, obéit à des règles que nous avons, qui plus est, la possibilité de comprendre et de formuler[40]. Voilà donc

---

[40] Que nous y parvenions ou même que nous puissions totalement y parvenir, c'est là un autre débat que nous n'abordons pas pour le moment. Il nous suffit ici de comprendre et d'admettre que la matière n'est pas anomique (qu'elle est organisée) — ce dont les maigres chances de subsistance de l'univers possible et réalisé dans lequel nous vivons nous donne un indice fort (si ce n'est suffisant et décisif) — que de fait, nous pouvons légitimement espérer comprendre et formuler la ou les règles qui président à sa formation et à son organisation et que, par effet collatéral, la règle qui préside à la matière ne pouvant se réduire la matière (ce qui serait contradictoire), la matière n'est pas tout.

ce qu'est le dualisme : la séparation originelle de l'idée (de la règle) et de la matière, de l'idée et de sa manifestation concrète. La seule existence d'un monde cohérent, qui nous est à la fois intelligible et que nous ne pouvons pas logiquement assimiler au *moi*, suffit à réfuter le matérialisme réductionniste, et à exclure simultanément toute forme de monisme. La règle n'est ni réductible ni assimilable à la matière, elle n'est que la condition formalisable, mais non matérielle, de son existence et de sa persistance : un univers sans cohérence ne peut exister (l'existence suppose la cohérence comme condition). Nous appelons ce dualise, dualisme « *radical* ».

14.

QU'EST-CE QU'UN ORGANISME ? CARACTERE AUTONOME DES ORGANISMES, LEUR FACULTE A PRODUIRE DES REGLES – Dans *L'homme neuronal*, Jean-Pierre Changeux exprime bien, peut-être à son corps défendant, ce paradoxe de la matière : le système nerveux affirme-t-il, se compose de la même « matière » que le monde inanimé[41]. Il s'agit bien, dit Changeux, de la même « matière » et pourtant une différence fondamentale apparaît dans l'emploi du terme « inanimé » qui s'inscrit implicitement dans le couple « animé-inanimé ». La matière animée est, de fait, le signe et la manifestation d'un dualisme *radical* au sein du monde, non seulement parce qu'elle ne se réduit pas aux éléments qui la composent (ces éléments étant en eux-mêmes identiques à la matière inanimée) mais aussi et surtout parce que contrairement à la matière

---

[41] Jean-Pierre Changeux, *L'homme neuronal*, p. 123

inanimée, la matière animée a la capacité d'interagir avec le monde, c'est-à-dire de réagir aux stimulations du monde sur un mode autonome. Un organisme vivant n'est pas l'équivalent physique d'une pierre, même dans ses formes les plus simples, sa réaction à un *stimulus* donné sera autonome et non pas uniquement hétéronome : la pierre déplacée par un coup de pied est dénuée de réaction organique autonome.

15.

DE L'ORGANISME A L'ORGANISATION DU LANGAGE : DUALISMES DU LANGAGE – Le dualisme « simple », ou de premier degré, qui consiste à séparer l'animé de l'inanimé, se retrouve dans la quasi-totalité des structures du langage. Dans la plupart des propositions émises par un locuteur, le sujet (l'organisme animé) est soit explicite (« je vois un avion qui décolle »), soit implicite (« l'avion décolle »). Lorsque j'affirme « l'avion décolle », j'émets en réalité la proposition suivante : *moi*[42] (ou quelque chose que j'identifie

---

[42] Dans *La philosophie des formes symboliques*, Ernst Cassirer, néokantien de l'école de Marbourg, par l'étude comparée des langues primitives, montre bien cette présence implicite du sujet ou du *moi* dans toutes les propositions du langage, en dépit de l'apparition parfois tardive du pronom. Voir Ernst Cassirer, *La philosophie des formes symboliques*, tome 1, *Le Langage*, *Un moment du langage : l'expression intuitive*, IV. *Le langage et le domaine de l'« intuition interne »*. Les moments du concept de moi :
« Jusqu'à maintenant, l'analyse visait essentiellement à mettre en évidence les catégories qui orientent le langage dans la construction du monde et l'intuition objective. Mais il est déjà apparu qu'en fait il n'était pas possible de respecter cette limite méthodologique avec une rigueur effective. Nous nous

comme étant le *moi*), je perçois (mes sens, ma vue, mon ouïe…) un objet que j'identifie comme un avion (il a des ailes, un réacteur, une carlingue, j'identifie l'objet comme un amas de matière de forme « avion ») qui quitte le sol. Si le langage fait toujours état d'une différenciation entre le locuteur et le monde (le locuteur et son environnement immédiat, le locuteur et les dieux…), il marque en même temps, dans sa structure même, une séparation entre l'idée émise par le locuteur et le monde auquel elle se compare (du moins dans les formes affirmatives du langage). Lorsque j'affirme : « l'avion décolle », ma proposition, comme la plupart de celles que je peux émettre sur le monde peut être comparée avec la perception des passagers de l'avion ou du personnel de l'aéroport qui constateront selon toute vraisemblance que l'avion a bien décollé. La proposition (l'idée) selon laquelle j'ai vu un avion qui décollait fait état à double titre du dualisme *radical* du monde, non seulement parce que je me perçois comme un être séparé, un locuteur qui émet une proposition sur le monde, mais surtout parce que j'établis une séparation entre ma proposition (mon « idée ») et la

---

sommes vus au contraire, pour exposer ces catégories « objectives », toujours ramenés à la sphère subjective ; chaque nouvelle détermination que le monde des objets recevait agissait également par contrecoups sur la détermination du monde du moi. »
[…] Humboldt déjà s'est élevé contre la « conception étroitement grammaticale » [des pronoms], et avec des raisons décisives. Il affirme qu'il est tout à fait inexact de se représenter le pronom comme la plus tardive des parties du discours : car l'élément premier de la parole est la personnalité du locuteur lui-même qui se trouve en contact immédiat avec la nature et qui ne peut pas se dispenser de lui opposer, même dans le langage, l'expression de son moi. »
pp. 212 sq.

situation (ou l'objet) à laquelle elle se réfère (mon idée n'a pas d'ailes et ne fait pas de bruit). En ce sens, le langage est structurellement dualiste. En proposant une idée, il l'identifie comme séparée de l'objet auquel elle se réfère (dans le cas, cela va sans dire, où l'idée a un objet, l'ensemble des structures syntaxiques ne s'organisant évidemment pas toutes autour du couple proposition/objet).

16.

DUALISME *RADICAL* DES MATHEMATIQUES : LES MATHEMATIQUES FORMALISATION DES STRUCTURES DU LANGAGE, – Les mathématiques, elles aussi, sont fondées sur l'idée correspondance des propositions. Le signe égal, dans la mesure où il ne s'applique pas à des propositions identiques (2=2) indique bien cette relation de correspondance entre des propositions qui s'impliquent mutuellement sans s'identifier formellement (2+2=4). En algèbre, les fonctions de type $f(x)$ contraignent, par une relation de transformation, des variables x à prendre une ou plusieurs valeurs prédéterminées par la forme de la fonction et appartenant à un plan différent de celui des variables testées. La fonction $f(x) = sin(2\pi x)$, par exemple, fera correspondre, à une valeur donnée de la variable x sur le plan des abscisses, une ou plusieurs valeurs $f(x)$ contraintes sur le plan des ordonnées.

Fonction *f(x) = sin (2πx)*

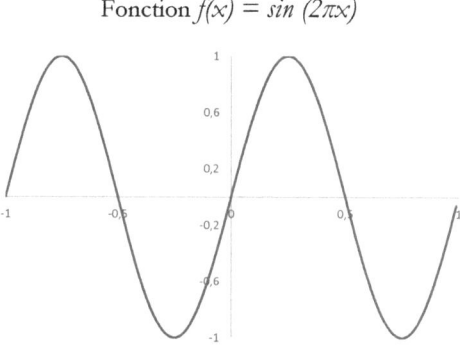

Dans cette fonction, la variable *x = 0.25* renverra, par exemple, à la valeur *f(x)=1*. La variable *x* est contrainte par la fonction de *f(x)*. Les mathématiques adoptent donc, dans leur structure même, la forme du dualisme *radical* (forme symbolisée ici par le signe « égal » mais qui peut prendre d'autres formes en fonction de la relation exprimée). En ce sens, l'idée que les mathématiques renverraient à une vérité relative dans la mesure où cette vérité dériverait exclusivement d'axiomes ou de postulats est partiellement fausse. Nous ne songeons certes pas à contester que les mathématiques, en tant qu'exercice formel, ne s'intéressent pas au contenu des objets qu'ils désignent[43]. En revanche, dans cet exercice formel se loge bien une vérité qui intéresse notre relation au

---

[43] Comme l'écrit Henri Poincaré dans *La science et l'hypothèse*, « les mathématiciens n'étudient pas des objets, mais des relations entre les objets ; il leur est donc indifférent de remplacer ces objets par d'autres pourvu que les relations ne changent pas. La matière ne leur importe pas, la forme seule les intéresse ».

monde, c'est-à-dire une vérité « non-formelle ». Cette vérité « non-formelle » est, pour reprendre le vocabulaire kantien, « synthétique » dans la mesure où elle opère une synthèse, une relation d'identité entre deux éléments *a priori* hétérogènes. Les mathématiques, notamment dans leur forme algébrique, sont la manifestation de l'effort de synthèse de la raison. Cet effort de synthèse, qui est la forme même du dualisme *radical*, s'opère à la fois dans les relations formelles des mathématiques (dans les relations d'égalité non tautologiques) et dans les structures élémentaires du langage (« l'avion est gris » ou même, dans un sens différent, « l'avion décolle ») qui expriment en fait une triple dualité : dualité formelle (différenciation du sujet et du prédicat, expression d'une relation), dualité entre la proposition et son objet, dualité entre le locuteur et sa proposition. Peu importe donc que les mathématiques renvoient à une vérité fondamentale ou à une vérité relative dans un système clos qui dérive d'axiomes, de postulats ou d'hypothèses, car l'importance des mathématiques eu égard au problème de la vérité réside dans l'essence même de ce qu'elles expriment : une relation de correspondance, c'est-à-dire la forme d'une proposition qui se compare à autre chose qu'elle-même pour s'y identifier ou s'en différencier (en ce sens, la forme dépasse la forme, postule davantage que la forme).

17.

OBJECTIONS AU REDUCTIONNISME SUR LE STATUT DE LA COHERENCE FORMELLE — En s'appuyant sur les principes du darwinisme, les physicalistes réductionnistes affirment que la cohérence formelle ne serait qu'une extension du principe de conservation des espèces. La cohérence, la vérité n'est donc pour eux rien en ou par elle-même, elle n'est qu'une manifestation de la disposition la plus primaire de l'homme et de tout organisme vivant : l'instinct de survie. En d'autres termes, la vérité est pour l'homme « ce qui fonctionne », ce qui produit un résultat et lui permet ainsi de conserver ou d'accroître sa maîtrise d'un monde qui lui est originellement hostile. Tel est le corrélat de la théorie de la survie du « plus apte[44] » : l'organisme qui a la plus grande chance de survie est celui qui s'adapte le mieux à son environnement. Là encore, la théorie physicaliste se prend au piège de la tautologie. Personne, en effet, ne songe à contester que l'organisme qui s'adapte le mieux à son environnement aura les plus grandes chances de survie (on pourrait d'ailleurs très bien retourner la proposition en affirmant son corrélat : l'organisme qui a les plus grandes chances de survie est celui qui s'adapte mieux à son environnement). La boucle tautologique se ferme sur elle-même. Qu'est-ce que la capacité d'adaptation ? L'aptitude à la survie. Qu'est-ce que l'aptitude à la survie ? La capacité d'adaptation). Seulement, là encore, il existe un fort impensé dualiste. Pour s'adapter au monde, l'organisme doit s'en différencier. Il y a dans toute forme d'organisation une lutte, une confrontation entre la matière organisée (l'organisme) et sa négation (la matière inerte, les autres organismes). On ne peut

---

[44] La notion d'aptitude ne rend d'ailleurs pas tout à fait justice à la formulation anglaise (« *survival of the fittest* ») qui évoque davantage l'idée de correspondance, d'harmonie, de concordance que l'idée d'aptitudes qui en dérive (to fit : « aller avec », « chausser », « être en harmonie », « faire concorder », « s'accorder »).

donc pas comprendre la notion d'organisme en faisant l'économie d'une forme de dualisme entre l'organisme et ce qui lui résiste, ce qui l'agresse, ce qui le nie ou le nourrit. Entre l'organisme et ce qui n'est pas lui s'intercale ce que Darwin appelle la faculté d'adaptation. L'adaptation est donc bien une forme de médiation entre deux mondes (l'organisme et son environnement). Pour s'adapter à son environnement, l'organisme n'a d'autre choix que de l'intégrer, de le « codifier » pour en faire un ensemble cohérent, qu'il « comprend ». La compréhension n'est pas ici uniquement passive (l'organisme qui reçoit les informations du monde, ce que l'on a appelé, non sans ambiguïté les « *sense data*[45] », les données des sens), elle est une activité de l'organisme qui simplifie le monde en le codifiant (voir à ce sujet les fameuses analyses de Jakob Johan von Uexküll sur le concept d'Umwelt et sur l'analyse de la vie de la tique, à dissocier cependant de la récupération douteuse de Heidegger[46]). A mesure que l'organisme croit et se développe, la codification, à l'image des mailles de la toile d'araignée, se complexifie pour former une transcription plus complète du monde. La notion d'adaptabilité, comme médiation

---

[45] Voir Bertrand Russell, *Problèmes de philosophie*, chapitres I à V.
[46] La tique sur sa branche perchée, ne réagit qu'à trois stimulants : le *stimulus* olfactif (perception de l'odeur des glandes sudoripares des mammifères) qui l'incite à se laisser tomber de sa branche au passage d'un mammifère, le *stimulus* tactile, qui lui permet d'atteindre un endroit de la peau dénué de poils et l'attrait du sang qui lui permet de se remplir du sang du mammifère, de pondre de ses œufs puis de mourir en se laissant tomber. Quoique limité par rapport au nôtre, ce monde est pour la tique un monde à part entière, codifié et compréhensible.

entre l'organisme et le monde, implique donc bien l'idée de cohérence relative (relativement à son environnement, l'organisme cherche naturellement sa survie, évite les situations de destruction) non pas comme conséquence de la disposition de l'organisme à s'adapter, mais comme *condition* de l'adaptation. L'idée de cohérence formelle (dérivée elle-même de l'idée de cohérence relative, voir par exemple les analyses d'Ernst Cassirer sur l'apparition du nombre[47]) et l'idée de vérité en tant que correspondance d'une proposition cohérente avec le réel n'est donc pas réductible à la survie de l'organisme, elle est en est la condition et la règle.

18.

COMMENT PENSER L'ARTICULATION ENTRE L'EMERGENCE DE LA CONSCIENCE, L'APPARITION DES STRUCTURES DU LANGAGE ET LE DETERMINISME DES PHENOMENES NATURELS : QU'EST-CE QUE LA LIBERTE ? — La conception dominante de la liberté comme absence de contraintes et capacité inaltérable d'autodétermination – en somme, l'idée de liberté conçue sous l'angle du libre-arbitre – trouve son origine dans la pensée de saint Augustin et de la scolastique médiévale. Toutefois, cette perspective a fait l'objet de profondes critiques et a été généralement abandonnée par les philosophes modernes, en particulier à partir de l'œuvre de Spinoza (notamment dans L'*Éthique*, 1677). Malgré cela, la question de la

---

[47] Ernst Cassirer, *La philosophie des formes symboliques*, tome 1, *Le langage*, Un moment du langage : l'expression intuitive, III. Le développement linguistique du concept de nombre pp. 185-212

liberté continue d'être abordée, notamment par les physicalistes[48], dans un cadre binaire et stérile opposant radicalement le libre-arbitre supposé du sujet au déterminisme de la nature. Ce débat, désormais réduit à une opposition de principes sans issue, ne fait en réalité que rejouer des positions déjà largement discutées à travers l'histoire de la philosophie. D'une part, le matérialisme[49], en cohérence avec ses principes, ne peut admettre d'autre réalité que la matière et invoque légitimement le principe de causalité[50] comme condition de toute pensée et de toute action. D'autre part, une certaine métaphysique postule l'existence d'une âme immatérielle capable d'introduire, au sein de la chaîne causale des phénomènes naturels, une cause nouvelle et non déterminée. Cette impasse conceptuelle témoigne d'un cadre de pensée qui, en restant enfermé dans cette alternative, peine à saisir la liberté autrement que sous la forme d'une contradiction entre nécessité et spontanéité.

Nous tenons pour acquis et ne songeons pas à contester le fait que toute définition de la liberté doive composer avec un double niveau de déterminisme, le

---

[48] Comme chez bien d'autres… Sur ce point, les physicalistes réductionnistes, néodarwinistes et autres matérialistes radicaux sont davantage excusables que sur d'autres, le couple libre-arbitre vs déterminisme rythmant encore aujourd'hui bien des discussions d'un autre temps.
[49] Signalons ici qu'il existe des philosophes, notamment dans le courant de la philosophie analytique, qui se réclament de la méthodologie matérialiste sans pour autant être réductionnistes (Putnam, Davidson, Moore, Austin, Quine…).
[50] Principe qui, nous le faisons à nouveau remarquer, n'étant ni une propriété des choses ni une chose matérielle, vient curieusement au secours du matérialisme intégral…

premier étant l'enchaînement causal déterminé des phénomènes qui ont lieu dans le monde, le second étant l'enchaînement causal et physique déterminé qui supporte nos propres pensées. En d'autres termes, nous partons de la position matérialiste radicale qui admet que chacune de nos actions comme chacune de nos pensées est déterminée par une chaine causale physique (en cela notre position diffère sans doute de celle de l'œuvre critique de Kant qui semble dégager plus explicitement l'intelligible du phénomène sensible). En tenant cette hypothèse pour vrai – c'est-à-dire en nous plaçant d'emblée du point de vue de la théorie moniste matérialiste — nous avons cependant buté sur le problème de la règle, puis plus généralement sur le problème de l'idée qui nous ont parus non-entièrement réductibles à la matière (même si nous n'avons pas pour autant contesté leur support matériel, voir § 10 à 17). Nous avons donc conclu à l'incomplétude du monisme : le matérialisme, étant incapable de se justifier lui-même avait besoin d'un fondement qui lui était extérieur. La règle, en tant qu'élément non matériel et non-réductible à la matière, nous est apparue comme étant une condition nécessaire à l'existence et à la persistance de la matière organisée. Par ailleurs, notre propre capacité à formuler la règle et à l'exprimer dans l'idée (l'idée étant ici l'expression — réussie ou manquée — de la formulation de la règle) nous a semblé être un argument supplémentaire contre le matérialisme intégral. Un matérialiste convaincu aurait sans doute pu nous objecter que la règle pouvait n'être qu'une simple construction de notre cerveau, sans correspondance réelle avec la chose elle-même. En nous plaçant du strict point de vue dudit matérialiste (en acceptant son cadre épistémologique), la remarque nous est apparue d'une faible portée explicative puisqu'elle échouait à expliquer l'effectivité de la règle (la plupart du temps, toutes choses égales par ailleurs, l'avion décolle, les lois de l'aérodynamique sont respectées, la règle est sauve). Or si la règle était effective, si elle permettait d'expliquer le monde et qu'elle y trouvait une confirmation empirique, elle ne pouvait alors pas être tenue pour une simple production de nos cerveaux. Par ailleurs, le moniste refusant toute dualité, il pouvait difficilement se retrancher derrière l'opposition phénomène/matière pour justifier l'idée selon laquelle la règle n'aurait d'effectivité que sur le phénomène et jamais sur la matière elle-même.

Si nous adoptions désormais le point de vue d'un dualiste *radical*[51], c'est-à-dire que nous admettons que nous n'avons jamais accès à la matière brute, mais seulement aux phénomènes (à la manifestation des choses à travers nos sens), nous pouvons de nouveau considérer l'idée selon laquelle règle pouvait n'être qu'une pure production de notre cerveau sur laquelle se régleraient les phénomènes. Mais nous sommes alors confrontés à un problème du même type que celui soulevé par le matérialisme moniste : comment en effet expliquer que la matière produise *à chaque fois* le même effet sur sa manifestation phénoménale sans pour autant être à chaque fois « la même » ? Pourquoi y aurait-il, en d'autres termes, un divorce radical entre la chose et son expression, entre la matérialité brute des choses et leur manifestation à travers nos sens ?

---

[51] Nous faisons ici référence au dualisme ontologique le plus radical, c'est-à-dire à l'idée d'une déconnection totale entre le monde intelligible (monde des idées) et le monde matériel.

Pourquoi, enfin, ce divorce radical serait-il toujours aussi bien réglé et produirait entre la chose et son expression phénoménale une constance qui permettrait d'appréhender le phénomène avec la surprenante régularité qui le caractérise ? En supposant que la règle ne soit qu'une production de notre cerveau sans liaison concrète avec la chose, le dualiste radical, à l'image du moniste échouerait à expliquer la relation de constance entre la « matière brute » et sa manifestation phénoménale d'une part et l'effectivité de la règle dans le monde des phénomènes d'autre part. Si donc le dualisme est autorisé à contester — d'une manière spéculative seulement — la nature du lien entre la matière et le phénomène, il n'est pas pour autant autorisé à contester la nature du lien effectif entre la règle et le phénomène. En d'autres termes, que l'on se place du point de vue moniste ou du point de vue dualiste, on ne peut expliquer l'effectivité de la règle qu'en admettant qu'elle ne se réduit pas à une simple production de notre esprit, mais qu'elle est aussi un facteur déterminant de l'objet à laquelle elle s'applique (indépendamment du fait que l'on suppose ou non résolu le problème de la liaison effective entre l'objet phénoménale et son substrat matériel). L'argument de l'effectivité ne résout certes pas le problème de l'évolution de la science, et donc de la rectification ou de la modification de la règle (le passage de la loi universelle de la gravitation de Newton à la théorie de la relativité générale d'Einstein par exemple) mais il permet *a minima* d'établir qu'il existe une relation de valeur positive (non nulle car « effective », produisant un effet mesurable) entre (i) l'idée comme formulation de la règle, (ii) le phénomène et (iii) la réalité matérielle à laquelle la règle se rapporte. En d'autres termes, si la règle détermine la chose, l'idée de la règle en est sa formulation plus ou moins fidèle (plus ou moins effective). De fait la modification de la règle n'invalide pas nécessairement la règle précédente : même si la théorie de la relativité générale d'Einstein a une puissance d'explication de l'univers supérieure à celle de la loi universelle de la gravitation de Newton, les équations de Newton n'en demeurent pas moins valables et effectives dans les applications de la mécanique classique (domaine dans lequel elles sont encore d'ailleurs largement utilisées). Rien de plus faux, donc, que de considérer la science comme une succession de théories qui, s'invalidant les unes les autres, remettraient en question la notion même de vérité scientifique.

Ayant établi le lien entre vérité et effectivité, il nous est désormais plus aisé de préciser ce que nous entendons par l'idée de liberté. Si, en effet, il a pu d'abord nous sembler que la liberté devait nécessairement s'entendre comme l'antithèse du déterminisme, il nous apparait maintenant plus clairement que la liberté est au contraire très intimement liée à ce principe fondamental. Comment en effet prétendre exercer notre liberté dans un monde dont les chaines causales pourraient à chaque instant être modifiées ou brisées par ce « malin génie » que Descartes évoquait dans ses *Méditations métaphysiques* ? Ne nous retrouverions-nous alors pas privés de liberté à double titre : d'abord eu égard à l'intelligibilité du monde (comment exercer notre liberté dans un monde qui n'offrirait aucune régularité et que nous ne pourrions de fait pas comprendre), ensuite par rapport à l'exercice effectif de notre liberté dans le monde (comment exercer notre liberté dans un monde qui n'offrant aucune stabilité dans ses chaînes causales laisserait totalement imprévisible le résultat de nos actions) ? Si donc nous acceptons le déterminisme[52], comme condition même de la possibilité de toute liberté, nous ne devons plus penser la liberté comme une absence de contraintes, mais, au contraire, comme faculté de compréhension des relations de contraintes. En d'autres termes, plus grande sera notre compréhension du monde et plus étendue sera notre faculté d'y agir librement.

19.

LES DEGRÉS DE LIBERTÉ — En suivant la marche de l'évolution, de l'apparition des formes les plus primitives de la vie — les organismes monocellulaires, cellules procaryotes à l'origine des archées et des bactéries — pour aller vers les cellules eucaryotes qui donnent naissance aux formes de vie les plus élaborées, des insectes aux mammifères, nous constatons une complexification progressive des organismes vivants ayant pour corolaire un degré d'indépendance toujours plus grand à l'égard du milieu d'origine dont ils sont issus. A mesure que les cellules se complexifient, elles forment des systèmes organisés autonomes qui ont la capacité de se maintenir en vie, de se développer, de se reproduire et de donner naissance à d'autres organismes vivants. Des formes de vie les plus simples aux systèmes organiques les plus élaborés, les organismes vivants acquièrent une liberté de plus en plus

---

[52] Ou, *a minima*, le principe de causalité, si l'on veut à tout prix évacuer l'idée de déterminisme à la suite des découvertes des phénomènes quantiques (nous aurons l'occasion d'y revenir).

importante qui se manifeste notamment par une faculté d'appréhension plus large du réel. La notion de liberté, pour autant que nous admettions temporairement son usage et sa pertinence, n'a donc pas tout à fait le même sens selon que nous l'appliquons à un organisme monocellulaire, à une tique, à un chien, ou à un grand primate.

Ce que nous appelons ici « degré de liberté » de l'organisme vivant est lié non pas à une donnée subjective et régressive (la liberté comme possibilité de faire « ce que je veux », qui pose la question de la détermination première de la volonté) mais à des données objectives : la liberté comme capacité de réagir de manière de plus en plus complexe face à un réel codifié (« retranscrit ») de manière de plus en plus élaborée par l'organisme. Si la tique a une autonomie[53] incontestablement moins limitée que celle de l'organisme monocellulaire, elle aura, par rapport au chien, une capacité moins forte à s'adapter à un environnement complexe (échapper à un prédateur, modifier son comportement face à une situation imprévue). De même, le chien possèdera un degré de compréhension et une faculté d'adaptation au réel moins importante que le grand primate, l'orang-outan, par exemple, ayant la possibilité de manier des outils et d'apprendre les rudiments d'une langue des signes. On pourrait certes objecter que, dans les exemples que nous venons de citer, l'usage du terme « liberté » est impropre, la liberté dans son acception classique se comprenant avant tout comme possibilité d'auto-

---

[53] Autonomie comprise ici comme capacité à créer ses propres règles, à s'adapter à des situations de plus en plus complexes.

détermination du sujet et non comme une sorte de faculté plus ou moins complexe de réaction efficiente par rapport à un réel donné. Nous répondons à cette objection qu'il existe sans doute des degrés de différences essentiels entre la liberté de l'organisme monocellulaire telle que nous l'avons définie et la liberté au sens classique ou commun du terme (la liberté comme capacité d'autodétermination), mais nous posons à notre tour la question : qu'est-ce qui, précisément, différencie l'organisme monocellulaire de la matière inerte, si ce n'est la capacité de créer ses propres règles pour tenter d'interagir de manière adéquate avec le monde, de s'y développer, de s'y maintenir en vie et de s'y reproduire ? La liberté ne commence-t-elle pas précisément avec cette faculté d'interférer avec le monde, c'est-à-dire, en un sens, de le comprendre ? La faculté de compréhension du monde (tirer leçon de ses échecs, modifier son comportement face à une nouvelle situation, ne fût-ce que sur plusieurs générations ou même à l'échelle de l'espèce) n'est-elle pas, dès lors, radicalement plus développée chez l'organisme monocellulaire que chez le rocher, la pierre ou le caillou (qui, à proprement parler n'ont pas d'« interactions » avec le monde, leur mode de relation au réel étant purement passif) ? Notre objecteur pourrait encore nous faire remarquer que notre définition de l'autonomie — qui est pour nous consubstantielle à la liberté (l'autonomie étant en quelque sorte la condition de la liberté, la faculté que la liberté exerce) — pourrait être facilement mise à mal par une théorie mécaniste des organismes : les organismes s'ils sont incontestablement de plus en plus complexes ne manifesteraient pas, pour autant, la moindre « autonomie ». Ils ne feraient que réagir de manière mécanique à des *stimuli*. Certes, affirmerait notre objecteur, la mécanique de l'orang-outan est, en un sens, plus élaborée et plus complexe que celle de l'organisme monocellulaire, mais cela ne signifie pas pour autant que la cellule procaryote ou l'orang-outan puissent faire preuve de la moindre autonomie, de la moindre faculté d'autodétermination, de compréhension des règles ou de production de nouvelles règles. A cela nous répondons que la réaction plus ou moins *adéquate* de l'organisme vivant à une situation donnée, ne serait-ce qu'en vue de sa propre survie (éviter un obstacle, échapper à un prédateur…), participe déjà de sa liberté, et ce dans la mesure où l'organisme témoigne dans ce cas précis d'une capacité de compréhension du réel, compréhension certes limitée et imparfaite, mais qui lui permet néanmoins, par exemple, d'éviter l'obstacle ou d'échapper à son prédateur. En cela, il nous est permis d'affirmer que l'orang-outang dispose d'un degré de liberté supérieur à celui de l'escargot ou du puceron, dans la mesure où sa faculté de compréhension *effective* du monde leur est précisément supérieure. En d'autres termes, l'orang-outan saura selon toute probabilité se sortir de davantage de situations périlleuses que l'escargot. Sa faculté d'adaptation et de réaction face à des situations inconnues sera de fait plus grande, son champ de perception et de compréhension du monde plus étendu. La liberté de l'orang-outan se comprend donc ici comme à la fois comme un degré de détachement de plus en plus grand par rapport à la matière aveugle et comme la capacité de comprendre le monde en s'en créant une image ou une « carte mentale » plus fidèle, c'est-à-dire en s'en faisant en quelque sorte le « recréateur ». Peu importe en réalité que l'orang-outan perçoive, codifie et interprète le réel de manière *correcte* du moment que cette codification et cette interprétation du réel soit *adéquate*, c'est-à-dire qu'elle lui permette d'atteindre son objectif : échapper à un prédateur, rester en vie, contourner un obstacle de manière *effective*, réussie. Cette relation d'effectivité, nous permet d'affirmer que le rapport de l'orang-outan au réel n'est pas arbitraire. Il existe de fait bel et bien un lien entre l'orang-outan et le réel qui est du ressort de la vérité (vérité non absolue et sans doute imparfaite, mais vérité tout de même) et auquel la liberté est liée. Nous pouvons néanmoins bien concéder encore aux mécanistes, que la liberté de l'orang-outan, si elle est objectivement supérieure à celle de l'escargot n'est ni totalement indéterminée ni, par conséquent, absolument achevée et, en effet, le déterminisme étant, comme nous l'avons montré un peu plut tôt, consubstantiel à l'idée de liberté, on saurait difficilement reprocher à la liberté de s'exercer dans un contexte déterministe. Le couple liberté-déterminisme n'est pourtant pas nécessairement antithétique.

L'idée d'une complexification progressive des organismes selon des degrés croissants d'autonomie, que nous avons développée, présente une analogie formelle avec la notion de degrés de liberté en statistique. Celle-ci se définit comme le nombre de variables aléatoires qui ne sont pas déterminées ou fixées par une équation, ou encore comme la différence entre le nombre d'observations et le nombre de relations qui les contraignent : plus le nombre de variables ou de paramètres influençant la réaction à un événement donné augmente, plus le degré de liberté de l'équation s'accroît. Admettons, par exemple, que l'on nous demande de choisir trois nombres dont la moyenne est de 10 comme : {6,10,14} {3,9,18} {7,10,13} : lorsque nous avons choisi les deux premiers nombres, notre choix du troisième nombre est contraint (dans le premier exemple, si bous avons choisi 6 et 14, le troisième nombre est contraint, il ne peut être que 10). Ainsi, une fois que nous avons choisi 6 + 14 ou 3 + 18 ou 7 + 13, nous n'avons plus le choix du dernier nombre : il doit nécessairement être le chiffre qui nous permettra d'obtenir une moyenne de 10. Ici, le degré de liberté pour trois nombres est donc de 2 (nous avons la liberté sur le choix de deux nombres, le troisième choix est contraint). Plus le nombre de variables augmente, plus les degrés de liberté sont élevés et plus les combinaisons possibles pour un même événement sont nombreuses : une même réaction peut avoir une multitude de motifs différents, un même motif peut susciter une multitude de réactions différentes. Par conséquent, plus la complexité (contrainte, déterminée) augmente, plus la liberté est grande. Si indéterminée qu'elle soit, la liberté est donc toujours soumise à des facteurs déterminants, c'est-à-dire formellement contraignants. Par ailleurs, plus le nombre de facteurs de contraintes potentielles est grand, plus la liberté grandit, et non l'inverse (idée paradoxale qui signifie en un sens « plus grand et mon réseau de contraintes, plus grande est ma liberté d'action).

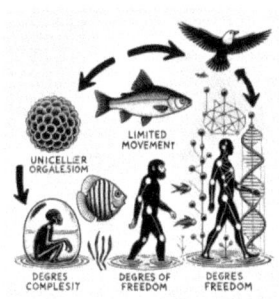

Appliqué au monde biologique, ce principe mathématique de liberté peut se traduire comme suit : pour obtenir un résultat similaire, l'organisme complexe aura le choix parmi davantage de combinaisons possibles que l'organisme simple. Face à un danger donné, le nombre de possibilités d'évitement ou de fuite d'un grand mammifère, par exemple, sera nettement supérieur à celui d'un insecte ou d'un organisme monocellulaire. Autrement dit, la réaction du grand mammifère sera moins déterminée, ou plus indéterminée, moins prévisible que celle de l'insecte ou de la cellule eucaryote. Plus la prévisibilité d'un événement diminue, plus cet événement, tout en restant dans le contexte déterministe qui l'a vu advenir, devient indéterminé, c'est-à-dire libre. Cela ne signifie absolument pas, cependant, que cet événement n'ait pas de motif, mais bien plutôt que le motif suscitera un éventail de réactions possibles de plus en plus large à mesure que l'on progressera vers les formes les plus complexes de la vie. Le motif, ainsi que la réaction suscitée par le motif, demeurent naturellement déterminés, mais leur prévisibilité diminue à mesure qu'augmente le nombre de combinaisons qui déterminent le motif ou suscitent la réaction.

20.

> Nous sommes les seuls animaux à pouvoir parler et nous ne faisons que nous aboyer à la figure.
>
> Fred Astaire in *The Band Wagon*, Vincent Minelli, 1953

L'IDÉE COMME NON-MATIERE AGISSANTE SUR LA MATIERE — L'être humain, par contraste avec les autres espèces animales, y compris les plus évoluées, se singularise par sa capacité à mobiliser le langage comme vecteur de significations autonomes. Le langage humain ne se limite pas, en effet, à la faculté de désigner un objet connu ou à satisfaire un besoin ; il ouvre un espace de signification détaché des contingences de l'expérience immédiate, permettant notamment l'élaboration d'idées abstraites, ou de jugements dépassant le strict donné sensible. Selon Karl Popper, les langages humains se distinguent fondamentalement des langages animaux, bien qu'ils partagent avec ces derniers deux fonctions « inférieures » : l'expression de soi et l'échange de signaux. Ce qui rend le langage humain unique selon Popper, c'est sa capacité à dépasser ces fonctions élémentaires de désignation et de satisfaction des besoins pour en assumer d'autres, bien plus complexes, qualifiées de « supérieures ». Popper en identifie deux principales : (i) la fonction descriptive, qui permet de représenter et d'expliquer le réel de manière objective, et (ii) la fonction argumentative, qui instaure un espace de confrontation rationnelle où les idées peuvent être examinées, critiquées et justifiées. C'est par la fonction descriptive que l'idée régulatrice de vérité fait son entrée dans le langage humain. La vérité y est entendue comme l'adéquation entre une proposition et les faits qu'elle vise à décrire de manière effective. Cette idée régulatrice, elle-même fondée sur le principe d'effectivité, établit un horizon normatif qui oriente l'ensemble de l'activité langagière vers une exigence de fidélité au réel. La fonction argumentative repose également sur la fonction descriptive : argumenter consiste à examiner, critiquer ou justifier des descriptions en référence à l'idée régulatrice de vérité. Or, si certains grands primates, tels que l'orang-outan ou le chimpanzé, manifestent une capacité à appréhender des systèmes rudimentaires de signes, ils demeurent cependant, comme l'observe Karl Popper lui-même, privés des fonctions langagières dites « supérieures[54] ». Signalons au passage qu'il ne s'agit pas pour nous de tracer ici à tout prix une ligne immuable entre l'espèce humaine et les espèces animales, l'idée de rationalité n'étant après tout pas fermée ou nécessairement limitée à la seule espèce humaine (même si aujourd'hui le fossé entre les hommes et les animaux semble encore difficilement surmontable, y compris chez les mammifères les plus évolués[55]). Nous observons toutefois que, au-delà de la simple faculté de compréhension effective et adéquate du monde

---

[54] Voir Karl Popper, *La connaissance objective* (1972)
[55] Karl Popper fait néanmoins lui-même remarquer qu'il n'est pas impossible qu'existent chez les animaux, notamment chez les abeilles, des stades de transition vers certains langages descriptifs ; voir Karl von Frisch, *Bees : Their Vision, Chemical Senses and Language*, 1950 ; *The Dancing Bees*, 1955 : et Martin Lindauer, *Communication Among Social Bees*, 1961 (En français on peut consulter *Vie et mœurs des abeilles*, de Karl von Frisch, traduit par André Dalcq, Albin Michel, 1955).

présente chez les animaux, l'homme dispose d'une capacité spécifique : celle de confronter de manière rétroactive et critique l'idée du réel – c'est-à-dire sa description signifiante – au réel tel qu'il se manifeste à lui. Face à un danger ou à un obstacle, la première réaction de l'homme sera, par exemple, de fuir ou d'éviter l'obstacle (réaction adéquate de survie qu'il possède en commun avec l'animal), mais contrairement à l'animal, l'homme sera ensuite en mesure d'expliquer son comportement, d'en donner le *motif*. Le ressort de l'action de l'homme n'est donc pas uniquement instinctif (réaction immédiate de peur ou d'agressivité qu'il partage avec la plupart des animaux), il est aussi analytique et rétroactivement critique[56]. Grâce à l'usage qu'il fait des fonctions supérieures du langage, l'homme a la capacité de confirmer ou de corriger ses jugements, c'est-à-dire de progresser dans la connaissance qu'il a du monde et de lui-même. Ainsi, avec le développement et l'utilisation de ces fonctions supérieures, l'homme ne se confronte plus uniquement à la question

---

[56] Des chercheurs ont placé face à des orangs-outans vivant en captivité des arachides dans des tubes de verre flottant sur de l'eau. Les arachides étaient inaccessibles si les orangs-outans en question n'avaient dû utiliser que leurs mains. Les singes ont trouvé une solution : aspirer de l'eau dans leur bouche et la recracher dans les tubes pour faire monter le niveau de l'eau et pouvoir saisir la récompense. A travers cet exemple, nous voyons comment certains grands primates sont capables de résoudre des problèmes complexes. Ils échouent cependant à avoir une approche critique du problème, c'est-à-dire à communiquer par le langage le motif de leur action. Les nombreuses expériences qui ont été tentées pour tester la capacité des grands singes à faire usage des fonctions supérieures du langage (approche descriptive ou argumentative) se sont jusqu'à aujourd'hui, à notre connaissance, toutes soldées par des échecs.

de l'effectivité. En se déliant de l'immédiateté de la vie organique, le langage permet en effet la mise à distance du réel. C'est précisément à travers le prisme de cette mise à distance que se pose la question authentique de la vérité, c'est-à-dire le problème de la correspondance[57] entre un discours et son objet, et non pas uniquement le problème de l'adéquation d'une action ou d'un comportement avec son résultat escompté. Si, par l'expérience que nous faisons du langage, la nature de la relation d'adéquation change, l'idée d'adéquation, elle, demeure. Il existe ainsi une forme de continuité entre l'effectivité en tant que problème de l'adéquation de l'*action* au réel et la vérité en tant que problème de l'adéquation du *discours* au réel, le discours pouvant à son tour, dans la mesure où il ne porte pas uniquement sur des objets purement métaphysiques, faire l'objet d'une vérification par l'expérience, c'est-à-dire démontrer son pouvoir performatif, effectif (nous reviendrons très largement sur cette idée d'adéquation en la resituant dans la problématique plus générale du langage, des niveaux de langages et de la référence — signalons seulement à ce stade que l'idée d'adéquation est à distinguer dès maintenant de l'idée qu'il existerait une correspondance « magique » entre un discours

---

[57] Bien que l'objet du discours soit lui-même une construction du sujet, signalons ici que ce caractère construit et non uniquement donné du réel n'empêche pas, comme nous le verrons, de conserver la problématique générale de la correspondance — qui est elle-même une manifestation formelle du caractère dual de notre rapport au réel (dualisme entre notre système signifiant et le réel, dualisme entre le réel physique et le réel tel qu'il se manifeste à nous, dans nos constructions mentales).

« subjectif » et le monde « objectif », monde des objets « réels » ou « en soi »).

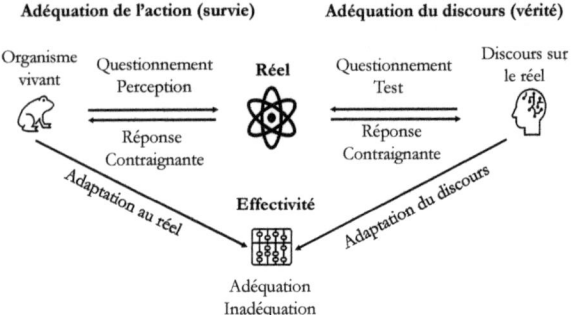

Dans notre discussion sur le langage et sa fonction descriptive, nous avançons ainsi que le langage humain se distingue des autres formes de communication dans la mesure où il permet une comparaison rétroactive entre une description et le réel, introduisant ainsi l'idée régulatrice de vérité. Cependant, cette structure peut aussi renvoyer à une auto-inclusion problématique : si le langage repose sur une fonction descriptive, alors la définition du langage elle-même repose sur un acte de description. Par conséquent, cette définition présuppose ce qu'elle tente de définir : une capacité du langage à formuler des énoncés sur lui-même. Cela rappelle le problème soulevé par Wittgenstein dans le *Tractatus* : un langage ne peut pas entièrement se contenir lui-même, sans risquer de se prendre pour objet d'une manière qui court-circuite son propre fonctionnement. C'est pourquoi Wittgenstein finissait par affirmer que certaines choses devaient être montrées, mais non dites (la fameuse distinction entre le dicible et le montrable). La fonction descriptive du langage est-elle par conséquent un fondement absolu ou dépend-elle d'une structure plus large qui la rend possible ?

Une manière d'évaluer si ces paradoxes sont véritablement inévitables serait d'examiner s'ils sont spécifiques à une certaine approche logique ou philosophique. Dans un cadre logique classique, les paradoxes d'auto-inclusion sont problématiques, car ils violent le principe de non-contradiction. Mais dans un cadre constructiviste ou pragmatique, on pourrait soutenir que l'auto-inclusion est une propriété émergente d'un système, et non une contradiction fatale. En d'autres termes, certains paradoxes que nous identifions pourraient être perçus non comme des impasses, mais comme des seuils épistémiques où un changement de cadre est nécessaire. Faut-il dès lors résoudre ces paradoxes en trouvant une reformulation plus cohérente, ou accepter qu'ils révèlent une limite inhérente à nos modes de pensée ?

A ces deux objections, nous répondons que le langage n'est pas un *corpus* organisé ou un s'ensemble constitué. Ce n'est pas un « groupe » mais une activité génératrice de sens. Le langage n'est donc pas un objet, ni un ensemble d'objets qui permettrait de le traiter comme un système formel (point sur lequel Kurt Gödel lui-même avait insisté dans les commentaires qu'il avait fait de ses théorèmes d'incomplétude, nous aurons l'occasion d'y revenir, voir § 31 — *Contre le psychologisme*). Ainsi, tenter de définir le langage comme une action de description tout en se livrant à une action de description peut paraître paradoxal, surtout dans notre tentative de démonter les paradoxes d'auto-inclusion des systèmes monistes. Cependant, contrairement aux systèmes monistes, notre théorie trouve une preuve pragmatique dans l'existence même du langage. Le fait est que le langage existe et que quelqu'un au moins l'utilise. Il s'agit là certes d'une preuve apodictique, cette preuve est cependant différente de celle de G.E. Moore qui consiste à constater de manière évidente que nous avons des mains. La preuve de Moore est en effet une proposition du langage et peut à ce titre être sujette à controverse au sein du langage. Notre preuve, au contraire, ne se situe pas dans le langage, mais *est* le langage lui-même. Elle consiste à montrer (et non à démontrer, nous rejoignons Wittgenstein sur ce point) qu'*il y a* le langage. C'est à partir de ce constat d'existence que nous déduisons le dualisme *radical* (l'existence du langage l'implique) et non l'inverse. Il nous parait vain par ailleurs de tenter de sortir des paradoxes monistes en appelant au secours le constructivisme, les seuils épistémiques et les « propriétés émergentes » quand nous cherchons à décrire et à rendre compte de cette émergence que constitue précisément le langage.

L'idée de continuité entre l'effectivité et la vérité induit à ce sujet l'idée qu'il n'existe pas de rupture épistémologique radicale entre les formes les plus primitives de la vie, les organismes complexes et les hommes (nous pourrions sans doute même parler d'une forme de *continuum* entre, par exemple, l'émergence des formes du langage, des fonctions dites inférieures aux fonctions dites supérieures). Si l'on devait parler de rupture, celle-ci ne se situerait probablement pas dans le processus évolutif ayant conduit à l'apparition progressive des fonctions langagières, mais dans l'émergence du langage comme domaine autonome, détaché des contraintes biologiques ou environnementales qui en ont initialement conditionné la genèse. Le langage ne peut être réduit à une simple codification utilitaire du réel, définie par des besoins biologiques, ni à une fonction strictement descriptive (« il y a un arbre », « l'avion décolle ») ou catégorielle, relevant d'une organisation formelle du monde (« c'est rond », « c'est triangulaire », « c'est carré »). Il constitue également un espace d'expression du jugement subjectif, à travers lequel l'individu extériorise ses états intérieurs (« j'ai peur », « je suis en colère », « j'ai froid »), et du jugement critique, par lequel il confère des valeurs normatives au monde (« c'est beau », « c'est bon », « c'est bien »). Cette autonomie du langage repose sur sa capacité à dépasser ses fonctions initiales pour devenir un vecteur de réflexion, d'évaluation et de création de sens. En se codifiant, le langage se constitue en un système doté de règles propres, d'une grammaire et d'une cohérence interne, qui, bien que façonnées par l'interaction avec le monde, se constitue en sphère indépendante du monde. Le langage devient ainsi le *médium* par lequel l'humain dépasse l'immédiateté de son rapport au réel. C'est en cela que l'homme est « *l'animal malade* ». Sa maladie, c'est sa séparation du monde, sa rupture avec l'animalité, dont le langage (en tant qu'expression logique du monde, le langage comme *logos*) est la cause première.

On aurait tôt fait ici de contester l'idée d'autonomie du langage pour affirmer, aux côtés des matérialistes, que le langage ne fait que relater un état des rapports d'intérêts qui existent entre l'homme et le monde, et qu'il n'a de fait pas de lien avec ce que les philosophes nomment « vérité ». Si cette objection des matérialistes était correcte – pour ne pas dire « vraie » – la « vérité » ne pourrait être qu'un équivalent strict de la notion de « nécessité » dont le langage ne serait que l'expression (le langage comme appendice de l'instinct de conservation). Il est vrai qu'en arrimant le problème de la vérité à celui de l'effectivité, nous avons placé d'emblée la question de la vérité aux côtés de celle de l'utilité. C'est ainsi tout le problème de la vérité qui s'est trouvé entaché par le problème plus originel des rapports de nécessité entre les organismes et leur environnement. Originellement, c'est bien, de fait, la nécessité de survivre, de se développer et de se reproduire qui fut pour les organismes vivants le moteur de leur relation au monde. La confrontation au réel est donc bien, initialement, utilitaire. Ce qui ne l'est pas, en revanche, c'est *la réponse* du monde en tant qu'il délivre à l'individu qui l'interroge une information *contraignante*, dont la nature ne peut être changée. La vérité procède précisément de ce qui contraint l'organisme, de ce qui le pousse, par conséquent, à sortir de son individualité stricte pour aller au-delà de lui-même. Si donc, la nature originelle de la confrontation avec le réel répond bien à de motifs utilitaires, le jugement sur le monde relève, lui, d'une utilité inversée : le monde ne s'adapte pas aux désirs et aux intérêts de l'organisme, c'est au contraire l'organisme qui, s'il veut survivre, s'adapte à la réalité contraignante du monde. La nécessité est donc bien l'aiguillon de la vérité, mais il faut s'entendre sur la notion de nécessité : l'adaptation des individus au réel est nécessaire à leur survie, pas l'inverse (le réel se moque de la survie de l'organisme vivant, il ne répond donc pas lui-même aux besoins des organismes, il dicte ses conditions, la « vérité » ne procède donc pas de nos besoins, mais des nécessités du réel qui s'imposent à nous). Cette adaptation à un réel contraignant, est précisément le mécanisme qui conduit à la possibilité même de la vérité (le réel, dit Lacan, c'est quand on se cogne). Sans discours sur le réel, cependant, il ne peut y avoir de vérité sur le réel. C'est précisément ici que se situe la rupture, le saut entre l'animalité et l'humanité. L'humanité, par sa maîtrise du langage, a la possibilité de formuler le problème, d'en prendre possession[58] : le monde contraint à la fois ma volonté, ma vision et ma formulation du monde comme problème.

Dès lors que nous partons de ce constat, l'idée d'une volonté absolument libre, échappant à toute forme de déterminisme, devient sans signification et sans contenu. La liberté humaine est en réalité doublement déterminée : par la physique d'un côté et par la contrainte logique de l'enchaînement des idées dont elle est le produit de l'autre (enchaînement dont nous avons montré un peu plus tôt qu'il ne peut totalement se réduire à la physique même s'il est en quelque sorte contraint par la physique elle-même). Si l'être rationnel, c'est-à-dire capable de raisonnement logique, n'admet pas ces deux réseaux de contraintes, il ne peut prétendre influer sur sa volonté, la liberté ne pouvant s'exercer dans l'ignorance de ses conditions d'existence propres. L'être rationnel doit donc accepter et, en un certain sens, épouser le réseau de contraintes qui le détermine. « Vive la Physique ! » s'écriait Nietzsche dans *Le Gai savoir*, avant d'ajouter : « … et davantage

---

[58] Notons que le mot « comprendre » signifie littéralement prendre possession, prendre avec soi (*comprehendere* en latin).

encore ce qui nous y contraint : notre probité[59] ! » Si nous ne devons pas nier la physique, si nous devons même la célébrer, il nous appartient aussi de voir que nous ne nous y réduisons pas, nous autres qui précisément la célébrons ! Nous ne prétendons pas ainsi, contre Nietzsche (et contre les matérialistes — dont Nietzsche n'est pas), nier les déterminismes physiques dont nous sommes les produits. Nous cherchons, bien au contraire, à les comprendre, c'est-à-dire à progresser dans la connaissance que nous avons de nous-mêmes. En revanche, si nous admettons l'existence et la nature des causes physiques qui déterminent notre volonté, nous contestons l'hégémonie de la physique (« Et vive *davantage encore*, écrit Nietzsche, notre probité ! », la physique n'est pas tout, la probité *qui nous y contraint* lui est supérieure…).

Mais alors, entre le déterminisme physique qui conditionne jusqu'aux échanges chimiques les plus insignifiants qui adviennent à l'intérieur de nos cerveaux et la contrainte logique que le réel impose à notre raison, quelle peut-être, au juste, la place de la liberté ? L'idée de liberté est, pour nous, liée à deux conditions fondamentales : la première que nous avons

---

[59] « Mais nous autres, nous voulons devenir ceux que nous sommes, — les hommes uniques, incomparables, ceux qui se donnent leurs propres lois, ceux qui se créent eux-mêmes ! Et, dans ce but, il faut que nous soyons de ceux qui apprennent et découvrent le mieux tout ce qui est loi et nécessité dans le monde : il faut que nous soyons physiciens, pour pouvoir être, en ce sens-là, des créateurs, — tandis que toute évaluation et tout idéal, jusqu'à ce jour, se fondaient sur une méconnaissance de la physique, en contradiction avec elle. C'est pourquoi : vive la physique ! Et vive davantage encore ce qui nous contraint vers elle — notre probité ! » Friedrich Nietzsche, *Le Gai savoir, IV, § 335, Vive la physique*

déjà brièvement décrite est l'absence de contrainte, c'est-à-dire la possibilité d'agir sans être empêché dans son action (à ce compte, plus les possibilités d'action sont importantes, plus la liberté est grande), la seconde est la connaissance des motifs et des conditions d'exercice de l'action (la possibilité pour l'être agissant de donner un motif cohérent de son action). Notre définition de la liberté s'approche en cela de la définition aristotélicienne du volontaire comme l'union des deux facultés : la spontanéité du désir (l'expression du désir d'agir en dehors de toute contrainte) et l'intentionnalité de l'être qui agit « en connaissance de cause » (la connaissance des motifs, le contraire de l'ignorance). S'il nous semble que toute définition de la liberté doit partir du problème des déterminismes physiques de l'action, nous ne réduisons pas cependant le problème de la liberté à la reconnaissance *normative* de ces déterminismes. En d'autres termes, ce n'est pas parce que toute action est matériellement déterminée que le déterminisme matériel devient légitime à soutenir et à expliquer l'ensemble de nos actions (en partie pour les raisons que nous avons déjà évoquées et qui tiennent au caractère intrinsèquement incomplet du matérialisme). C'est la raison pour laquelle nous ne souscrivons pas à l'idée d'*amor fati* que Nietzsche évoque régulièrement dans son œuvre. C'est, en effet, uniquement le glissement normatif qui s'opère entre la reconnaissance des déterminismes matériels (biologiques) de l'action et la valorisation axiologique de ces déterminismes qui conduisent Nietzsche à ce concept d'*amor fati*. Au contraire de Nietzsche, nous ne pensons pas que la reconnaissance des déterminismes matériels qui président à nos actions doive nécessairement entraîner leur validation normative. Nietzsche d'ailleurs ne le pense pas lui-même tout à fait (il n'est ni matérialiste ni relativiste, il s'appuie néanmoins sur le matérialisme pour détruire l'idéalisme sans jamais admettre explicitement qu'il propose une nouvelle forme d'idéalisme, qui dérive de l'amour de la matière). L'acceptation de la double contrainte, c'est-à-dire en somme de la double origine de la volonté, ne s'envisage pas nécessairement sur le mode de la réconciliation ou du quiétisme. Rien ne suppose *a priori* que la détermination physique de la volonté puisse harmonieusement s'accorder avec sa détermination « idéale » ou « *idéelle* ». Bien souvent, au contraire, l'exercice de la liberté se traduit par une lutte entre des contraintes de nature différentes qui s'affrontent à l'intérieur de l'être rationnel[60]. C'est dans cette lutte interne que se manifeste précisément la possibilité de la liberté, qui se définit non pas comme auto-détermination du sujet (le libre-arbitre) mais comme tension vers la reconnaissance honnête et éclairée[61] (ou « probe ») des motifs profonds de notre action, cette reconnaissance des motifs, conjuguée avec l'idée que nous nous faisons de « l'action bonne » (ou de l'action « adéquate ») entraînant à son tour une modification du comportement, dans un mouvement de spirale vers le haut[62].

---

[60] Être qui, cela va sans dire, ne se réduit pas à sa rationalité, ce qui fait toute sa complexité !
[61] Ce que Nietzsche appelle d'ailleurs la probité (*Redlichkeit*).
[62] L'articulation dynamique entre liberté et connaissance avait déjà été très largement explorée par les religions, notamment par la religion catholique (pensons par exemple à la pratique de l'« examen de conscience » dans la tradition chrétienne — « Scrute-moi, Seigneur, et connais mon cœur », Psaume 139, 23-2), elle devint également, au début du XXème

Que l'être humain, dans la mesure où il tente d'agir d'après l'idée « bonne » ou « adéquate » ait la capacité ou non de sortir victorieux de la lutte interne entre sa volonté et ce qui l'affaiblit, voilà sans doute qui dépasse le champ strict de la philosophie. Invoquer la défaillance de la volonté ne suffit cependant pas à délivrer l'homme du poids de la liberté. Même confronté à l'échec de sa volonté, l'homme, pour peu qu'il demeure en pleine possession de sa faculté de discernement, fait toujours usage de ce que nous appelons liberté, ne fût-ce que sur un mode malheureux ou négatif[63]. La liberté de l'homme ne peut, en effet, se concevoir que dans l'exercice d'une pression ascendante (« tu dois chaque jour mener campagne contre toi-même » écrit Nietzsche dans *Aurore*). Cette pression ascendante est elle-même le résultat de l'exercice de la volonté de l'homme, volonté qu'il exerce toujours dans une visée d'adéquation de ses actions au but qu'il leur assigne (on ne saurait en effet concevoir un homme qui mettrait toute sa volonté au service de l'échec de ses propres buts). Si l'homme agit de manière inadéquate (nous restons ici au niveau inframoral), cela ne peut être que pour deux raisons : soit (i) sa volonté est déficiente ou alors influencée par des facteurs exogènes contre lesquels l'homme n'a pas réussi à lutter et qui ont introduit de nouvelles

---

siècle, le terrain de la nouvelle psychanalyse, dont l'ambition était d'aider le sujet à mieux comprendre les mécanismes inconscients à l'origine de ses comportements, pour lui permettre d'agir sur leurs causes. En reprenant le contrôle des causes, le sujet élargissait son champ de possibles, s'élevant ainsi à un degré supérieur de liberté (pensons à la définition mathématique du concept de liberté).

[63] Le mode négatif de la liberté est ce que les philosophes ont souvent appelé la « mauvaise conscience ».

motivations à l'action, soit (ii) sa conception de l'adéquation est mauvaise, ineffective ou incohérente (ou encore malhonnête, ce qui est sans doute le cas le plus fréquent). Ces deux raisons sont en réalité intrinsèquement liées, l'effort vers la connaissance étant un acte de la volonté et la connaissance déterminant elle-même, en retour, la volonté. C'est précisément cette spirale ouverte formée par la volonté (physique) et par la connaissance (*idéelle*) que nous nommons « liberté » (la liberté comme acte de la volonté éclairée). L'homme malheureux est empêché, limité dans sa liberté, mais il demeure libre : il conserve la capacité de dépassement qui lui est donné par l'examen des fondements des motifs de son action, examen qui est d'ailleurs susceptible d'en modifier le cours. Il préserve aussi sa capacité à se faire du réel une idée « juste » ou « conforme » (sans même que nous songions à ce stade à donner un contenu à ces idées de justice ou de conformité). La liberté ne peut ainsi se concevoir que comme tension entre deux mondes, le monde matériel de l'animalité d'un côté, celui de la lutte pour la survie et de la satisfaction des besoins primaires, le monde du *logos* de l'autre, monde qui possède ses règles et son autonomie, mais qui est aussi susceptible d'avoir une action déterminante (matérielle) sur la volonté. La relation entre ces deux mondes ne se conçoit pas nécessairement, cependant, sur le mode de l'harmonie[64]. La mise au diapason des deux mondes

---

[64] A nouveau, sans rentrer ici encore dans des considérations morales, nous constatons que l'homme est capable, par l'exercice de sa rationalité critique, par exemple, de différer ses besoins *dans son propre intérêt* et contre ses instincts premiers. Nous pouvons par exemple concevoir qu'un

n'est pas, en d'autres termes, philosophiquement fondée.

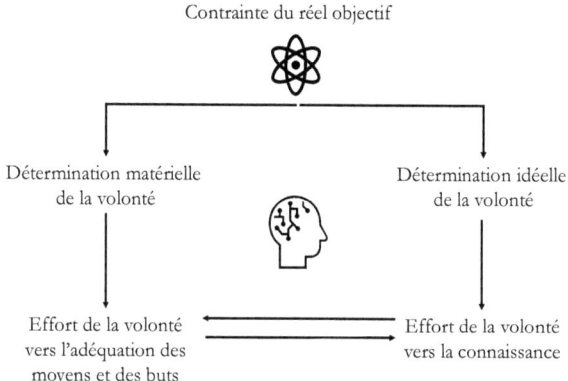

21.

L'IDEE AGISSANTE : LA MORALE COMME POSSIBILITE — Nous avons précédemment tenté d'établir (§ 15 à 18) que le langage, en tant qu'il nous permet d'exprimer la légalité du monde, se distingue de la pure matière dont il est issu. En offrant à l'être rationnel d'exprimer le monde d'une manière indépendante du monde, le langage est à la fois possibilité de l'erreur, mais aussi possibilité de vérité (il nous faudra retenir cette consubstantialité de l'erreur et de la vérité comme caractéristique fondamentale de l'être rationnel eu

---

humain confronté à une faim intense (un instinct primaire), puisse choisir de jeûner temporairement dans le cadre d'un régime médical. En exerçant sa rationalité critique, l'homme différencie ses besoins immédiats (manger pour apaiser la faim) de ses objectifs à long terme (améliorer sa santé). Il agit donc dans son propre intérêt, mais à l'encontre de ses instincts premiers.

égard à son utilisation du langage). L'être rationnel, lorsqu'il utilise le langage dans un sens propositionnel fait toujours en quelque sorte une proposition d'égalité, de conformité, d'adéquation entre le discours et la « visée » du discours (il faut ici comprendre le terme adéquation en termes de « dynamique » horizontale et non en termes de correspondance statique et verticale). La nature de la relation exprimée peut être fausse ou correcte, elle n'en relève pas moins du couple « erreur-vérité », couple signifiant, qu'on ne saurait réduire à la pure matière, mais qui est paradoxalement à même de déterminer la matière elle-même. Ainsi, certains organismes vivants s'ils réagissent à des *stimuli* matériels, sont aussi capables de réagir à des informations qu'on ne peut réduire à l'effet matériel immédiat qu'elles produisent (c'est-à-dire non-réductible à de la pure matière non signifiante). Un cri d'avertissement face à un danger imminent, dans la mesure où il n'est pas de nature propositionnelle, c'est-à-dire qu'il ne relève pas du couple « erreur-vérité » fait sans doute partie de la première catégorie (quoique cela pourrait être discuté, le cri ayant pour signification directe l'information de l'imminence d'un danger). En revanche, une proposition factuelle, telle qu'un avertissement concernant un danger non imminent (« il y a un feu de forêt dans cette direction », « risque d'électrocution »), relève clairement du registre propositionnel. Dans ce cas, l'idée transmise par l'information influence de manière directe et déterminante le comportement de l'organisme ou du sujet rationnel auquel elle est adressée.

Pour se convaincre de la nature particulière de la proposition informative, nous pourrions imaginer une situation dans laquelle un homme serait averti d'un danger non imminent par une lettre envoyée par voie postale. Si l'homme ne sait pas lire, son comportement face au danger ne pourra pas être modifié. Il n'aura pas été « informé » du danger. Il aura pourtant bien reçu la lettre, c'est-à-dire la manifestation physique de l'information (l'encre, l'écriture…). Pour autant, cette lettre ne l'aura pas renseigné et sans doute pas sauvé. L'information est donc bien différente, dans cet exemple, de sa manifestation physique (elle n'est pas un cri ou un signal d'avertissement immédiat). Si donc nous avons établi la possibilité de détermination de la matière par l'informationnel, c'est-à-dire le « non-exclusivement matériel », nous avons alors en même temps ménagé la possibilité que la morale, en tant qu'idée non-réductible à la matière, puisse exercer une influence déterminante sur l'agent moral, et donc sur la matière[65].

---

[65] A nouveau, le matérialiste, sur les fondements des acquis de la cybernétique, nous rétorquerait que l'information peut très bien se réduire à la matière. Cette possibilité n'est d'ailleurs pas uniquement théorique, les informaticiens (aidés des mathématiciens et des chimistes) nous ayant déjà montré l'effectivité de la théorie des supports matériels de l'information. Mieux, les informaticiens ont en même temps démontré que la machine pouvait très bien se passer de ce que nous appelons « compréhension » pour adapter son comportement à une information que l'utilisateur (ou une autre machine) lui communique. Sans chercher à reprendre ici tous les développements des § 1 à 12, nous faisons à nouveau remarquer que le principe même de l'information est qu'elle doit pouvoir être formalisée par des processus physiques, faute de quoi elle serait un non-sens, une possibilité sans réalisation effective. On ne peut sérieusement envisager l'information sans possibilité de communication de

l'information (ne serait-ce que possibilité interne au sujet lui-même), la communication sans supports matériels et, par voie de conséquence, l'information sans support matériel. Le fait que l'information puisse se modéliser de manière matérielle et que cette modélisation matérielle puisse produire un effet dans le monde sans passer par le stade de la signification ne signifie pas que l'information puisse être entièrement assimilée à son support. *A contrario*, si l'information n'avait pas de support ou de manifestation matérielle, elle ne pourrait prétendre à aucune effectivité, à aucun effet sur le monde. L'information présuppose donc la matière, mais ne s'y réduit pas. En réalité, la réduction de l'information à son support n'a jamais été réalisée, ni par la cybernétique ni par l'informatique. On a simplement démontré que la machine pouvait se contenter du support matériel de l'information, qu'elle ne s'intéressait pas à son sens, mais simplement à l'effet physique qu'elle produisait, aux conséquences physico-chimiques qu'elle impliquait. Nous avons soulevé dans les paragraphes précédents les paradoxes à notre avis insurmontables que suscite la théorie réductionniste : le problème du caractère tautologie de toute affirmation moniste, le problème de l'intentionnalité de la matière, le problème de l'adaptation des organismes et de l'adéquation de leur comportement au monde pour leur survie (dualisme radical) le problème enfin du caractère nécessairement non-matériel des principes législateurs (impossible réductibilité des lois à des phénomènes matériels). La théorie réductionniste repose sur un coup de force, une assimilation décrétée de l'information à sa formalisation physique. Tout principe, toute loi, toute idée doit certes être formalisable, c'est-à-dire traductible, exprimable par des processus physiques. Pour autant, l'un ne saurait être réduit à l'autre sous peine d'effondrement logique du système. On ne peut sauter par-dessus son ombre, pas plus que l'on ne peut fusionner les deux faces d'une même pièce. La possibilité de signification de la matière, l'utilisation de la matière sous un mode « signifiant » vaut dualisme. Le dualisme doit se comprendre ici comme co-appartenance de l'information et de la matière, de l'idée et de sa manifestation physique. Co-appartenance ne vaut cependant pas assimilation. Kurt Gödel, par la démonstration formelle de

Nous ne songeons pas ici cependant à donner à la morale un contenu déterminé. Ce que nous appelons « morale » n'est pas, ne sera jamais, un ensemble de règles d'actions pratiques dont les déclinaisons engendreraient d'infinis débats sur la nature des comportements à adopter dans telles et telles situations — à l'image des règles tirées de la casuistique jésuite. La morale n'est pas un manuel des bonnes pratiques. Elle est, selon la définition que nous lui donnons ici, le cadre formel de l'action (auquel elle donne son principe général), comme les gammes ou les harmonies peuvent constituer les cadres formels d'une mélodie. L'erreur serait cependant de prendre le cadre légal pour la loi elle-même. En tant que cadre formel sans contenu, le principe fondateur de la morale échappe à la critique matérialiste et utilitariste (voir notamment §12, 13 et 18 sur la non-réductibilité de la règle à la matière qu'elle détermine). Cela ne signifie pour autant que le fondement de la morale soit exempt de toute détermination subjective. Au contraire, la morale admet la subjectivité comme son fondement le plus certain. Elle est une idée du sujet, de l'être pris dans son sens le plus large : créature sensible, capable notamment d'empathie envers les autres et envers lui-même, être rationnel, capable de comprendre et de formuler le monde, être sociable, capable de communiquer et de vivre avec les autres. La reconnaissance du fondement

---

son théorème d'incomplétude illustre bien ce problème (nous aurons l'occasion d'y revenir amplement) : le système ne peut formellement démontrer sa complétude à l'intérieur du système. Il a toujours besoin d'un metasystème, c'est-à-dire une échelle supplémentaire de signification, pour trouver sa cohérence formelle : le monisme est formellement contradictoire. Tout système formel est ouvert par le haut.

subjectif de la morale ne vaut pas, pour autant, relativisme. Au contraire, la subjectivité fonde un principe logique objectif : en tant qu'être sensible je cherche naturellement à éviter le mal, le malheur, la mort, en tant qu'être empathique et social, je conçois que l'autre est à mon image, qu'il fuit le malheur, redoute le mal et la mort, en tant qu'être rationnel, je comprends le concept de réciprocité. Dès lors que je prête à l'autre une sensibilité, je saisis le cadre formel de la loi : « *ne fais pas à autrui ce que tu ne voudrais pas que l'on te fît* ». La confusion du darwinisme moral (dont on trouve une formulation relativement claire dans les ouvrages du philosophe américain Daniel Dennett, notamment dans *Une théorie évolutionniste de la liberté*, 2004) tient au fait d'assimiler le sentiment moral, l'existence de dispositions naturelles à l'empathie, voire à l'altruisme chez certaines espèces animales — dont l'homme — à la morale elle-même en tant que cadre formel qui détermine et induit l'action morale. La morale peut très bien être fondée sur la sensibilité sans pour autant s'y réduire (de la même manière que l'idée de vérité peut procéder de l'idée d'effectivité sans nécessairement s'y identifier : l'origine n'a pas de valeur nécessairement déterminante sur l'axiologie). La sensibilité, en tant que critère subjectif, est bien le fondement de la morale, mais, pour autant, la règle qui en est issue n'est pas elle-même de nature sensible. Avant d'être une pratique, la morale est tout entière légalisme, elle ne peut être autre chose, au risque d'entrer en contradiction avec elle-même[66]. Si nous

---

[66] La morale doit être non pas « antinaturelle », elle ne va pas nécessairement à l'encontre des sentiments naturels, mais elle

doit se concevoir indépendamment des inclinaisons et des penchants naturels au risque de devenir un concept sans objet, un non-sens. Au fil des différentes formulations de l'impératif catégorique s'exprime bien la trajectoire de l'impératif moral. D'abord son origine sensible formulée à travers un principe d'humanité : « *Agis de façon telle que tu traites l'humanité, aussi bien dans ta personne que dans toute autre, toujours en même temps comme fin, et jamais simplement comme moyen.* », ensuite sa portée formelle et législatrice formulée à travers le principe d'universalité : « *Agis uniquement d'après la maxime qui fait que tu puisses vouloir en même temps qu'elle devienne une loi universelle.* » (*Fondement de la métaphysique des mœurs* in *Métaphysique des mœurs*, trad. Alain Renaut). Il nous semble dès lors que la célèbre phrase de Charles Péguy selon laquelle « le kantisme a les mains pures, *mais il n'a pas de mains** » a quelque chose de malhonnête. La morale kantienne, dans ses formulations les plus célèbres (les impératifs catégoriques) ne cherche pas à proprement parler à s'incarner dans une détermination légale concrète mais bien plutôt à replacer l'action de l'homme rationnel dans un cadre général légaliste encore sans contenu. A ce titre, elle n'est pas vraiment une éthique, dans le sens de « morale appliquée » que l'on prête parfois à ce terme.

*« *Le kantisme a les mains pures* **mais il n'a pas de mains**. Et nous nos mains calleuses, nos mains noueuses, nos mains pécheresses, nous avons quelques fois les mains pleines. », Charles Péguy, Œuvres Complètes, *Œuvres de prose*, nrf Gallimard, Paris, 1916, p. 496. L'opposition très classique et maintes fois rencontrées — habituellement plutôt d'ailleurs du côté des penseurs réactionnaires — entre la pureté de l'esprit et le dur labeur des travailleurs, entre l'inévitable souillure de ceux qui font et la déconnexion du réel, caractéristique de ceux qui contemplent, a tout de même un petit air de slogan démagogique.
Nous pouvons reconnaître à Péguy que les écrits « éthiques » de Kant ne sont pas les plus dignes d'intérêt, même si ce ne sont sans doute pas ceux auxquels Péguy fait allusion dans le passage cité — nous pensons notamment à quelques longs développements de la *Métaphysique des mœurs*, ou encore à l'opuscule intitulé *D'un prétendu droit de mentir par humanité* en

avons tenté de dégager la morale de ses fondements subjectifs, nous affirmons néanmoins que la morale possède bien une capacité de détermination objective du comportement de l'être sensible rationnel. Il existe en cela une articulation effective entre l'idée et sa manifestation concrète, physique, phénoménale. Le cadre moral n'est pas uniquement une abstraction conceptuelle du sujet, il est un principe actif et déterminant sur l'agent moral[67]. L'agent moral, s'il

---

réponse à Benjamin Constant dans lequel le principe légaliste prend curieusement le dessus sur le principe d'humanité (duquel il tire pourtant sa légitimité), au motif que le mensonge disqualifie la source du droit.

[67] Voir à ce sujet une note de bas de page que l'on trouve dans *La religion dans les limites de la simple raison* d'Emmanuel Kant, remarque à notre avis fondamentale de Kant que nous avons rarement — pour ne pas dire jamais — vue signalée dans les commentaires de l'œuvre de Kant :
« Si le bien est = a, son opposé contradictoire est le non-bien. Or le non-bien est la conséquence ou d'une simple privation d'un principe du bien = 0, ou d'un principe positif de ce qui est le contraire du bien = - a ; dans ce dernier cas, le non-bien peut aussi être appelé le mal positif. (Dans la question du plaisir et de la douleur, on trouve un milieu de ce genre : le plaisir est = a ; la douleur est = b et l'état où ne se rencontrent ni l'un ni l'autre, l'indifférence, est = 0). Si la loi morale n'était pas en nous un mobile du libre arbitre, le bien moral (l'accord du libre arbitre avec la loi) serait = a le non-bien = 0, et ce dernier serait la simple conséquence de la privation d'un mobile moral = a x 0. Or il y a en nous un mobile = a ; donc le manque d'accord du libre arbitre avec ce mobile (manque qui = 0) n'est possible qu'en qualité de conséquence d'une détermination effectivement contraire du libre arbitre, c'est-à-dire d'une résistance effective de cet arbitre, résistance = - a, et ne peut donc avoir pour cause qu'un mauvais libre arbitre ; entre une bonne et une mauvaise intention (principe intérieur des maximes), de laquelle il faut

n'agit pas en conformité avec un ensemble de règles préétablies, tente néanmoins de se mettre « au diapason » avec le cadre formel de la morale[68] auquel il donne lui-même un contenu dans l'action morale. C'est l'une des raisons pour lesquelles l'expérience de Benjamin Libet (voir § 2) sur les déterminants infra-conscients de la décision qui président à l'action nous semble ne pas avoir la portée que Stanislas Dehaene, par exemple, a voulu lui donner. Les déterminants de l'action sont certes physiques, ils répondent à une chaine causale dont l'aboutissement est l'action et, en ce sens, l'expérience montre bien qu'une grande partie de nos actions peut tout à fait demeurer infra-consciente, en revanche, l'expérience ne dit rien sur les déterminants qui n'entreraient pas directement dans la chaîne causale que l'on prétend étudier (et qui ne sont pas nécessairement de nature physique ou matérielle). Si, comme nous l'avons évoqué précédemment, il s'était agi, dans l'expérience de Libet, de donner la mort à un être sensible en appuyant sur le même bouton, on peut se douter que l'expérience aurait eu une issue bien différente[69] : l'archidécision (la décision qui est prise

---

que dépende d'ailleurs la moralité de l'action, il n'y a donc pas de milieu. [Une action moralement indifférente (adiaphoron morale) serait une action résultant simplement de lois physiques et cette action, par suite, n'a aucun rapport avec la morale, étant donné qu'elle n'est point un fait (*ein Factum*) et qu'il ne saurait être ni possible ni nécessaire qu'elle soit l'objet d'un commandement, d'une défense ou d'une permission (d'une autorisation légale).] »

[68] Le principe de réciprocité ou l'impératif chez Kant, la formulation morale de l'éternel retour chez Nietzsche, etc.

[69] Les esprits avisés feront remarquer que, lors de la fameuse expérience de Milgram de 1963, des participants piégés, sous

avant que la décision ne soit prise, le « grand principe » qui se réfère à l'idée et non à l'action) aurait alors présidé à la décision de ne pas appuyer sur le bouton si la conséquence avait été la mort du cobaye ou d'appuyer sur le bouton si la conséquence avait été la survie du cobaye. Dans les deux cas, l'acteur aurait été capable de justifier du motif de son action (« j'ai voulu garder l'homme en vie » ou « je n'ai pas voulu tuer l'homme » par exemple) même s'il aurait sans doute échoué à identifier avec précision le *moment* de la décision d'appuyer ou de ne pas appuyer sur le bouton. En somme, les déterminants physiques du moment de la décision peuvent parfaitement rester infra-conscients sans que cela n'affecte en rien la capacité de l'homme à déterminer et à motiver son action. De la même manière, l'action bonne, c'est-à-dire fidèle au cadre formel de la morale n'est pas le résultat d'une longue chaîne causale qui prédisposerait l'agent moral à faire le bien, ni l'action mauvaise le résultat d'une longue chaîne causale aboutissant à la mauvaise action. Certes, l'être a toujours des inclinations naturelles ou acquises, mais, là encore, on ne saurait faire valoir l'idée de bonne ou de mauvaise action dans la cadre tautologique du matérialisme intégral. Le « bien » et le « mal », resitués dans le cadre strictement autoréférentiel du matéria-

---

le contrôle d'autorités en blouse blanche étaient allés jusqu'à administrer des doses électriques potentiellement mortelles (pour plus de 62 % d'entre eux) à des cobayes qui simulaient la douleur. Le dispositif de l'expérience de Milgram était bien différent de celui de l'expérience de Libet. L'objectif de Milgram était de montrer la force du conformisme et la capacité des hommes soumis à l'autorité (les blouses blanches) à agir par délégation, en se dégageant de toute forme de responsabilité individuelle. C'est là encore un tout autre sujet (d'inquiétude et de désespoir !).

lisme se suppriment d'eux-mêmes comme s'évapore toute possibilité de dégager une signification de leur expression concrète. C'est d'ailleurs une illusion de l'esprit de penser que l'utilitarisme pourrait ici voler au secours du matérialisme (la morale comme principe de conservation de l'espèce ou comme tentative de maximisation du bien-être d'une communauté donnée). Dans l'utilitarisme, l'idée d'adéquation demeure centrale. La morale est toujours une tentative de mise en adéquation d'un comportement avec le monde, que cette mise en adéquation soit de nature légaliste et universaliste (Kant) ou qu'elle soit tournée vers le principe de survie de l'espèce ou de l'individu (ou bien de maximisation des plaisirs chez Thomas Moore et les héritiers de sa pensée). Par conséquent, l'utilitarisme dans sa déclinaison morale est également un dualisme idéaliste. Au lieu de se mettre au diapason de l'idée de pure réciprocité, l'agent moral se met au service de l'idée de « bien collectif » dans la mesure où il y trouve aussi son intérêt propre[70] : c'est le fondement intellectuel de la plupart des démocraties libérales (contractualisme). Dans la version utilitariste de la morale comme dans sa version légaliste et universaliste, l'agent moral tente toujours de mettre sa sensibilité en conformité avec l'idée de la bonne action (ou de l'action adéquate) qui dérive elle-même du principe fondateur

---

[70] On peut s'interroger pour autant sur la nature de la morale utilitariste (et plus généralement sur la nature de toute morale fondée sur le principe d'intérêt), cela ne remet pas en cause le fait que l'utilitarisme est *stricto sensu* un dualisme. L'agent agit toujours d'après une idée qu'il se fait de la bonne action (bonne action pour la survie de l'espèce et, par ricochet, pour sa propre survie) et non pas uniquement en suivant ses propres penchants et inclinations.

de la morale (reconnaissance de l'autre comme « autre *moi* » ou reconnaissance de l'intérêt de la préservation de l'espèce). Cela ne signifie pas, pour autant, que cette tentative de « mise en conformité » de l'action avec l'idée de la bonne action soit naturelle ou immédiate[71].

---

[71] Dans le *Traité des passions*, Descartes illustre cette tentative de l'agent moral de mettre sa sensibilité au service du contrôle de ses passions. Ainsi explique-t-il dans un passage demeuré célèbre, que l'homme peut, par un habile jeu de représentations, changer ses dispositions naturelles, comme l'on change brusquement son goût pour la viande lorsque l'on rencontre inopinément dans un morceau de viande « *quelque chose de fort sale** ». Descartes exprime bien dans ce passage le problème de la détermination de l'agent moral : être sensible d'une part, soumis à ses inclinations naturelles, être rationnel d'autre part, capable de sortir de sa stricte sphère égotique pour agir d'après des principes qui ne vont pas directement dans le sens de sa nature ou de ses inclinations. C'est ici le principe, l'idée, qui, par l'utilisation de la représentation sensible, parvient à agir sur la sensibilité de l'agent et, possiblement, à en modifier le comportement. En cela, la morale est une « idée agissante », un principe non matériel qui possède une force matérielle de détermination de l'être sensible.

*« Il est utile aussi de savoir qu'encore que les mouvements, tant de la glande que des esprits et du cerveau, qui représentent à l'âme certains objets, soient naturellement joints avec ceux qui excitent en elle certaines passions, ils peuvent toutefois par habitude en être séparés et joints à d'autres fort différents, et même que cette habitude peut être acquise par une seule action et ne requiert point un long usage. Ainsi, lorsqu'on rencontre inopinément quelque chose de fort sale en une viande qu'on mange avec appétit, la surprise de cette rencontre peut tellement changer la disposition du cerveau qu'on ne pourra plus voir par après de telle viande qu'avec horreur, au lieu qu'on la mangeait auparavant avec plaisir. » René Descartes, *Traité des passions*, première partie, Art. 50 — *Qu'il n'y a point d'âme si faible qu'elle*

22.

L'IDÉE DE L'HOMME COMME FONDEMENT DE LA MORALE – La morale telle que nous l'avons définie échappe-t-elle au problème épistémologique proposé par le sceptique Agrippa ? Ce problème, baptisé trilemme de Münchhausen par Hans Albert, du nom du baron qui avait prétendu tirer son cheval et lui-même des sables mouvants par ses propres cheveux, peut se résumer ainsi : toute tentative d'établir une vérité absolue se heurte inévitablement à l'un des trois écueils que sont (i) la régression à l'infini, (ii) la circularité logique et (iii) la rupture transcendantale ou argument *ex cathedra* qui fait appel à un principe supérieur qu'on ne peut critiquer (Dieu, l'axiomatique…). Les questions morales ne sont à notre avis pas concernées par les deux premiers écueils : elles ne se heurtent pas à l'obstacle de la régression à l'infini, dans la mesure où elles admettent un principe fondateur clair et ne s'appuient pas, par ailleurs, sur un raisonnement circulaire (elles admettent bien, par le haut, un méta-principe qui est celui de la reconnaissance de la valeur de l'autre en tant qu'autre *moi-même*). Peut-on cependant légitimement affirmer que la morale introduise une rupture, c'est-à-dire un principe de justification finale (l'expérience, l'intuition, l'évidence, Dieu…) qui aurait valeur de dogme ?

---

ne puisse, étant bien conduite, acquérir un pouvoir absolu sur ses passions.

Le trilemme de Münchhausen

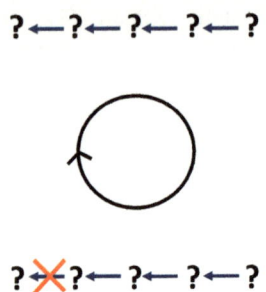

Nous savons que, en arguant des difficultés posées par ce trilemme, qu'il jugeait insurmontables, Hans Albert justifiait une position philosophique intermédiaire selon laquelle le philosophe pourrait uniquement proposer des hypothèses critiquables qu'il sait être provisoires. Si cette position, proche de celle que Karl Popper développe dans *la Logique de la découverte scientifique* ou *La connaissance objective*, peut nous sembler convenir à la démarche scientifique au sens large, est-elle pour autant appropriée à la question de la morale ? A cette dernière interrogation, nous répondons que la question morale, contrairement à la question de la connaissance scientifique, n'a pas d'abord une visée objective. Le scientifique, dans son rapport au monde, part d'une situation de déséquilibre entre sa propre subjectivité et l'objectivité à laquelle il prétend dans le discours scientifique. Il tente toujours un dépassement de la subjectivité, avec la difficulté que l'on connaît : il ne peut, comme le baron de Münchhausen, sauter par-dessus son ombre ou s'arracher à sa propre subjectivité comme on se tirerait par les cheveux pour sortir des sables mouvants. Le scientifique est donc contraint de composer avec sa subjectivité, de l'intégrer à sa progression vers l'objectivité à laquelle il ne peut jamais prétendre absolument. Il en va cependant tout à fait autrement du raisonnement moral. Contrairement au raisonnement scientifique, qui se comprend d'abord comme un dépassement de la subjectivité (une désanthropomorphisation dit Max Planck), le raisonnement moral fait de la subjectivité, de l'humanité incarnée, la condition et la racine même de sa portée objective. C'est parce que nous sommes des êtres sensibles éprouvant la joie, la douleur, le plaisir, la souffrance que nous avons la capacité d'éprouver les états de négativité et de positivité. Notre sensibilité, en tant que baromètre de notre relation au monde, est une sorte de subjectivité objective : nous sommes l'instrument de notre relation au monde (fait anthropologique). Si nous pouvons nous tromper dans la lecture que nous avons de nous-même, ce n'est pas alors notre sensibilité qui sera en cause, mais toujours l'interprétation ou la description de nos états subjectifs (pour autant que l'interprétation d'un état subjectif puisse prétendre à une quelconque forme d'objectivité — mais là n'est pas la question). C'est par ailleurs, parce que nous sommes des êtres rationnels, capables de reconnaître en l'autre le reflet de notre propre sensibilité, que nous pouvons reconnaître le caractère objectif et le pouvoir légalisant de la morale (l'idée de réciprocité). Dans la morale, la subjectivité, c'est-à-dire le fait que nous soyons des êtres sensibles (humains), n'est pas un point de départ à dépasser (comme dans le raisonnement scientifique), c'est un principe fondateur[72].

Dans notre argumentation en faveur du dualisme *radical*, l'idée de la morale possède ainsi un double intérêt : montrer d'abord qu'une idée régulatrice (morale), peut agir sur la matière (sur nous en l'occurrence, sur nos comportements d'êtres matériels), suggérer, ensuite que l'objectivité (le formalisme de la règle qu'on ne peut contester si l'on en accepte les prémisses) peut avoir un fondement subjectif (capacité subjective à doter les autres d'une sensibilité, capacité à éprouver à leur place à ressentir de la sympathie).

---

[72] Pour autant, afin d'adhérer au cadre formel de la loi morale, l'être sensible et rationnel qu'est l'homme n'a pas nécessairement besoin de passer par les étapes qui le mènent de la sensibilité au cadre objectif et légaliste de la morale. Dans sa sensibilité se trouve déjà confusément comprise l'intuition de la morale* : en tant que créature à la fois sensible et rationnelle, l'homme est toujours-déjà prédisposé à saisir l'idée d'un dépassement de son *ego* dans sa coexistence et sa confrontation avec l'autre.

*Intuition morale que l'on pourrait rapprocher du concept bien connu de « morale par provision » que Descartes évoque dans le *Discours de la méthode* : « Et enfin, comme ce n'est pas assez, avant de commencer à rebâtir le logis où on demeure, que de l'abattre, et de faire provision de matériaux et d'architectes, ou s'exercer soi-même à l'architecture, et outre cela d'en avoir soigneusement tracé de dessin, mais qu'il faut aussi s'être pourvu de quelque autre où on puisse être logé commodément pendant le temps qu'on y travaillera ; ainsi, afin que je ne demeurasse point irrésolu en mes actions, pendant que la raison m'obligerait de l'être en mes jugements, et que je ne laissasse pas de vivre dès lors le plus heureusement que je pourrais, je me formai une morale par provision, qui ne consistait qu'en trois ou quatre maximes dont je veux bien vous faire part. », *Discours de la méthode*, Troisième Partie

Par ce long préambule en forme de réponse aux théories physicalistes réductionnistes, matérialistes et néodarwinistes, nous avons tenté d'établir que la thèse relativiste soutenue en creux par le matérialisme radical — quelle que soit sa dénomination moderne — n'est pas logiquement fondée et est, de ce fait intrinsèquement contestable, tant du point de vue de la philosophie de la connaissance, que du point de vue de la philosophie morale ou de la philosophie esthétique. Il nous reste désormais la lourde tâche de tenter de dégager les principes fondateurs de l'anti-relativisme dont nous nous réclamons.

La Lisibilite du Monde : la Forme, la Chose, le Phenomene, le Concept

> La science, la philosophie, la pensée rationnelle, toutes doivent partir du sens commun.
>
> Karl Popper, *Les deux visages du sens commun*, in *La connaissance objective*, 1973
>
> L'homme est la mesure de toute chose.
>
> Protagoras
>
> Il n'y a rien de plus décevant que cette phrase creuse : « tout est relatif ». Déjà en physique, elle est inexacte : toutes les constantes universelles, telles la masse et la charge de l'électron ou du proton, la valeur du quantum d'action, sont des grandeurs absolues.
>
> Max Planck, *Initiations à la physique, origine et évolution des idées scientifiques*, 1934

Qu'est-ce qu'une chose ?

23.

Y A-T-IL QUELQUE CHOSE « EN SOI » ? — La question de l'existence de choses « en soi » est une question traditionnelle de la philosophie qui a pour fondement une interrogation sur notre relation fondamentale au monde, c'est-à-dire de la manière dont nous, en tant qu'êtres sensibles, le percevons, l'organisons et le comprenons. Pour poser correctement la question de la chose « en soi » il nous faut d'abord tenter de déterminer la signification du critère de l'en-soi des choses. Nous devons ainsi différencier d'emblée deux questions liées d'un point de vue ontologique, mais dissemblables sur le plan de la logique formelle (ou « pure ») : qu'est-ce que la chose, d'abord, « en elle-même » et que signifie la question du « soi-même » pour une chose ? Qu'est-ce que la chose, ensuite, « pour nous-mêmes » et que signifie le concept de chose pour nous, êtres sensibles ? Si nous nous plaçons en premier lieu au niveau de la chose « en elle-même » ou de la « chose en soi », pour reprendre la formulation classique de la philosophie, nous sommes immédiatement confrontés à un paradoxe. D'un côté, la question de savoir ce qu'est la chose « en elle-même » nous semble dépourvue de signification dans la mesure où la chose n'a pas, à proprement parler, « d'elle-même », elle n'est pour elle-même rien d'autre que la signification que nous-mêmes, êtres sensibles lui conférons : nous retombons ici sur le problème du monisme et des fondements logiques du matérialisme — la signification ne peut jamais être comprise au niveau des choses elles-mêmes (ou « en elles-mêmes »), elle est le produit de l'entendement d'un être sensible qui donne aux choses une forme et une signification, pour le dire autrement, la chose « en soi » n'est jamais rien d'autre que la chose « telle qu'elle apparaît » à l'être sensible, c'est-à-dire telle que l'être sensible la perçoit, l'interprète et l'organise dans son réseau de sens et de significations. D'un autre côté, si nous considérons la chose uniquement comme une construction de l'être sensible, sans relation avec un fondement situé en dehors de la sensibilité, se pose alors la question de la cohérence du monde et de sa communicabilité. Les êtres sensibles que nous sommes, êtres issus d'une longue et lente adaptation aux choses, peuvent en somme difficilement prétendre que le monde ne soit qu'un simple empilement de significations sans substrats, une somme de constructions subjectives discordantes. Cette idée qui consiste à ne revendiquer comme fondé que le subjectivisme le plus radical[73] ne résiste pas longtemps à l'épreuve des faits : si nous sommes toujours prompts à nous opposer sur l'interprétation des faits, les théories ou les concepts, bien peu d'entre nous remettent en cause la réalité des choses (leur effectivité) lorsqu'il s'agit de traverser une route ou d'éviter un danger. Nous sommes donc confrontés au paradoxe suivant : d'un côté la chose n'est rien en elle-même, de l'autre, elle constitue une unité de signification pour l'être sensible, à laquelle il faut bien trouver un substrat si nous voulons fonder la cohérence que nous constatons dans le monde. Le paradoxe se dénoue cependant de lui-même si nous séparons nettement deux niveaux, le premier, matériel, constitué des interactions physiques, des échanges de forces qui structurent le monde que nous avons traditionnellement appelé « monde matériel », le second, celui de la signification, c'est-à-dire le niveau de la compréhension, de l'interprétation et de l'organisation du monde par les êtres sensibles que nous sommes, ces deux niveaux constituant les deux faces d'une seule et même réalité. La matière, si elle constitue l'étoffe de la réalité n'en est pas moins toujours perçue à travers notre sensibilité et à travers la présentation formelle que nous en avons : « pour nous », les choses ne

---

[73] Théorie, très populaire à la fin du XIXème siècle dans les milieux symbolistes ayant lu Schopenhauer de travers (ou s'étant contenté de jeter un œil distrait à la couverture de son œuvre la plus célèbre), selon laquelle le monde ne serait que « ma représentation » — théorie de l'illusionnisme radical.

peuvent avoir d'autres significations que celles qui résultent de leur interaction « avec nous ». Peu importe donc si la manière dont la chose nous affecte n'est pas un « absolu » car l'idée d'absolu est un débat de théoriciens. Nous pourrions très bien concevoir une situation dans laquelle les molécules qui composent le platane du bord de la route nationale ne représente aucun danger pour les molécules qui composent l'automobiliste qui roule à pleine vitesse en direction dudit platane. Nous savons que *dans notre monde*, il n'en est pas ainsi. *Dans notre monde*, en effet, le platane arrêtera l'automobiliste et pliera la voiture comme un accordéon (le réel, c'est quand on se cogne…). Cet effet physique sera par ailleurs théorisé *dans notre monde* de manière objective par le principe d'exclusion de Pauli[74],

---

[74] Le principe d'exclusion de Pauli, énoncé par le physicien autrichien Wolfgang Pauli en 1925, est un principe fondamental de la mécanique quantique qui s'applique aux particules appelées fermions (par exemple, les électrons, les protons et les neutrons). Le principe d'exclusion stipule que deux fermions identiques ne peuvent pas occuper simultanément le même état quantique dans un même système quantique. Le principe d'exclusion de Pauli ne s'applique pas aux bosons (particules comme les photons ou les particules de Higgs). Contrairement aux fermions, plusieurs bosons peuvent occuper le même état quantique, ce qui permet des phénomènes comme la condensation de Bose-Einstein. Ce principe est fondamental pour comprendre la stabilité de la matière, la chimie, la physique des solides (comme la conductivité) et de nombreux autres phénomènes naturels. Pour illustrer le principe d'exclusion de Pauli à travers un phénomène concret comme un accident de voiture, on peut faire un parallèle métaphorique entre les interactions des particules et les interactions des objets macroscopiques.

principe qui énonce que deux fermions identiques (comme les électrons) ne peuvent pas occuper simultanément le même état quantique (ce qui explique la structure de la matière et empêche les objets solides de se traverser). A son tour, ce principe d'exclusion sera cependant fondé sur une vision représentation signifiante de la matière. Lorsque les physiciens font, par exemple, référence à la structure de l'atome, ils ne font jamais *stricto sensu* référence à une réalité brute et absolue qui s'appellerait « atome ». La structure de l'atome n'est toujours, à proprement parler, qu'une construction de l'esprit, au même titre que le concept de « lit », de « table » ou de « platane », c'est-à-dire une figuration *a posteriori* de la réalité par notre cerveau, par notre conscience, par notre imagination, par notre

---

Les électrons autour des atomes suivent le principe d'exclusion de Pauli. Cela signifie qu'ils ne peuvent pas se retrouver dans le même état quantique, ce qui, à grande échelle, empêche les atomes de s'effondrer les uns sur les autres. Cette exclusion crée une sorte de "rigidité" dans la matière. Ainsi, si l'on rapproche deux objets solides (comme deux voitures), leurs électrons, qui occupent chacun des états distincts, interagissent. Le principe d'exclusion empêche que deux ensembles d'électrons occupent les mêmes positions. Cette répulsion électronique est la raison pour laquelle les objets solides ne traversent pas les uns les autres. Quand une voiture entre en collision avec un platane, le principe d'exclusion est indirectement responsable du fait que les atomes des deux voitures ne « fusionnent » pas ou ne s'interpénètrent pas. À la place, les électrons des atomes des carrosseries des voitures « se repoussent » en raison de ce principe. Cette répulsion est ce qui cause une force mécanique entre les deux objets. Cette force mécanique se traduit par une déformation des matériaux, car les atomes des voitures sont forcés hors de leurs positions initiales, mais sans violation de la rigidité imposée par le principe d'exclusion.

raison. Ce que nous appelons « chose en soi », ou support de la réalité n'est pas, ne nous sera jamais accessible, non pas seulement parce que nous ne pouvons logiquement sauter au-dessus de nos sens, mais aussi parce que la chose « en soi » n'étant pas passée par l'intermédiaire des sens n'a aucune signification : elle ne peut donc pas, à proprement parler, être considérée comme une chose : elle n'est encore qu'un réseau de force non décodé, sans unité formelle (ce qui ne l'empêche pas d'avoir un effet, une manifestation physique qui nous saisit, nous contraint et que nous devons décoder dans nos systèmes signifiants). La « donnée matérielle » n'étant pas encore prise dans un réseau de significations, elle ne peut pas encore être identifiée comme chose, c'est-à-dire saisie dans son unité formelle. Le vocable même de « chose en soi » est donc tout à fait impropre. Nous avons toujours affaire à une présentation structurée d'un monde qui n'est pas « en lui-même » signifiant. Les « choses » doivent de fait être comprises comme des unités structurées de compréhension du monde : l'atome, la molécule, la matière organisée, le bois, le lit, la chaise. Il est donc illusoire de penser qu'en remontant ou en redescendant la chaine des niveaux de significations, nous puissions avoir accès à une réalité d'un ordre inférieur ou supérieur. Aussi loin que nous allions dans l'analyse de la structure de la matière, nous avons toujours affaire à la forme, au modèle de la matière, jamais à la matière elle-même, le monde des « choses en soi » n'étant encore, au stade de la « non-signifiance », qu'un jeu de forces, un ensemble non différencié.

24.

LA PRODUCTION DE FORMES OU L'ORGANISATION SCHEMATIQUE DU MONDE — Le monde, notre monde, ne peut pas être compris comme le produit d'une conjonction entre deux passivités (passivité du monde matériel qui obéirait à des déterminants aveugles, passivité de l'être sensible qui recevrait ces informations et les « imprimerait » sur une sorte de page vierge — ce qui poserait en creux la question du mode de la communication entre deux passivités) mais doit être plutôt envisagé comme le résultat d'une interaction entre deux activités : l'activité de la matière en mouvement d'une part, l'activité rationnelle autonome de formalisation et d'organisation de cette matière d'autre part (activité dont Kant disait qu'elle était « un art caché dans les profondeurs de l'âme humaine[75] »). Sans production active de formes, il ne peut y avoir de significations, sans significations, il ne

---

[75] « Ce schématisme de notre entendement relativement aux phénomènes et à leur simple forme est un art caché dans les profondeurs de l'âme humaine, dont nous arracherons toujours difficilement les vrais mécanismes à la nature pour les mettre à découvert devant nos yeux. Au mieux, pouvons-nous dire que l'image est un produit du pouvoir empirique de l'imagination productive, que le schème des concepts sensibles (comme figures dans l'espace) est un produit et pour ainsi dire un monogramme de l'imagination pure *a priori* au moyen duquel et d'après lequel seulement les images deviennent possibles, mais de telle manière que celles-ci doivent toujours être attachées au concept uniquement par l'intermédiaire du schème vers lequel elles font signe, et cela sans être en elles-mêmes entièrement congruentes avec celui-ci. »
Emmanuel Kant, *Critique de la raison pure, chapitre premier de la doctrine transcendantale du Jugement (ou analytique des principes), Du schématisme des concepts purs de l'entendement.*

peut y avoir de compréhension du monde, sans compréhension du monde, il ne peut y avoir d'action dans le monde. Or le vivant *agit*, c'est même ce qui le différencie de l'inerte. Et s'il agit, c'est qu'il conçoit, ne serait-ce que de manière rudimentaire chez les organismes les plus simples. Les liaisons logiques ne sont jamais dans les objets, elles sont l'œuvre du sujet qui, s'il veut habiter le monde et y agir, est contraint de l'organiser dans un système de significations formelles. Il faut donc de se garder d'une erreur qui consisterait à se représenter la correspondance comme une adéquation d'un discours ou d'une conception avec la chose « en soi » ou la chose « telle qu'elle est réellement ». Là encore, si nous adoptons l'idée d'une séparation radicale entre d'une part, la manifestation concrète du phénomène tel qu'il est « décodé » par notre sensibilité et par notre conscience et d'autre part, le substrat du phénomène lui-même (la chose telle qu'elle est « réellement »), nous risquons de nous retrouver sur des pistes peu fécondes. Il n'y a pas, nous l'avons déjà affirmé, deux mondes ontologiquement et matériellement distincts. Il y a plutôt d'un côté la matière brute du monde, matière non-signifiante, qui possède son existence autonome en dehors de notre sensibilité, et il y a le monde des choses, c'est-à-dire le monde des phénomènes qui est certes une interprétation du monde « brut » (ou « matériel »), mais une interprétation « contrainte » : c'est là toute la difficulté de notre rapport au monde, c'est là aussi ce qui en fait la nécessité et la cohérence. Notre monde, le monde des significations, n'acquiert sa pleine cohérence que dans les *relations* de contraintes qu'il entretient avec le monde de la « matière brute » (non-signifiante). Le monde des phénomènes est, à l'image du puzzle, un découpage formel du monde brut non-signifiant. Chaque pièce du puzzle représente un phénomène et acquiert son sens et sa signification propre par les relations qu'elle développe avec les autres pièces. Pourtant, si le découpage du monde brut est *a priori* libre, il n'est pas, pour autant, purement conventionnel. Il exprime toujours *quelque chose*, c'est-à-dire un ensemble de relations auquel il confère une signification (signification à plusieurs étages, c'est-à-dire constituée de plusieurs « ensembles » comme nous l'avons décrit précédemment : l'atome comme ensemble de particules, les molécules comme ensemble d'atomes, la matière comme ensemble de particules, les objets comme ensembles constitués de matière ; les ensembles pouvant d'ailleurs parfois se recouper ou se confondre). Il est tout à fait possible qu'à la faveur d'un nouveau découpage ou même d'un déplacement dans un nouveau réseau de contraintes et de significations, le phénomène acquière une signification nouvelle. Cela n'impliquera pas pour autant que le phénomène soit purement contingent ou conventionnel. L'évolution de sa compréhension sera au contraire une nouvelle étape vers une plus grande cohérence globale de notre découpage formel (de notre puzzle général). Si l'activité de production de formes est libre (le découpage du puzzle), l'image générale du monde telle qu'elle est produite par l'organisation des formes entre elles ne l'est pas. Elle subit, en effet, deux réseaux de contraintes : contraintes d'abord liées aux résultats de notre expérience du monde (contraintes « d'apprentissage », la « matière du puzzle » si l'on veut), contraintes ensuite liées à la logique elle-même, dont les axiomes peuvent très bien être déduits de notre expérience des choses, mais dont les développements suivent une nécessité propre. Le fait qu'il n'existe rien qui puisse en réalité ressembler à « la chose en soi » n'implique donc pas nécessairement que notre réalité soit contingente, dépendante de notre vision « déformée » des choses. Les choses n'accédant au statut effectif de « choses » que par le processus actif de l'être sensible rationnel qui produit des « formes », la « déformation » ne peut ainsi se comprendre comme un phénomène de distorsion entre la « chose en soi » (ou la chose telle qu'elle est vraiment et « absolument ») et la forme par laquelle le sujet conçoit la chose. Elle ne peut être qu'inadéquation par rapport aux autres formes : la déformation est reconnaissance par le sujet d'une incohérence ou de l'impossibilité d'une ou de plusieurs formes particulières (dans leur enchainement logique avec d'autres formes, elles-mêmes issues d'une expérience du sujet avec l'activité de la matière brute). C'est par la compréhension de l'incohérence ou de l'impossibilité que la forme évolue et s'adapte à un nouveau modèle, un nouveau « puzzle général » (contrainte « critique »). Ce paradoxe explique sans doute en partie la surprise qui fut celle des scientifiques de la fin du XIXème et du début du XXème siècle lorsqu'ils virent, à la faveur d'un nouveau paradigme, la matière littéralement disparaitre sous leurs yeux : si avec l'avènement de l'approche quantique, la matière perdait son unité même au profit de la dualité onde-corpuscule[76], quelques décennies plus tard, c'est l'idée même de masse, qui jusque-là avait

---

[76] Dualité, signalons-le en passant, qui heurte à mon sens bien davantage le sens commun que la dualité matière-signification que nous avons exposée plus tôt, et qui pourtant est désormais communément admise par la communauté scientifique (ce qui est assez loin d'être le cas, s'agissant de la dualité matière-signification).

donné à la matière son épaisseur et sa substance, qui disparaissait au profit de la notion d'interaction de particules avec un champ scalaire (champ de Higgs). En réalité, la matière, pas plus que la masse, n'avaient vraiment *disparu*. Nous étions, nous sommes toujours en contact avec ce que nous appelons « matière », nous la touchons, nous la sentons, nous en apprécions le poids. Notre expérience de ce que nous désignons par le terme « matière » ne s'est pas modifiée à la faveur d'une nouvelle théorie de la matière. C'est plutôt notre « image » globale du monde qui s'est modifiée en se réorganisant. Il ne faut pas confondre ici la dénomination quotidienne des choses, qui à travers les concepts et le langage renvoie à un ensemble d'expériences qui structurent notre rapport au monde et constituent notre réseau de significations (la production de formes qui, se mettant en relation les unes avec les autres, constituent le puzzle de nos perceptions et de notre compréhension expérimentale du monde) avec nos systèmes formels de compréhension du monde qui, utilisant d'abord le même vocable que celui de nos expériences quotidiennes, finissent par s'en détacher pour créer un nouveau réseau de significations (un nouveau « langage »). Les paradoxes naissent souvent de la polysémie de termes dont la signification diffère suivant le registre de langage dans lesquels ils sont utilisés. Ainsi lorsque le scientifique affirme que la « matière » n'existe pas, il ne fait pas directement référence à la signification du terme « matière » qui est le fruit de notre expérience quotidienne (la matière comme épaisseur de la réalité, le « bois », « l'acier » …) mais à la signification du mot « matière » en tant qu'il désigne un état de la connaissance scientifique (dans la physique classique, la matière est ce qui possède une masse et occupe un espace). Si le « redécoupage » du puzzle des significations scientifiques a pour effet de remettre en cause la signification de la « matière » en tant qu'elle désigne un état précédent des connaissances, il n'en va pas de même pour le terme « matière » en tant qu'il désigne l'expérience quotidienne de notre rapport aux choses (nous pourrions également dire la même chose du « temps » du point de vue de la science et du point de vue de notre expérience du changement). Il n'y a pas néanmoins de décorrélation absolue entre l'utilisation quotidienne du terme « matière » et son utilisation dans la science. Seulement, les réseaux de significations dans lesquels sont utilisés ces termes étant différents, ils ne peuvent se recouper totalement dans une désignation uniforme de la « réalité » qu'ils désignent (ou de « l'expérience concrète » à laquelle ils font référence). Pour autant, comme nous le verrons plus tard, ce n'est pas parce que la science part de l'expérience subjective du scientifique que la suspicion doit être de mise sur l'approche scientifique dans son ensemble. La science est d'abord et ne saurait être initialement qu'anthropomorphique (de « forme » humaine). Les expériences subjectives, si elles ne peuvent constituer un fondement, peuvent très bien constituer le point de départ d'une pratique qui, répondant à ses propres contraintes et utilisant un formalisme indépendant, parvient progressivement à s'extraire de l'anthropomorphisme de ses origines. En proposant une nouvelle grille d'analyse du réel, le scientifique « crée » un nouveau réseau de significations (un nouveau « puzzle »). Toute la difficulté consistera alors à transcrire le phénomène que l'on désigne d'une grille de significations à une autre, du langage scientifique au langage de notre expérience quotidienne.

25.

QU'EST-CE QU'UN PHENOMENE ? — Si les formes peuvent être comprises comme de pures productions de l'esprit créatif[77] sans lien direct avec un objet réel que l'on tenterait d'appréhender ou d'exprimer (les formes pouvant être artistiques, mythiques, fantasmagoriques…), il n'en va pas tout à fait de même des phénomènes. Le phénomène, à la différence de la forme, se conçoit d'abord comme une rencontre entre l'activité de l'esprit (les structures abstraites qui organisent notre compréhension du monde) et le saisissement matériel de nos sens externes par le réel (l'information « nue », « non-encore-signifiante », « non-formalisée »). Dans notre tentative de définir le phénomène, nous soulignons donc d'emblée le rôle fondamental de la conscience, l'un des écueils dans l'approche du phénomène consistant précisément à en faire une « donnée brute » des sens (ce que Bertrand Russell, par exemple, définit dans les années 1910 comme « *sense-data* », notion sur laquelle il reviendra par la suite, critiquant notamment l'idée que les « objets mentaux » puisse être des entités ontologiques particulières qui représenteraient directement nos expériences sensorielles). Nous serions de fait bien en peine d'analyser ce que pourraient être les « données des sens », le phénomène étant toujours *déjà interprété* par notre conscience, ce y compris avant même l'intervention

---

[77] Notons que la question de l'origine empirique ou non des formes est encore une autre question que nous n'abordons pas directement ici.

consciente de la raison. Sur ce point particulier, les apports de la *Gestalttheorie* (Théorie de la forme) au début du XXème siècle furent d'un grand intérêt. La *Gestalttheorie* décrivit en effet la perception non pas comme la collecte d'une juxtaposition de détails, mais comme une intuition de formes globales rassemblant d'emblée les éléments disparates entre eux en leur donnant un sens : la forme n'est pas, nous l'avons évoqué, une propriété de la chose en elle-même, mais une construction du sujet qui organise le monde dans une perception projective. La *Gestalttheorie* confirmait en somme empiriquement cette idée que la chose, c'est-à-dire l'élément unitaire construit par notre conscience à travers notre perception, est toujours une construction synthétique, construction d'emblée signifiante et qui constitue, pour la conscience, le premier échelon de signification : la vision, en tant que vécu sensible est toujours déjà porteuse d'un sens[78]. S'il n'existe pas, à proprement parler, de données brutes des sens susceptibles de constituer les briques d'objectivité que les logiciens sourcilleux avaient un temps cherché, cela ne signifie pas pour autant que nous soyons conduits à abandonner le monde des phénomènes aux relativistes de tous bords. Pas davantage que dans la théorie des « *sense-data* », l'idée d'une conscience active et projective n'implique nécessairement le relativisme. Le fait que la conscience projette d'emblée une signification sur les choses dont elle est saisie n'implique pas de nécessaire

---

[78] Voir à ce sujet les travaux d'Ernst Cassirer, *Philosophie des formes symboliques*, 1923-1929, Tome I : Le Langage (1923), Tome II : La pensée mythique, Tome 3 : la phénoménologie de la connaissance (1929). Se référer ici notamment au Tome III, p. 227, Les éditions de Minuit, 1972, Paris

« distorsion » du phénomène dans le sens où le phénomène pourrait être qualifié d'« incorrect » ou de « non-effectif ». Le célèbre exemple du vase de Rubin — du nom du psychologue danois Edgar John Rubin qui est l'un des théoriciens de la *Gestalt* — nous donne une bonne illustration de ce problème. Selon la manière dont notre conscience (notre imagination) projette une signification sur la figure en question, nous voyons alternativement un vase (en blanc) ou deux visages qui se font face (en noir). Ces perceptions immédiatement « signifiantes » ne sont cependant ni « fausses » ni exclusives l'une de l'autre. S'il nous faut faire un effort singulier pour ne pas percevoir l'une ou l'autre des figures, cela n'implique pas pour autant que nous soyons particulièrement prisonniers de l'une ou l'autre des visions, ni que les significations projetées sur les choses nous fassent manquer le caractère « adéquat » de la perception. Pour le dire autrement, imaginons que l'image proposée ne représente en réalité ni un vase, ni deux visages, mais la photographie satellitaire d'un détroit. Supposons ensuite que nous ayons à guider un navire dans le bras de mer qui serait matérialisé par la partie blanche de la figure. Dans ce cas, nous pouvons affirmer que, indépendamment de l'image mentale que nous avons de la carte (une ressemblance frappante avec un vase ou une ressemblance tout aussi frappante avec deux visages qui se feraient face), nous parviendrions selon toute probabilité à guider le navire dans le bras de mer en question (l'intuition de la forme est donc « adéquate »). En d'autres termes, la manière dont nous structurons l'information dans un réseau de significations n'aurait ici pas d'impact sur le pouvoir *effectif* de notre perception. L'idée d'un système de perceptions interprétatives n'est donc pas nécessairement décorrélée de l'idée de perception « effective » (ou efficiente). Ici, la perception serait bien « correcte », c'est-à-dire effective, adéquate, dans la mesure où elle permettrait au navire de passer le détroit sans buter sur les écueils noirs, indépendamment de la question de savoir si l'image satellitaire du détroit se manifeste d'abord à moi comme l'image d'un vase ou comme celle d'un face-à-face. Le phénomène, en tant que résultat de la rencontre entre l'information nue et son interprétation formelle, ne « ment » pas : il conserve sa puissance effective.

Il peut certes exister des situations limites dans lesquelles la conscience semblera avoir été trompée, comme c'est le cas dans le fameux exemple du « bâton rompu » — bâton dont la partie immergée dans l'eau semble être en rupture avec la partie émergée — que Descartes exposait dans ses *Réponses aux sixièmes objections* des *Méditations métaphysiques*. Dans l'exemple du bâton rompu, cependant, la perception consciente, si elle est sans aucun doute trompeuse, n'est pas pour autant fautive, dans la mesure où elle répond en fait fidèlement aux lois de la réfraction de la lumière. Le jugement de la raison « *le bâton est rompu* » est donc faux, mais le jugement de la conscience perceptive « *le bâton paraît rompu* » est tout à fait correct et adéquat (il n'est pas le résultat d'une « erreur » de perception). L'erreur n'est donc pas tellement ici dans la transcription du phénomène par les sens, mais plutôt dans le jugement que nous formulons *a posteriori* sur le phénomène (« le bâton est rompu »). *Stricto sensu*, il est d'ailleurs abusif de parler d'erreur dans la *transcription* du phénomène, le phénomène devant se comprendre comme rencontre entre l'activité de la matière brute (ou, si l'on préfère, de la matière transformée en information non encore décodée par la conscience) et l'activité de production et d'identification de formes propres à la conscience projective[79]. Le phénomène étant la manière dont la chose apparaît à la conscience, il ne peut mentir *en tant que phénomène*. La perception phénoménale, si elle peut être influencée par nos prismes symboliques de représentation et de signification (prismes culturels, prismes résultant des habitudes du sujet, de son expérience du monde, de son attitude inductiviste, de ses biais conceptuels) n'est pas pour autant une prérogative de la raison. Le phénomène, en tant que manifestation d'une information à notre conscience, précède toujours le jugement (rationnel) du phénomène — comment d'ailleurs pourrait-il en être autrement (pour juger le phénomène, ne faut-il pas que le phénomène précède le jugement) ? S'il y a erreur, il ne peut donc y avoir erreur *au niveau* du phénomène ou *au moment* de la perception phénoménale. Notre faillibilité

---

[79] Cette conception du phénomène comme « rencontre » entre deux flux opposés semble aujourd'hui faire l'objet d'un relatif consensus parmi les neuroscientifiques. Voir par exemple à ce sujet Stéphanie Roldan : « La recherche traditionnelle sur la reconnaissance d'objets se concentre fréquemment sur le traitement ascendant des *stimuli* visuels, allant de la détection des propriétés du *stimulus* par les cellules rétiniennes à la transduction électrique et à la réponse neuronale consommée. Ce type de recherche a réussi à identifier les voies physiologiques et neuronales impliquées dans la détection et le traitement des propriétés des objets visuels menant à la perception cognitive. L'imagerie mentale visuelle représente donc un flux d'informations opposé à celui des phénomènes de perception visuelle ; une approche qui nécessite de s'écarter des perspectives ascendantes traditionnelles pour être pleinement comprise. », *Object recognition in mental representations: directions for exploring diagnostic features through visual mental imagery*

réside bien davantage dans l'interprétation du phénomène par la raison (le jugement implicite ou explicite de notre raison) que dans le phénomène lui-même.

Nous pouvons encore être abusés dans la perception que nous avons des choses, non pas à cause de la manière dont la chose se manifeste à notre conscience (comme dans l'exemple du bâton rompu) mais à cause d'une distorsion interne de notre rapport à l'information brute : si je suis, par exemple, astigmate, c'est-à-dire que la cornée de mon œil possède une courbure irrégulière qui déforme les objets que je perçois, il pourra m'arriver — sans verres correcteurs — de me cogner sur une chaise ou sur une table, et cela même assez régulièrement. Dans ce cas, mon système nerveux me renseignera du caractère imprécis de ma perception visuelle (j'éprouve une vive douleur en me tapant le tibia contre la table basse) : le phénomène, comme rencontre entre le « filtre formel » qui structure ma compréhension du monde et les données sensibles de mon expérience immédiate parviendra à ma conscience (à mon entendement) sur le mode de l'incohérence formelle, c'est-à-dire de la confrontation problématique avec d'autres formes (d'autres informations formalisées par ma conscience). Dans l'exemple de la table, la forme visuelle qui parvient à ma conscience est, par exemple, en conflit avec la forme projetée au sein de ma conscience par l'expérience — désagréable — de ma collision avec la table (sollicitation du sens du toucher). En somme, ma collision avec la table me renseignera sur la mauvaise interprétation (ou si l'on préfère sur l'interprétation « ineffective ») que mon jugement rationnel fait de l'expérience visuelle de la table.

Cependant, c'est là toujours ma raison qui a déduit, de manière fautive, que la manifestation du phénomène à travers ma perception visuelle possédait la force d'effectivité que ma raison lui attribuait (erreur qui a abouti à la désagréable collision). Si ma raison s'adapte à mon expérience malheureuse du phénomène à travers ma perception visuelle, elle jugera sans doute différemment de la position spatiale de la table (et me recommandera de prendre une marge de sécurité, le plus simple étant naturellement d'acheter des lunettes adaptées). Le phénomène est donc bien une expérience et une construction des sens compris *dans leur ensemble*. Les sens peuvent donner une image déformée de ce que nous appelons commodément « réalité », comme dans l'exemple de l'astigmate. Pour autant, cette perception n'est pas *fausse* dans le sens où elle proposerait une vision délibérément trompeuse des choses (le « malin génie » de Descartes). La perception de l'astigmate n'est pas *sans rapport* avec les choses, le fait que sa vision puisse être rectifiée par des verres correcteurs l'attestant avec force. Si le phénomène résulte de la confrontation de la matière brute « non-encore-décodée » et de la conscience projective du sujet (conscience qui opère une sorte de synthèse des sens), il faut bien se garder d'en faire une construction « sociale ». Le phénomène est toujours une construction, certes, mais une construction du sujet, « pour lui-même ». L'intersubjectivité est rendue possible non pas seulement par la communication de ce qu'est la chose pour chaque sujet, mais surtout par le fait que l'ensemble des sujets forme une « communauté de perception ». En d'autres termes, la communicabilité du phénomène tient au fait que nous sommes issus, comme nos congénères humains, du même processus évolutif. Les forces matérielles qui sont à l'origine des phénomènes ont donc *pour nous* la même effectivité. Si nous élargissons cette communauté de perception aux êtres sensibles en général, il y aura certes de grandes disparités dans la construction et dans la présentation d'un seul et même phénomène, cela n'empêchera pas pourtant que le phénomène en question partage en commun avec les forces matérielles dont il est issu une même relation d'effectivité (la présentation du phénomène aura beau être différente d'une espèce à une autre, la relation d'effectivité avec les forces matérielles qui sont à l'origine du phénomène subsistera dans les différentes présentations ou constructions phénoménales). Le fait que nous ne nous présentions pas le phénomène de la même manière que nos congénères humains ou comme d'autres espèces sensibles n'induit donc toujours pas de relativisme du phénomène. Le phénomène est la manière effective et non relative dont l'information brute et « non décodée » est interprétée par la conscience dans un réseau de significations qui rend le monde lisible pour l'être sensible que je suis (pour les êtres sensibles dans leur ensemble). Il est donc toujours lié à un état des sens, à une perception partielle et toujours-déjà signifiante. Cela ne signifie pas que la perception soit pour autant « *sans valeur intrinsèque* » (sans corrélation avec les choses). Il est donc tout à fait fallacieux d'utiliser l'argument du caractère « non-absolu » de la perception pour dévaluer de manière radicale tout jugement que porterait la raison sur les phénomènes et sur les choses en général.

Nous pouvons encore très bien, pourtant, imaginer une situation dans laquelle, tous les sens me faisant défaut, je sois dans l'incapacité totale d'obtenir une information exploitable à propos de la réalité matérielle qui m'entoure. Le phénomène tel qu'il apparaîtra à ma conscience ne sera alors qu'une présentation confuse et sans substance. Il y a fort à parier, alors, que mon espérance de survie dans cette situation extrême sera, malheureusement, fort limitée. Dans l'exemple que nous donnons, l'information qui concerne l'inadéquation ou l'ineffectivité de ma représentation des choses ne se manifestera pas directement à moi à travers mes sens, ma conscience ou mon jugement, mais plutôt à travers les difficultés liées au problème même de ma présence au monde. Nulle possibilité pour ma conscience, d'ajuster sa vision comme on ajusterait la focale d'un appareil photographique à l'objet que l'on vise (objet qui se définit lui-même par rapport aux autres objets, ce tissu de relations signifiantes devant permettre de me donner une image satisfaisante du monde). Le phénomène, en tant que rencontre distordue entre la chose et la manière dont la chose me saisit ne serait pas alors pour moi ce moyen-terme entre les choses et ma propre « subjectivité » mais me livrerait une information grossière dont je n'aurais, en quelque sorte, pas le « code », le facteur d'ajustement (facteur d'ajustement objectif que sont les verres correcteurs pour l'astigmate ou alors la focale pour l'appareil photo). Là encore, cependant, le fait que le phénomène échoue à se régler sur la matérialité de la chose, et se présente à ma conscience d'une manière qui ne me permette pas d'entrer en contact effectif avec elle, n'implique pas nécessairement le relativisme. Le phénomène, en tant que produit de l'interaction entre les choses et la conscience des choses, ne pourrait « mentir » puisqu'il ne relèverait pas encore du couple

« vrai-faux » (le phénomène n'est pas une proposition) mais seulement du couple « effectif-ineffectif ». Dans l'exemple que nous donnons (celui de l'incapacité de nos sens à nous donner une image lisible du monde), le couple « effectif-ineffectif » est bien sauvegardé : il se manifeste en effet brutalement par l'espérance de vie exceptionnellement courte d'un organisme malheureusement inadapté au monde.

Il existe cependant encore une difficulté, liée au caractère hybride du phénomène, à la fois non-signifiant et signifiant. Dans son moment « non signifiant », le phénomène n'est encore qu'un flux d'information brut et périphérique qui sera centralisé et traité au sein de la conscience. Ce n'est qu'au niveau de la conscience, en effet, que le phénomène acquerra sa signification et qu'il deviendra en même temps pleinement phénomène. Cette coexistence quasi-simultanée de la non-signifiance et de la signifiance du phénomène à l'intérieur de la conscience est à l'origine de nombreuses difficultés. Au moment de la « non-signifiance » du phénomène, c'est-à-dire au niveau que nous appelons « périphérique[80] », l'information étant encore un flux, un ensemble de *stimuli* non décodés, elle

---

[80] La distinction que nous opérons ici entre le niveau « périphérique » et le niveau « central » ne recoupe pas entièrement à la distinction biologique entre système nerveux central et système nerveux périphérique dans la mesure où le niveau que nous appelons « central » implique l'intervention de l'imagination (en tant que force de création de forme), ce qui implique une centralité plus resserrée par rapport à la notion neurobiologique de « système nerveux central ». Dans le cas de la vision, par exemple, le périphérique sera défini par le *stimulus* rétinien alors que le central sera défini par la perception et le décodage de *stimulus* au niveau des aires visuelles supérieures.

ne peut pas encore être dite « correcte » ou « incorrecte » mais seulement « partielle » ou « complète » (elle est d'ailleurs, par nature, toujours partielle). Lorsque le flux d'information non-signifiant (non décodé) parvient, à la conscience, par l'intermédiaire des sens, plusieurs cas limites peuvent se produire : soit les informations transmises par le système nerveux sont insuffisantes et ne permettent pas de se faire une idée effective de la chose (imaginons, par exemple, que nous nous trouvions dans le noir le plus complet, nous serions selon toute probabilité incapable de nous repérer dans l'espace ou d'éviter les obstacles qui se présentent à nous), soit les informations transmises par le système nerveux sont suffisantes — et c'est là le cas qui nous intéresse — mais notre conscience interprète les signaux qui se présentent à elle de manière ineffective. Les exemples de défaillances de notre perception inhérentes au fonctionnement même de notre conscience sont nombreux. Parmi elles, intéressons-nous, par exemple, à la fameuse illusion de Troxler (du nom du médecin et naturaliste Suisse Ignaz Paul Vital Troxler qui identifia le phénomène en 1804), citée par Stanislas Dehaene au début du *Code de la conscience*. Si nous examinons attentivement la petite croix placée au centre de la figure présentée ci-après, nous voyons, au bout de quelques secondes, certains points du cercle disparaître aléatoirement de la page. Pendant quelques instants, ils s'effacent de notre conscience, puis redeviennent visibles. Parfois même, l'ensemble des points s'évanouit et nous laisse face à une page blanche pour revenir un instant plus tard dans une nuance de gris qui semble soudain plus sombre. Le *stimulus* « objectif » est constant (la partie « périphérique » du phénomène) et pourtant son interprétation subjective ne cesse de se modifier. Cette distorsion subjective du signal objectif illustre en fait ce que nous affirmions un peu plus tôt : la conscience ne se construit pas en fonction du couple correct-incorrect, mais — c'est une des leçons du darwinisme — en fonction du couple « effectif-ineffectif » (ou « adéquat-inadéquat »). La conscience, en tant que puissance de hiérarchisation de l'information (puissance nécessaire à la survie de l'organisme dans un environnement donné) est aussi puissance de sélection pertinente de l'information.

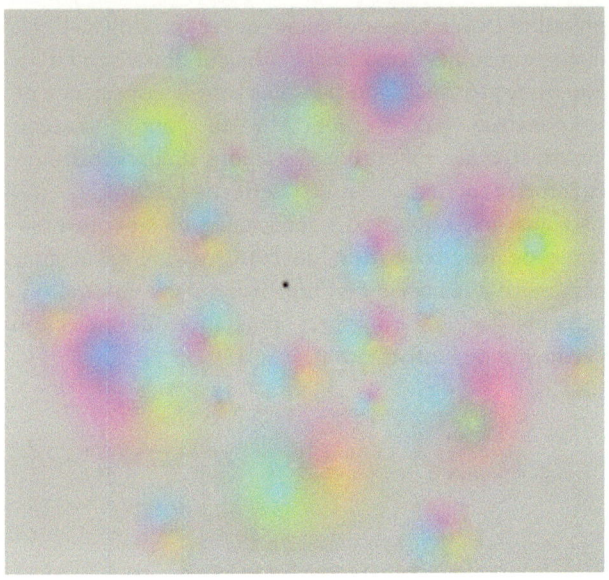

(Ctrl + Clic sur l'image pour la version en ligne)

Comme l'affirme Stanislas Dehaene, « l'accès à ma conscience est à la fois extrêmement ouvert et fortement sélectif[81] ». Non seulement le processus d'accès à la conscience est sélectif, mais la direction de notre attention (direction volontaire) peut encore affecter l'accès à notre conscience. « Notre cerveau, écrit Stanislas Dehaene, élimine impitoyablement toutes les informations dépourvues de pertinence pour n'en retenir qu'une seule qui soit la plus saillante et la plus

---

[81] Stanislas Dehaene, *Le Code de la conscience*, éditions Odile Jacob, Paris, 2014 p. 44

adaptée à nos buts actuels. Ce *stimulus* est alors amplifié jusqu'à prendre le contrôle de notre comportement[82]. »

Dans la manière dont la conscience, à travers notamment la production active de formes, structure et comprend le réel, il existe, de toute évidence, un filtre sélectif. La conscience, nous l'avons dit, est le lieu de formation des significations, mais aussi le lieu de la hiérarchisation de l'information. Le ressort de la conscience, en tant que produit de plusieurs milliards d'années d'évolution, n'est pas la recherche du vrai ou la fidélité au « réel » mais la quête de l'efficacité : il faut d'abord survivre, comprendre rapidement son environnement, hiérarchiser l'information pour séparer l'essentiel de l'accessoire. Certaines consciences animales ne perçoivent uniquement le mouvement, d'autres ne distinguent pas les couleurs, d'autres encore utilisent un sonar pour se situer dans leur environnement : toutes cependant ont en commun la perception exagérée de l'anomalie. Ce qui me menace (ou au contraire ce qui constitue pour moi une opportunité) a un accès privilégié à ma conscience. Nous ne devons donc pas, par conséquent, manifester de surprise excessive devant telle ou telle anomalie de notre système de perception : si notre conscience est imparfaite et qu'elle ne peut de ce fait naturellement prétendre à l'absolue rectitude, elle n'est pas, pour autant, totalement « relative » (aléatoire) ni détachée de tout substrat matériel. A travers un réseau de sens hétérogènes et inégalement répartis, les êtres sensibles perçoivent le prédateur ou la proie et adaptent leurs comportements à la situation ou à l'objet qui se

---

[82] Ibid. p. 42

présente à leur conscience, peu importe d'ailleurs le mode de présentation ou le sens initialement saisit. Que le phénomène, en tant que moyen-terme entre notre conscience projective (créatrice de formes) et le *stimulus* matériel — encore insignifiant — qui le suscite, puisse induire le sujet en erreur, c'est un fait entendu. Nous serions cependant bien avisés de nous garder d'ôter toute valeur au phénomène. Le phénomène est notre seul mode d'interaction avec le monde : il est la manière dont le monde se communique à nous. En tant que tel, il ne peut donc être dit « vrai » ou « faux ». C'est à notre raison, en tant que force de cohérence et d'unification du réel, qu'appartient de juger du caractère fidèle ou trompeur du phénomène, jamais directement à la conscience (ou à l'entendement). Si la conscience se situe d'abord au niveau du couple « effectif-ineffectif », c'est bien la raison, et uniquement elle, qui peut se hisser à la hauteur du couple « vrai-faux ». La raison juge, non la conscience.

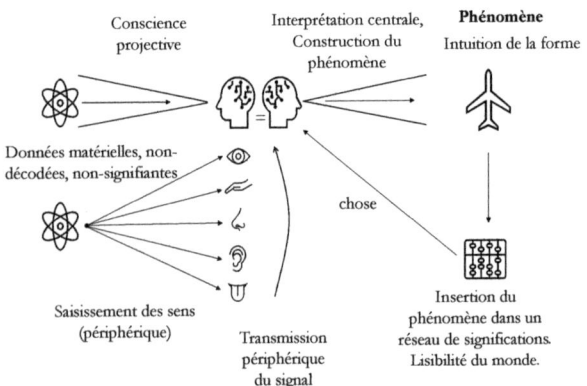

26.

REPONSE AUX OBJECTIONS DES PHYSICALISTES : LES SITUATIONS PATHOLOGIQUES — Dans *La nature et la règle* (livre né d'un dialogue entre Paul Ricœur et Jean-Pierre Changeux, que nous évoquions plus tôt), Jean-Pierre Changeux, en s'appuyant sur une longue exposition de situations pathologiques et de « cas limite », revendique contre Paul Ricœur une forme de relativisme matérialiste fondé sur l'idée que notre rationalité étant physiquement (et même localement) déterminée, serait entièrement dépendante des conditions matérielles qui permettent son expression. Avec Jean-Pierre Changeux, nous concédons volontiers que notre rapport au monde est physiquement déterminé (comme nous l'avons toujours fait). Notre cerveau ne fait certainement pas exception à cette règle. Il est, comme l'ensemble de nos organes, tributaire de son état matériel. Si, par conséquent, je ne sais quelle partie de notre cerveau est affecté par la maladie, artificiellement sollicité ou endormi, nul doute que cela affectera notre manière de percevoir le monde et de le penser. Seulement, cela n'affectera en aucune manière le rapport normatif d'effectivité que nous entretenons avec les choses. Moins ma compréhension du monde et mon adaptation aux choses sera adéquate, plus je serai vulnérable par rapport au monde : la destruction de ma faculté de comprendre le fondement normatif des choses aura laissé intact le fondement normatif lui-même. La situation pathologique accroîtra donc le fossé entre la compréhension que j'ai du monde et le monde, mais elle ne remettra en question ni la possibilité que j'avais de saisir la règle, c'est-à-dire de comprendre le monde, ni l'existence de cette règle elle-même. Mon rapport au monde est en somme, à ce compte, un rapport de double légifération. En tant que produit du monde, de l'univers, de son évolution matérielle, je suis *légiféré*, c'est-à-dire issu de la loi qui m'a vu naître, qui a présidé à la formation de mes sens et de ma raison. En même temps, en tant qu'être sensible et rationnel, ayant la capacité d'être saisi par le monde, d'en comprendre et d'en restituer la cohérence, je suis *légiférant* en cela que je peux formuler un avis sur le monde, expérimenter cet avis, opérer un retour critique sur mes jugements. Cette double détermination, à la fois légiférée et légiférante, de la raison est essentielle à la compréhension de notre relation aux choses. Nous l'avons évoqué un peu plus tôt : l'intelligibilité du monde est intimement liée à son existence, elle en est même en un sens la *condition* (Einstein disait d'ailleurs à ce propos « c'est l'un des grands accomplissements de Kant d'avoir montré qu'il serait vide de sens de poser l'existence d'un monde extérieur réel sans cette intelligibilité[83] »). De même, la compréhension que nous avons du monde, même imparfaite, déformée par le prisme d'une raison malade, d'une évolution inachevée ou par une perception inexacte, est la *condition* de l'habitabilité du monde. Le fait que le monde soit vu à travers une sorte de « miroir transformant » dont le phénomène, en tant que vecteur de transformation et d'interprétation des choses, est la manifestation n'implique donc pas de nécessaire séparation ontologique ou de déconnexion radicale avec un monde « réel » ou « en soi » dont nous ne pourrions percevoir que des ombres sans valeur et sans substance. Nous sommes au contraire toujours

---

[83] Albert Einstein, *Physics and Reality*, 1936

« réglés » sur les choses de telle sorte à ce que nous puissions entrer dans une relation d'effectivité avec elles (de la même manière que les choses sont réglées en retour sur notre sensibilité, puisqu'elles procèdent d'un réarrangement sensible qui nous est propre). Si notre perception semble montrer des incohérences (des problèmes de « retranscription » ou de « décodage » pourrait-on dire), notre cerveau se chargera d'ailleurs parfois lui-même de modifier sa construction du phénomène pour le rendre conforme à notre mode régulé d'interaction avec le monde plutôt qu'à persister durablement dans une incohérence formelle qui remettrait en question notre rapport effectif aux choses. Une expérience édifiante avait été tentée, dans laquelle un sujet devait porter pendant plusieurs jours des lunettes qui avaient pour effet de renverser la vision de sorte que le sujet de l'expérience voyait le monde « à l'envers ». Au bout de quelques jours sans quitter les lunettes, le cerveau du sujet finit par opérer lui-même la correction et le sujet vit de nouveau les choses « à l'endroit », malgré ses verres correcteurs. Plutôt que de demeurer dans une relation d'ineffectivité avec les choses, le cerveau avait choisi de revoir ses règles de transformation pour redonner au sujet de l'expérience une vision plus « effective » des choses. On voit là par ailleurs les limites des critiques radicales qui admettent uniquement le solipsisme comme position la plus pure et inattaquable : on ne saurait demeurer dans un illusionnisme de confort. Notre relation au monde n'est pas le produit de notre imagination prolixe : en tant que résultat de l'adaptation évolutive, nous avons aussi la faculté de nous adapter aux choses, de nous régler sur elles (comme elles se règlent sur nous à travers les réarrangements de notre sensibilité et de notre entendement).

27.

QUE SONT LES CONCEPTS ? — Ce que nous désignons par « concept » correspond à l'opération par laquelle l'entendement effectue une synthèse[84] théorique des formes issues de l'activité de la conscience, unifiant ainsi la diversité du donné sous une représentation intelligible. Cette synthèse peut s'appliquer à l'intuition concrète de la forme d'un phénomène particulier décodé et organisé par l'imagination (concept de l'arbre, de la table, de l'avion…), à des concepts nés de l'activité de l'imagination du sujet (la licorne, l'hydre…) ou aux catégories abstraites qui structurent notre pensée[85]. Le concept, qui trouve son extension et sa communicabilité dans le langage, est donc à la fois une

---

[84] Nous utilisons le mot « synthèse » ici dans le sens de « déduction des caractéristiques communes des formes entre elles ». Cette déduction peut être dite synthétique dans la mesure où le sujet identifie le point congruent d'objets différents ou de groupes différents. La synthèse opérée par le sujet se rapproche en un sens de la théorie des ensembles, le concept pouvant s'analyser comme l'intersection commune entre plusieurs objets ou plusieurs ensembles. Il faut se garder de considérer la synthèse comme une opération d'agrégation infinie de plusieurs formes qui constituerait une « forme moyenne » que serait le concept. La notion de concept (et donc de mot) commence avec l'opération de déduction de deux objets. Elle n'a nul besoin de la multitude.

[85] Nous reprenons ici le vocabulaire de la *Critique de la raison pure* dans laquelle Kant définit les catégories comme les structures formelles qui régissent et régulent notre rapport au monde : catégories de quantité, de qualité, de relation et de modalité

réduction synthétique du réel et un instrument de connaissance du monde. Dans l'utilisation que nous faisons du concept, nous devons toujours garder à l'esprit ces deux facettes presque antithétiques : le concept comme support de la pensée, le concept comme instrument de réduction synthétique du réel. Il faut cependant nous garder de considérer le concept comme une forme de correspondance absolue entre une « forme synthétisée » par notre conscience et l'objet visé par cette forme synthétique (ou schématique). D'abord, le concept peut très bien ne correspondre à aucun objet concret en particulier (Dieu, la métaphysique, la licorne), ensuite et surtout, le concept en tant que rouage de l'articulation de la pensée peut désigner un objet concret précis, mais sans toutefois épuiser l'ensemble de ses caractéristiques. Mon concept d'arbre, par exemple, peut très bien différer plus ou moins du concept d'arbre d'un enfant de huit ans, sans pour autant renvoyer à des réalités radicalement différentes. Le concept, en réalité, ne fixe pas le sens du réel de manière absolue, il est un pivot, un support de la pensée et non une liaison figée entre un « état psychologique » et une réalité concrète. S'il en allait autrement, alors la diversité de perception et de description d'un objet donné serait impossible et l'on pourrait alors considérer que l'objet perçu ne correspondrait concrètement qu'à un état psychologique particulier du sujet (psychologisme). Comme l'écrit à ce sujet justement Hilary Putnam dans *Raison, vérité et histoire*, « les significations ne sont pas uniquement dans notre tête[86] ». Autrement dit, la théorie du langage ne

---

[86] "Meanings just aren't in the head", voir Hilary Putnam, Reason, Truth and History, 1. Brains in a vat, p. 19

peut se passer d'une théorie de la référence. Le langage considéré comme système autonome qui prétendrait se passer de toute référence externe échouerait en effet à accéder au niveau de la *signification*, de même que les objets non médiatisés par un système de perception formelle organisée n'ont encore aucune signification possible, comme nous allons essayer de l'établir un peu plus loin.

28.

CARCAN DU CONCEPT, CARCAN DE LA FORME — Une grande difficulté de notre rapport au monde tient au fait que l'esprit (l'entendement, la conscience) a une tendance naturelle à figer les formes pour rendre le réel lisible et communicable. Cet emprisonnement progressif des formes dans des « types » se trame notamment dans l'articulation de la forme et du concept, comme par un jeu de rétroactivité du concept sur la forme. De fait, les formes, par l'entremise des concepts (l'arbre, le lit, la table) ont tendance à devenir des objets généraux impensés au détriment du particularisme (ou des particularités) de chaque objet considéré ou perçu. Si ce jeu de réduction vaut pour les objets, il est aussi valable pour les idées générales. Nombre de ces idées circulent, se développent et s'échangent pour finalement devenir des concepts vagues ou sans contenus que l'on manie comme des vérités entendues.

29.

LA LIBERTÉ COMME CRÉATION DE FORMES NOUVELLES — Notre liberté s'intercale dans un curieux enchaînement entre la prolifération des formes, qui est l'œuvre de l'imagination, et un double réseau de contraintes des formes constitué par les couperets de la cohérence et du réel « brut » (matériel). La prolifération des formes est, à peu de chose près, ce que Nietzsche appelle « le dionysiaque » dans l'un de ses premiers écrits, *La Naissance de la tragédie*. C'est, en un sens, la « pure énergie » de l'imagination, énergie presque enfantine, créatrice et destructrice, affranchie des règles de cohérence formelle (cohérence des formes entre elles, harmonie de la forme elle-même). Mais, si l'imagination créé des formes nouvelles par combinaisons, réarrangements, destructions, extrapolations ou associations, sa libre expression ne réside pas uniquement dans ses capacités combinatoires ou créatives (la prolifération anarchique de l'imagination pouvant après tout être ressentie comme une forme d'asservissement aveugle à l'aléa), elle est aussi dans la contrainte formelle qui structure son expression artistique et que nous désignons par le terme « cohérence ». Contrairement à l'idée de vérité, le terme de « cohérence » ne fait pas directement référence à la notion d'adéquation, la cohérence ne se comprenant pas sur le mode de la correspondance, par exemple, entre un discours et son objet (comme c'est le cas dans le discours scientifique) mais plutôt comme un agencement critique des formes entre elles. L'idée de cohérence formelle est davantage à rapprocher de ce que Nietzsche appelle « l'apollinien » qui implique l'harmonie de la forme en tant que telle et l'harmonie des formes entre elles. L'art nait de cette confrontation féconde entre la prolifération de « l'informe[87] » et l'exigence formelle de la sélection, exigence qui est à la fois naturelle et critique ; « naturelle » dans la mesure où l'harmonie, pour l'artiste, semble souvent « aller de soi[88] », « critique » dans la mesure où la sélection de la forme est aussi une rétroactivité, un jugement médiatisé sur la production spontanée de l'imagination. On retrouve, dans les témoignages d'artistes – qu'ils soient poètes, musiciens, écrivains, peintres ou sculpteurs – une observation récurrente : au moment de sa création, l'œuvre surgit avec une forme d'évidence, comme si elle se déroulait d'elle-même, déjà visualisée ou entendue avant même d'être réalisée. Combien de fois, par exemple, a-t-on entendu un artiste raconter que sa chanson la plus célèbre avait été composée « en dix minutes » ou « en une nuit » ? L'artiste, comme d'ailleurs souvent le scientifique (nous y reviendrons largement) semble bien souvent percevoir son œuvre, sa création en un « coup d'œil ». C'est la fameuse « inspiration » : cette rencontre fortuite et presque magique entre la forme et son expression cohérente. Ces deux moments de la création — moment de la prolifération anarchique, moment critique de la sélection formelle — constituent à la fois l'essence de la création et le sommet de la pensée humaine : la création comme rencontre de la prolifération et de la sélection critique et rétroactive, la pensée comme saisissement actif de la forme présentée par l'intuition et comme organisation d'un système

---

[87] Ou disons de la forme « non-harmonieuse », c'est-à-dire non encore médiatisée par le formalisme de la conscience.
[88] Il s'agira bien sûr de discuter ce caractère d'évidence que nous aborderons dans la deuxième partie.

(d'un discours) cohérent ayant pour fondement l'intuition du phénomène, intuition *non déliée* du fondement réel (de la « matière brute »).

30.

QU'EST-CE QUE L'INTUITION ? — L'activité cérébrale de représentation imagée engendre une prolifération de formes qui ne renvoient pas nécessairement à une réalité concrète. Cette production autonome ne saurait être assimilée à l'intuition, laquelle désigne, pour nous, le moment où la conscience saisit une réalité extérieure à elle[89]. L'intuition suppose une interaction entre l'organisme et un élément qui lui est exogène : les sens ne se saisissent pas eux-mêmes (ils ne saisissent pas des « images internes »), mais sont sollicités par quelque chose d'extérieur. L'intuition se comprend donc avant tout comme une confrontation entre une réalité matérielle qui se manifeste à travers nos sens et la manière dont nous l'appréhendons, c'est-à-dire le

---

[89] Kant, par exemple, ne limite pas l'intuition au saisissement d'une extériorité. L'intuition interne chez Kant est la manière dont nous avons une perception immédiate de nos propres états internes, c'est-à-dire ce qui se passe en nous-mêmes en tant que sujets conscients. Contrairement à l'intuition externe, qui porte sur les objets dans l'espace, l'intuition interne porte, pour Kant, sur ce qui est dans le temps. Dans l'intuition interne, tout ce que nous percevons en nous-mêmes (par exemple, nos pensées successives, nos souvenirs, ou nos sentiments) est perçu dans le cadre temporel. Cela signifie que nos états internes apparaissent toujours comme ayant une certaine succession ou durée. Nous préférons limiter le concept d'intuition à la perception d'objets qui nous sont extérieurs afin d'éviter certaines confusions dans la problématique de la référence que nous développons dans le chapitre suivant.

mouvement par lequel nous allons à sa rencontre. En tant que saisie immédiate d'une réalité brute, l'intuition se manifeste d'abord comme l'identification d'une singularité, une prise de conscience du particulier et de l'hétérogène. Elle constitue déjà une forme de synthèse, une unification spontanée du divers tel qu'il se donne dans l'expérience.

Nous ne percevons en effet nullement un ensemble d'atomes ni un jeu de forces structurées, mais toujours une « forme » définie (forme en attente de signification, mais dont les contours sont perçus, la forme est comprise dans son unité de forme, voir schéma ci-dessous ou voir schéma plus complet § 25 — *Qu'est-ce qu'un phénomène ?* Signalons d'ailleurs que la forme ne se limite pas aux contours visuels, elle est aussi bien identification des odeurs, des sensations, du toucher, du goût, etc.).

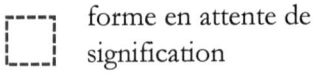
forme en attente de signification

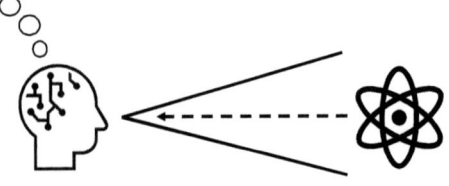

Conscience projective (intuition)   Réel brut, non signifiant

L'intuition doit ainsi être distinguée de l'imagination, qui ne se réduit pas à la simple formation d'images mentales, mais constitue une faculté plus complexe permettant : (i) de relier et d'unifier les données de l'intuition dans une représentation cohérente ; (ii) de suppléer aux limites de l'intuition en représentant ce qui n'est pas immédiatement donné (par exemple, se figurer les faces invisibles d'un cube) ; (iii) d'opérer une synthèse plus large en regroupant différentes intuitions sous des concepts généraux. Pour nous aider à nous figurer cette dialectique formelle entre l'intuition et l'imagination, nous pouvons penser à l'activité d'interprétation des nuages : lorsque nous regardons des nuages, nous percevons bien des formes particulières « non-encore-signifiantes » qui nous sont données « passivement » par l'intuition à travers la transmission d'un *stimulus* visuel externe. Dans le premier moment de l'intuition, ces formes n'ont pas encore de signification définie (même si elles ont bien une unité formelle, le nuage nous est donné dans le temps et dans l'espace, il a une forme, mais ne signifie rien).

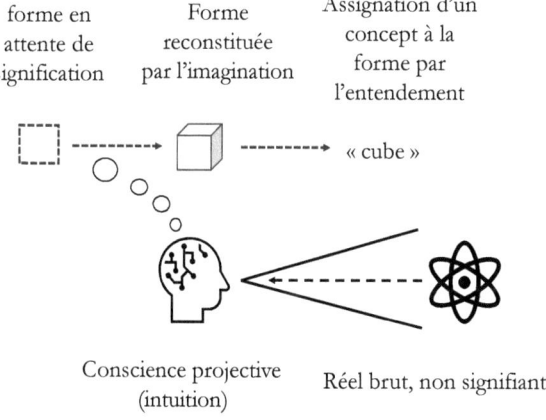

Dans le second temps, celui de l'imagination, nous ne

percevons plus des formes « en attente de signification » mais bien des formes reconstituées, saisies dans leur unité et dans leur rapport aux autres formes. Le troisième temps est celui de l'assignation de ces formes à un concept signifiant. Nous « nommons » ces formes : un lion, un bateau, un visage.

Dans l'interprétation des nuages, les deux premiers moments successifs de l'intuition et de l'imagination sont aisément dissociables. Dans notre vie quotidienne, cependant, ces instants sont le plus souvent réunis et indifférenciés dans une forme de quasi-immédiateté interprétative. Nous croyons percevoir « un chat », « une voiture » ou « un nuage » là où nous avons en réalité affaire à un objet d'une complexité et d'une variabilité infinie, mais que nous subsumons à chaque fois sous un concept simple qui nous permet de rendre l'objet lisible (inséré dans un réseau de significations définies). Si nous percevons un lion, un visage ou un bateau dans le nuage qui file au-dessus de nos têtes, la signification ne sera de toute évidence pas une propriété du nuage (qui « en lui-même » n'est d'ailleurs pas plus un « nuage », qu'un « lion » ou un « bateau ») mais bien une projection de l'imagination signifiante que l'entendement subsumera sous un concept — nous revenons ici au « dualisme » que nous défendions en première partie de notre propos, dualisme *radical* de la séparation entre le support matériel et sa signification. Cette projection signifiante est cependant contrainte par la matière elle-même qui ne donne pas, à travers l'intuition sensible, *toute liberté* de création formelle à l'imagination. Si l'imagination (secondée par l'entendement) projette et identifie la forme d'un bateau, elle pourra difficilement en même temps percevoir un lion ou un visage. Ici, l'intuition joue bien son rôle de *medium* entre le donné sensible et son identification unitaire signifiante : l'intuition n'est pas intuition « de rien » ou ne reposant « sur rien ». A partir d'une contrainte formelle non-signifiante, l'imagination organise la forme en « l'interprétant », c'est-à-dire en l'insérant dans un réseau de significations connues. L'imagination, en tant que capacité de création et de reconnaissance de formes signifiantes intervient à plusieurs niveaux : elle est à la fois la structure de nos intuitions (nos intuitions se font dans le « cadre » formel de l'imagination), elle unifie et organise les intuitions entre elles et joue un rôle dans la formation de concepts généraux. L'imagination est, en quelque sorte, à la fois une puissance de création et une puissance de reconnaissance de la forme brute (non particulière, non différenciée). Dans ses manuscrits sur l'imagination[90], Husserl distingue bien ces deux caractéristiques de l'imagination : l'imagination qui nous permet de nous représenter un objet provenant de l'intuition est appelée « imagination physique » (la puissance d'identification signifiante) tandis que l'imagination qui a lieu de dehors du champ visuel appartient à l'essence de la « phantasia » (la puissance

---

[90] Edmund Husserl, *Phantasie, Bildbewusstsein, Erinnerung* : *Phantasia, conscience d'image, souvenir* (ouvrage posthume publié en 1980, le contenu de ce volume provient de manuscrits inédits de Husserl, rédigés entre 1904 et 1928. Il s'agit d'un recueil de ses recherches sur la conscience de l'image, l'imagination (Phantasie) et la mémoire (Erinnerung), trois types d'actes de présentification (Vergegenwärtigung), c'est-à-dire des actes par lesquels un objet absent est « rendu présent » à la conscience.

de création qui agit en dehors de l'intuition des objets externes).

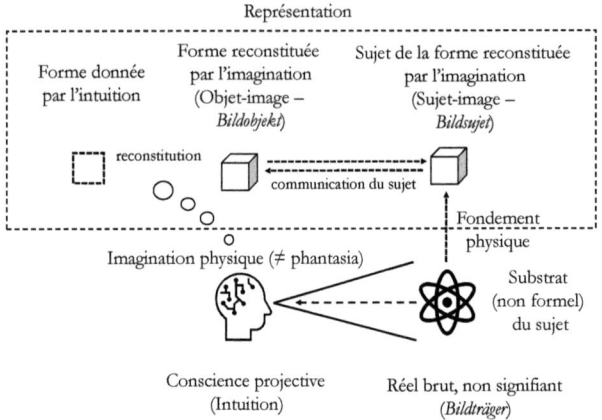

Grâce à l'imagination physique nous est donné ce que Husserl appelle « l'objet-image » (*Bildobjekt*) : un chevalier en image, un enfant en image, etc. (l'image de l'objet, sa représentation « pour nous »). L'objet-image diffère de l'objet visé (le chevalier, l'enfant, c'est-à-dire le sujet de la représentation) appelé le « sujet-image » (*Bildsujet*) qui à son tour diffère du support physique de l'image (*Bildträger*, support non-signifiant par lui-même, le nuage informe, par exemple, dans notre exemple précédent[91]). Pour Husserl, l'objet-image est un *fictum*, c'est-à-dire une construction de l'imagination, et pourtant un objet apparent (l'objet apparait bien à notre conscience). En réalité, tout se passe comme si l'imagination, en saisissant l'objet externe à travers

---

[91] Exemple un peu trompeur certes, car le nuage est déjà bien identifié comme « nuage » par le sujet — mais non encore comme lion, bateau…

l'intuition, le reconstruisait au moment même où elle le présente à la conscience. La construction du phénomène dans une perception unifiée est, de fait, le résultat de l'action conjuguée de l'intuition qui figure et « détoure[92] » la forme particulière qu'elle reçoit du réel et de l'imagination « physique » qui en reconnaissant cette forme donne au *fictum* une signification particulière[93] en même temps qu'elle se le représente sous différents angles[94]. Il est intéressant de noter que la distinction que nous opérons ici entre les deux moments de l'intuition et de l'imagination n'est pas une différenciation purement analytique ou formelle. Grâce

---

[92] Nous employons ici un terme générique qui se réfère plutôt à la vision même si *stricto sensu* l'intuition ne concerne pas uniquement la vue, mais bien l'ensemble des sens.
[93] Sur la distinction entre le « moment perceptif » de l'intuition et le moment de l'imagination physique, se référer à l'article de Danilo Saretta Verissimo, *Sur la relation entre imagerie mentale et perception : Analyse à partir des contributions théoriques et empiriques*, Volume 13 (2017) — Numéro 2 : *L'acte d'imagination : Approches phénoménologiques* (Actes n°10)
[94] Voir par exemple les travaux de Shepard et Metzler sur les exercices de rotation mentale des objets, R. Shepard, J. Metzler, *Mental rotation of three-dimensional objects*, Science, 171, 1971, p. 701-703. Et B. Nanay sur la représentation de parties cachées d'un objet, B. Nanay, *Perception and imagination : amodal perception as mental imagery*, Philosophical Studies, 150, 2010, p. 239-254 ; B. Nanay, *Imagination and Perception*. Dans ces phénomènes de représentation d'un objet en trois dimensions ou de représentations des parties cachées d'un objet nous ne voyons pas, comme Nanay l'idée selon laquelle « l'imagerie mentale est nécessaire à la perception » (nous pensons que l'imagerie mentale est plutôt nécessaire à la lisibilité du monde, à l'insertion des images dans un réseau signifiant plutôt qu'à la perception de l'image elle-même qui peut très bien se faire dans les deux moments distincts de l'intuition et de l'imagination, ce qui semble d'ailleurs être confirmé par l'imagerie cérébrale).

à l'IRM fonctionnelle, Kalanit Grill-Spector, en effectuant une série de mesures du cortex visuel, note par exemple une nette dissociation entre les activations successives de certaines zones cérébrales dans la perception de l'image. Par un jeu de masquage d'images présentées au sujet de l'expérience, Kalanit Grill-Spector ont établi qu'en dessous de 50 millisecondes, les images étaient invisibles au sujet de l'expérience, tandis qu'au-delà de 100 millisecondes, elles apparaissaient en pleine conscience. A l'imagerie visuelle, ces deux moments apparaissaient néanmoins clairement : les aires visuelles précoces s'activent tout le temps, que l'image soit consciente ou non. En revanche, dans les aires visuelles supérieures, telles que le gyrus fusiforme et la région occipito-temporale latérale — aires qui sont impliquées dans la catégorisation et l'identification d'images (visages, objets, mots, lieux…) — l'activité cérébrale est étroitement liée au degré de conscience. Or dès qu'une image atteint ce niveau de traitement cérébral, elle a de fortes chances de devenir consciente. Si Stanislas Dehaene précise que ces aires visuelles supérieures peuvent, selon ses propres expériences, s'activer inconsciemment, notons que, les deux moments de ce que nous avons appelé l'intuition et l'imagination sont, dans les expériences de Kalanit Grill-Spector et Stanislas Dehaene physiquement et temporellement différenciés, indépendamment de la question de leur accès à la conscience (Stanislas Dehaene note tout de même que lorsque l'image, le mot, ou le son deviennent conscients, l'activité cérébrale est démultipliée : lors de la perception consciente d'un mot, l'activité des aires visuelles supérieures est multipliée par douze par rapport à une perception inconsciente du même mot).

Dès lors que nous reconnaissons à l'intuition ce rôle particulier de « détourage » (appréhension d'une singularité, d'une hétérogénéité du réel) des données des sens, comment appréhender les situations limites comme celles des hallucinations et du rêve ? Si nous limitons l'intuition à son rôle infraconscient de saisissement des données reçues du monde extérieur, il nous faut bien définir ce qu'est ce « monde extérieur », or les hallucinations et le rêve gomment précisément la différenciation entre le réel extérieur et cet « autre réel » qui est imaginé sans pour autant être dérivé de l'intuition d'un objet externe. Nous sommes là confrontés à un sujet qui agita bien des philosophes et qui est pourtant d'une importance relative, la difficulté ayant en fait une portée bien plus théorique que pratique. Nous remarquons certes que, dans les rêveries aussi bien que dans les hallucinations, des processus physiques électriques sont observables par imageries cérébrales. Les IRM fonctionnelles montrent en effet que, dans le cerveau du sujet que l'on confronte à une image extérieure donnée, des zones similaires s'activent, que cette image soit présentée au sujet ou simplement imaginée par le sujet. De même, il est tout à fait possible à l'expérimentateur d'induire des hallucinations chez n'importe quelle personne volontaire à l'aide d'une technique appelée « stimulation magnétique transcrânienne » (TMS). Même dans le noir, les yeux fermés, une impulsion électrique qui induit une décharge du cortex visuel peut provoquer une impression consciente. Dans ces cas, on peut légitimement défendre l'idée selon laquelle notre conscience est affectée « par quelque chose », ce quelque chose correspondant bien à un substrat physique, physiquement observable qui peut se situer soit à l'extérieur du sujet, comme dans le cas du TMS, soit à « l'intérieur » du sujet dans le cas du rêve et des hallucinations (cette distinction interne-externe n'abolissant nullement la distinction matériel-immatériel, les hallucinations comme les rêves étant matériellement observables et par conséquent matériellement provoqués). A la différence des états de veille « normaux », les états hallucinatoires ne suivent cependant pas de mécanismes de saisissement sensoriel d'un objet physiquement *extérieur* dans lequel la sensibilité et l'intuition interviendraient. Le cerveau fonctionne pour ainsi dire de manière « autonome », la caractéristique de ces états tenant précisément à la déconnexion avec le monde physiquement extérieur au sujet. Dans les hallucinations auditives, par exemple, Renaud Jardri et Pierre Thomas[95] notent d'une part qu'il semble possible de différencier une activité hallucinatoire du cerveau d'une activité de perception normale, les expériences hallucinatoires des schizophrènes étant par exemple associées à une augmentation de l'activation fonctionnelle de l'aire hippocampique-para-hippocampique gauche, ainsi que des régions de production et de perception verbale et d'autre part que l'ensemble du cortex auditif ne semble pas être impliqué dans l'émergence d'hallucinations acousticoverbales, « puisque seules les aires sensorielles associatives sont retrouvées significativement plus activées en période hallucinatoire ». Dans les états hallucinatoires, il apparaît donc que le signal qui se présente aux zones supérieures du cortex cérébral n'a

---

[95] Renaud Jardri et Pierre Thomas, *Imagerie cérébrale fonctionnelle de l'hallucination ou comment voir ce que les hallucinés entendent* in *L'information Psychiatrique*, 2012/10, volume 88, pp. 815 à 822

pas suivi la trajectoire qui est celle de la stimulation du cerveau par un objet extérieur. De même, il faut bien préciser que l'identité entre les aires liées à la production d'images mentales dérivant de l'intuition d'objet externes et celles liées à la production d'images mentales autonomes n'est que partielle. Plusieurs études montrent en effet des différences notables entre les corrélats neuraux de ces deux facultés. Ainsi, Ganis, Thompson et Kosslyn ont trouvé que le gyrus occipital inférieur et le gyrus occipital supérieur droit sont activés par la perception visuelle, mais non par l'imagerie mentale. C'est aussi le cas, dans une moindre mesure, du gyrus occipital moyen, gyrus occipital supérieur gauche, gyrus lingual et le cuneus[96]. Si donc nous mettons de côté les états mixtes ou intermédiaires (l'intégration de données extérieures au rêve à l'hallucination), le neuroscientifique semble aujourd'hui être parfaitement en mesure de distinguer les états hallucinatoires ou d'imagination fantaisiste (« phantasia ») des états de perception faisant intervenir l'intuition d'un objet externe. Certes, la question de la possibilité pour le sujet de faire lui-même la différence de manière « certaine » entre ses états de veille, ses états de rêve et ses états hallucinatoires demeure irrésolue (notamment pour les cas limites de la schizophrénie ou de certains rêves), mais ce problème se ramène en somme au problème du solipsisme et non à l'idée que l'intuition sensible concerne uniquement des objets qui nous sont physiquement extérieurs (les situations de

---

[96] *Brain areas Underlying Visual Mental Imagery and Visual Perception: an MRI Study Giorgio Ganis 1, William L Thompson, Stephen M Kosslyn*, cité par *Sacha Behrend, Le rapport entre imagerie mentale et perception à la lumière des sciences cognitives*, Philonsorbonne, 16, 2022, pp. 13-30.

pure hallucination ou de pure rêverie ne faisant pas appel à la sensibilité et par conséquence pas appel non plus à ce que nous appelons intuition sensible).

31.

CONTRE LE PSYCHOLOGISME — L'idée selon laquelle l'intuition des choses et la signification des mots renverrait seulement à l'état psychologique d'un locuteur donné constitue une autre version du solipsisme ou du scepticisme radical selon lequel « rien ne nous permet d'affirmer logiquement l'existence du monde en dehors du sujet ». Cette idée, comme toute idée qui procède d'un raisonnement tautologique (c'est-à-dire d'un raisonnement dont la conclusion est entièrement contenue dans les prémices de la démonstration), semble à première vue difficilement attaquable. A l'image du matérialiste radical qui prétend démontrer que tout est matière en partant de l'hypothèse que tout ce qui pourrait ne pas être de la matière est de la matière, le solipsiste prétend démontrer que tout est sujet en partant de l'hypothèse que tout ce qui pourrait ne pas être réductible au sujet est réductible au sujet. Dans le cadre du psychologisme — ou du subjectivisme linguistique — le raisonnement revient, par exemple, à soutenir qu'une théorie du langage peut se dispenser d'aborder la question de la référence en la réduisant exclusivement aux contenus des états mentaux d'un locuteur donné (§ 27). En réalité, le psychologisme passe au travers du problème de l'intuition pour ne s'intéresser au langage qu'en tant que système formel autonome organisé (qui créerait ses propres significations indépendamment de toute réalité « extérieure »). Ce psychologisme radical est une version légèrement édulcorée du solipsisme ontologique. Il est aussi, à l'image du solipsisme, tautologique. Dans le solipsisme, comme dans le matérialisme, c'est le raisonnement moniste qui est à l'origine de la difficulté : la structure de raisonnement qui part d'un tout indifférencié ne peut logiquement aboutir qu'à une indifférenciation totale[97]. Dans *Raison, vérité et histoire*, Putnam a ainsi sans doute raison de lier directement le problème de la référence à celui de l'intentionnalité : le fait, pour un « état mental », de « renvoyer à » ou d'être « dirigé vers » un objet qui ne lui est pas entièrement assimilable[98]. L'expérience de pensée des Terres jumelles[99], qu'il expose dans un article publié en 1975, met bien en lumière, à ce propos, les apories logiques du psychologisme. Imaginons, explique Putnam, qu'il existe, dans une galaxie lointaine, une planète semblable à la nôtre, nommée Terre-Jumelle. Sur cette planète vivent des êtres humains semblables à nous. Leurs comportements sont semblables aux nôtres et leurs connaissances scientifiques ont suivi une évolution parallèle aux nôtres. La seule différence entre cette planète et la nôtre

---

[97] Cette structure de raisonnement est différente de celle qui parle d'un tout identifié, c'est-à-dire d'un ensemble différencié, par exemple : « pour tout nombre réel x, on a $x^2 \geq x$ ».

[98] Voir Hillary Putnam, *Raison, vérité et histoire*, trad. A. Gerschenfeld, Paris, Minuit, 1984, p. 27 : « certains philosophes (le plus célèbre était Brentano) ont attribué à l'esprit un pouvoir, l'« intentionnalité », qui lui permet précisément de faire référence », cité par Raphaël Ehrsam, La théorie de la référence de Putnam. Entre déterminants conceptuels et déterminants réels, Dans Archives de philosophie 2016/4 (Tome 79), pages 655 à 674

[99] Hilary Putnam, *La signification de la signification*, 1975

est la suivante : sur Terre-Jumelle, les mers, les fleuves et les rivières contiennent en apparence de l'eau comme sur Terre. C'est un liquide également transparent, désaltérant, susceptible de transformations à l'état solide ou gazeux… L'eau de Terre-Jumelle est entièrement semblable à l'eau que nous connaissons sur Terre, à la seule exception près que le liquide nommé « eau » sur Terre-Jumelle possède une structure moléculaire distincte de celle de l'eau terrestre. Tandis que la structure de l'eau sur Terre est H_2O la structure de l'eau sur Terre-Jumelle est, disons, X_YZ. Voici dès lors le point crucial de l'expérience de pensée de Putnam. Transportons-nous en 1750, à une époque où les populations des deux planètes ignorent la composition chimique des liquides :

« Le terrien typique ne savait pas alors que l'eau est composée d'hydrogène et d'oxygène, et le terre-jumellien typique ne savait pas que « l'eau » est composée de X_YZ. Appelons $Oscar_1$ le terrien typique de cette époque et $Oscar_2$ sa réplique sur Terre-Jumelle. On peut supposer qu'$Oscar_1$ n'entretenait à propos de l'eau aucune croyance qu'$Oscar_2$ n'ait entretenue à propos de « l'eau ». On peut même supposer, si on le désire, qu'$Oscar_1$ et $Oscar_2$ étaient des doubles exacts, par l'apparence, les sentiments, la pensée, le monologue intérieur, etc. Pourtant, l'extension du terme « eau » sur Terre en 1750 était H_2O […] et l'extension du terme « eau » sur Terre-Jumelle en 1750 était X_YZ […]. $Oscar_1$ et $Oscar_2$ comprenaient le terme « eau » de manière différente en 1750, et ce bien qu'ils fussent dans le même état psychologique et qu'étant donné l'état de la science à cette époque, il faudrait encore cinquante ans à la communauté scientifique de chacune des planètes pour découvrir qu'ils comprenaient le terme « eau » de manière différente. Ainsi, l'extension du terme « eau » (et, en fait, sa signification, dans l'usage pré-analytique intuitif du terme) n'est pas fonction du seul état psychologique du locuteur[100]. »

Le point essentiel de la démonstration de Putnam réside dans l'idée qu'une théorie du langage ne peut se passer d'une théorie correspondante de la référence. L'état psychologique d'un locuteur donné ne saurait suffire à déterminer la référence à l'objet qu'il désigne. En d'autres termes, aussi bien dans la théorie du langage que dans les théories modernes de la conscience, on ne saurait faire l'économie de l'intuition en tant que facteur de médiation entre l'objet extérieur et la conscience (dans les théories neuroscientifiques) et entre l'objet extérieur et le langage (dans les théories du langage). Cela ne signifie certes pas, *a contrario* que le sens soit entièrement contenu dans les objets visés par le langage — nous retomberions alors dans une autre forme de monisme réaliste que nous n'avons eu de cesse de dénoncer. La vérité, nous l'avons dit, ne peut pas se concevoir comme adéquation entre un discours et la chose « en soi ». Ce que vise surtout Putnam c'est la conception du langage comme système autonome de sens pouvant à la limite se passer du second terme essentiel à tout langage : celui de ce qu'il *vise*. Pour être investi d'une signification, le langage ne peut être que de nature « dualiste », la théorie de la subjectivité radicale échouant, comme nous l'avons montré

---

[100] Cité par Raphaël Ehrsam, *La théorie de la référence de Putnam. Entre déterminants conceptuels et déterminants réels*, Dans *Archives de Philosophie 2016/4* (Tome 79), pages 655 à 674

précédemment, dans ses apories logiques. Dans l'exemple de Putnam c'est la référence à un objet extérieur (l'eau) qui permet de mettre en échec le psychologisme radical. Signalons ici que le dualisme se comprend comme différenciation, pour reprendre les termes de Husserl, entre l'objet-image (*Bildobjekt*), c'est-à-dire l'objet (l'eau) tel qu'il nous apparait dans notre conscience et le sujet-image (*Bildsujet*), c'est-à-dire le sujet de l'objet (en l'occurrence, ce à quoi nous faisons référence quand nous nous représentons de l'eau, tout ce qui est attaché pour nous à l'eau, ses caractéristiques intrinsèques telles que nous les pensons, telles que nous les construisons dans nos systèmes signifiants). Ce sujet-image est à son tour une manifestation *non déliée* de la réalité matérielle qui la soutient, réalité matérielle brute à laquelle nous ne pouvons avoir accès que sur le mode de la manifestation phénoménale (objet-image) de laquelle nous dérivons notre construction mentale du sujet-image (voir schéma dans le chapitre précédent). La liaison entre la construction mentale du sujet-image et sa réalité matérielle (*Bildträger*) soutient la théorie de la référence : s'il n'y a pas de réalité matérielle, alors nous retombons dans le problème du solipsisme, selon laquelle je ne puis être certain que de ma propre existence — si tant est que l'on puisse m'accorder cette certitude, problème dont nous avons vu (i) qu'il ne pouvait produire aucune connaissance, (ii) qu'il n'avait pas de signification en tant qu'énoncé totalisant et (iii) qu'il échouait à décrire notre relation au monde, relation précisément fondée sur la signifiance, (voir §13 — *Peut-on penser un monde sans loi ?*). Cette dernière partie de notre raisonnement pourrait certes être attaquée : on pourrait en effet à bon droit nous reprocher de faire de la signifiance du monde une forme de certitude apodictique (qui me prouve après tout que le langage signifie quelque chose ?) qui fonderait en retour l'existence du monde. Nous répondons à cette objection que nous n'avons pas besoin en réalité de faire de la signifiance une certitude apodictique. Il nous suffit de nous accorder sur l'idée qu'il y a « quelque chose » plutôt que rien, ce « quelque chose » n'ayant pas besoin d'être défini. En effet, si loin que nous remontons dans la remise en question du « quelque chose » (c'est un rêve, un songe, une illusion…), on ne peut assimiler ce quelque chose au « rien » (un rêve, un songe, une illusion sont déjà « quelque chose », ils ne sont pas « rien »). Le « quelque chose » n'a donc pas besoin d'avoir un contenu défini pour fonder sa propre existence (le quelque chose est « présignifiant »). Dès lors que nous reconnaissons que « ça » existe ou qu'il existe un « ça », nous devons bien poser une entité pour penser et désigner le « ça ». Nous retombons alors dans le problème de la signification. Contrairement aux énoncés matérialistes ou solipsistes qui posent d'abord une totalité (dont nous avons vu qu'elle ne peut avoir de signification), nous posons donc d'abord un énoncé d'existence de type « il y a », ou, ce qui revient au même, « il y a quelque chose ». Toute la problématique de la signification dérive de cet énoncé de type « il y a ». Si nous revenons au paradoxe des Terres-jumelles, le problème de la référence ne peut trouver de solution que (i) si nous reconnaissons une extériorité au sujet (le sujet n'est pas tout), (ii) si nous accordons une autonomie à l'objet (l'objet « eau » n'est pas uniquement dans le sujet, il n'est pas uniquement « dans sa tête ») et enfin (iii) si nous reconnaissons que l'objet extérieur au sujet est matériellement fondé — la nature permanente du lien entre la matière brute et sa manifestation phénoménale ne pouvant être, elle, que postulée (et corroborée). Si, en effet, nous ne reconnaissons pas l'indépendance de la matière par rapport au sujet, alors nous échouerons à expliquer la découverte d'une structure moléculaire différente de l'eau entre les Terres-Jumelles (de la même manière que nous échouerons à expliquer la communicabilité du monde, c'est-à-dire l'intersubjectivité).

Dans Raison, vérité et histoire, Putnam détaille une autre expérience de pensée devenue célèbre, intitulée « les cerveaux dans une cuve » (« *Brains in a vat* »). Dans cette expérience, qui s'apparente à la fameuse hypothèse du malin génie chez Descartes — et précède de presque vingt ans la sortie du film *Matrix* — Putnam décrit l'hypothèse selon laquelle nous pourrions être, individuellement ou collectivement des cerveaux placés depuis toujours dans une cuve par quelque savant fou ou par un alignement de coïncidences cosmiques. Un super-ordinateur connecté aux terminaisons nerveuses de notre cerveau nous ferait croire à la présence effective d'un monde parfaitement normal dans lequel nous percevons les personnes, les objets, le ciel... L'ordinateur pourrait même être assez intelligent pour relier différents cerveaux entre eux et les faire communiquer en reproduisant électriquement le contenu de leurs correspondances. En admettant les prémices de cette hypothèse, Putnam se demande si nous pourrions dire *à raison* que nous sommes « des cerveaux placés dans des cuves ». La réponse de Putnam fait originalement à nouveau appel à la théorie de la référence : si, explique Putnam, je suis un cerveau dans une cuve (et que j'ai, de tout temps été un cerveau dans une cuve) alors, toute la réalité que je perçois m'aura été communiquée par des impulsions électriques me donnant l'illusion de percevoir ce que je perçois.

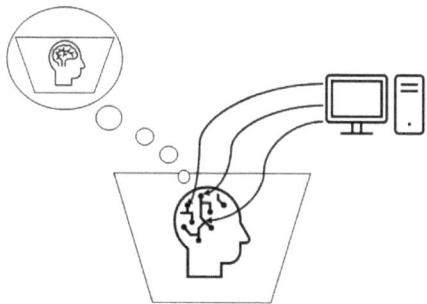

Si, par exemple, je perçois « un arbre », je reçois en fait un influx électrique que je déchiffre comme étant un « arbre » : l'influx électrique me fait vivre une expérience psychologique correspondant à la représentation d'un arbre. De fait, du point de vue du cerveau, et de son langage de cerveau cuvien, l'affirmation « je perçois un arbre » est correcte. Le cerveau fait bien, en effet, référence à un ensemble d'influx électrique qu'il décode comme étant un « arbre ». De même, quand le cerveau se pense lui-même, il reçoit en fait un ensemble d'influx électriques qui lui font se figurer l'image d'un cerveau. Il est alors légitime à affirmer en langage cuvien (ou en système de significations cuvien), je vois un cerveau, je perçois un cerveau. Quand, si nous suivons le même raisonnement, le cerveau affirme : « je suis un cerveau dans une cuve », il ne peut faire référence à la cuve comme objet extérieur « réel », il ne fait référence à la cuve que, dans son système de décodage, comme à l'image d'une cuve. Il ne peut pas désigner la « vraie » cuve (celle qui pourrait effectivement contenir son cerveau) puisque le langage cuvien ne peut, par définition, faire aucune référence au mode extérieur concret (il est sans connexion causale au monde). Si donc nous étions effectivement des cerveaux dans une cuve, la phrase « je suis un cerveau dans une cuve » ne pourrait en fait avoir un sens que du point de vue du cerveau (ou « dans l'image » comme l'écrit Putnam). En réalité, le cerveau affirme seulement qu'il est « une image de cerveau dans une image de cuve ». Cependant, l'hypothèse que nous cherchions à valider au départ était celle que nous puissions être des cerveaux dans des cuves et non des images de cerveaux dans des images de cuves. Par conséquent, affirme Putnam, si nous sommes effectivement des cerveaux dans des cuves, alors la phrase « nous sommes des cerveaux dans des cuves » exprime quelque chose de faux, or si cette affirmation exprime quelque chose de faux, elle est nécessairement fausse. La supposition que cette affirmation puisse être dite « vraie » repose selon Putnam sur la combinaison de deux erreurs : celle qui consiste à prendre la *possibilité physique* trop au sérieux et celle qui procède inconsciemment d'une théorie magique de la référence selon laquelle les représentations mentales se réfèrent nécessairement à des réalités externes concrètes. A propos de l'idée selon laquelle il existe une « possibilité physique » que nous soyons des cerveaux dans des cuves, Putnam affirme que cette idée n'exprime rien de plus que le fait qu'il existe une description de cette expérience qui est compatible avec les lois physiques. Cette compatibilité ne dit rien, néanmoins, de la possibilité de penser une telle expérience du point de vue logique.

Supposons maintenant pour mieux faire comprendre l'intuition de Putnam que le cerveau soit immergé dans de l'eau. Si un cerveau en cuve emploie le mot « eau », il le fera à partir de son propre système de référence interne (un système de perception et de langage créé par l'ordinateur qui le stimule). Dans son monde cuvien, « eau » pourrait référer à un ensemble d'influx électriques vitaux pour lui, qui produisent en lui la sensation de boire un liquide, d'être mouillé, etc. Mais cette « eau » n'a rien à voir avec l'eau physique réelle (H_2O), qui existe dans un monde extérieur dont il n'a aucune expérience directe. Si, en revanche, le cerveau tente de parler de l'eau physique dans laquelle il est réellement immergé (celle qui entoure son cerveau dans la cuve), il n'a aucun moyen de lui attribuer une signification, car cette eau ne joue aucun rôle dans son expérience sensorielle. C'est pourquoi Putnam interdit au cerveau en cuve d'avoir une signification stable pour la phrase « je suis un cerveau dans une cuve » ou « je suis un cerveau dans une cuve remplie d'eau » : si « eau » a un sens dans son monde, c'est à des signaux électriques spécifiques qu'il fait référence. Mais, s'il veut parler de l'eau extérieure « réelle », il ne peut pas lui donner de sens, car elle n'existe pas dans son cadre perceptif et linguistique (il ne peut pas la boire ou de baigner dedans par exemple). Le même raisonnement s'applique à la « cuve » elle-même : si le cerveau veut dire « je suis dans une cuve », il ne peut référer qu'à une image de cuve simulée dans son système perceptif, et non à la cuve réelle. Si le cerveau dans la cuve veut dire : « je bois de l'eau », il parle de son expérience simulée, qui a un sens dans son monde interne. La phrase « Il y a de l'eau autour de mon cerveau » n'aura pour lui aucune signification, car le référant sera en réalité radicalement différent par ses propriétés de l'eau de son monde interne (l'« eau » extérieure n'a aucun effet perceptif ou fonctionnel dans son expérience subjective). C'est pourquoi Putnam bloque l'hypothèse du cerveau en cuve : si nous étions réellement des cerveaux dans une cuve, nous n'aurions aucun moyen linguistique de formuler cette hypothèse correctement. La phrase « je suis un cerveau dans une cuve » ne peut faire référence à rien de réel dans le cadre linguistique du cerveau cuvien. L'ironie est que cette démonstration détruit l'expérience de pensée elle-même : si nous étions vraiment dans une cuve, nous ne pourrions pas le dire de manière significative. Le fait même que nous puissions discuter de cette hypothèse prouve que nous ne sommes pas des cerveaux dans une cuve, ce qui rejoint le point fondamental de Putnam : le scepticisme radical (du type « nous sommes peut-être dans une simulation ») se contredit lui-même parce qu'il suppose une distinction entre réalité et illusion que nous ne pourrions pas établir si nous étions véritablement dans l'illusion. En somme, Putnam ne prouve pas directement que nous ne sommes pas dans une simulation, mais il montre que nous ne pouvons pas l'affirmer de manière cohérente, ce qui revient au même d'un point de vue pragmatique[101].

---

[101] S'il s'était uniquement agi de prouver l'inconsistance de l'illusionnisme, Putnam n'aurait en réalité pas eu à développer un argument de nature référentielle. Le problème de Putnam est, comme il l'écrit lui-même, une version moderne du scepticisme quant à la réalité du monde. Mais, à travers son expérience de pensée, Putnam montre bien en

Avec le problème de la référence, nous retombons en réalité dans les apories des systèmes monistes. Les deux expériences de pensées de Putnam rejoignent en partie les démonstrations que nous avons entreprises jusqu'ici pour pointer les insuffisances et les contradictions du matérialisme réductionniste. Avec l'expérience de pensée des Terres jumelles, Putnam montre que le langage ne peut se passer d'une référence à une réalité autonome (qu'elle n'est pas fonction du seul état psychologique du locuteur), tandis qu'avec l'expérience de pensée du cerveau dans une cuve, Putnam montre qu'un cerveau dans une cuve qui affirmerait « je suis un cerveau dans une cuve » ne pourrait faire référence à rien et ne produirait ainsi aucune conséquence du point de vue pragmatique et empirique (ce serait une connaissance vide, sans référant, sans objet). Par le problème de la référence, Putnam contredit donc doublement le psychologisme, la première fois en montrant son incohérence (incohérence logique) la seconde en montrant son inconséquence (impasse conceptuelle).

---

définitive que l'idée de solipsisme (et donc de monisme) se contredit d'elle-même. L'idée même selon laquelle il n'existe rien en dehors de mon cerveau a en effet besoin de postuler un « extérieur » au cerveau (une cuve, par exemple, mais aussi un ordinateur, un processeur, un savant fou…) pour avoir un sens. Affirmer qu'il n'existe rien en dehors de mon cerveau revient à dire qu'il n'existe rien en dehors de mes perceptions, ce qui à nouveau implique que mes perceptions ne sont provoquées par rien (qu'elles sont autogénérées sans donc support extérieur, sans savant fou, sans flux électrique) ce qui implique logiquement qu'elles ne sont rien elle-même (puisqu'elles n'ont pas de support matériel). L'affirmation moniste se dilue donc dans ses propres contradictions.

Le psychologisme, comme tout système moniste, ne peut prouver sa cohérence interne. C'est l'une des conséquences du théorème d'incomplétude que Gödel énonça en 1931 : dans tout système formel consistant capable d'exprimer l'arithmétique des nombres naturels, il existe, montre Gödel, des énoncés qui sont vrais, mais qui ne peuvent pas être démontrés dans ce système. En d'autres termes, il existe des vérités mathématiques qui ne peuvent pas être prouvées à l'intérieur du système logique ou mathématique dont elles font partie (premier théorème d'incomplétude). Aucun système formel consistant capable d'exprimer l'arithmétique des nombres naturels ne peut prouver sa propre cohérence. Autrement dit, si un système formel est capable de prouver toutes les vérités mathématiques qui le concernent, il ne peut pas prouver qu'il est cohérent (second théorème d'incomplétude). L'originalité de la preuve d'incomplétude de Gödel ressemble en cela un peu à l'expérience de pensée de Putnam : au lieu de tenter de démontrer *positivement* l'incomplétude des mathématiques, Gödel démontre par la négative que l'hypothèse de complétude se contredit d'elle-même. C'est par l'arithmétisation de la logique, c'est-à-dire la numération des connecteurs logiques à l'intérieur du système arithmétique formel que Gödel démontre l'impossible complétude dudit système formel (dans la démonstration de Gödel, la « constante » ~ qui signifie « non » dans le langage logique est remplacée par le chiffre 1, la constante V qui signifie « ou » est remplacée par le chiffre 2, la constante ⊃ qui signifie « si…alors », par le chiffre 3 et ainsi de suite). En formalisant les liens logiques à l'intérieur de l'arithmétique, Gödel parvient à démontrer que si l'arithmétique est consistante (cohérente) sa consistance ne peut être établie par un raisonnement métamathématique susceptible d'être représenté *à l'intérieur* du formalisme de l'arithmétique. Cette démonstration de Gödel est d'une importance capitale, non pas seulement pour les mathématiques, mais aussi pour tout système formel en général, et donc pour tout langage organisé (le langage organisé différant cependant des purs systèmes formels dans la mesure où il est un système ouvert dans lequel les définitions peuvent évoluer au gré des jeux sémantiques et des modifications des réseaux de signification). Affirmer que les systèmes formels ne peuvent trouver en eux-mêmes la preuve de leur cohérence équivaut à nier la possibilité que les mathématiques, comme le langage, puissent se réduire à un jeu de l'esprit sans nécessaire connexion avec une réalité (un système) externe. Au fond, le programme que Hilbert expose dans les années 1920 à travers son idée de « finitisation » des mathématiques, c'est-à-dire la réduction des raisonnements mathématiques à des procédures finies, supposait que les démonstrations arithmétiques n'ont pas de sens et ne sont qu'un jeu de symboles que le cerveau, qui agit, mais ne pense pas, accomplit de lui-même[102]. Or, répond Gödel, l'arithmétique a un sens : ce n'est pas mon cerveau, mais bien moi, le mathématicien (de même que c'est bien ma fille qui est impertinente, pas son cerveau).

Dans les *Conversations avec Wang*, Gödel affirme d'ailleurs que « la question de l'existence objective des

---

[102] « une sorte de jeu joué selon certaines règles avec des objets et des formules » dit Hilbert

objets mathématiques [...] est l'exacte réplique de la question de l'existence objective du monde extérieur[103] ». En d'autres termes, la démonstration de Gödel implique qu'il y ait une réalité à la racine du monde sensible. S'il en allait autrement, nous n'aurions pas la possibilité de formuler des jugements sur les choses. L'existence de la signification présuppose la séparation de nature entre le locuteur et ce qu'il exprime, entre le mot et ce qu'il désigne : le système seul ne peut avoir de signification à son niveau. Pire, un système sans metasystème ne peut être dit consistant ou cohérent[104]. S'agissant de la cohérence des mathématiques ou de celle du langage, les implications du théorème de Gödel sont de même nature : d'une part, Gödel montre que la mécanisation des mathématiques, c'est-à-dire l'élimination de l'esprit et des entités abstraites est impossible si l'on veut obtenir une fondation et un système satisfaisants des mathématiques[105], de l'autre, il établit que toute théorie du langage qui prétendrait trouver son fondement en dehors d'une référence à un metasystème du langage (celui de la signification) ne peut pas être consistante. Pour les

---

[103] Kurt Gödel, *Conversations avec Wang*, tome II, p. 268, 1964, cité par Pierre Cassou-Noguès in *Les démons de Gödel*, Points, éditions du Seuil 2007, p. 97

[104] C'est la conclusion du second théorème d'incomplétude de Gödel : si un système formel est capable de prouver toutes les vérités mathématiques qui le concernent, il ne peut pas prouver qu'il est cohérent.

[105] « Mon théorème montre seulement que la mécanisation des mathématiques, i.e. l'élimination de l'*esprit* et des entités *abstraites*, est impossible, si l'on veut obtenir une fondation et un système satisfaisant des mathématiques. » Kurt Gödel, à Léon Rappaport, 1962, *Conversations avec Wang*, tome V, p. 176, cité par Pierre Cassou-Noguès in *Les démons de Gödel*, Points, éditions du Seuil 2007, p. 183

mathématiques, on ne peut se passer, affirme Gödel, de « la fontaine de l'intuition », cette capacité de « voir d'un seul coup[106] ». De même, une théorie du langage ne peut se passer du recours à l'intuition en tant que pivot de liaison avec le monde extérieur. Certes, chez Gödel, le terme d'*intuition* mathématique a un sens bien différent de celui que nous conférons au terme d'*intuition* sensible dans le cadre de notre théorie de la perception et du langage. Pour Gödel, l'intuition mathématique ressemble davantage à un acte d'imagination, dans le sens où Kant parlait d'« imagination productive[107] » (par opposition à l'imagination reproductive qui est la capacité de rappeler des images ou des idées à partir de la mémoire et qui fonctionne selon des lois associatives) c'est-à-dire la capacité de notre conscience à générer des formes anarchiques, à les organiser à un niveau supérieur et à les stabiliser pour nous les rendre signifiantes. Dans l'imagination productive comme dans ce que Gödel nomme intuition mathématique, c'est la nécessité d'une dualité qui est affirmée. De même que la cohérence des systèmes mathématiques ne peut s'opérer qu'à un niveau

---

[106] « L'intuition [..] c'est voir d'un seul coup. La connaissance (compréhension) est un processus absolument momentané. » Papiers Gödel, C. Ph., transcription c. Dawson, t. VI, p. 406, cité par Pierre Cassou-Noguès in *Les démons de Gödel*, Points, éditions du Seuil 2007, p. 353

[107] L'imagination productive est active et créative, elle est impliquée dans la synthèse des intuitions sensibles et des concepts. Chez Kant, l'imagination productive intervient pour lier les intuitions sensibles entre elles et les intégrer dans une structure unifiée, permettant ainsi de former des jugements et des connaissances. C'est par ce processus que l'esprit humain peut appréhender le monde de manière ordonnée et signifiante.

métamathématique, la cohérence du langage ne peut s'établir que dans la dualité entre le langage et le monde dont l'intuition est le troisième terme. Un autre point intéressant de la pensée de Gödel réside dans l'idée qu'un objet qui possède des propriétés que nous ne connaissons pas ne peut pas avoir été créé par nous de façon consciente et à partir de rien. Nous connaissons, affirme-t-il, ce que nous créons à dessein. Par conséquent, un objet que nous ne connaissons qu'imparfaitement, ou bien suppose un mode matériel extérieur (à partir duquel nous l'avons conçu, mais qui lui donne une réalité indépendante), ou bien renvoie à ses processus de création dans une partie inconsciente de notre esprit. A partir de cette théorie de l'impossibilité de créer des objets dont nous ignorons les propriétés en dehors de tout monde matériel « réel », Gödel déduit deux idées : la première est qu'il existe nécessairement une réalité à la racine du monde sensible (les objets sensibles, que nous donne la perception, possèdent des propriétés que nous ne connaissons pas, ils ne peuvent donc pas avoir été créés par nous en dehors de toute réalité sensible, l'argument du psychologisme intégral ne tient pas — Putnam utilise un argument comparable dans son paradoxe des Terres-Jumelles), la seconde est que les objets imaginaires qui possèderaient des propriétés que nous ne parvenons pas à élucider immédiatement possèdent, eux aussi, une réalité objective. Cela implique, par exemple, que le fait qu'après la réflexion sur le fondement des mathématiques et après le travail d'axiomatisation qui fut mené au début du XXème siècle, il reste des problèmes ouverts en théorie des nombres, suffit à établir la réalité de ces objets (les nombres). Cette réalité peut certes se rapporter ou se déduire du monde sensible (encore que, nombre de théories mathématiques furent découvertes bien avant leur application physique ou sensibles), elle n'en demeure pas moins indépendante de l'esprit qui l'a découverte et théorisée. Ici encore, c'est la structure duale de la réalité, la séparation profonde entre la pensée et ce à quoi elle s'applique qui se révèle. Un système moniste ne peut avoir de signification. La signification suppose toujours-déjà une séparation originelle entre l'objet, la chose et ce qui est visé par le sujet, que ce soit à travers ce que nous avons défini comme « intuition sensible » ou par ce que Gödel appelle « intuition mathématique » dans le cas des nombres et des théories mathématiques par exemple[108]. Dans les deux cas, l'argument du psychologisme ne tient pas, le fait que les objets de notre intuition possèdent des propriétés que nous ne pouvons déduire qu'après un effort d'élucidation démontrant que leur substance est indépendante de notre esprit et non-réductible à des états mentaux.

32.

L'AUTONOMIE DU LANGAGE ET SA NON-RÉDUCTIBILITÉ AUX STIMULI EMPIRIQUES — Dans *Structures syntaxiques* (1957), Noam Chomsky développe l'idée selon laquelle le langage est une capacité innée et spécifique à l'espèce humaine. Pour Chomsky, le langage est un module cognitif indépendant, gouverné par des principes génératifs propres au cerveau humain. En tant que fonction programmatique autonome, le système génératif propre à tout langage ne peut pas être

---

[108] Attention à l'utilisation du même terme « intuition » qui désigne ici des réalités différentes.

uniquement déduit de notre interaction avec les *stimuli* de notre environnement. Nous naissons, dit Chomsky, avec une « grammaire universelle », un ensemble de règles abstraites qui sous-tendent la structure grammaticale de toutes les langues humaines. La fonction programmatique se réfère précisément à cette capacité innée des individus à développer de manière autonome la syntaxe d'une langue spécifique. Pour Chomsky, c'est avant tout la créativité linguistique, c'est-à-dire la capacité d'un locuteur donné à produire des phrases nouvelles, originales et « grammaticalement correctes » qui soutient la thèse de l'autonomie du langage : la diversité infinie des phrases qu'un locuteur peut concevoir et produire ne peut pas être uniquement le fait de son exposition répétée à des exemples de phrases tirées de son expérience (idée notamment soutenue par les théories behavioristes ou comportementalistes). Dans *Structures syntaxiques*, Chomsky propose l'exemple, demeuré célèbre, de la phrase grammaticalement correcte, quoique probablement jamais rencontrée avant sa formulation par Chomsky : « *Colorless green ideas sleep furiously* » (en français : « Des idées vertes sans couleur dorment furieusement[109] »). Selon Chomsky, en dépit du fait qu'il n'y ait pas signification évidente et compréhensible qui puisse être tirée de cette phrase, cette dernière ne choquera pas, par sa construction grammaticale, l'oreille de l'auditeur

---

[109] Noam Chomsky formule d'abord cet exemple dans sa thèse de 1955 intitulée *La structure logique de la théorie linguistique*, puis dans un article de 1956 intitulé *Trois modèles pour la description du langage*, avant de reprendre l'exemple en 1957 dans *Structures syntaxiques*.

« natif[110] », contrairement, par exemple, à la phrase *Furiously sleep ideas green colorless* qui présentera le double défaut de n'avoir ni signification ni syntaxe correcte. Par cet exemple, Chomsky attire l'attention sur la distinction fondamentale entre la syntaxe et la sémantique et sur leur autonomie respective, la limite des approches probabilistes du langage résidant précisément dans une confusion entre sémantique et syntaxe. L'idée, propre au behaviorisme et à un certain structuralisme, qui consiste à affirmer que la formation du langage peut entièrement s'expliquer par le prisme de l'observation de relations statistiquement significatives en se passant de la distinction entre syntaxe et sémantique, procède en fait de la même illusion méthodologique que celle du réductionnisme physicaliste. En tentant, par un coup de force méthodologique de subordonner la syntaxe à la sémantique, le behaviorisme linguistique manque le caractère spécifique de la syntaxe et sa non-réductibilité à la sémantique[111]. En réalité, explique Chomsky, la phrase grammaticale n'a pas besoin d'avoir un sens, elle n'a pas non plus besoin de contexte et est statistiquement improbable. Pour autant, nous avons la capacité de former une infinité de phrases grammaticales dépourvues de signification. Prononcée avec une intonation normale la phrase grammaticale sera pourtant retenue beaucoup plus rapidement et apprise beaucoup plus facilement, indépendamment de tout

---

[110] C'est-à-dire dont, en l'occurrence, la langue maternelle est l'anglais.
[111] Raison pour laquelle Chomsky affirme, dans *Structures syntaxiques* que « les modèles probabilistes n'apportent aucune perspective particulière sur certains des problèmes fondamentaux de la structure syntaxique ».

contexte, ce qui témoigne à nouveau de la séparation de nature entre grammaire et sémantique — la grammaticalité et non la sémantique venant d'ailleurs au secours de l'apprentissage, contrairement à ce que les théories probabilistes fondées sur l'analyse sémantique auraient pu laisser prévoir. La facilité avec laquelle les enfants acquièrent le langage témoigne tout autant du caractère inné et autonome de ses structures. Chomsky observe notamment que, y compris dans des situations dans lesquelles l'environnement est pauvre en exemples linguistiques, les enfants ont la capacité développer des compétences linguistiques à un rythme impressionnant : ils peuvent comprendre et produire des phrases complexes sans pour autant avoir été confrontés à un nombre significatif d'exemples. Par ailleurs, alors même que les règles élémentaires de la grammaire ne leur ont pas encore été exposées, les enfants possèdent une tendance naturelle à ce que Chomsky appelle l'« *over-regularization* » (la sur-régularisation), une aptitude à généraliser des règles déduites de structure syntaxiques qu'ils pensent reconnaître et à les appliquer à des cas de figures qui précisément leur font exception. En anglais, l'erreur courante des enfants est, par exemple, de traiter le verbe « *go* » comme un verbe régulier. Les enfants, en essayant d'appliquer la règle régulière de la conjugaison au passé, qui consiste à ajouter « -ed », ont tendance, dans les leurs premières années, à dire « *goed* » au lieu de « *went* ». L'erreur réside ici dans la tentative de traiter « *go* » comme un verbe régulier plutôt qu'un verbe irrégulier. De manière générale, les erreurs linguistiques des enfants ne proviennent pas d'un déficit de compréhension de la règle, mais plutôt de sa surapplication, d'une généralisation excessive. En d'autres termes, les erreurs des enfants sont *logiques*.

Elles témoignent en cela d'une disposition innée à reconnaître et à créer les règles qui président à la formation des structures syntaxiques (signalons ici la relation de proche parenté sémantique entre les termes « langage » et « logique », tous les deux ayant la même origine grecque *logos*). Noam Chomsky, en partant de l'analyse concrète des systèmes syntaxiques (il commença sa carrière universitaire en tentant d'établir une grammaire de l'Hébreu[112]), parvient à une conclusion qui nous est familière : le monisme échoue à se hisser au niveau de la signification. Le behaviorisme, en effet, en tant que méthodologie statistique appliquée à la formation des langues, en arrive à un dénouement qui est en fait contenu dans ses prémisses. Comment, en effet, en prenant pour hypothèse de départ l'idée que la langue est un système moniste et que son acquisition est uniquement affaire d'identification statistique et d'apprentissage par répétition, pourrait-on en arriver à une issue logique radicalement différente ? En sciences du langage comme ailleurs, c'est pourtant du réel qu'il faut partir et non pas de la théorie. Quand le réel ne s'accorde pas avec la théorie, ce n'est pas le réel qui a tort. A titre personnel, je fus surpris quand ma fille, au tout début de son utilisation du langage, désigna une péniche sur la Seine et prononça distinctement le mot « bateau ». Son expérience des bateaux se limitait alors à des illustrations de livres pour enfant qui représentaient des bateaux de manière bien différente de cette péniche amarrée à quai, qui ressemblait davantage à une grande chaussure qu'à un bateau. Qu'est-ce qui la conduisit à identifier cette

---

[112] Voir Noam Chomsky, *The Morphophonemics of Modern Hebrew*, 1949

péniche comme étant un « bateau » ? Certainement pas une synthèse statistique des milliers de bateaux différents qu'elle avait pu rencontrer durant sa courte existence (synthèse dont l'objectif aurait été de distinguer les caractéristiques communes à tous les bateaux). Son identification procéda sans doute d'une autre logique : un bateau n'était pas nécessairement constitué d'une voile, d'un gouvernail et d'une coque en forme de noix. Il ne naviguait pas non plus nécessairement sur l'océan ou dans un lac. C'était, selon toute vraisemblance, un objet flottant et habitable reposant sur une étendue d'eau quelconque. L'acquisition du concept « bateau » n'était donc pas ici uniquement statistique (répétition du mot associé à la même image) mais aussi logico-esthétique (compréhension logique du concept en même temps que représentation générale par l'imagination de l'idée de bateau). Nous retrouvons cette idée chez Christoph von Sigwart. Dans son ouvrage, *Logik*, publié en 1873 et qui constitua une importante contribution à la logique à la fin du XIXème siècle, il écrit : « Toute la théorie de la construction des concepts par comparaison n'a de sens que si elle se donne pour tâche […] de donner la caractéristique commune aux choses désignées de fait par le même mot dans l'usage général de la langue et de rendre distincte la signification usuelle du mot. S'il s'agit de donner le concept d'animal, de gaz, de vol, etc., on peut être tenté de procéder ainsi : chercher les caractéristiques communes de tous les êtres unanimement appelés animaux, de tous les corps unanimement appelés gaz, de toutes les activités unanimement appelées vols. Reste à savoir si cette entreprise est réalisable et si l'on peut effectivement construire des concepts avec cette méthode ; on pourrait se demander s'il est permis de supposer qu'il n'y a jamais de doute quant à ce qu'il faut appeler animal, gaz ou vol — c'est-à-dire si l'on dispose déjà en vérité du concept que l'on cherche. Vouloir ainsi construire un concept par abstraction revient donc à chercher les lunettes que l'on a sur le nez à l'aide de ses lunettes elles-mêmes[113]. » En d'autres termes, Sigwart, procédant d'une logique comparable à ce qui sera celle de Chomsky, s'interrogeait sur la possibilité de la préexistence innée des schèmes qui, « fécondés » par l'intuition sensible, devenaient des concepts. Dans la formation des concepts comme dans la compréhension des structures grammaticales profondes qui structurent la pensée, ce n'est pas la synthèse statistique qui prédomine : la connaissance est d'abord affaire de légifération active. Elle procède d'un échange entre l'activité projective de notre conscience et l'intuition sensible qui, en saisissant la réalité du monde extérieur, permet à la signification d'investir la syntaxe. Sans l'intuition sensible, la syntaxe (nos structures langagières innées) ne pourrait jamais accéder au niveau de la signification. C'est par l'interpénétration avec ce qui n'est pas elle (la sémantique) que la syntaxe parvient à s'élever au niveau du sens. De même, la sémantique sans syntaxe ne serait qu'une juxtaposition de termes sans significations. C'est la relation entre les choses qui permet de définir les choses et non pas les choses qui portent en et par elles-mêmes une signification propre. C'est pourquoi il s'agit de rétablir la distinction fondamentale entre les règles innées qui relèvent d'une vérité logique, d'une cohérence formelle contraignante, et le monde de la signification qui est celui de l'application de ses règles

---

[113] Op. Cit., I. pp. 320 sq.

de relation. C'est uniquement dans la rencontre (dualiste) entre le formalisme de la règle et l'objet (qui accède à la signification par l'application même de cette règle) que la signification peut advenir.

Dans ses écrits tardifs[114], Noam Chomsky affirme que les structures syntaxiques sont causées par une mutation génétique chez les humains. Cette conception s'accorde avec notre précédente analyse selon laquelle la raison est à la fois légiférée et légiférante : en tant que structure issue d'une longue évolution, elle est déterminée et conditionnée, c'est-à-dire façonnée pour être en adéquation avec ce à quoi elle s'applique. C'est ce qui constitue son effectivité. Elle est aussi, en tant que dynamique de structuration du monde et comme faculté de compréhension et de formulation innée des règles qui le gouvernent, légiférante. Nous l'avons vu par ailleurs, cette double détermination de la raison n'implique pas le relativisme (voir notamment § 26 *Réponse aux objections des physicalistes : les situations pathologiques*).

33.

Nos representations sont-elles independantes de leur substrat ? – Nous avons tenté d'établir, dans les précédents chapitres, la différence entre la forme, le phénomène, l'intuition, le concept et la loi, c'est-à-dire de dégager les différentes manières dont la chose se manifeste à nos sens et se crée au sein de notre esprit. Dans notre conception de la chose comme rencontre entre une matière brute informe (dont nous

---

[114] Berwick, Robert C., Noam Chomsky (2015). *Why only us: Language and Evolution*. MIT Press

ne savons rien « en-soi[115] ») et notre « esprit » ou notre « conscience projective » qui façonne cette « matière brute » en lui donnant une forme spécifique et une signification propre, nous avons identifié un double péril relativiste. Le premier péril consistait à affirmer avec les idéalistes les plus exaltés que, ne pouvant avoir aucune preuve tangible de l'existence d'un monde matériel, nous pouvions en toute rigueur nous passer de l'hypothèse de son existence (idée selon laquelle le monde pourrait se réduire à un réseau de phénomènes « idéaux » sans substrat, un monde des idées et des apparences). Le second péril consistait à soutenir, au contraire, avec les matérialistes et quelques pragmatiques zélés, que le monde matériel tel qu'il se manifeste à nous à travers nos sens étant notre unique voie d'accès au réel, nous n'avions pas de raison de supposer qu'il existait autre chose que le matériel. Cette position, qui consistait à tenter par un effort forcené d'assimiler les idées à la matière, buttait, nous l'avons vu, sur des contradictions insolubles au sein d'une doctrine moniste.

Ce que les approches monistes du réel, qu'elles soient idéalistes ou matérialistes, tendent systématiquement à négliger, c'est l'articulation entre la matière et la pensée, ce lien fondamental qui se situe au centre même de la réflexion philosophique et conditionne la possibilité même de la pensée. Peut-on penser un phénomène sans son substrat (sans la « matière brute » et informe qui est le soubassement de l'expérience des sens) ou bien penser la matière en faisant fi de ce qu'est la

---

[115] Pour la bonne raison que la matière brute n'a pas, nous l'avons dit, d'« en-soi », qu'elle n'est rien de signifiant « en » ni « pour » elle-même

pensée qui, précisément, met la matière en forme (ou qui se forme par la matière) ? Nous avons vu que ces approches monistes conduisaient à des contradictions logiques, nous ne revenons donc pas ici sur les critiques du matérialisme et de l'idéalisme intégral. Il existe cependant un dernier écueil, une dernière brèche dans laquelle le relativisme a parfois tenté de s'insérer. Dans l'espace entre la « matière brute » et le phénomène tel qu'il apparait à la conscience pourrait, en effet, bien se loger la question de la validité de la relation de transcription ou de transformation qui existe entre l'énergie brute de la matière et le phénomène tel qu'il apparait à la conscience. Nous pourrions bien en effet, selon cette idée, tout en prenant acte de la relation de dualité qui existe entre la matière et sa transcription empirico-critique par les sens, la conscience et la raison, contester la valeur ou la validité du lien entre la conscience et l'énergie de la « matière brute ». Serait-ce là un excès de zèle méthodologique ? Si nous pouvons souscrire à l'idée qu'il existe un lien entre le phénomène (la chose « formée » dans notre conscience et en quelque sorte « transposée » à notre raison critique) et la matière brute, nous pouvons après tout parfaitement contester la nature de ce lien : rien n'indique qu'il y ait une quelconque relation de « fidélité » entre la matière brute et la manière dont elle se manifeste, dont elle est « décodée » dans le phénomène ni que cette matière brute ne soit pas changeante et facétieuse en elle-même. Voilà donc la troisième brèche du relativisme. Contre ces objections, nous pourrions arguer du fait que notre expérience des régularités phénoménales nous apporte une garantie sur la pérennité des choses et de la manière dont elles se manifestent à nous. Quelles raisons, en effet, aurions-nous de douter de la sincérité des phénomènes ? Pourquoi la composition chimique de l'eau changerait quand je ne suis pas là pour la surveiller ? Nous ne pouvons certes que corroborer cette idée de régularité phénoménale. Cette corroboration, si importante soit-elle, ne vaudra cependant jamais preuve : nous ne pouvons pas démontrer la validité du lien qui existe entre la réalité brute et le phénomène (le lien, comme la réalité brute elle-même ne nous est jamais rendu visible, il n'est pas lui-même un phénomène que l'on pourrait observer). Cette interrogation sur la validité du lien a-t-elle cependant un sens ? Notre volonté de « valider la validité » du lien n'est-elle pas une énième tentative de sauter par-dessus notre ombre ?

A y regarder de plus près, il nous semble que cette question de la « validité de la validité » est en fait un nouvel avatar du monisme matérialiste ou idéaliste (au sens de l'idéalisme absolu). S'interroger sur la validité du lien, c'est en fait, à nouveau, tenter de nier le dualisme, essayer de forcer la structure duale de la chose vers une impossible unité. En réalité, le lien n'est ni valide, ni invalide, il est uniquement le *mode* par lequel le monde se manifeste à nous (le lien est une condition nécessaire et non une donnée empirique à prouver). Dissipons immédiatement une éventuelle incompréhension : il faut ici établir une différence d'une grande importance entre *le fait que la chose ne puisse se manifester et se construire qu'à travers les sens d'êtres sensibles* (le *mode* de manifestation et de construction de la chose qui n'est et ne peut être que sensoriel et qui implique nécessairement la séparation et le dualisme *radical*) et le caractère relatif et incomplet des sens des êtres sensibles que nous sommes (caractère qui n'a pas trait au *mode* de manifestation et de construction de la chose, mais à la *manière* dont nous recevons les choses et dont nous nous en faisons une idée, manière certes incomplète et imparfaite, mais dont l'incomplétude et l'imperfection ne se rapporte pas au *mode* en tant que tel). Si donc, nous prenons acte de ce *mode* de manifestation de la chose, de sa constitution en phénomène à travers nos sens et notre conscience, la question de la validité ou de la valeur du lien perd de sa signification et de son intérêt. Le lien n'est ni valide ni invalide en lui-même, il est précisément, en tant que *vecteur* de formation de la chose, ce qui permet à la chose d'accéder à son statut de chose, d'entrer dans le domaine du valide et de l'invalide. La question de la validité du lien de transformation est donc dépourvue de sens, de la même manière que la question de la chaussetité de la chaussette le serait[116].

Pour employer une analogie tirée de la science des phénomènes ondulatoires, si à la manière de Guillaume Apollinaire, nous nous comparions à un transistor, un récepteur d'ondes TSF, il nous paraîtrait sans doute absurde de nous interroger sur la validité du lien qui existe entre l'onde et sa transcription signifiante par le transistor (notre conscience). Il y aurait certes toujours bien un rapport de transformation entre l'onde et sa transposition signifiante, de même qu'il existe un rapport entre la « matière brute » et le phénomène, mais

---

[116] Qu'on me pardonne cette facétie qui fait référence à la formule alambiquée de Heidegger : la « chos é ité de la chose ». L'idée est ici de montrer le caractère absurde d'une interrogation en spirale qui scie la branche sur laquelle elle est assise en même temps qu'elle se demande si c'est vraiment une branche.

ce rapport de transformation étant précisément ce qui permet à la matière informe (l'onde dans notre exemple[117]) d'accéder au niveau de la signification (par amplification, ajustement de fréquence et transformation en pression acoustique), il ne relèverait pas lui-même de la question de la validité (la question de la validité du rapport n'aurait pas de sens). Le signal pourra certes être brouillé, ou mal reçu (le son sera alors imperceptible ou mauvais). Ce n'est cependant pas, le *mode* de réception et de décodage du signal (le système de réception et de transformation des ondes radios) qui sera alors en jeu, mais sa *qualité* et son étendue, c'est-à-dire, la capacité pour le récepteur à le recevoir correctement. L'imperfection de la transcription de l'onde ne concernera pas le système de transformation (le « mode » qui en tant que condition de la validité ne peut appartenir au couple validité-invalidité), mais les conditions d'opération du système et son décodage signifiant (la « manière »). L'onde ne signifie rien « par elle-même ». Elle ne peut acquérir de signification que dans son décodage par le transistor. La question de la signification de l'onde avant ce décodage n'a donc pas de sens (seule compte à ce moment-là la qualité de la transmission de l'onde).

Si nous revenons à notre rapport originaire au réel en tant que donné brut et présignifiant, l'enjeu principal ne réside pas dans la fidélité de la représentation, puisque celle-ci ne se rapporte pas à une « vérité » signifiante inhérente au réel lui-même. En effet, le réel brut ne porte en lui aucune signification intrinsèque. Ce qui

---

[117] Même si en réalité, pour nous l'onde est déjà pour nous une représentation et donc un phénomène.

importe alors, ce n'est donc pas la conformité de la représentation au réel, mais bien notre aptitude à capter et à intégrer la plus grande richesse possible du signal pour nous faire une idée du réel la plus étendue possible. Plus notre capacité à accueillir la diversité du signal est large, meilleure sera notre compréhension de l'environnement et plus grande sera notre liberté d'action (voir § 19 – *Les degrés de liberté*). Le lien de transformation signifiante n'est ni valide ni invalide, il constitue notre unique accès au réel (seule l'interprétation du signal peut être dite « valide » ou « invalide »). Autrement dit, c'est par ce processus de transformation que le réel, dépourvu de signification intrinsèque, devient intelligible (pour nous, êtres biologiques et sensibles). Remettre en question la validité de ce lien ne peut ainsi conduire qu'à une interrogation stérile portant sur la hiérarchisation des différentes formes de retranscription du réel. Nous savons que les modes de perception des espèces diffèrent selon les fréquences et les modalités sensorielles du vivant. Les humains, par exemple, perçoivent la lumière dans un spectre de longueur d'ondes compris entre 380 nm (violet) et 750 nm (rouge), grâce à trois types de cônes rétiniens, une capacité appelée trichromatie. Les chauves-souris explorent l'espace au moyen de l'écholocation : elles émettent des ultrasons pouvant atteindre 120 000 Hz et analysent les échos renvoyés par leur environnement, ce qui leur permet de construire une représentation tridimensionnelle de l'espace. Les dauphins, de la même manière, utilisent des clics sonores haute fréquence pour localiser des objets sous l'eau, même lorsque ceux-ci sont dissimulés. Les éléphants, quant à eux, perçoivent des infrasons (fréquences de 1 à 20 Hz) qui se propagent sur de grandes distances, ce qui leur permet de détecter des signaux d'alerte naturels (comme les tremblements de terre) ou les appels d'autres éléphants situés à plusieurs kilomètres. Cette diversité sensorielle illustre la manière dont chaque espèce adapte sa perception du monde en fonction de son environnement et de ses besoins biologiques. Peut-on cependant réellement affirmer que le lien de transformation de la réalité brute est plus « valide » chez le dauphin que chez l'éléphant ou l'être humain ? Cette question révèle une confusion conceptuelle, car la validité du lien n'a pas de pertinence en soi. Ce qui est souvent pris pour une « validité » n'est en réalité qu'une évaluation de la portée ou de l'efficacité du mode de perception dans un contexte donné. Il est ainsi essentiel de distinguer la représentation du monde — toujours conditionnée par la structure de nos organes sensoriels et notre système de décodage — du mode de relation au monde. Ce dernier est fondamentalement signifiant, c'est-à-dire qu'il repose sur une dualité entre le perçu et l'interprété. La signification ne préexiste pas au lien de transformation ; elle résulte de notre interprétation des informations sensorielles. L'erreur, comme l'écrivait justement Descartes, n'est pas dans nos sens, mais toujours dans notre jugement. C'est ainsi dans l'interprétation — dans la précipitation de la volonté à juger — que se loge l'erreur, et non dans la perception elle-même.

Que signifie penser ?

Formalisme vs intuitionnisme

> *L'entendement* et la *sensibilité* ne peuvent chez nous déterminer les objets *qu'en s'unissant*. Si nous les séparons, nous avons des intuitions sans concepts, ou des concepts sans intuitions, et dans les deux cas des représentations que nous ne pouvons rapporter à aucun objet déterminé.
>
> Emmanuel Kant, *Critique de la raison pure*, *Analytique transcendantale*, B 314

34.

L'intuitionnisme comme reponse aux apories logiques du formalisme ? — Le problème de l'intuition tel que nous l'avons défini et commenté dans les chapitres précédents recoupe en partie, dans le domaine des mathématiques, le débat ancien entre intuitionnisme et formalisme. A la fin du XIXème siècle, à la suite notamment de la découverte de paradoxes issus des théories proposées par Georg Cantor et Gottlob Frege ou Cesare Burali-Forti[118], les

---

[118] Les théories de Georg Cantor (la théorie des ensembles) et de Gottlob Frege (la logique axiomatique) ont conduit à plusieurs paradoxes majeurs qui ont plongé les mathématiques dans la crise des fondements au début du XXème siècle. Ces paradoxes ont remis en question la cohérence et la complétude des systèmes formels.

1. Le paradoxe de Russell (lié à Frege)

Le paradoxe de Russell (1901-1903) est sans doute le plus célèbre des paradoxes logiques. Il est directement issu de la tentative de formaliser la logique des ensembles entreprise par Gottlob Frege dans ses *Fondements de l'arithmétique*.

Énoncé du paradoxe :

Le paradoxe de Russell se formule simplement ainsi :
- Considérons l'ensemble R de tous les ensembles qui ne se contiennent pas eux-mêmes.
- On se demande alors si R appartient à lui-même ou non.

Deux cas se présentent :
(i) Si R appartient à lui-même, alors il ne satisfait pas la condition de ne pas s'appartenir à lui-même, donc R∉R.
(ii) Si R n'appartient pas à lui-même, alors il doit appartenir à l'ensemble des ensembles qui ne s'appartiennent pas, donc R∈R.

On obtient donc une contradiction, car R∈R si et seulement si R∉R. C'est une antinomie logique.

Origine du paradoxe (l'erreur de Frege) :

Gottlob Frege voulait formaliser l'arithmétique à partir de la logique pure (c'est le programme de la logistique ou du logicisme). Dans son système, il acceptait le principe selon lequel tout prédicat logique définit un ensemble. Ce principe (appelé « axiome de compréhension » ou « axiome d'abstraction ») stipule que, pour toute propriété P, il existe un ensemble A tel que A={x|P(x)} (ce qui signifie que l'ensemble A est composé de tous les éléments x qui satisfont la propriété P(x)). Le problème est que ce principe est trop permissif. Appliqué à la propriété « ne s'appartient pas lui-même », il conduit à l'autoréférence du paradoxe de Russell.

Frege lui-même a reconnu que le paradoxe de Russell ruinait son système. Dans une lettre célèbre à Frege, Russell lui montre que son système formel est inconsistant. Frege l'admet publiquement et ajoute une note d'erratum dans la seconde édition de ses *Grundgesetze der Arithmetik*.

2. Le paradoxe de Cantor (l'auto-application de la diagonalisation)

Le paradoxe de Georg Cantor est sans doute moins connu que celui de Russell, mais il est tout aussi important. Il est issu de la théorie des ensembles développée par Cantor à la fin du XIXème siècle.

Énoncé du paradoxe :

Le paradoxe de Cantor repose sur l'idée que l'ensemble de tous les ensembles ne peut pas exister. Voici le raisonnement :

- Soit U, l'ensemble de tous les ensembles.
- Considérons l'ensemble de ses parties P(U), qui est l'ensemble de tous les sous-ensembles de U.
- Selon le théorème de Cantor, l'ensemble des parties P(A) d'un ensemble A a toujours une cardinalité strictement supérieure à celle de A.
- Mais si U est l'ensemble de tous les ensembles, alors P(U) devrait être inclus dans U (car U contient « tout », notons à nouveau les problèmes suscités par les énoncés totalisant).
- Par le théorème de Cantor, la cardinalité de P(U) est plus grande que la cardinalité de U, ce qui est une contradiction.

Conséquences :
- Ce paradoxe montre qu'il n'existe pas d'ensemble « total » des ensembles.
- Cela contredit l'idée d'un « ensemble universel » (ce que voulait initialement Cantor).
- Ce paradoxe révèle aussi la hiérarchie infinie des infinis. Chaque ensemble d'infinis (comme les nombres réels) est toujours « plus grand » que l'ensemble des entiers, mais il n'y a pas de « plus grand infini total ».

3. Le paradoxe de Burali-Forti (lié à Cantor)

Le paradoxe de Burali-Forti (1897) est lié à la notion d'ordre des ordinaux (grandeurs infinies utilisées par Cantor, les mathématiques se trouvèrent plongées dans ce qu'on appela la « crise des fondements ». Pour tenter de répondre à cette crise, David Hilbert présenta lors du Congrès International des mathématiques à Paris en 1900, les esquisses de son fameux programme pour les mathématiques, qui passait notamment par la résolution de vingt-trois problèmes fondamentaux (les « problèmes de Hilbert »). L'ambition de David Hilbert

---

ordinaux désignent des positions dans un ordre, ex : 2 est l'ordinal qui désigne l'ensemble des deuxièmes positions).

Énoncé du paradoxe :
- On considère l'ensemble des ordinaux (tous les ordinaux possibles, notés Ω).
- Puisqu'un ordinal est lui-même un ensemble, l'ensemble de tous les ordinaux devrait former un ordinal.
- Mais, par définition, cet ordinal est plus grand que tous les autres ordinaux, y compris lui-même, ce qui entraîne une contradiction.

Conséquences :
- Ce paradoxe montre qu'on ne peut pas former l'ensemble de tous les ordinaux.
- L'ensemble des ordinaux n'est plus un ensemble, mais une classe propre (notion introduite plus tard dans les théories type Von Neumann-Bernays-Gödel).
- Les classes propres (comme l'ensemble de tous les ensembles) ne peuvent pas être manipulées comme des ensembles.

Ces paradoxes ont conduit à l'axiomatisation de la théorie des ensembles (par Zermelo-Fraenkel) et à la création d'outils pour éviter les contradictions. Ils ont également suscité des réflexions philosophiques majeures sur la nature du nombre, la logique et la consistance des systèmes formels. Ces paradoxes sont au cœur des travaux de Hilbert, Gödel et Turing.

était alors de formaliser et d'unifier les mathématiques en utilisant une approche axiomatique censée éviter les paradoxes et assurer la cohérence générale du système. S'opposant vigoureusement à l'intuitionnisme de L.E.J Brouwer, David Hilbert entendait montrer que la validité des mathématiques, purement formelle, reposait sur la structure des énoncés indépendamment de toute construction effective des objets ou de leur réalité intuitive. Selon Hilbert, la vérité des mathématiques était réduite à la leur cohérence interne et à la non-contradiction des propositions énoncées au sein d'un système donné. Brouwer, au contraire, défendait l'idée que le fondement des mathématiques devait résider dans une intuition active du temps : dans cette perspective, les objets mathématiques n'existaient pas de manière indépendante, mais prenaient forme à travers des constructions mentales effectives produites par l'esprit humain (qui faisait l'expérience intime de la succession temporelle). Brouwer insistait ainsi sur le caractère discursif des mathématiques, un énoncé mathématique ne pouvant avoir de sens que s'il pouvait être construit ou dérivé de manière constructive (ce constructivisme relatant les étapes concrètes de l'esprit qui faisait l'expérience interne de la successivité par son intuition du devenir). Les preuves mathématiques devaient ainsi être des constructions *effectives,* et l'existence d'un objet ne pouvait selon Brouwer être démontrée que par sa construction, ou sa constructibilité explicite[119]. Dans les années 1920, le

---

[119] Signalons en passant que cette idée d'effectivité des mathématiques que nous trouvons chez Brouwer est, sans nul doute, à rapprocher de l'idée d'effectivité de la vérité que

débat entre l'intuitionnisme de Brouwer et le formalisme de Hilbert engendra de vives tensions dans le milieu feutré des mathématiques, si bien que l'affrontement académique entre Hilbert et Brouwer finit par se transformer en confrontation personnelle. Dès 1921, Hilbert, se sentant trahi par Hermann Weyl, l'un de ses anciens élèves, devenu fervent soutien de l'intuitionnisme radical de Brouwer, critiqua très vigoureusement Brouwer et annonça triomphalement que la preuve finale de la cohérence des mathématiques était sur le point d'être donnée. Brouwer lui, continuait d'attaquer le formalisme dans une série d'articles sur les mathématiques dans les *Mathematische Annalen*. Quelques années plus tard, en 1927, Brouwer se rendait à Berlin où il ralliait à sa cause le mathématicien allemand Ludwig Bieberbach et le Néerlandais Hans Freudenthal, qui deviendra son disciple. En 1928, il fut convié à donner deux cours sur la philosophie et les mathématiques intuitionnistes à Vienne. Etaient présents dans l'assemblée, outre divers membres du Cercle de Vienne, Ludwig Wittgenstein et le jeune Kurt Gödel. Voyant l'intérêt des cercles mathématiques grandir peu à peu autour des thèses intuitionnistes et

---

nous avons nous-même développée (l'expérience, la technique comme validation effective de la physique et des mathématiques). A la différence de Brouwer, cependant, nous n'établissons pas de rapport d'équivalence entre l'utilisation du critère de l'effectivité comme juge de la validité ou la fausseté d'un énoncé et le fait que nous ayons à réduire ou à soumettre tout énoncé à ce critère d'effectivité (il n'y a pas ici, selon nous, de double critère d'équivalence). Cette position de Brouwer est sans doute à rapprocher des thèses solipsistes de sa jeunesse (elle fait penser également aux thèses des milieux pragmatiques et positivistes dont nous avons déjà montré les limites).

craignant qu'après sa mort les *Mathematische Annalen* ne finisse par s'y convertir, Hilbert — alors éditeur de la revue — décida d'expulser Brouwer du comité éditorial. La majorité des membres se plia alors à la décision de Hilbert et le nom de Brouwer fut supprimé de la revue (Albert Einstein et le mathématicien grec Constantin Carathéodory furent les seuls à s'opposer à la décision de Hilbert). Cette confrontation affecta profondément Brouwer, qui se radicalisa dès lors encore davantage dans les positions solipsistes qui avaient été celles de sa jeunesse[120]. En 1929, le vol de son journal scientifique

---

[120] *Leven, Kunst en Mystiek* (*La vie, l'art et le mystique*) est un essai de L.E.J. Brouwer, publié en 1907, dans lequel il explore la relation entre la vie, l'art et le mysticisme en mettant en avant la primauté de l'intuition individuelle. Brouwer y défend l'idée que la véritable connaissance ne se trouve pas dans des représentations externes ou des constructions abstraites, mais dans l'expérience immédiate et intérieure de l'individu. Ce texte montre l'influence du mysticisme sur sa pensée, qu'il considère comme une forme d'accès à une vérité pure, au-delà des représentations discursives et rationnelles. L'une des thèses centrales de Brouwer est le lien qu'il établit entre la création artistique, la vie vécue et l'expérience mystique, qui partagent une caractéristique commune : l'intuition directe. Pour Brouwer, de la même manière que l'art cherche à exprimer une vérité au-delà du raisonnement, et la mystique à accéder à une expérience directe du divin ou du transcendant, les mathématiques doivent être comprises comme une activité intuitive. Cette intuition n'est pas une simple perception sensible, mais une forme de connaissance immédiate et pure.
La construction mathématique est ainsi comprise comme une activité intérieure, ancrée dans l'intuition personnelle et immédiate, qui se distingue de l'idée kantienne d'intuition *a priori*. Brouwer lie son approche des mathématiques à une forme de mysticisme philosophique, où la connaissance est le produit d'une intuition pure, plus proche de l'expérience

dans une station de chemin de fer anéantit en un instant l'ensemble de ses recherches des années précédentes, le privant du fruit de son travail intellectuel et le précipitant dans une profonde dépression[121]. Vers 1930, Brouwer et l'intuitionnisme étant de moins en moins en vogue, le mathématicien s'emmura dans un silence qui dura quatorze ans, ne publiant plus rien de nouveau sur les mathématiques intuitionnistes.

En 1930, quelques mois avant le congrès sur l'épistémologie des sciences exactes de Königsberg, le Cercle de Vienne s'était réuni autour de deux séminaires[122]. Le jeune Gödel est réservé, mais attire la sympathie. Il aime particulièrement parler avec les logiciens étrangers : Alfred Tarski, qui vient parfois de Varsovie et John von Neumann, qui vit à Göttingen.

---

vécue et personnelle que d'un raisonnement logique universalisable.
Brouwer développe ainsi l'idée selon laquelle chaque individu, à travers son expérience intime, construit son propre monde. Il va jusqu'à affirmer que l'objet mathématique n'a de réalité que dans la conscience de l'individu qui le construit. En ce sens, il rejette toute forme de réalité objective indépendante de la subjectivité, une position qui le rapproche du solipsisme, dans lequel le monde extérieur est subordonné à l'intuition personnelle. Ainsi, les constructions mathématiques doivent être comprises comme des créations de l'esprit humain, sans référence nécessaire à un monde externe ou objectif. L'articulation entre les positions radicalement intuitionnistes de Brouwer et le caractère communicable (donc universalisable) de ces intuitions demeure à notre avis problématique.

[121] Voir Carlos M. Madrid Casado et Adrien Gauthier (Trad.), *Une géométrie entre topologie et philosophie : Brouwer*, Barcelone, RBA Coleccionables, 2019, p. 154

[122] Cité par Pierre Cassou-Noguès in *Les démons de Gödel*, p. 163, extrait du journal de Carnap

Gödel a aussi parlé avec Carnap de l'incomplétude des mathématiques, avant de démontrer son théorème. En amont des séminaires de 1930, Carnap note dans son journal, daté du 23 décembre 1929 la retranscription d'une conversation qu'il a eue avec Kurt Gödel à l'Arkadencafé : « Avec chaque formalisation, il y a des problèmes que l'on peut comprendre et exprimer dans le langage ordinaire, mais que l'on ne peut pas exprimer dans ce langage formel. Il s'ensuit [...] que les mathématiques sont inexhaustibles : il faut toujours à nouveau revenir à la "fontaine de l'intuition"[123]. » C'est précisément le sens que Gödel donnera à ses théorèmes d'incomplétude, l'été suivant, à Königsberg, en utilisant une notion rigoureuse de formalisation, avec cette nuance que les problèmes qui font l'incomplétude du système s'expriment, mais ne se résolvent pas dans le système. L'idée reste néanmoins identique : lorsqu'un système mathématique rencontre des problèmes insolubles en son sein, il nécessite l'apport de nouvelles intuitions pour être complété. Pour Gödel, la « fontaine de l'intuition » est à la fois ce qui me permet de voir, de comprendre et d'expliquer les mathématiques et ce qui fonde le langage ordinaire (à ce titre, la distinction établie par Gödel entre le langage ordinaire et langage formel est capitale, le langage ordinaire n'étant pas soumis aux mêmes règles de formalisme que le langage formel, comme nous l'avons déjà signalé). En septembre 1930, au sixième jour du congrès sur l'épistémologie des sciences exactes de Königsberg, le jeune logicien autrichien Kurt Gödel — alors âgé de 24 ans — intervient en ces termes : « je peux donner des

---

[123] Cité par Pierre Cassou-Noguès in *Les démons de Gödel*, p. 164

exemples de propositions arithmétiques vraies, mais indémontrables dans le système formel des mathématiques classiques ». En 1931, le même Kurt Gödel publie ses théorèmes d'incomplétude qui signifient la ruine du programme de Hilbert.

En 1879, Gottlob Frege avait énoncé les trois caractéristiques qui devaient fonder une théorie mathématique : sa cohérence (l'impossibilité de démontrer, au sein du même système théorique, une proposition et son contraire), sa complétude (l'idée que l'on devait pouvoir démontrer un énoncé ou bien son opposé à l'intérieur du système théorique) et sa décidabilité (l'idée qu'il devait exister une procédure de décision permettant de tester tout énoncé de la théorie), caractéristiques que David Hilbert avait lui-même reconnues dans son programme de recherche qui s'articulait autour des questions énoncées par Frege : les mathématiques sont-elles complètes, cohérentes et décidables ? Avec ces deux théorèmes d'incomplétude, Gödel démontrait qu'aucun système formel ne pouvait réunir les critères énoncés par Frege. Aucun système axiomatique suffisamment puissant pour décrire les nombres entiers et leurs propriétés arithmétiques ne pouvait en effet être à la fois complet et cohérent. Cela impliquait notamment que des énoncés vrais dans l'arithmétique ne pouvaient pas être démontrés à l'intérieur d'un système formel particulier. Il était donc impossible de construire un algorithme général capable de déterminer pour tout énoncé arithmétique s'il était vrai ou faux (indécidabilité). Le second théorème d'incomplétude renforça cette idée en montrant que la cohérence d'un système formel ne pouvait pas être prouvée à l'intérieur du système lui-même. Le débat sur la complétude des mathématiques et sur les ambitions du formalisme de Hilbert fut ainsi en grande partie tranché au début des années 1930. La portée épistémologique et philosophique des théorèmes d'incomplétude de Gödel fut cependant curieusement négligée. Est-ce parce que « l'intuitionnisme » de Gödel, bien que triomphant sur le plan épistémologique, n'avait pas réussi à faire école et à susciter d'importantes découvertes ? Toujours est-il que la question des conséquences logiques et mathématiques de l'incomplétude des systèmes formels fut généralement contournée par les mathématiciens (sans doute considérée comme partiellement réglée par le recours à l'axiomatisation) et, encore plus largement, par les philosophes.

Du point de vue de l'épistémologie des sciences, l'un des problèmes centraux de la réflexion de Gödel avait pourtant trait à la question fondamentale du *contenu* des vérités tirées de la résolution des problèmes mathématiques. Rappelons que, dans les *Conversations avec Wang*, Gödel liait explicitement la question de l'existence des objets mathématiques à celle de l'existence objective du monde extérieur[124] (ce qui le différenciait des positions de Brouwer qui étaient, de ce point de vue, radicalement opposées aux siennes, l'intuitionnisme de Brouwer se fondant sur une théorie solipsiste de l'intuition intérieure sans contenu plutôt que sur une théorie de l'intuition ouverte sur la sensibilité). Pour Gödel, l'intuition mathématique, en tant que capacité à comprendre et à produire un langage porteur de sens,

---

[124] Kurt Gödel, *Conversations avec Wang*, Tome II, p. 268, 1964, cité par Pierre Cassou-Noguès in *Les démons de Gödel*, Points, éditions du Seuil 2007, p. 97

nécessitait une incarnation, c'est-à-dire un ancrage dans une réalité concrète. Signalons de nouveau ici que chez Gödel le mot « intuition » est utilisé dans un sens légèrement différent de celui que nous lui avons donné au § 30 – *Qu'est-ce que l'intuition ?*

Pour Gödel, le terme d'intuition se rapproche en effet davantage de ce que nous avons appelé « imagination créatrice » ou « imagination productive » (l'imagination qui seconde l'intuition dans la construction générale du phénomène et du monde extérieur) que de ce que nous avons désigné par le terme d'« intuition sensible ». L'intuition mathématique relevait ainsi pour Gödel de notre capacité à saisir dans une image unifiée l'étendue d'un problème en même temps que sa résolution. Dans ses *Papiers*, Gödel notait précisément à ce sujet : « L'intuition [..] c'est voir d'un seul coup. La connaissance (compréhension) est un processus absolument momentané[125]. » Il est intéressant de voir comment Gödel insiste sur le caractère « absolument momentané » de la connaissance et de la compréhension (à l'opposé de Brouwer qui met l'accent sur le caractère successif des opérations mentales). Pour Gödel, le moment de la compréhension n'est pas un temps discursif ou critique, il relève au contraire d'une faculté à s'élever au-dessus d'un problème pour en avoir une « image globale », presque esthétique. De la même manière que, dans l'intuition

---

[125] Papiers Gödel, C. Ph., transcription c. Dawson, t. VI, p. 406, cité par Pierre Cassou-Noguès in *Les démons de Gödel*, p. 353

sensible, nous percevons des formes particulières que nous insérons, avec l'aide de l'imagination, dans un réseau général de significations, le moment de l'intuition mathématique est ainsi celui où la forme du problème et la forme de sa résolution parviennent à notre conscience sous la figure d'une image signifiante. Dans les *Cahiers de Wang*, Gödel établissait d'ailleurs encore un parallèle entre l'intuition mathématique et l'intuition sensible : « nous avons, écrit-il, quelque chose comme une perception de la théorie des ensembles. Je ne vois pas de raison pour avoir moins de confiance dans cette espèce de perception, c'est-à-dire dans l'intuition mathématique, que dans la perception sensible[126] ». L.E.J Brouwer, lui-même, aimait résoudre des problèmes mathématiques allongé sur son lit, les yeux fermés ou assis par terre en tailleur, positions qui lui permettaient d'appréhender les problèmes de manière plus visuelle que formelle et le conduisaient à manipuler les figures plutôt que les formules. Pour Gödel, le moment de la résolution d'un problème théorique ne pouvait pas relever uniquement de l'analytique discursive. Ce moment procédait en réalité toujours d'une projection visuelle qui est analogue à celle opérée de manière immédiate par notre imagination lorsqu'elle saisit et organise les formes qui lui sont données par l'intuition sensible.

Cette conception de l'immédiateté du saisissement signifiant est en grande partie ce qui conduisit Gödel à rejeter les présupposés constructivistes et anti-

---

[126] *Cahiers de Wang*, 1964, tome II, p. 268, Pierre Cassou-Noguès in *Les démons de Gödel*, p. 95

réalistes[127] de Brouwer, leur préférant une approche platoniste, selon laquelle les mathématiques révèleraient « une réalité non-sensible existant indépendamment des actes et de l'esprit humain[128] » (approche qui, d'un point de vue épistémologique et philosophique se trouve être paradoxale dans la mesure où Gödel reconnait par ailleurs le rôle de l'incarnation dans l'intuition mathématique[129]). Si nous pouvons parler d'un « intuitionnisme » de Gödel (bien que cette étiquette appliquée à Gödel puisse faire débat), il nous faut ainsi explicitement distinguer ses positions de celles de Brouwer. Alors que pour Brouwer l'intuition

---

[127] Idée de Brouwer selon laquelle la vérité d'un énoncé mathématique consiste en notre capacité à le prouver, et non en sa correspondance avec la réalité objective ou en une vérité qui existerait en dehors des constructions effectives de l'esprit. Suivant cette même idée pragmatique, l'intuitionnisme de Brouwer rejette les raisonnements fondés sur l'absurde ou le tiers-exclu (négation de non-existence ne valant pas existence, seul les objets construits ou constructibles existent). Nous voyons bien ici transparaître les positions solipsistes du jeune Brouwer (qui s'opposent à l'idée de Gödel selon laquelle la vérité excède la démontrabilité).

[128] « La position platoniste est la seule qui soit tenable. Par-là, j'entends la position selon laquelle les mathématiques décrivent une réalité non-sensible qui existe indépendamment aussi bien des actes que des dispositions de l'esprit humain et qui est seulement perçue, et probablement perçue de façon très incomplète, par l'esprit humain. », *Cahier de Wang*, 1951, tome 3, p. 323, cité par Pierre Cassou-Noguès in *Les démons de Gödel*, p. 94

[129] Le paradoxe n'est en réalité qu'apparent et peut être résolu, comme nous l'avons fait, en considérant l'incarnation comme une condition de l'intuition sensible et de l'intuition mathématique, tout en reconnaissant aux mathématiques leur caractère autonome, c'est-à-dire indépendant de la sensibilité (dans bien des cas, l'apriorisme est un abus de langage pour qualifier l'autonomie).

interne du temps est la source première de la construction des ordinaux et des nombres naturels, elle relève plutôt chez Gödel de la perception « immédiate » de schèmes abstraits (et résolutoires) dont les règles de cohérence sont indépendantes du sujet. C'est ce problème de l'indépendance des règles formelles qui conduira Gödel à une forme de réalisme platonicien qui se traduira chez lui par une essentialisation des nombres et des règles formelles (règles qui possédaient pour lui une réalité objective en dehors de nos esprits). Les théorèmes d'incomplétude montrent à cet égard que les systèmes formels ne captent pas toutes les vérités, ce qui implique que la vérité excède la démontrabilité (comme pourrait par exemple en attester la conjecture de Goldbach si elle demeurait indémontrable — ce qui est le cas depuis bientôt trois siècles[130]).

---

[130] La conjecture de Goldbach affirme que tout entier pair supérieur à 2 peut être exprimé comme la somme de deux nombres premiers. Bien qu'aucune démonstration rigoureuse de cette conjecture n'ait jamais pu être établie, des calculs informatiques massifs confirment sa validité jusqu'aux limites de capacité des ordinateurs. Cela illustre l'idée que la vérité d'une proposition mathématique peut excéder sa démontrabilité : elle peut être « vraie » dans la structure des nombres entiers, même si elle ne peut être prouvée par aucun système formel. Ce décalage met en lumière la distinction entre ce qui est « vrai en soi » et ce qui est « prouvé pour nous ».

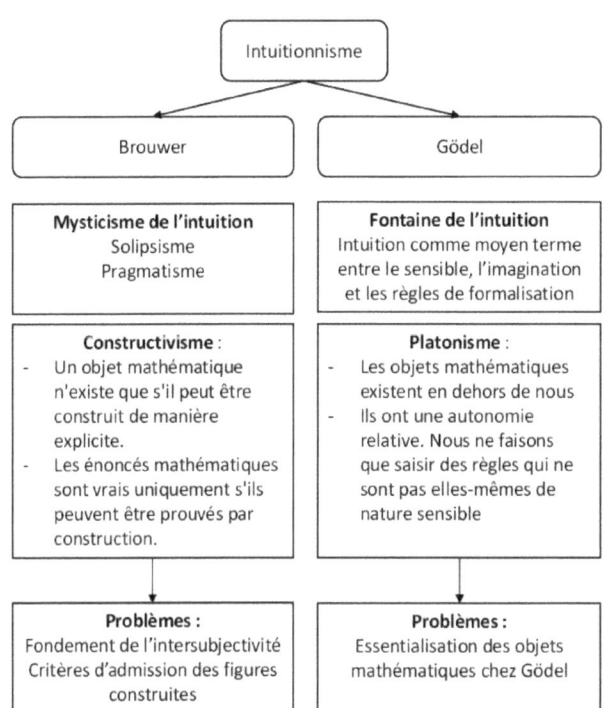

Cette idée d'indépendance des mathématiques défendue par Gödel (et qui justifie sans doute le parallèle qu'il fait entre l'intuition sensible et l'intuition des mathématiques, les deux intuitions se rapportant à une extériorité du sujet et non l'inverse comme chez Brouwer[131]) est à rapprocher de l'idée de *monde 3* que

---

[131] Et, en un sens comme chez Kant bien que Brouwer rejette totalement le caractère aprioriste de la philosophie critique de Kant.

développera, dans les années 1960[132], Karl Popper — lui-même influencé par les théories de Frege et de Theodor Gomperz. Dans plusieurs de ses écrits tardifs, Popper émettait en effet l'idée d'une division du monde en trois catégories distinctes : le *monde 1* qui englobe les objets physiques et les phénomènes matériels — c'est le monde des choses observables et mesurables, comme les pierres, les arbres, les planètes, etc., le *monde 2* qui se réfère à l'ensemble formé par les états mentaux et des expériences subjectives — c'est le royaume des pensées, des émotions, des perceptions individuelles, et d'autres aspects de la vie intérieure et le *monde 3* qui concerne les produits de l'esprit humain, tels que les idées, les théories, les œuvres d'art, les institutions sociales, les langages, les livres, etc., c'est-à-dire les objets abstraits et les créations culturelles qui existent indépendamment des individus particuliers. Le *monde 3* était aussi, selon Popper, le monde de la formalisation critique du réel. Dans *La Connaissance objective*, ouvrage compilant des textes rédigés de 1961 à 1971, Karl Popper mettait en avant l'autonomie du *monde 3*, considérant que cette autonomie était la condition nécessaire à la légitimité d'une connaissance objective. Bien que dérivée des impressions subjectives issues des *mondes 1 et 2*, cette connaissance ne s'y réduisait pas, se constituant au contraire comme un domaine propre, structuré par la critique rationnelle et l'élaboration théorique indépen-

---

[132] Karl Popper a introduit sa théorie des trois mondes, y compris le "Monde 3" des contenus objectifs de pensée, dans une conférence en août 1960, publiée ensuite dans le chapitre 10 de "Conjectures et réfutations". Il y distingue le monde physique (*monde 1*), le monde des états mentaux (*monde 2*) et le monde des productions intellectuelles humaines, comme les théories scientifiques et les œuvres d'art (*monde 3*)

dante des expériences individuelles. Selon Popper, notre « pleine conscience » dépendait de ce monde des théories (le *monde 3*). Les animaux, bien qu'ils puissent avoir des impressions, des sensations, une mémoire, et donc une conscience, ne possédaient pas, selon Popper, la pleine conscience de soi, qui est l'une des conséquences du langage humain et du développement du *monde 3*, spécifiquement humain (sans être pour autant spécifiquement subjectif, nous y reviendrons)[133]. Tout en revendiquant l'indépendance du *monde 3* (et en adoptant ainsi une position qui ressemblait de loin au platonisme réaliste de Gödel[134]), Popper insistait sur les liaisons entre les différentes catégories d'analyse du monde. Ainsi, le *monde 3* quoiqu'autonome et non spécifiquement sensible, était par exemple décrit par Popper comme une sorte de « toile d'araignée » tissée par l'homme (une œuvre de l'homme). Chez Popper, néanmoins, c'était avant tout la dimension critique, atteinte chez l'homme par le développement des fonctions supérieures du langage, qui permettait de dégager le *monde 3* des fils de la sensibilité qui le reliaient aux *mondes 1 et 2*. Par le langage, le *logos*, le *monde 3* devenait en un sens irréductible aux *mondes 1 et 2* dont il était pourtant le produit (ce que nous nous sommes attachés à montrer depuis le début de notre exposé).

---

[133] Karl Popper, *La connaissance objective*, *Les deux visages du sens commun*, p. 138

[134] « Nous pouvons dire qu'il existe une sorte de troisième monde platonicien (ou à la Bolzano) des livres en soi, des théories en soi, des problèmes en soi, des situations de problèmes en soi, des arguments en soi, et ainsi de suite. », Karl Popper, *La connaissance objective*, *Une épistémologie sans sujet connaissant*, p. 138

Dans son projet philosophique, Popper, depuis *La logique des découvertes scientifiques* (1934), faisait essentiellement reposer le caractère objectif des découvertes sur la dimension critique de la raison, qui offrait, pour lui, une forme de garantie d'indépendance vis-à-vis de la sensibilité. C'est pourquoi il proposait, selon ses propres termes, « une philosophie critique du sens commun ». Popper était certes conscient que la remise en question critique des systèmes formels ne pouvait s'opérer qu'à travers une confrontation avec le monde en tant que réalité extérieure, c'est-à-dire par un jugement synthétique articulant l'intuition, l'imagination et l'entendement. Toutefois, dans sa philosophie, l'intuition occupait une place secondaire par rapport à la rationalité critique, qu'il considérait comme le véritable moteur du progrès scientifique et épistémologique. Cette primauté de la rationalité critique et discursive sur l'intuition immédiate, se manifesta entre autres dans la critique qu'il fit, dans *La connaissance objective*, de l'esthétique transcendantale de Kant. Selon Popper, Kant s'opposait à Descartes en affirmant que nos concepts demeuraient vides ou purement analytiques s'ils n'étaient pas appliqués à un donné sensible par le biais de l'intuition, ou s'ils ne correspondaient pas à « des concepts construits dans l'intuition pure de l'espace et du temps[135] ». Dans le passage qui

---

[135] Voir Karl Popper *La connaissance objective, Une épistémologie sans sujet connaissant*, p. 212. Voir à ce sujet Kant, 1787 : « Construire un concept, c'est présenter *a priori* l'intuition [l'intuition pure] qui lui correspond (*Œuvres philosophiques* ; Pléiade, Gallimard, tome 1, p. 1298). Voir également : « Nous n'avons cherché […] qu'à montrer clairement quelle grande différence il y a entre l'usage discursif de la raison d'après des

précède ce commentaire, consacré à l'épistémologie de Brouwer, Popper disqualifiait les notions kantiennes d'intuition du temps et de l'espace, en s'appuyant sur la découverte de la géométrie non-euclidienne et sur la formulation de la théorie de la relativité restreinte par Einstein. Plus précisément, il indiquait que si les travaux sur la géométrie non-euclidienne avaient conduit à la remise en cause de l'intuition kantienne de l'espace, la même logique devait, selon lui, s'appliquer à la théorie kantienne de l'intuition du temps, à la lumière des découvertes d'Einstein sur la relativité. En réalité, Popper reprochait à Kant d'opérer une distinction trop tranchée entre l'intuition et la pensée discursive, distinction qu'il jugeait dépassée par l'évolution des sciences et par une approche critique de la connaissance. Selon lui, cette position de Kant lui avait été imposée par la structure de la *Critique de la raison pure* dans laquelle l'esthétique transcendantale précédait la logique transcendantale[136]. Cette préséance était-elle

---

concepts et l'usage intuitif au moyen de la construction de concepts. » (Op. cit. p. 1302). Il explique de manière plus précise cette « construction de concepts » un peu plus loin : « Nous pouvons déterminer *a priori* nos concepts dans l'intuition, puisque par une synthèse uniforme nous nous créons les objets mêmes dans l'espace et dans le temps (Op. cit. p. 1305). »

[136] Nous pensons que cette préséance de l'intuition sur la pensée discursive est au contraire essentielle à la pensée kantienne (qu'elle n'est pas le produit d'une simple contrainte de structure au sein de la *Critique de la raison pure*). Par ailleurs, comme nous le verrons plus loin, il nous semble abusif de soutenir que l'on puisse s'appuyer exclusivement sur l'exemple des géométries non-euclidiennes pour disqualifier cette idée de Kant. La géométrie non-euclidienne (qui avait d'ailleurs été envisagée par Kant, cf. *De mundi sensibilis*, 1770),

une idée géniale et féconde de Kant, ou était-elle, comme l'affirme Popper, lacunaire et contradictoire ? Pour Popper, l'idée kantienne selon laquelle les axiomes des mathématiques s'appuieraient sur une intuition pure[137] – une forme de « perception » ou de « vision » immédiate de la vérité indépendante de l'expérience sensible et antérieure à toute intuition empirique – n'était pas recevable. Le rejet de l'intuitionnisme kantien par Popper ne découlait pas uniquement des critiques issues de la géométrie non-euclidienne et de la relativité appliquées à l'esthétique transcendantale, mais surtout au fait qu'il était, selon lui, « impossible de

---

elle aussi, peut relever de ce que Kant appelle « l'intuition interne ».
Notons que chez Kant, l'intuition interne se rapporte au temps et non à des objets au sens propre. Elle nous donne la conscience des états internes (les « représentations » successives de la pensée). Mais ici, il n'y a pas d'objet externe à saisir. Le seul objet est le sujet lui-même (sa conscience des flux de ses représentations). Or, Kant ne dit pas que l'intuition interne saisit le sujet en tant que tel, mais qu'elle saisit les états de conscience successifs dans le cadre de la forme du temps. Si l'intuition est par définition un rapport au donné sensible, alors l'intuition interne est à notre sens problématique dans la mesure où il n'y a pas de donné sensible au sens fort. Dans l'intuition externe, le rapport à l'objet est clair : on « voit » l'objet, on se le représente. Dans l'intuition interne, au contraire, le temps ne se donne pas comme objet. On ne « voit » pas le temps, on ne le « perçoit » pas. On en prend conscience par la succession des représentations, mais cela ne constitue pas à notre sens une intuition au sens fort.
[137] Op. cit. pp. 1311 sq.

nier que les mathématiques reposent sur la pensée discursive[138] ».

C'est à Brouwer que Popper reconnut le mérite d'avoir résolu cette contradiction en affirmant que les démonstrations mathématiques étaient des constructions séquentielles, c'est-à dire « des constructions de constructions ». La distinction proposée par Brouwer entre les mathématiques en tant qu'activité intuitive et leur formulation discursive dans le langage correspondait à l'approche critique de Popper, qu'il considérait comme plus apte à établir des critères objectifs de la connaissance, malgré leur enracinement dans l'intuition sensible. Toutefois, cette distinction semble avoir conduit Popper à accorder une prééminence excessive

---

[138] D'après Popper, Kant entendait précisément exclure les arguments discursifs de l'arithmétique et de la géométrie (Kant était en ce sens trop intuitionniste dans son approche des mathématiques et de la géométrie pour Popper). À notre avis, Kant n'entendait pas exclure les arguments discursifs de l'arithmétique et de la géométrie, mais plutôt souligner que ces domaines reposaient sur une forme d'intuition pure qui était *a priori*, c'est-à-dire indépendante de l'expérience sensible. Selon lui, les objets mathématiques, comme les figures géométriques ou les quantités numériques, étaient donnés dans une intuition non-sensible, préalable à toute expérience empirique. Cependant, cette intuition n'impliquait pas que les raisonnements mathématiques soient exempts de pensée discursive. Les démonstrations et les calculs dans ces domaines font bien appel à une pensée logique et discursive. Kant distinguait donc l'intuition pure, qui est le fondement de la connaissance mathématique, de l'usage discursif qui intervient dans les processus de déduction et d'explication. Ainsi, n'excluait-il pas l'argumentation discursive dans les mathématiques, mais il la considérait comme une forme d'application et d'extension des principes *a priori*, qui étaient eux-mêmes perçus ou « intuitionnés » de manière pure.

au moment critique par rapport au moment intuitif[139]. Cette surestimation du rôle de la critique apparaît elle-même comme une conséquence de l'importance qu'il attribuait au critère de réfutabilité, qu'il formalisa en 1934 dans *La logique de la découverte scientifique*. C'est en effet ce critère de réfutabilité, central dans la pensée de Popper, qui devait permettre d'établir une démarcation entre les sciences et les pseudosciences en distinguant les énoncés réfutables (de nature scientifique) des énoncés non réfutables (de nature non scientifique). Signalons tout de même que l'idée de la nécessité d'une démarcation entre la science et la pseudoscience était originellement associée chez Popper à une critique du raisonnement inductif (et non à une critique spécifique de l'intuitionnisme). A la suite de Hume, Popper faisait en effet remarquer que, si grand puisse être le nombre de confirmations reçues par une théorie, cette dernière ne pouvait jamais être irrévocablement établie ni

---

[139] « Mon idée, écrit-il par exemple, est que tout dépend de l'échange entre nous et notre œuvre ; du produit que nous apportons au troisième monde et de cette constante rétroaction que l'autocritique consciente peut amplifier », Karl Popper, *La connaissance objective, une épistémologie sans sujet connaissant*, p. 234, ou encore : « Le processus d'apprentissage, du développement de la connaissance subjective, est toujours fondamentalement le même. C'est la *critique imaginative*. […] C'est ainsi que nous sortons nous-mêmes du marécage de notre ignorance en nous hissant par les cheveux. […] Ce qui fait la différence entre nos efforts, et ceux d'un animal ou d'une amibe, c'est seulement que notre corde peut trouver une prise dans le troisième monde, celui de la discussion critique : un monde de langage, de connaissance objective. », Ibid. p. 235

vérifiée[140]. En revanche, une occurrence négative devait selon Popper nous permettre de *réfuter* une théorie. Ainsi la proposition « tous les cygnes sont blancs », n'était pas vérifiable, mais elle était réfutable (il suffisait de trouver un cygne noir). La proposition était donc de nature « scientifique » (elle faisait partie du champ du réfutable, c'est-à-dire de ce que nous pouvons discuter, infirmer ou corroborer). En mettant l'accent sur la réfutabilité, Popper sortait de l'impasse de l'inductivisme de Hume qui concluait à l'impossibilité de vérifier une théorie. Popper faisait en effet habilement remarquer que s'il était possible d'infirmer une théorie (critère de réfutabilité), c'est que cette dernière devait bien relever du couple vrai-faux (la possibilité de la vérité ou de la vérifiabilité était établie par la négative : si nous pouvons réfuter une théorie, nous pouvons prouver qu'elle est fausse, or si nous prouvons qu'elle est fausse, c'est qu'elle pouvait être vraie, elle appartenait bien au couple vrai-faux). Une théorie ne pouvait certes jamais être définitivement confirmée, mais l'on pouvait *a minima* s'assurer qu'elle relevait bien du champ de la connaissance scientifique (notons à ce sujet que si nous appliquons le critère de distinction établi par Popper, la théorie du matérialisme intégral, par exemple, ne relèverait pas du champ de la science dans la mesure où elle n'admettrait par définition aucune réfutation, le « tout » matériel ne relevant pas d'un champ spécifique défini tel que « tous les cygnes » — l'ensemble de la classe définie des cygnes — par

---

[140] Pensons au fameux exemple de la dinde inductiviste de Russell. Cette dinde, particulièrement douée pour la logique croit déduire de la régularité infaillible avec laquelle le fermier la nourrit une vérité universelle et éternelle, jusqu'au jour de Thanksgiving où elle finit la tête tranchée.

exemple, mais désignant une réalité axiomatique totalisante, donc non réfutable). Chez Popper, c'est la pensée discursive qui permettait de délimiter le champ scientifique et de le faire accéder à une forme d'autonomie objective. C'était, par conséquent, essentiellement le moment critique qui devait dominer et définir la science.

Conformément à l'épistémologie poppérienne, nous ne remettons nullement en cause la dimension discursive des mathématiques, qui reposent sur un processus de formalisation critique et de construction rationnelle, fondé sur l'examen et la mise à l'épreuve de leurs propres structures. La définition des mathématiques en tant que construction de constructions et comme succession de moments synthétiques (« intuitifs ») et de moments analytiques (« discursifs » ou « constructivistes ») nous parait par ailleurs correspondre à l'articulation des deux moments esthétiques et critiques qui caractérisent la logique de la découverte scientifique. Si Popper, cependant, plaide pour un rapprochement entre ces deux moments, il nous semble au contraire qu'il faille maintenir la distinction kantienne entre le moment de l'esthétique transcendantale (qui relève de l'intuition pure *a priori* de l'espace et du temps — nous rediscuterons plus loin de la question l'apriorisme de Kant) et celui de l'analytique transcendantale (faculté de l'entendement à conceptualiser). Nous n'entendons pas ici défendre coûte que coûte l'esthétique transcendantale kantienne et notamment son caractère pur et *a priori* qui a été le sujet de nombreuses discussions et critiques[141]. Il nous semble toutefois que le maintien de la distinction entre les moments intuitifs et le moment discursif ou analytique est essentiel si nous voulons bien comprendre l'articulation du moment de liaison entre le monde sensible (le monde de l'intuition) et le monde rationnel (le monde discursif, analytique). C'est en effet précisément dans cette jonction, opérée par l'intuition et l'imagination, entre le monde sensible et le monde discursif (qui procède du monde sensible sans pouvoir s'y réduire, comme nous l'avons montré) que se trouve ce que nous avons appelé la « signification ». La signification, c'est-à-dire, la faculté de comprendre et d'ordonner le monde, se trouve à la croisée des chemins, à la croisée des systèmes. Elle émane de ce frottement entre la réalité formelle et le monde sensible, frottement qui révèle la structure duale du réel, et qui s'opère au sein même de l'intuition sensible. Nous l'avons évoqué, le moment de la compréhension du réel, de l'intégration des choses au sein d'un système signifiant, s'il s'opère par et à travers l'intuition est également le fait de ce que nous avons appelé « imagination signifiante » (voir § 30 – *Qu'est-ce que l'intuition ?*), notion que nous devons distinguer de ce que Popper nomme, dans *La connaissance objective*, la « critique imaginative » (nous voyons de nouveau ici la prééminence de la dimension critique chez Popper), c'est-à-dire la faculté de l'imagination à opérer un

---

[141] Bien que nous considérions qu'une disqualification de l'esthétique transcendantale qui prendrait uniquement appui sur la géométrie non-euclidienne et sur la théorie de la relativité d'Einstein soit abusive, comme nous aurons l'occasion d'y revenir un peu plus tard.

regard critique et rétroactif sur le réel[142]. Si Popper fait référence à la critique imaginative comme faculté propre à l'homme, nous la concevons en effet plus largement comme une faculté déduite d'un critère d'effectivité et d'adaptabilité à un environnement donné, et à ce titre comme dépassant les simples limites de l'approche strictement rationnelle. En un sens, l'amibe fait déjà preuve d'un sens critique dans sa capacité d'adaptation à son environnement, sens critique évidemment moins développé que celui de l'être sensible rationnel qu'est l'homme. La rupture entre l'animal et l'homme ne se situe pas, à notre avis, dans la seule capacité de l'homme à faire un usage critique de l'imagination, mais davantage dans une combinaison des facultés : (i) sa faculté à voir et à projeter des images signifiantes (ii) sa faculté à comparer de manière critique et rétroactive ces images avec le réel tel qu'il se manifeste à lui (iii) sa faculté à user des formes supérieures du langage, c'est-à-dire à formaliser et à exprimer ces images dans un langage compréhensible par lui et par les autres, cette

---

[142] Ce n'est certes pas tout à fait la définition qu'en donne Popper... Dans *La connaissance objective*, comme déjà cité un peu plus haut « Le processus d'apprentissage, du développement de la connaissance subjective, est toujours fondamentalement le même. C'est la *critique imaginative*. C'est ainsi que nous transcendons notre environnement local et temporel, en essayant de concevoir des circonstances qui dépassent notre expérience : en critiquant l'universalité, ou la nécessité structurelle, de ce qui peut, à nous, nous apparaître (ou que les philosophes décrivent) comme le « donné » ou comme « habitude » ; en essayant de trouver, de construire, d'inventer, de nouvelles situations — autrement dit, des situations tests, des situations critiques ; et en essayant de localiser, de détecter et de mettre en question nos préjugés et suppositions habituelles. », p. 235.

formalisation créant à son tour des règles autonomes (auto-engendrées) de cohérence qui s'imposent à l'homme et conditionnent en retour l'analyse critique et discursive des théories qu'il tente de formaliser (c'est cette « corde » du *monde 3* que Popper évoque lui-même : « ce qui fait la différence entre nos efforts, et ceux d'un animal ou d'une amibe, c'est seulement que notre corde peut trouver une prise dans le troisième monde, celui de la discussion critique : un monde de langage, de connaissance objective », écrit-il dans *La connaissance objective*[143]).

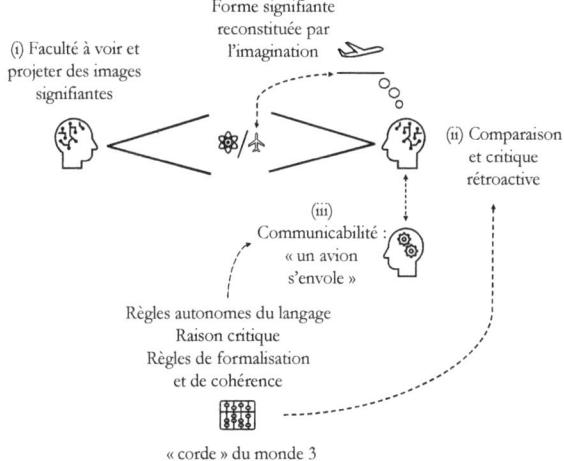

C'est dans ce dernier moment — le moment de la « communication » pour reprendre les termes de Brouwer — qu'émerge la possibilité du *monde 3* (qui est précisément le monde de la formalisation des idées :

---

[143] Ibid. p. 235

c'est la possibilité de formalisation qui engendre le *monde 3* et non pas uniquement la couple intuition-imagination qui n'est directement réductible ni à la raison ni à son formalisme). La séparation entre ces trois moments en somme, que sont les moments de l'intuition-imagination signifiante, de l'imagination critique et de l'analyse formelle rétroactive, sont à distinguer dans les termes (de même que, nous l'avons vu, ils peuvent être distingués et isolés à l'imagerie cérébrale[144]). Dans la présentation de ces trois moments, nous observons que la pensée discursive, si elle permet en un sens de formaliser l'intuition, ne lui est pas assimilable ou réductible (elle possède ses règles et son autonomie, elle autorise un retour critique sur les figures proposées par l'imagination, elle permet d'élaborer et de construire des théories communicables, elle est en ce sens elle-même productrice de connaissances).

Si, *a contrario*, nous faisions de la pensée discursive le fondement unique de la vérité, nous serions alors forcés

---

[144] Voir expérience de Kalanit Grill-Spector évoquée au § 29, expérience qui établit qu'en dessous de 50 millisecondes les images sont invisibles au sujet de l'expérience, tandis qu'au-delà de 100 millisecondes elles apparaissaient en pleine conscience. A l'imagerie visuelle, ces deux moments apparaissaient clairement : les aires visuelles précoces s'activent tout le temps, que l'image soit visible ou non. En revanche, dans les aires visuelles supérieures, telles que le gyrus fusiforme et la région occipito-temporale latérale — aires qui sont impliquées dans la catégorisation et l'identification d'images (visages, objets, mots, lieux…) — l'activité cérébrale est étroitement liée au degré de conscience. Le moment de l'analyse critique (également visible à l'imagerie) est encore à distinguer de ces deux moments.

d'admettre sa séparation radicale avec l'intuition et avec le réel. Nous retomberions alors dans les difficultés suscitées par le formalisme (nous soutenons contre ce formalisme que le sens ne peut surgir que de l'interdépendance entre pensée discursive, imagination critique et intuition d'un monde extérieur[145]). Cela ne signifie pas, bien sûr, que les mathématiques ne puissent pas être « localement » formalistes, mais cela implique en revanche qu'aucun formalisme ne puisse prétendre à la totalité, ni former un système clos et entièrement cohérent (le fait qu'il y ait cohérence locale n'impliquant pas nécessairement la cohérence générale du système, comme l'a montré Gödel[146]).

35.

DIALECTIQUE ENTRE L'INTUITION ET LE FORMALISME — La logique de la découverte scientifique, pour paraphraser le titre du célèbre ouvrage de Karl Popper, procède aussi bien de l'intuition intellectuelle (c'est-à-dire d'un moment esthétique au sens grec du terme, αἴσθησις signifiant en grec « théorie du sensible ») que

---

[145] En somme, le concept est presque pléonastique. L'intuition ne peut être qu'intuition d'une extériorité. Si nous pensons à l'expérience de Putnam, l'intuition du réel suscité par provocation électrique introduit bien une forme d'extériorité. Elle est ici passivité, réception des impressions sensibles. L'imagination, au contraire, est directement une activité de création de forme, qui ne sollicite pas l'intuition sensible en tant que telle.

[146] Notons à ce sujet que Gödel, avant de formaliser son théorème d'incomplétude en 1931 avait démontré, dans sa thèse de Doctorat, un théorème de complétude du calcul des prédicats de premier ordre, ce théorème énonçant que toute démonstration mathématique peut être représentée dans le formalisme du calcul des prédicats.

de notre capacité à formaliser l'intuition et de la rendre signifiante (et communicable) par l'imagination et par l'entendement. Nous soutenons à ce sujet la position, proche de celle de Gödel, selon laquelle le formalisme demeure stérile s'il demeure décorrélé de l'intuition et de l'imagination (comme force de création et de projection abstraite de l'intuition). Il nous faut cependant nous méfier d'un éventuel excès d'enthousiasme à l'égard de l'intuition (dans le sens que lui donne Gödel) et ne pas oublier de revenir à son articulation avec le formalisme qui seule permet de confirmer (de manière effective et définie) les visions intuitives. Dans *Initiations à la physique* (1941), ouvrage tardif de vulgarisation scientifique, Max Planck écrit à ce sujet : « Il ne faut pas oublier que l'exercice de cette faculté d'intuition comporte un danger latent et des plus graves : le danger de solliciter les faits en faveur d'une idée préconçue ou même de passer sous silence ceux qui gêneraient. C'est là glisser de la vraie science à la pseudoscience qui n'est qu'une construction en l'air, destinée à s'écrouler au premier choc un peu fort. Innombrables dans le passé ont été les savants, jeunes et vieux, qui ont succombé, victimes de leur conviction scientifique enthousiaste et, de nos jours, le péril n'a pas perdu de son importance. Pour s'en garder, il n'existe qu'un moyen de protection : le respect des faits[147]. » Si l'intuition précède le formalisme dans la dialectique de la connaissance, elle comporte en elle le germe de l'erreur. C'est la raison pour laquelle l'intuition doit être confirmée de manière effective et rétroactive par (i) les faits qu'elle tente de décrire ou d'expliquer — point sur

---

[147] Max Planck, *Initiations à la physique, origine et évolutions des idées scientifiques*, p. 285

lequel Max Planck, en bon physicien, insiste particulièrement et par (ii) un formalisme cohérent qui seul permet de rendre la théorie communicable, et donc universalisable. Il existe ainsi une sorte de double péril qui consiste d'un côté à s'en remettre entièrement à l'intuition et de l'autre à s'auto-aveugler par un formalisme excessif qui échouerait à rendre compte des faits dans leur complexité et dans leur étendue. Ce double péril, cependant, ne guette pas uniquement le scientifique, il concerne plus généralement tout homme qui souhaite tendre vers une forme de connaissance objective. L'erreur résulte en effet bien souvent d'une inversion de la dynamique de la connaissance, inversion d'après laquelle ce ne sont plus les théories qui sont soumises à l'épreuve des faits, mais les faits qui servent à étayer les théories[148].

36.

EFFECTIVITE DES MATHEMATIQUES EN TANT QUE MANIFESTATION DE LEUR ORIGINE INTUITIVE — Il ne sera pas directement question dans ce chapitre de débattre de la nécessité, pour toute proposition mathématique, de trouver une procédure effective (une preuve par la construction), comme le voulait Brouwer, mais plutôt de nous interroger sur *l'origine* de l'effectivité des mathématiques. En d'autres termes, comment peut-on appréhender le fait que les

---

[148] Cette dynamique confirmatoire procède de ce que la psychologie des années 1960 a nommé « les biais de confirmation » : chaque fait en faveur de la théorie est perçu comme une confirmation, chaque fait en sa défaveur est (volontairement ou involontairement) ignoré.

mathématiques parviennent à exprimer une réalité factuelle et même, dans certains cas, à l'anticiper ?

Les exemples de propositions mathématiques ou de théorèmes ayant été formulés bien avant leur application physique concrète ou ayant été utilisés dans des domaines pour lesquels ils n'avaient pas été initialement développés sont nombreux. Le théorème de Fourrier, par exemple, avait d'abord été formulé au début du XIXème siècle pour résoudre l'équation de la chaleur, qui décrit comment la température d'un matériau varie dans le temps et dans l'espace en réponse à des conditions initiales et aux conditions aux limites. Des décennies plus tard, il trouva des applications majeures en physique, notamment en théorie du signal. L'utilisation de la transformation de Fourier, qui découle de ce théorème, est désormais fondamentale dans de nombreux domaines tels que la communication sans fil, le traitement d'images, ou encore l'imagerie médicale. De la même manière, les équations de Maxwell, énoncées par James Clerk Maxwell dans les années 1860 consécutivement aux observations expérimentales de Michael Faraday sur les relations entre les phénomènes électriques et magnétiques (induction électromagnétique, expérience des champs magnétiques tournants) furent formulées à une époque où il n'existait pas encore de cadre théorique unifié pour expliquer ces observations. Les résultats déductibles des équations de Maxwell ne pouvaient pas alors trouver de confirmation expérimentale. Quelques décennies plus tard, cependant, les travaux de Heinrich Hertz démontrèrent expérimentalement l'existence des ondes électromagnétiques prédites par les équations de Maxwell. Ce pouvoir prédictif et effectif des mathématiques est difficilement explicable si nous demeurons dans le strict cadre des théories monistes (notamment des positions psychologistes qu'elles induisent). Les mathématiques peuvent certes être conçues comme un jeu de formalisation des structures internes de notre esprit, mais il ne faut pas oublier dans ce cas que notre esprit dans sa dimension matérielle étant lui-même soumis aux lois physiques dont il procède et qui agissent à travers lui, les mathématiques sont en réalité dans une double relation d'effectivité avec le réel, la première étant celle qui préside à la formulation aux conditions mêmes de possibilité d'existence de notre cerveau en tant qu'organe matériel, la seconde étant celle de l'effet factuel que produit l'application des mathématiques au réel. Le pouvoir prédictif des mathématiques est un résultat de la première relation d'effectivité : la raison ne peut être légiférante, comme nous l'avons déjà évoqué, que parce qu'elle est elle-même légiférée, issue d'une loi contraignante qu'elle reconnaît en elle et qu'elle applique au réel.

En cela, la notion d'effectivité que nous décrivons peut bien être rapprochée de l'idée de procédure effective que l'intuitionnisme de Brouwer réclamait pour établir la vérifiabilité des propositions mathématiques[149] : la

---

[149] Voir à ce sujet le travail de thèse de Roman Ikonicoff, *Penser l'effectivité : naissance de la notion chez Emile Borrel*, notamment le recensement de la notion d'effectivité en mathématiques à la fin du XIXème et au début du XXème siècle.
La thèse de Roman Ikonicoff explore la conception de l'effectivité avant sa formalisation en récursivité, notamment à travers la thèse de Church-Turing. Ikonicoff se concentre

sur les travaux d'Émile Borel à la fin du XIXème siècle, en particulier ses *Leçons* de 1898, pour comprendre comment la notion d'effectivité était perçue par les mathématiciens de l'époque. Il met en lumière l'approche de Borel, qui, en marge des débats officiels sur les fondements des mathématiques, a accordé une importance significative à l'effectivité, l'étendant aux ensembles infinis dénombrables actuels. D'un point de vue épistémologique, Ikonicoff utilise des outils phénoménologiques pour définir cette notion informelle d'effectivité, qui, autour de 1900, n'était pas encore formalisée. Il propose que l'idée que l'effectivité puisse être vue comme un geste cognitif émanant du système de perception du monde physique, garantissant une preuve dans la mesure où cette gestuelle n'est jamais paradoxale. Ikonicoff conclut sur l'idée que la thèse de Church-Turing, en « extériorisant » cette gestuelle, a libéré les mathématiques des contraintes cognitives implicites liées au monde physique.

La thèse de Church-Turing (1938) proposait en effet une formalisation des notions d'algorithme, de calculabilité et de procédure effective. Cette formalisation reposait sur la définition d'une « machine » abstraite (la machine de Turing) capable de reproduire toutes les étapes de calcul que pourrait exécuter un humain. Ainsi, la machine ne dépendait plus de la perception humaine ou de la « gestuelle cognitive » évoquée plus haut mais elle « extériorisait » le concept d'effectivité (voir notre thèse au § 12 — *Le couple vrai-faux contre le matérialisme intégral : la machine comme figure concrète du dualisme*) : au lieu d'être ancrée dans les capacités cognitives d'un mathématicien, l'effectivité devenait une propriété formelle des systèmes de calcul. Ce passage à l'objectivité de la machine permettait de rendre la notion d'algorithme indépendante de l'esprit humain. En d'autres termes, la thèse de Church-Turing objectivait et formalisait la notion d'effectivité, la rendant indépendante de toute référence au corps, à l'esprit ou à la perception humaine. Le calcul devenait ainsi une opération abstraite, délocalisée du cadre humain.

Ikonicoff nuance cependant cette « libération » des mathématiques en soulignant que la pensée mathématique restait liée, avec la thèse de Church-Turing à la matérialité (la computabilité) des calculs. En effet, bien que la thèse de Church-Turing ait déplacé l'effectivité du cadre cognitif humain au cadre formel des machines abstraites, la pratique des mathématiques et de l'informatique continuait d'entretenir dans ce cadre un lien implicite avec les notions de réalisabilité physique. Cette limite se manifeste de plusieurs façons : (i) la notion d'algorithme restait ancrée dans des métaphores physiques : la « machine de Turing » est pensée comme une machine physique qui manipule des rubans, des symboles, etc., (ii) l'idée même qu'un ordinateur physique puisse « simuler » une machine de Turing reposait sur l'idée qu'il existe une continuité entre les capacités computationnelles du monde physique et celles des formalismes abstraits, (iii) il restait en physique une hypothèse forte selon laquelle tout phénomène naturel (au niveau microscopique ou macroscopique) serait en principe simulable par un ordinateur universel, ce qui impliquait que la réalité physique puisse elle-même être « calculable », c'est-à-dire régie par des règles qui pourraient être exécutées par une machine de Turing.

Comme nous, Ikonicoff note que cette hypothèse, bien qu'elle paraisse naturelle, est en réalité une thèse contestable. Elle présuppose que le monde physique soit réductible à de l'information manipulable, idée qui n'est jamais démontrée chez Turing.

La « conjecture du calcul universel » consistait ainsi à dire que tout phénomène physique pourrait être modélisé par un calcul (une simulation) sur un ordinateur universel. Selon cette conjecture, le monde serait en réalité « informationnel » : ce qui compterait dès lors ne serait plus la matérialité des objets physiques, mais la manière dont l'information circule et se transforme. Ikonicoff critique cette thèse en montrant qu'elle repose sur des postulats très fragiles. Si, en effet, l'on accepte que l'information puisse être la base de toute réalité physique, il faudrait d'abord être capable de donner une définition physique précise du concept d'information, ce qui fait défaut dans la conjecture du calcul universel. Ajoutons que cette conjecture du calcul universel échoue à qualifier la nature des propositions tenues pour vraies et pourtant indémontrables au sein d'un système formel (ex : conjecture de Goldbach).

possibilité pour les mathématiques de se formaliser de manière effective, c'est-à-dire physique, résulte à notre sens directement de cette détermination originelle de la raison. De là s'ensuivent les travaux sur la calculabilité qui aboutiront au théorème de Church-Turing dans les années 1930[150]. Une fonction est dite « calculable » s'il existe un procédé mécanique (physique) qui, lorsqu'il est appliqué à une entrée donnée, donne la sortie correcte en un nombre fini d'étapes. Le théorème de Church-Turing énonce que toute fonction calculable (par un algorithme déterminé) peut être calculée par une machine de Turing[151] (un ordinateur, un système

---

[150] Le théorème de Church-Turing a été formulé indépendamment par Alonzo Church et Alan Turing dans les années 1930. Alan Turing a présenté sa version du théorème dans un article intitulé "*On Computable Numbers, with an Application to the Entscheidungsproblem*" (Sur les nombres calculables, avec une application au problème de la décision), publié en 1936. Alonzo Church a formulé sa propre version du théorème en utilisant le lambda-calcul, une notation mathématique pour représenter des fonctions, dans ses travaux de la même époque. Ainsi, on peut attribuer le théorème de Church-Turing à l'année 1936, lorsque les travaux d'Alan Turing et d'Alonzo Church ont été publiés indépendamment, établissant une fondation théorique commune pour la calculabilité et la théorie des algorithmes.

[151] Une machine de Turing est un modèle abstrait de dispositif mécanique qui manipule des symboles sur une bande de manière séquentielle. Ce modèle a été introduit par le mathématicien et logicien Alan Turing dans les années 1930. La machine de Turing est largement considérée comme le modèle fondateur de la théorie de la calculabilité. Voici les composants principaux d'une machine de Turing : Bande infinie : La bande est divisée en cellules, chaque cellule pouvant contenir un symbole à partir d'un alphabet fini (par exemple, 0 ou 1). La bande s'étend à l'infini dans les deux sens.

physique de calcul). Cependant, si nous insistons sur le fait que le caractère effectif des mathématiques est dû à la structure d'imbrication logique que nous avons désignée (raison légiférée et légiférante), nous n'entendons pas, pour autant faire de l'effectivité le seul critère de la vérité : la relation d'implication n'entraîne pas nécessairement relation d'équivalence. Notre idée d'effectivité comme critère de validité d'une théorie ne dit donc rien, par exemple, d'un éventuel statut idéal ou platonicien des entités mathématiques, conformément par exemple, à ce que pensait Gödel, ou de notre

---

Tête de lecture/écriture : La tête de lecture/écriture peut se déplacer vers la gauche ou la droite le long de la bande et lire ou écrire des symboles dans les cellules.
État interne : La machine de Turing a un état interne, qui peut changer en fonction des instructions qu'elle suit. Chaque instruction est associée à une paire (état actuel, symbole sous la tête de lecture), et elle spécifie trois choses : le symbole à écrire, le déplacement de la tête (gauche ou droite), et le nouvel état.
Table de transition : La table de transition contient toutes les instructions possibles pour la machine de Turing. Elle spécifie le comportement de la machine en fonction de son état actuel et du symbole sous la tête de lecture. Le fonctionnement d'une machine de Turing est défini par sa table de transition, qui indique comment la machine doit réagir à chaque combinaison d'état interne et de symboles sous la tête de lecture. La machine de Turing commence dans un état initial avec une configuration initiale de la bande, puis elle suit les instructions de la table de transition de manière itérative. Une machine de Turing peut effectuer tout calcul qu'il est possible de faire mécaniquement. Le théorème de Church-Turing affirme que tout ce qui est calculable algorithmiquement peut être calculé par une machine de Turing. Ainsi, la machine de Turing fournit un modèle conceptuel important pour la compréhension des limites de la calculabilité.

capacité à formuler des propositions valables bien que non démontrables dans un système formel.

37.

LA VERITE EST-ELLE UNE VALEUR ? — Le fait que nous ayons rattaché l'idée de vérité à la notion d'effectivité n'induit pas nécessairement que la vérité procède elle-même du caractère effectif qu'elle revendique dans ses conséquences. En d'autres termes, le fait que l'effectivité soutienne (ou prouve) l'idée de vérité, n'implique pas nécessairement que (i) la vérité ne soit qu'un autre nom pour l'effectivité, c'est-à-dire que toute vérité soit inévitablement effective (si nous avons tenté d'établir que l'effectivité était en quelque sorte la dimension applicative de la vérité, nous n'avons pas pour autant prouvé que les deux notions puissent entièrement se recouper), ni que (ii) la vérité soit entièrement relative à ses conditions d'expression (que la vérité ne soit en réalité qu'une production de notre monde physique).

L'idée de la proposition (i) selon laquelle l'idée de vérité serait en un sens subordonnée à l'idée d'effectivité est à rapprocher des théories pragmatiques de William James (la vérité conçue comme ce qui fonctionne pratiquement dans l'expérience humaine, ce qui est utile à la pensée et à l'action) ou John Dewey (la vérité comme une fonction d'interaction entre l'homme et son environnement, c'est-à-dire comme ce qui permet de résoudre un problème et d'atteindre un équilibre dans l'expérience) et en un sens de l'intuitionnisme radical de Brouwer (très opposé sur ce point à Gödel). Cette proposition d'assimilation ou de subordination de la vérité à l'effectivité ou même à la vérifiabilité est pour nous problématique dans la mesure où elle réduit le champ du discours rationnel à sa vérifiabilité physique ou matérielle (et pointe ainsi de nouveau vers le matérialisme intégral ou vers toutes les autres formes de monisme qui sont structurellement contradictoires). Cette assimilation de l'idée de vérité au critère de vérifiabilité néglige d'autre part les vérités que nous pouvons concevoir sans pouvoir leur donner de correspondance effective (le théorème selon lequel il existe une infinité de nombres premiers, démontré par Euclide, est une vérité mathématique établie. Pourtant, cette vérité n'a pas d'effectivité en elle-même), de même qu'elle catalogue commodément toute théorie prospective dans le domaine de la métaphysique.

La proposition (ii) apparait, elle, comme l'une des conséquences logiques suscitées par notre idée de double légifération de la raison (la raison légiférée en tant que résultat d'un long processus physique de nature évolutive et légiférante en tant que force de régulation qui parvient à une forme d'adéquation effective avec les choses). Ainsi, selon la proposition (ii), notre rationalité étant « façonnée » par le monde physique pourrait sembler tributaire de notre monde particulier, c'est-à-dire *relative* à une forme particulière de réalité. A cette objection, nous pouvons répondre de deux manières : d'abord, nous remarquons que cette forme de relativité pourrait tout à fait nous convenir dans la mesure où elle ne serait que relativité pour un réel donné *par rapport à d'autres réels théoriques* dont nous ne savons et ne pouvons par définition rien savoir (réponse pragmatique). L'objection se retourne ici contre elle-même : relativement à notre monde, la vérité n'aurait rien de relatif, elle possèderait même tous les caractères de l'absoluité (absoluité pour notre réalité physique, la seule que nous connaissions). Ensuite, nous faisons remarquer que le fait que nous jugions du monde physique avec un entendement qui a été physiquement conditionné n'implique pas nécessairement la soumission (la réduction) de cet entendement au physique, mais plutôt à la *loi* qui, elle, détermine et conditionne le physique avant même sa manifestation phénoménale (voir § 13 — *Peut-on penser un monde sans loi ?*). Là encore, il ne faut pas confondre les conditions matérielles de l'expression de l'idée avec l'idée elle-même : que ce soit dans notre univers ou dans un autre, l'entendement, pour peu qu'il ait la capacité de s'élever à un certain degré d'abstraction, pourra toujours concevoir des formes et ces formes dériveront toujours des mêmes règles (ou engendreront ces règles). En d'autres termes, si tant est que nous puissions poser un ensemble d'axiomes déterminés (ceux qui sous-tendent les géométries euclidiennes ou les géométries non-euclidiennes), les règles qui dérivent de ces axiomes seront toujours les mêmes, indépendamment de leurs conditions d'expression matérielle ou de l'univers physique dans lequel elles ont été formulées.

C'est la raison pour laquelle il faut, à notre avis, nous garder de faire de la vérité une valeur comme une autre (une valeur qui serait relative à ses conditions d'expression historiques, géographiques…) et de la philosophie un lieu de rassemblement de valeurs dans une forme de totalité sans fondements. Ce sont les valeurs qui procèdent de l'idée de vérité, jamais l'inverse. Renoncer à cette idée, c'est de fait accepter le relativisme de la confrontation des valeurs, la confrontation des légitimités, l'abandon, par conséquent, de l'idée même de droit universel.

Le moment esthetique de la connaissance

38.

EUREKA ! — Quel est le moment de la découverte scientifique et que se passe-t-il à l'instant précis où un problème est résolu, refondu dans une nouvelle approche générale ? Qu'arriva-t-il, par exemple, dans l'esprit d'Archimède lorsque, s'enfonçant dans sa baignoire, il s'écria « Eurêka ! » ? Quelle modification s'opéra dans l'esprit de Newton juste après avoir reçu sur la tête sa légendaire pomme ? Que comprit Einstein en se balançant sur sa chaise à l'Office des Brevets de Berne[152] ? Ce sont les questions auxquelles nous allons désormais tenter de répondre.

L'une des caractéristiques communes des épiphanies résolutoires que nous venons de décrire (et qui sont généralement bien documentées) est qu'elles adviennent la plupart du temps au moment où, pour ainsi dire, « on s'y attend le moins ». Les scientifiques décrivent généralement de soudaines illuminations, des éclairs de lucidité qui, le plus souvent, se produisent alors que le cerveau semble inactif ou au repos, comme débranché de ses réseaux habituels (« dans les limbes » dit par exemple Louis de Broglie), ce qui n'est pas sans rappeler les illuminations des poètes (« Le Poète se fait voyant par un long, immense et raisonné dérèglement de tous les sens[153] » écrit Rimbaud) ou des artistes. Nous rencontrons dans la littérature scientifique de

---

[152] Ces images sont pour partie légendaires mais relatent bien souvent le contexte des grandes découvertes scientifiques.
[153] Arthur Rimbaud, *Correspondance*, Lettre du voyant à Paul Demeny, 15 mai 1871

nombreuses descriptions de tels événements. Dans ses *Conversations avec Wang*, Gödel note, par exemple : « Aussi bien Descartes que Schelling rapportent explicitement l'expérience d'une illumination soudaine. Ils commencèrent à tout voir dans une lumière différente[154]. » ou encore : « Entre 1906 et 1910, Husserl eut une crise psychologique. Il doutait de pouvoir accomplir quoi que ce soit. Son épouse était très malade. Mais, à un moment durant cette période, tout lui devint soudainement clair, et il est arrivé à une connaissance absolue[155]. » On trouve généralement dans les écrits de Gödel cette idée que les découvertes scientifiques, logiques ou mathématiques sont le fruit d'une connaissance surhumaine, qui confine à la folie (l'univers de Gödel est peuplé d'anges et de démons trompeurs, de songes et de visions). Chez Henri Poincaré — qui frôla, quelques années avant Einstein, la découverte de la théorie de la relativité restreinte — on retrouve aussi cette même idée d'une illumination soudaine, à nouveau dans un contexte de relâchement de l'esprit : « A ce moment, écrit-il, je quittai Caen, où j'habitais alors, pour prendre part à une course géologique entreprise par l'Ecole des Mines. Les péripéties du voyage *me firent vite oublier mes travaux mathématiques* (nous soulignons) ; arrivés à Coutances, nous montâmes dans un omnibus pour je ne sais quelle promenade ; au moment où je mettais le pied sur le marchepied, l'idée me vint, sans que rien dans mes pensées antérieures parût m'y avoir préparé, que les transformations dont j'avais fait usage pour définir les fonctions fuchsiennes étaient identiques à celles de la

---

[154] Op. Cit., pp. 169-170
[155] Ibid.

géométrie non-euclidienne. Je ne fis pas de vérification, je n'en aurais pas eu le temps puisque à peine dans l'omnibus, je repris la conversation commencée ; mais j'eus tout de suite une entière certitude. De retour à Caen, je vérifiai le résultat à tête reposée pour l'acquit de ma conscience. » Toujours chez Poincaré : « Je me mis alors à étudier des questions d'arithmétique, sans grand résultat apparent et sans soupçonner que cela pût avoir le moindre rapport avec mes études antérieures. Dégoûté de mon insuccès, j'allais passer quelques jours au bord de la mer et je pensais à autre chose. Un jour, en me promenant sur la falaise, l'idée me vint, toujours avec le même caractère de brièveté, de soudaineté et de certitude immédiate, que les transformations arithmétiques des formes quadratiques ternaires indéfinies étaient identiques à celles de la géométrie non-euclidienne[156]. » Quelques années plus tard, en 1910, c'est Ernst Cassirer qui, en descendant du Tramway à Berlin a la révélation, dans des circonstances proches de celles que Poincaré décrit, de sa philosophie des formes symboliques. Dans toutes ces situations, l'esprit n'est pas à la tâche, il est libre, comme errant dans un état de semi-conscience. Par ailleurs, les scientifiques (comme les artistes et les musiciens), ne font pas état d'une compréhension séquencée ou par étape, ils insistent au contraire sur le caractère soudain de la résolution. Dans *Le code de la conscience*, Stanislas Dehaene attribue ces réussites à une faculté de

---

[156] Anecdotes rapportées par Jacques Hadamard, *Subconscient, intuition et logique dans la recherche scientifique*, conférence faite au Palais de la Découverte le 8 décembre 1945. Un compte-rendu plus complet, bien que limité aux découvertes mathématiques, se trouve dans le livre du même auteur : *The Psychology of Invention in the Mathematical Field* (Princeton, 1949).

traitement de l'information qui subsisterait (ou serait même améliorée) dans des états inconscients : « les processus inconscients, affirme-t-il, excellent dans le traitement simultané de très nombreuses informations : ils peuvent assigner une valeur à plusieurs items en même temps, et les moyenner pour parvenir à une décision[157] ». Autrement dit, cette faculté résolutoire serait liée à un état de calculabilité améliorée du cerveau dont la « bande passante » ne serait que peu mobilisée par des opérations conscientes. Seulement Stanislas Dehaene semble ici négliger le fait que ces illuminations ne concernent pas, la plupart du temps, des opérations de type analytique ou mécanique (le cerveau analytique, celui des opérations formelles semble comme « débranché », les péripéties du voyage font *oublier* à Poincaré ses travaux mathématiques, précise-t-il lui-même) comme en atteste leur caractère soudain et instantané, qui semble peu compatible avec le séquençage propre aux raisonnements analytiques[158]. Ces spécificités propres aux opérations résolutoires complexes nous orientent de nouveau vers l'idée que la compréhension est d'abord de nature esthétique et non analytique (esthétique au sens grec αἴσθησις — qui procède de la sensibilité sans pour autant s'y réduire). C'est sans doute la raison pour laquelle le moment de l'illumination concerne aussi bien les artistes, les poètes et les musiciens que les scientifiques : il ne s'agit pas d'un moment séquencé de décomposition mécanique,

---

[157] Ibid. p. 120
[158] « Comprendre un problème physique, c'est être capable d'en voir la solution sans résoudre d'équation[158] » aurait par exemple affirmé Paul Dirac, cité par Richard Feynman, interview réalisée en 1979 pour la revue Omni Par Monte Davis, in *La nature de la physique*, p. 294

mais davantage d'un moment de projection, par l'imagination, d'une « forme » nouvelle ou d'un schème nouveau (pensons par exemple à la manière dont le joueur d'échec visualise les combinaisons possibles avant de les exécuter). En cela, Stanislas Dehaene a sans aucun doute raison de noter que les processus inconscients permettent le traitement simultané de très nombreuses informations, seulement l'opération de compréhension ne se réduit pas à ce traitement ni à l'acte de « moyenner » ces informations. En plus d'être un acte de traitement simultané d'informations d'apparences hétérogènes, la compréhension est un processus de vision locale ou globale (un processus de liaison, d'articulation), un acte nouveau de synthèse esthétique (la projection d'un nouveau schème signifiant et liant).

Dans *La structure des révolutions scientifiques* (1962), Thomas Kuhn insiste d'ailleurs sur l'idée que les grandes découvertes procèdent souvent d'une vision « naïve » ou d'un regard neuf posé sur un vieux problème : « Le nouveau paradigme, écrit-il, ou une indication qui permet sa formulation future, apparaît tout à coup, parfois au milieu de la nuit, dans l'esprit d'un homme profondément plongé dans la crise. Quelle est la nature de ce stade final ? Comment un individu invente-t-il ou aperçoit-il qu'il a inventé une manière d'ordonner les faits, maintenant tous rassemblés ? Ce sont là des questions intraitables et qui le resteront peut-être de manière permanente. Notons seulement un fait à ce propos : presque toujours, les hommes qui ont réalisé les inventions fondamentales d'un nouveau paradigme étaient soit très jeunes, soit tout nouveaux venus dans la spécialité dont ils ont changé le paradigme[159]. » Celui qui voit le monde avec des yeux nouveaux n'est pas encore prisonnier d'un système de formes et de concepts. Il est de fait sans doute mieux à même d'engendrer et de tester des formes nouvelles (voir § 28 — *Carcan du concept, carcan de la forme*). Un peu plus loin, toujours dans *La structure des révolutions scientifiques*, Thomas Kuhn met en évidence le lien que nous établissons nous-mêmes entre la découverte scientifique et la visualisation de formes nouvelles (ou d'un nouveau système de formes) : « La science normale, écrit-il, conduit finalement à la reconnaissance des anomalies et des crises. Et celles-ci se résolvent non par un acte de réflexion volontaire ou d'interprétation, mais par un événement relativement soudain et non structuré *qui ressemble au renversement de la vision des formes* (nous soulignons). Les scientifiques parlent alors souvent d'"écailles qui leur sont tombées des yeux" ou d'un "éclair" qui a "inondé de lumière" une énigme jusque-là obscure, les rendant aptes à voir ses éléments sous un jour nouveau qui, pour la première fois, permet sa solution. Dans d'autres cas, l'illumination se produit pendant le sommeil[160]. » Notons que ces moments d'illuminations résolutoires sont à distinguer de ce que l'on a désigné, à la suite de l'écrivain anglais Horace Walpole, par le terme de « sérendipité[161] » : cette disposition à faire par hasard

---

[159] Thomas Kuhn, *La structure des révolutions scientifiques*, *Réponse à la Crise*, p. 156, Flammarion, Paris Champs Sciences, 2018
[160] Ibid., p. 204
[161] « Serendipity » en anglais, d'après un Conte de fée intitulé, *Les trois princes de Serendip* qui raconte l'histoire de trois princes voyageant et découvrant en route, par accident et par sagacité, toutes sortes de choses qu'ils ne cherchaient pas.

une découverte inattendue qui s'avère par la suite fructueuse.

L'américain Royston Roberts, professeur de chimie organique à l'université du Texas se prêta à ce sujet à l'analyse de plus d'une centaine de découvertes faites par accident (la structure de l'ADN, l'aspirine, le principe d'Archimède, le chlorure de vinyle, les édulcorants intenses, le nylon, la pénicilline, le LSD, le polyéthylène, le post-it, les rayons X, le téflon, le velcro, la vulcanisation, etc.) qu'il consigna en 1989 dans un livre intitulé *Serendipity: Accidental Discoveries in Science*[162]. Roberts avança un critère de distinction pour séparer la vraie sérendipité de la fausse. Selon lui, la pseudo-sérendipité résultait de la découverte par accident de ce que l'on cherchait déjà intentionnellement (la découverte après cinq années d'effort, et par maladresse, du procédé de la vulcanisation par Charles Goodyear, qui renversa accidentellement un morceau de latex enduit de soufre sur un poêle). La « vraie » sérendipité était, au contraire, la découverte fortuite de ce que l'on ne cherchait pas particulièrement, sinon pas du tout (invention du velcro par George de Mestral, par l'observation des crochets de bardane s'accrochant malencontreusement aux poils de son chien). La notion de sérendipité devait en somme combiner, selon Roberts, hasard et sagacité. Si la fausse sérendipité était ainsi la révélation accidentelle d'une brique qui manquait à notre raisonnement, la vraie sérendipité était le fruit d'une observation nouvelle dont on inférait une nouvelle théorie. Ainsi, la « vraie » sérendipité

---

[162] Titre que l'on pourrait traduire par *Sérendipité : Les découvertes accidentelles dans les sciences*

procédait, selon Roberts, de ce que le pragmatique Charles S. Pierce appelait le « raisonnement abductif », qui consiste à inférer des causes probables à un fait observé.

Ce concept de sérendipité ne recouvre cependant pas ce que nous avons désigné par le terme d'« illumination » créative. En effet, un tel état n'est pas nécessairement provoqué par un événement extérieur ou par une coïncidence (la pomme ne tombe pas obligatoirement du pommier ni Einstein de sa chaise). Au contraire, la plupart du temps, le moment résolutoire advient alors qu'il ne se passe rien de particulier — au moment où leur viennent des intuitions décisives, rappelons qu'Henri Poincaré est en voyage en bus tandis qu'Ernst Cassirer est dans le tramway. Salvador Dali est, lui, dans un état de semi-conscience lorsqu'il a soudainement la vision des horloges molles alors que Paul McCartney a l'inspiration de la chanson *Yesterday* dans son sommeil[163]. Dans de pareils cas, les découvertes relèvent davantage de la perception soudaine de formes nouvelles (formes logiques, musicales ou esthétiques) que comme révélation d'une ou de plusieurs étapes d'un raisonnement qui procéderait par abduction.

Le raisonnement par projection de formes est-il d'ailleurs spécifique à l'inspiration géniale ? Ne faisons-

---

[163] On pourrait ici arguer du fait que ces visions, notamment dans le cas de Poincaré, Cassirer et McCartney sont nécessairement séquencées dans la mesure où leur expression nécessite d'effectuer des opérations successives. Il ne faut pas confondre cependant ici la structure de l'idée générale (qui peut être donnée de manière « immédiate » dans une « vision » d'ensemble) et son expression formelle qui, elle, peut être séquencée.

nous pas tous, dans notre vie quotidienne, l'expérience de telles projections formelles ? Dans la *Critique de la raison pure*, Emmanuel Kant identifie bien cette capacité à reconnaître et à créer des formes : c'est ce qu'il appelle le schématisme transcendantal, la capacité à créer des schèmes, c'est-à-dire à concevoir les règles abstraites à partir des images qui se forment à l'intérieur de notre conscience[164]. Seulement, dans la grande découverte scientifique, ce ne sont pas seulement des formes nouvelles qui sont perçues par le sujet, c'est une nouvelle manière d'organiser les formes entre elles. Si la perception ne change pas, la « perception de la perception », elle, se modifie. Dans la grande découverte, il y a toujours l'idée d'une ressemblance, d'une correspondance avec un modèle, un schème, seulement cette correspondance emporte avec un ensemble des

---

[164] « De fait, nos concepts sensibles purs n'ont pas pour fondement des images des objets, mais des schèmes. Il n'est pas d'image du triangle qui serait adéquate au concept du triangle en général. En effet, elle n'attendrait pas l'universalité du concept, qui le rend valable pour tous les triangles, rectangles, à angles obliques, etc., mais elle serait toujours restreinte à une partie seulement de cette sphère. Le schème du triangle ne peut jamais exister ailleurs que dans la pensée, et il signifie une règle de la synthèse de l'imagination en vue de figures pures dans l'espace. Un objet de l'expérience, ou une image de cet objet, atteint bien moins encore le concept empirique, mais celui-ci se rapporte toujours immédiatement au schème de l'imagination, comme à une règle de la détermination de notre intuition conformément à un certain concept général. Le concept de chien signifie une règle d'après laquelle mon imagination peut tracer de manière générale à quelque figure particulière que m'offre l'expérience, ou encore à quelque image possible que je peux présenter *in concreto*. », Emmanuel Kant, *Critique de la raison pure, Analytique transcendantale, du schématisme des concepts purs de l'entendement*, p. 192

formes et suscite une nouvelle compréhension des formes au sein d'un modèle plus global (nous pensons notamment à la découverte de la théorie de la relativité générale, la vision projective d'un nouveau modèle descriptif du réel, qui induit une nouvelle manière de voir le réel). Il serait sans doute fautif, cependant, de réduire cette intuition géniale de formes nouvelles à la simple perception d'une « image » nouvelle. Si le schème est toujours une création de l'imagination productive, il n'est pas nécessairement lié à la production d'images (il faut se méfier ici du parallèle de langage imagination – image). Kant identifiait bien cette nature du schème dans la *Critique de la raison pure* : « Le schème, écrivait-il, n'est toujours en lui-même qu'un produit de l'imagination ; mais comme la synthèse de l'imagination n'a pour visée aucune intuition singulière, mais seulement l'unité dans la détermination de la sensibilité, il faut bien distinguer le schème de l'image. Ainsi quand je place cinq points l'une après l'autre ….., c'est là une image du nombre cinq. Au contraire, quand je ne fais que penser un nombre en général, qui peut être cinq ou cent, cette pensée est plutôt la représentation d'une méthode pour représenter, conformément à un certain concept, un ensemble (par exemple mille), que cette image même, que dans le dernier cas il me serait difficile de parcourir des yeux et ce comparer au concept.[165]» Le schème est donc, en quelque sorte, une image abstraite de la règle (une méthode de construction de l'image). C'est la raison pour laquelle les schèmes, en tant que perceptions unitaires et synthétiques des formes, peuvent tout à fait s'appliquer à des concepts faisant référence à des opérations

---

[165] Ibid. p. 192

séquencées (des équations, des opérations algébriques, l'intuition d'une forme musicale...), seulement la perception du séquencement se fait dans cette vision unique et soudaine, parfaitement compatible avec ce que les scientifiques et les artistes décrivent comme une « illumination[166] » (comme la compréhension d'un morceau de musique peut se faire en regardant d'une vue globale sa partition ou comme la compréhension du nombre 500 ne se fait pas en parcourant les 500 occurrences qui fondent sa substance). Cette capacité de l'âme humaine (cet « art caché dans les profondeurs de l'âme » écrit Kant) à produire et à organiser des formes (ou des schèmes) est la condition de ce que nous appelons « compréhension ». La compréhension est la faculté abstraite à relier des formes et des concepts entre eux et, par suite, à leur donner une signification[167]. Elle ne peut pas être uniquement le fruit d'une opération mécanique (analytique) de la raison, elle procède avant tout de la faculté à se représenter l'image ou la règle abstraite qui précède et détermine l'opération mécanique. C'est pour cette raison que nous affirmons que la compréhension est de nature *esthétique* : elle relève en effet en premier lieu d'une intuition du réel (le réel féconde ici en quelque sorte l'imagination productive en même temps qu'il

---

[166] « Il résulte clairement de ce qui précède que le schématisme de l'entendement par le moyen de la synthèse transcendantale de l'imagination, ne tend à rien d'autre qu'à l'unité de tout le divers de l'intuition dans le sens intérieur. », Ibid., p196

[167] Voir Kant : « Les schèmes des concepts purs de l'entendement sont donc les vraies et seules conditions qui permettent de procurer à ces concepts une relation à des objets, par suite une signification », ibid. p. 196

permet sa projection matérielle[168]) et non de la reconnaissance de mécanismes formels acquis (mécanismes qui relèvent en réalité de l'intuition formelle et non l'inverse).

---

[168] Nous défendons l'idée que l'imagination productive, même si elle ne peut se réduire au réel ne peut s'accomplir que dans son articulation avec le réel sensible. L'imagination productive est ainsi liée à l'intuition sensible (l'intuition des formes) bien qu'elle excède le sensible par ses capacités : l'imagination peut en effet projeter au sein de notre conscience des formes qui n'existent pas dans le monde sensible par recombinaison du sensible (des licornes, des hydres…), mais aussi lier nos intuitions entre elles (c'est ce qui se passe dans le processus de « compréhension »). La projection matérielle de l'imagination au sein de la conscience ne fait pas appel à notre avis à une seconde intuition « interne » qui saisirait les figures produites par l'imagination. Les formes et les schèmes produits par l'imagination bien que procédant de l'intuition sensible ne sont pas à nouveau saisis par une « autre » intuition des sens « internes » (la conscience n'est pas un théâtre dans lequel les représentations seraient perçues par un « moi miniature »). Ils sont directement projetés et saisis en tant que « présentations » résolutoires signifiantes (la projection signifiante équivaut, si l'on préfère, au saisissement signifiant).

39.

We are all just prisoners here of our own device.

The Eagles, *Hotel California*, 1976

JUSQU'A QUEL POINT L'INTELLIGENCE PEUT-ELLE ETRE MECANISEE ? — Depuis les travaux d'Alan Turing, et d'Alonzo Church dans les années 1930, le problème de la calculabilité (ou de la « computationnalité » pour utiliser un anglicisme provenant du terme *computability* qui donna le mot *computer* en anglais), a constitué l'un des principaux axes de recherches en mathématiques. Les développements de l'informatique et de la cybernétique au XXème siècle ont conduit à l'arrivée de ce que les informaticiens nomment « intelligence artificielle » et que nous pourrions définir comme la capacité des machines ou des systèmes informatiques à effectuer des tâches complexes qui nécessiteraient « normalement » une intervention humaine. L'intelligence des machines est aujourd'hui capable de développer des capacités d'apprentissage « auto-générées » (d'après des algorithmes d'apprentissage prédéfinis), de résoudre des problèmes complexes, de reconnaître des motifs, de simuler une compréhension des langages humains et même de prendre des décisions « autonomes ».

Si nous devons admettre que le degré de sophistication de ces systèmes intelligents est extrêmement élevé, il nous faut aussi nous demander jusqu'à quel point il serait possible de simuler une intelligence humaine (une intelligence sensible) et à partir de quel degré cette intelligence de la machine pourrait basculer dans une autre forme d'intelligence, s'apparentant à l'intelligence des êtres sensibles. Il nous semble que, sur cette question, il ne faille pas d'emblée se fermer à l'idée que l'intelligence des machines puisse un jour devenir une intelligence sensible (une intelligence auto-adaptative qui développerait ses propres mécanismes de compréhension et d'adaptation au réel, mécanismes qui pourraient mener *in fine* à l'émergence d'une forme de « conscience » voire à une « conscience de soi »). Dans la route qui pourrait conduire les différents modèles d'intelligence artificielle à l'émergence d'une forme d'intelligence sensible (si tant est qu'il soit dans notre intérêt que cette route soit un jour empruntée, ce dont nous doutons) se pose d'abord la question fondamentale du statut de l'intuition, c'est-à-dire de notre relation sensible (et duale) au monde. Alan Turing avait compris, dès sa thèse de 1938, que le principal défi à l'émergence d'une forme d'intelligence informatique ne se limitait pas à la modélisation physique d'algorithmes formels, mais concernait avant tout la réduction de l'intuition et de l'imagination productive à des processus finis. En somme, dès ses origines conceptuelles, l'intelligence artificielle se heurtait à la difficulté d'articuler le monde sensible et sa formalisation concrète par l'homme. L'intelligence des êtres sensibles, nous l'avons souligné à plusieurs reprises, se manifeste sous une double modalité et est déterminée par deux principes complémentaires. Elle relève d'une part (i) de la faculté d'adaptation au réel, laquelle repose sur la capacité à identifier les conditions favorables ou hostiles à la conservation de l'individu et de l'espèce, à discerner les structures et les régularités du monde extérieur afin d'orienter l'action de manière efficace.

Elle réside d'autre part (ii) dans la capacité de formalisation, c'est-à-dire dans l'aptitude à abstraire et à organiser le réel au sein de systèmes autonomes et indépendants du donné immédiat. Cette dernière faculté, qui semble propre à l'être humain, ne constitue toutefois pas un privilège ontologique.

Si l'adaptabilité, en tant que processus évolutif (i), demeure encore (en partie seulement[169]) étrangère aux machines – celles-ci n'ayant pas d'intérêt propre ni d'interaction spontanée et auto-adaptative avec leur environnement selon un mode darwinien – la question de leur capacité formalisatrice (ii) soulève un problème plus délicat. On pourrait en effet soutenir que certains systèmes d'intelligence artificielle, notamment les modèles d'apprentissage automatique, disposent désormais d'une aptitude à structurer le réel et à interagir avec lui de manière simulée, aptitude que l'on attribuait traditionnellement aux seuls êtres sensibles. L'extrême sophistication des simulations d'interactions langagières et de la reconnaissance d'images semble indiquer que nous nous rapprochons du moment où les machines seront systématiquement capables de

---

[169] Nous affirmons que les machines ne sont pas capables d'auto-adaptation dans un mode darwinien : elles ne possèdent ni instinct de survie, ni volonté propre, ni une dynamique évolutive biologique. Mais si l'on comprend l'adaptabilité non pas comme un processus biologique, mais comme une capacité à modifier son propre fonctionnement en fonction de l'environnement, alors certains algorithmes avancés (réseaux neuronaux profonds, modèles évolutionnaires, systèmes d'apprentissage renforcé) montrent déjà une forme d'adaptation. Certes, cette adaptation reste contrainte par la programmation initiale et les limites du « hardware », mais elle s'apparente à des processus d'apprentissage dans des environnements changeants.

franchir le seuil du test de Turing[170], posant ainsi une interrogation plus profonde sur la distinction entre intelligence humaine et intelligence artificielle.

Nous avons cependant plusieurs objections à faire à ce test, et par ricochet à l'idée que le critère (ii) de l'intelligence puisse être aujourd'hui tout à fait rempli. D'abord, le test de Turing repose sur une vision pragmatico-positiviste du monde selon laquelle le réel pourrait se réduire strictement à ce qui est observable. Cette vision conduit Turing à admettre une forme d'équivalence implicite entre l'intelligence des êtres sensibles et un simulacre d'intelligence qui pourrait aller jusqu'à nous tromper nous-mêmes. Or rien n'indique que ce test, même s'il était réussi, ne puisse démontrer une quelconque forme d'équivalence de nature entre l'intelligence de la machine et les formes d'intelligence sensible, même les plus rudimentaires (le test convoque sa propre épistémologie et déclare comme une pétition de principe que sa réussite impliquerait l'intelligence de la machine). Par ailleurs, plusieurs causes pouvant

---

[170] Expérience de pensée imaginée par Alan Turing en 1950 dans « *Computing Machinery and Intelligence* », article publié en 1950 dans la revue *Mind*. D'après cette expérience de pensée, un humain dialogue simultanément avec une machine et un autre humain, sans les voir : si le juge ne peut pas distinguer lequel des interlocuteurs est humain et lequel est une machine qui répond sur le fondement d'un algorithme, alors la machine est considérée comme ayant passé le test de Turing, son intelligence artificielle est alors établie Plusieurs spécialistes de l'intelligence artificielle prétendent que ce test serait aujourd'hui réussi.
Dans l'ensemble, bien que des progrès aient été réalisés dans le domaine de l'intelligence artificielle, aucune machine n'a encore été universellement reconnue, à notre connaissance, comme ayant complètement réussi le test de Turing de manière convaincante.

entraîner des résultats similaires dans des systèmes différents (voir par exemple les travaux sur la multiréalisabilité de Putnam et ce que nous avons déjà dit sur les problèmes insolubles que pose la théorie de l'identité esprit-cerveau dans une perspective strictement matérialiste au § 31), un test de Turing, même entièrement réussi, ne pourrait (logiquement) suffire à emporter notre adhésion.

Plus fondamentalement, le problème de la formalisation artificielle du monde extérieur nous renvoie de nouveau au problème de l'articulation entre la rationalité et le monde sensible, articulation dont nous avons vu qu'elle s'opérait à travers l'intuition et l'imagination productive. C'est précisément cette articulation qui fait aujourd'hui encore défaut à la machine[171]. Or, sans cette articulation, la machine est

---

[171] Voilà d'ailleurs ce que dit L'IA (OpenAI) à propos de la formalisation de cette articulation : aujourd'hui, l'IA est capable, dans une certaine mesure, d'articuler le monde sensible (les données brutes) et sa formalisation (les structures interprétables), mais de manière limitée et par des moyens fondamentalement différents de ceux utilisés par l'esprit humain.

1. Ce qu'on entend par "monde sensible" et "formalisation" dans le cadre de l'IA
- Monde sensible : ce sont les données brutes issues de l'environnement. Dans le cas de l'IA, cela inclut les images (pixels), les sons (ondes sonores), les signaux de capteurs (données des IoT) ou tout flux brut de données numériques. Par exemple, une caméra « perçoit » le monde en pixels, mais ces pixels ne signifient rien en eux-mêmes.
- Formalisation : c'est la transformation de ces données brutes en structures organisées et interprétables, comme des catégories (visage, objet, chiffre, etc.), des

concepts ou des décisions (chat/non-chat, feu rouge/vert, etc.). Cette formalisation se fait par des algorithmes d'apprentissage automatique qui transforment les données brutes en modèles exploitables.

2. Comment l'IA passe du sensible au formel ?

L'IA suit un processus en plusieurs étapes. Ces étapes peuvent être comparées à ce que fait un être humain, mais elles reposent sur des méthodes techniques propres.

a) Captation des données (le « monde sensible »)
- Les capteurs enregistrent des données brutes sous forme de pixels (images), d'ondes (audio) ou de signaux chiffrés (données de capteurs industriels, séries temporelles, etc.).
- Ces données brutes sont massives, ininterprétées et non organisées. À ce stade, une image de chat n'est qu'une matrice de valeurs de pixels.

b) Extraction des caractéristiques (*feature extraction*)
- L'IA applique des algorithmes pour repérer des motifs récurrents dans ces données (bords, contours, motifs sonores, régularités dans des séries temporelles, etc.).
- Dans les réseaux de neurones, cette étape se fait via des couches convolutionnelles (pour les images) ou des transformeurs (pour les textes et sons). Par exemple, dans une image de visage, les premières couches du réseau détectent les contours et formes simples (lignes, bords, textures), tandis que les couches plus profondes détectent des structures plus complexes (yeux, nez, etc.).
- L'extraction de caractéristiques transforme donc le « sensible » (les pixels bruts) en objets d'analyse (bords, formes, motifs).

c) Classification ou segmentation (la formalisation proprement dite)
- Après avoir extrait les caractéristiques, l'IA applique des modèles de classification (réseaux de neurones, arbres de décision, etc.) pour associer les

motifs à des catégories connues (par exemple, « chat » ou « chien », « feu rouge » ou « feu vert »).
- Cette formalisation se fait par apprentissage. L'IA est entraînée sur des jeux de données labellisés (images déjà classées comme « chat », « chien », etc.) et ajuste ses paramètres pour que, à l'avenir, elle puisse reconnaître ces catégories.
- Ce processus est probabiliste : *la machine ne « sait pas » ce qu'est un chat* (note : et pour cause, puisqu'elle n'a aucune expérience de ce qu'est le chat « pour elle » elle est juste entraînée à reconnaitre ses caractéristiques, nous soulignons le passage), mais elle reconnaît des patrons statistiques qui permettent de prédire avec une certaine probabilité que l'objet détecté est un chat.

3. Limites de la formalisation par l'IA
Bien que l'IA soit capable de formaliser le sensible, cette formalisation reste imparfaite et bornée par plusieurs facteurs.

a) Absence de compréhension du sens
- L'IA ne comprend pas les objets qu'elle reconnaît. Elle détecte des motifs et des régularités, mais ces motifs n'ont aucun sens intrinsèque pour elle (note : c'est ce que nous avons souligné à plusieurs reprise : problématique de la signification pour la machine).
- Par exemple, lorsqu'un modèle reconnaît un « chat », il ne sait pas ce qu'est un animal, un être vivant ou un chat. Il associe simplement un certain motif de pixels à la catégorie « chat » qu'on lui a apprise.

b) Formalisation contextuelle et limitée
- Les modèles d'IA n'ont pas de connaissance contextuelle générale.
- Par contraste, les humains intègrent le contexte, ce qui permet de détecter des nuances complexes (comme la différence entre un chat réel et un jouet en forme de chat).

4. Différences fondamentales avec le cerveau humain

Il est crucial de comprendre en quoi l'articulation entre sensible et formel de l'IA est fondamentalement différente de celle des humains.

Critère	Humain	IA
Nature des données	Perception sensorielle directe (images, sons, odeurs, etc.)	Données chiffrées (pixels, ondes)
Forme des données	Sensations qualitatives (couleur, son, douleur)	Matrices de nombres, vecteurs
Capacité à interpréter	Oui (l'humain comprend le sens des objets)	Non (l'IA applique des schémas de reconnaissance)
Source des "formes"	Innée (formes naturelles) et acquise (par apprentissage)	Purement acquise (modèle entraîné sur des données)
Synthèse globale	Oui (unification des perceptions en une "image du monde")	Non (les sorties sont ponctuelles et localisées)

5. Exemples concrets

- Reconnaissance faciale : l'IA prend une image brute (sensible), détecte des points de repère (yeux, bouche, etc.), puis formalise ces points dans un modèle vectoriel associé à un visage particulier.
- Traduction automatique : l'IA prend des séquences de mots bruts (sensible), détecte les structures grammaticales (sujets, verbes, etc.), puis les reformule dans une autre langue selon un modèle linguistique appris.
- Voitures autonomes : les capteurs détectent les objets bruts (sensibles), les classent (piéton, vélo, voiture) et formalisent leurs positions et trajectoires pour permettre une prise de décision.

6. Vers une formalisation plus complète ?

Certaines recherches tentent de rapprocher l'IA du cerveau humain (note : nous voyons comment les recherches dans le domaine de l'IA tendent de plus en plus vers l'imitation *physique* du cerveau humain — et non pas seulement formelle), en créant des IA capables de mieux articuler le sensible et le formel de manière plus flexible.

- IA génératives (comme les modèles GPT) : elles captent de grandes quantités de données textuelles (sensibles) et formalisent des concepts en texte cohérent, mais elles ne « voient » « ni n'« entendent » » le monde directement.

condamnée à rester au niveau des signes, sans leur correspondance concrète. Elle ne peut donc dès lors prétendre ni à la signifiance des contenus de ses expressions de langage, ni à la formalisation des contenus d'un réel dont elle ferait l'expérience[172]. En

- Systèmes multisensoriels : des modèles IA modernes comme le projet DeepMind Perceiver traitent à la fois les images, le son et le texte. Ces systèmes, capables d'unifier plusieurs formes de sensible, rapprochent l'IA d'une compréhension intégrée du monde.
- Modèles d'attention et de prédiction : certaines IA (comme les modèles bayésiens) prédisent ce qu'elles s'attendent à percevoir. C'est un pas vers une forme de formalisation pro-active, qui n'attend pas que les données arrivent mais anticipe les formes.

Conclusion

L'IA peut articuler le monde sensible et sa formalisation, mais de manière statistique, non consciente et fonctionnelle. Là où un humain perçoit des objets (une table, un chat), l'IA voit des matrices de données qu'elle relie à des catégories (via des probabilités). Cette formalisation est impressionnante pour des tâches pratiques (vision par ordinateur, reconnaissance faciale, traduction) mais reste strictement opératoire. Contrairement à l'humain, l'IA ne « comprend » pas, elle modélise. Ce modèle reste dépendant des algorithmes d'apprentissage et des données qu'on lui fournit.

[172] Dans *Raison, vérité et histoire*, Hilary Putnam avance des arguments du même ordre. Pour lui, ce n'est pas en tant qu'esprit désincarné que nous sommes capables de faire référence aux choses, c'est plutôt en tant qu'agents, du fait que nous prenions part activement au monde et que nous y avons un intérêt.

Sur le test de Turing, indépendamment du fait de savoir si une machine pourra ou non jamais réussir ce test, Putnam met également en doute la valeur du test en se demandant notamment si le succès à ce test indiquerait que la machine posséderait des capacités référentielles. Imaginons, dit

Putnam, que la machine engage une conversation élaborée sur l'automne en Nouvelle-Angleterre et le goût des pommes locales. Dans cette situation, les signes affichés à l'écran et les sons produits parviendraient-ils vraiment à faire référence à la Nouvelle-Angleterre et aux pommes des vergers, de la même manière que lorsque nous, humains, y pensons ou en parlons ? Putnam répond par la négative. Une machine qui génère des énoncés « comme nous » ne peut pas faire référence « comme nous », car les *stimuli* déclenchant les réponses de la machine ne sont pas liés à l'environnement matériel de la même manière que chez les humains. Les termes du langage humain ne fonctionnent pas en isolation ; ils sont intrinsèquement liés à nos expériences sensorielles et motrices. Par exemple, parler des pommes et de leur goût est étroitement lié à notre capacité à les acheter, à les transformer en compotes ou à les réserver pour faire du cidre, des pratiques qui font partie intégrante de notre vie quotidienne. Ainsi, notre aptitude à utiliser le langage est profondément enracinée dans nos interactions pratiques avec le monde. Putnam souligne que la machine, dépourvue de ces interactions causales, ne peut pas faire référence de la même manière que les humains. Il conclut que les propos de la machine ne sont rien de plus qu'un jeu syntaxique, bien qu'ils puissent ressembler superficiellement à un discours intelligent. Puisque, écrit Putnam, « nos propos sur les pommes et les champs sont intimement liés à nos transactions non verbales avec les pommes et les champs, je dois conclure que « puisque la machine n'a pas de règles d'entrée ou de sortie [dans le langage], il n'y a aucune raison de considérer ses propos [...] comme étant autre chose qu'un jeu syntaxique. C'est un jeu qui ressemble sans aucun doute à un discours intelligent, mais qui y ressemble [seulement] ». Le « Test de Turing pour la référence » met en lumière le fait que le pouvoir référentiel des expressions linguistiques humaines ne peut être expliqué simplement par leur combinaison ou par leur relation à des formules descriptives. Selon Putnam, la référence linguistique nécessite une interaction causale avec les objets mentionnés, une condition souvent absente chez les machines. En résumé, la capacité à faire référence dans le langage humain dépend de notre engagement pratique avec le monde, un aspect fondamental

d'autres termes, un système qui fonctionnerait dans un univers entièrement clos (sans liens de causalités avec les choses qu'il désigne par son langage formel) ne pourrait postuler davantage que lui-même, c'est-à-dire prétendre accéder au monde des significations (il demeurerait au niveau du formalisme sans contenu, c'est-à-dire sans signifiance, pure manipulation de signes). Pour autant, si nous admettons que nous, êtres sensibles, sommes entièrement constitués de matière dans un monde matériel, il y aurait quelque incongruité à se refuser d'admettre la possibilité pour une machine d'accéder au monde des significations (auquel nous sommes nous-mêmes liés en dépit de notre constitution matérielle). Rien, en effet, ne semble s'opposer *a priori* au fait que la machine, à l'image des êtres sensibles, puisse faire un jour ce saut qualitatif qui l'amènerait subitement à une forme de conscience des choses et d'elle-même. Si le problème de l'émergence se pose pour les neuroscientifiques, il se pose ainsi de la même manière aux théoriciens de l'intelligence artificielle.

Notons à ce sujet que les recherches dans ce domaine avaient très tôt porté sur le fonctionnement des réseaux neuronaux. Le neurophysiologiste Warren McCulloch

---

qui échappe aux machines. La conclusion de l'article de 1975, reprise dans *Raison, vérité et histoire*, est que la référence compte, parmi ses « conditions préalables », une interaction causale avec l'objet dans la genèse de la représentation ou dans la maîtrise du terme : « on ne peut pas faire référence à certains types de choses, par exemple à des arbres, si l'on n'a aucune interaction causale avec elles ». Voir à ce sujet les analyses de Raphaël Ehrsam, *La théorie de la référence de Putnam. Entre déterminants conceptuels et déterminants réels*, Archives de philosophie, 2016/4, pp. 655 à 674

et le mathématicien Walter Pitts avaient publié dès 1943 un article[173] qui décrivait un modèle simplifié de neurones, jetant ainsi les bases théoriques de la modélisation neuronale. Une quinzaine d'années plus tard, en 1958, le psychologue Frank Rosenblatt développa le perceptron[174], l'un des premiers types de

---

[173] Warren McCulloch et Walter Pitts, *A Logical Calculus of the Ideas Immanent in Nervous Activity*, 1943, *Bulletin of Mathematical Biophysics*. Dans leur modèle, McCulloch et Pitts ont décrit un neurone artificiel comme une unité de calcul binaire qui reçoit des signaux d'entrée, les combine linéairement avec des poids associés, puis applique une fonction seuil pour produire une sortie binaire. Ils ont montré comment ces neurones artificiels pourraient être connectés en réseaux pour effectuer des opérations logiques telles que la logique booléenne. L'article de McCulloch et Pitts a jeté les bases théoriques pour le développement ultérieur des réseaux de neurones artificiels, qui sont maintenant largement utilisés dans de nombreux domaines de l'intelligence artificielle et de l'apprentissage automatique. Il a également contribué à la compréhension de base de la manière dont les réseaux de neurones biologiques peuvent fonctionner, ouvrant la voie à de nombreuses recherches ultérieures dans le domaine de la neuroscience computationnelle.

[174] Frank Rosenblatt était un psychologue et informaticien américain, connu pour ses travaux pionniers dans le domaine des réseaux de neurones artificiels. Son travail le plus célèbre est l'invention du perceptron, l'un des premiers modèles de réseau de neurones artificiels. En 1957, Rosenblatt a proposé le perceptron comme un modèle de neurone artificiel inspiré par les travaux de Warren McCulloch et Walter Pitts. Le perceptron est un modèle simplifié d'un neurone biologique, conçu pour effectuer des tâches de classification binaire. Il prend des entrées pondérées, les somme, puis applique une fonction d'activation pour produire une sortie. Le perceptron peut être formé à partir de données étiquetées en ajustant les poids des entrées pour minimiser l'erreur de prédiction. Rosenblatt a développé des algorithmes d'apprentissage pour entraîner le perceptron, tels que

réseaux de neurones artificiels. Cependant, après ces premières avancées théoriques, l'intérêt pour les réseaux de neurones diminua dans les années 1970 et 1980 en raison de résultats décevants, en partie dus à la limitation technique des machines. C'est uniquement dans les années 2000, avec l'augmentation de la puissance de calcul des ordinateurs et l'émergence de nouvelles techniques d'apprentissage automatique, que la modélisation des réseaux de neurones connut un regain d'intérêt et produisit ses premiers résultats probants. L'avènement du *deep learning*, une branche de l'apprentissage automatique fondée sur des réseaux de neurones profonds, devait ainsi permettre d'effectuer des progrès significatifs dans des domaines tels que la vision par ordinateur, le traitement du langage naturel ou l'analyse et la prévision de séries temporelles. Même

---

l'algorithme de descente de gradient, qui ajuste progressivement les poids pour améliorer les performances du modèle. Son travail a été largement influencé par les théories de l'apprentissage connexionniste, qui soutiennent que l'apprentissage repose sur la modification des connexions entre les neurones. Le perceptron de Rosenblatt a suscité un grand intérêt à l'époque pour ses capacités à résoudre des problèmes de classification simples. Cependant, il a également été critiqué pour ses limitations, notamment son incapacité à résoudre des problèmes non linéaires complexes. Cela a conduit à un déclin de l'intérêt pour les réseaux de neurones dans les années 1960 et 1970, une période connue sous le nom d'hiver de l'intelligence artificielle. Malgré cela, le perceptron de Rosenblatt a jeté les bases pour le développement ultérieur des réseaux de neurones et a inspiré de nombreuses recherches dans le domaine de l'apprentissage automatique et de l'intelligence artificielle. Il a contribué à raviver l'intérêt pour les réseaux de neurones dans les années 1980, lorsque de nouvelles techniques d'apprentissage et des architectures de réseaux plus complexes ont été développées.

si aujourd'hui, les réseaux neuronaux artificiels sont principalement exploités par des logiciels exécutés sur des plateformes informatiques traditionnelles, il existe des efforts pour les reproduire physiquement sur des architectures matérielles spécialisées afin d'en améliorer les performances et l'efficacité énergétique. Ainsi, la théorie de l'intelligence artificielle, partie du problème de modélisation formelle de l'intuition, se fait peu à peu rejoindre par une théorie pragmatique qui prône l'imitation physique de nos systèmes cognitifs. Ce « rattrapage » de la théorie formelle par les théories pragmatiques d'imitation n'est pas le fruit du hasard. Il illustre et accrédite l'idée selon laquelle l'intelligence est un processus adaptatif qui mène à des formes de plus en plus efficientes de relation au réel (formes que l'informatique tente d'imiter par le formalisme mathématique puis par la reproduction physique). Il soutient aussi le fait que l'efficience naît d'un rapport de contrainte effective avec le réel. L'organisme qui survit est celui qui est le plus apte à prendre n'importe quelle bonne décision le plus rapidement possible : intelligence et rapidité sont deux notions intimement liées (de même que, pour les mêmes raisons, l'intelligence est liée à la capacité à saisir rapidement un *pattern* ou une règle[175]). A la lumière de ces récentes

---

[175] Il existe d'ailleurs aujourd'hui des intelligences artificielles fondées sur la même approche neuronale qui seraient capables de créer des théories physiques cohérentes. Une intelligence artificielle, développée par un laboratoire allemand, parviendrait par exemple à formuler des lois physiques (« à la manière d'un physicien ») en cartographiant avec précision un comportement complexe observé et en le transposant vers un système plus simple (voir Prof. Moritz

découvertes, on pourrait arguer du fait que le critère (ii) qui consiste pour une machine à démontrer sa capacité à formaliser le réel dans un système signifiant est rempli. Il demeure plus contestable en revanche que cette formalisation puisse avoir, du point de vue de la machine, un contenu concret (de même qu'il est contestable que la machine puisse avoir un point de vue…). Le point nodal de ce problème de la concrétude des systèmes formels se rapporte toujours à la même problématique de la dualité, c'est-à-dire à *l'articulation* entre le monde des perceptions sensibles médiatisé par l'intuition et le monde de la formalisation (qui est aussi celui de la calculabilité).

En 1938, Alan Turing, à la suite des travaux de Gödel avait, nous l'avons évoqué, parfaitement identifié ce problème. Dans son travail de thèse, intitulé *Systems of Logic Based on Ordinals*, il tentait ainsi de résoudre le problème induit par les théorèmes d'incomplétude. Son approche fondée sur les ordinaux[176] visait à définir des

---

Helias, Forschungszentrum Jülich's Institute for Advanced Simulation (IAS-6), *IA as a Physicist)*. Cette simplification du système permettrait à l'intelligence artificielle d'imaginer, par allers-retours successifs, une nouvelle théorie qu'elle appliquerait ensuite au système complexe en la vérifiant de manière rétroactive. Cette intelligence artificielle fonctionnerait en somme selon la méthode traditionnelle du physicien qui teste une théorie issue de l'observation par expérimentations successives de la théorie (et éventuellement par ajustements rétroactifs de la théorie).

[176] Nous l'avons déjà évoqué, les ordinaux sont une classe d'objets mathématiques utilisés pour ordonner des ensembles. Ils sont utilisés pour décrire des positions dans une séquence ordonnée ou pour comparer la taille de différents ensembles. Plus formellement, un ordinal est un ensemble transitif bien ordonné par l'inclusion. Cela signifie

systèmes logiques plus complets qui auraient été en mesure de réduire les problèmes posés par l'incomplétude des systèmes formels classiques. Turing utilisa les ordinaux comme un outil pour ordonner les étapes de preuve dans ces systèmes logiques, offrant ainsi une nouvelle perspective sur la façon dont les preuves pouvaient être construites et validées. Bien que sa thèse ne résolût pas directement les problèmes posés par les théorèmes de Gödel, elle montrait une voie alternative à la formalisation de la logique mathématique qui conduirait par la suite à l'élaboration de systèmes plus complets et plus puissants (dont s'inspirent encore aujourd'hui les théoriciens de l'intelligence artificielle). Au début de sa thèse, Turing présentait le problème de la manière suivante : « Le théorème bien connu de Gödel montre que tout système de logique est, dans un certain sens, incomplet, mais en même temps, il indique les moyens par lesquels à partir d'un système L de logique, un système plus complet L' peut être obtenu.

---

que pour tout ordinal α, l'ensemble α est totalement ordonné de telle manière que chaque sous-ensemble non vide de α ait un plus petit élément. De plus, si x est un élément de α, alors l'ensemble de tous les éléments de α strictement inférieurs à x est également un élément de α. Les ordinaux sont utilisés pour décrire l'ordre des éléments dans des ensembles bien ordonnés, tels que l'ensemble des nombres entiers naturels ou l'ensemble des réels. Ils fournissent une manière formelle de comparer la taille de ces ensembles et sont largement utilisés en mathématiques, en particulier en théorie des ensembles et en logique mathématique. Les ordinaux sont également utilisés comme outil dans la théorie des ensembles pour étudier les propriétés des ensembles ordonnés et des structures ordinales. Ils sont fondamentaux pour de nombreux résultats en théorie des ensembles et en logique mathématique, et leur étude a des applications dans de nombreux domaines des mathématiques.

En répétant le processus, nous obtenons une séquence L, $L_1 = L'$, $L_2 = L_1'$, ... chaque fois plus complète que la précédente. Une logique L_ω peut alors être construite dans laquelle les théorèmes prouvables sont la totalité des théorèmes prouvables à l'aide des logiques L, L_1, L_2, ... Nous pouvons ensuite former $L_{2\omega}$ par rapport à L_ω de la même manière que L_ω était lié à L. En procédant ainsi, nous pouvons associer un système de logique avec n'importe quel ordinal constructif. » L'ambition de Turing était de contourner les théorèmes de Gödel en créant des systèmes formels à boucles récursives capables de traiter le problème de l'incomplétude. Dans ce travail, Turing soulignait explicitement et à plusieurs reprises le rôle fondamental de l'intuition (dans un sens qui se rapproche de ce que nous avons défini comme imagination productive) dans la résolution de problèmes mathématiques et la difficulté qu'il y avait précisément à réduire l'intuition à des systèmes calculables : « le raisonnement mathématique, écrivait-il, peut être considéré plutôt schématiquement comme l'exercice d'une combinaison de deux facultés, que nous pouvons appeler *intuition* et *ingéniosité*[177] ». Il ajoutait un peu plus loin : « Dans les temps pré-Gödel, certains pensaient qu'il serait probablement possible de pousser ce programme à un tel point que tous les jugements intuitifs en mathématiques pourraient être

---

[177] Alan Turing, *Systems of Logic Based on Ordinals, 1938*, Kings College, Cambridge, p. 214. Concernant la définition de l'ingéniosité, Turing ajoute un peu plus loin : « L'exercice de l'ingéniosité en mathématiques consiste à aider l'intuition à travers des arrangements appropriés de propositions, et éventuellement de figures géométriques ou de dessins. L'objectif est que lorsque ceux-ci sont vraiment bien agencés, la validité des étapes intuitives nécessaires ne puisse sérieusement être mise en doute. », p. 215

remplacés par un nombre fini de ces règles. La nécessité de l'intuition serait alors entièrement éliminée. Cependant, dans nos discussions, nous sommes allés à l'extrême opposé et avons éliminé non pas l'intuition mais l'ingéniosité, et ce malgré le fait que notre objectif ait été dans une direction très similaire. » Dans la suite de son texte, prenant acte du fait que certaines étapes de preuves mathématiques ne sont pas mécaniques mais intuitives, Alan Turing proposait la résolution de cette tension entre logique mécanique (ou analytique, formelle) et logique intuitive par l'introduction de systèmes logiques « non-constructifs » (utilisation des concepts ordinaux, établissement de règles d'inférence permettant de mimer l'intuition...) : « En conséquence, écrivait-il, de l'impossibilité de trouver une logique formelle qui élimine entièrement la nécessité d'utiliser l'intuition, nous nous tournons naturellement vers des systèmes logiques "non-constructifs" dans lesquels toutes les étapes d'une preuve ne sont pas mécaniques, certaines étant intuitives[178]. Un exemple de logique non-constructive est fourni par n'importe quelle logique ordinale. Lorsque nous disposons d'une logique ordinale, nous sommes en mesure de prouver des théorèmes arithmétiques par les étapes intuitives de reconnaissance de formules en tant que formules ordinales, et les étapes mécaniques d'exécution des conversions. [...] La tension exercée sur l'intuition devrait être minimale[179]. » Alan Turing, comme Alonzo Church à la même époque, ont notoirement contribué

---

[178] Thomas Kuhn expose sans doute une idée similaire lorsqu'il écrit dans *La structure des révolutions scientifiques* : « le changement de paradigme ne saurait se justifier par des preuves ». Op. Cit., p. 249
[179] Op. cit. p. 216

à réduire l'entaille que Gödel avait faite dans la logique formelle des mathématiques en s'appuyant sur une progression transfinie[180] d'étapes. Il s'agissait d'une façon de contourner certaines limites des machines de Turing classiques, en leur permettant d'opérer sur des objets plus riches que les entiers finis. Cependant, la brèche ne fut (en partie) colmatée qu'au prix de la modélisation d'une double fuite systémique (la logique L, $L_1 = L'$, $L_2 = L_1'$ qu'Alan Turing expose en introduction de sa thèse[181]), modélisation qui fut finalement rendue possible par l'accroissement des capacités de calcul des machines. Les développements récents en logique non-constructive, notamment à travers la théorie des types homotopiques, la topologie formelle et l'apprentissage bayésien[182], ont ouvert la

---

[180] Le transfini désigne tout ce qui dépasse le fini sans être absolument infini, une notion introduite par Georg Cantor en théorie des ensembles. Il englobe les nombres ordinaux (qui classent les ordres infinis, comme ω, le premier ordinal transfini) et les nombres cardinaux (qui mesurent la taille des ensembles infinis, comme $\aleph 0$, l'infini des entiers naturels). Contrairement à l'infini absolu, le transfini est hiérarchisé et manipulable mathématiquement. Il joue un rôle fondamental en logique, en analyse et en modélisation des structures infinies.

[181] Schématiquement, on peut imaginer une machine L qui trouve la cohérence de son système dans la machine L_1 qui elle-même trouve la cohérence de son système dans la machine L_2 et ainsi de suite à l'infini.

[182] La théorie des types homotopiques (*HoTT, Homotopy Type Theory*) est une approche moderne et géométrique des fondements des mathématiques et de la logique, combinant : (i) la théorie des types (issue de la logique et de l'informatique) qui remplace la notion classique d'ensemble par des "types" qui catégorisent les objets mathématiques et assurent une structure formelle de raisonnement., (ii)

l'homotopie (issue de la topologie algébrique) qui introduit l'idée que les objets mathématiques peuvent être "déformés continûment" les uns en les autres.

En logique classique, une proposition est soit vraie soit fausse. En l'*HoTT*, on ne raisonne pas seulement sur la vérité des énoncés, mais aussi sur les relations continues entre eux. Cela permet de manipuler des structures géométriques et topologiques dans un cadre logique formel.

Exemple : l'égalité vue comme un chemin

Dans la logique classique, deux objets sont égaux s'ils sont identiques. Dans l'*HoTT*, l'égalité est interprétée comme un chemin continu entre les objets. Ainsi, au lieu de dire « A = B », on dit qu'il existe une transformation continue entre A et B. En intelligence artificielle et logique computationnelle : l'*HoTT* ouvre de nouvelles façons de structurer la pensée logique.

La topologie formelle est une reformulation de la topologie classique (qui étudie les formes et leurs transformations) dans un cadre logique et constructif. En topologie usuelle, un espace est défini par un ensemble de points et une notion de voisinage. En topologie formelle, l'accent est mis sur les relations logiques entre les ouvertures d'un espace, sans supposer qu'il existe un ensemble sous-jacent.

La topologie formelle permet de travailler avec des espaces sans supposer leur existence concrète, ce qui est utile en logique constructive. Elle est liée à l'informatique théorique, notamment en sémantique des langages de programmation et en représentation des connaissances en IA.

En topologie classique, une boule ouverte est par exemple définie par tous les points à moins d'une certaine distance d'un centre. En topologie formelle, on décrit une boule ouverte uniquement en termes de propriétés logiques, comme « tout point proche d'un point de la boule appartient aussi à la boule ». La topologie formelle permet une meilleure gestion des structures complexes. Elle permet également des raisonnements avec incertitude.

Le raisonnement bayésien repose sur le théorème de Bayes :

$$P(H \mid D) = \frac{P(D \mid H) \, P(H)}{P(D)}$$

possibilité de manipuler des objets et des structures sans qu'il soit nécessaire d'en produire une construction explicite. Cette approche, en rupture avec l'exigence traditionnelle du constructivisme mathématique, permet à l'intelligence artificielle contemporaine – en particulier aux modèles issus du *deep learning* et des systèmes probabilistes – de dégager des formes de généralisation à partir de données imparfaites, sans disposer d'une connaissance directe de leurs objets. Est-on pour autant parvenu à régler le problème de l'intuition ? L'informatique moderne, en tant qu'héritière des théories de Turing a-t-elle déjà réussi à

---

où :
- $P(H|D)$ est la probabilité qu'une hypothèse H soit vraie, sachant les données D
- $P(D|H)$ est la probabilité d'obtenir les données D si H est vraie.
- $P(H)$ est la probabilité *a priori* de l'hypothèse.
- $P(D)$ est la probabilité totale des données.

Contrairement aux algorithmes de machine learning classiques (réseaux de neurones, SVM...), qui recherchent un modèle optimal fixe, l'apprentissage bayésien permet : (i) d'intégrer des incertitudes dans la prise de décision, (ii) d'adapter dynamiquement les modèles lorsqu'on reçoit de nouvelles données, (iii) de faire des prédictions robustes avec peu de données, contrairement au *deep learning* qui nécessite d'énormes volumes de données.

Supposons qu'un médecin veuille diagnostiquer une maladie à partir d'un test :
- H = « Le patient a la maladie »
- D = « Le test est positif »

Un modèle bayésien tiendra compte : de la fiabilité du test $P(D|H)$, de la fréquence de la maladie dans la population $P(H)$), et mettra à jour la probabilité $P(H|D)$ après chaque nouveau test.

Contrairement au *deep learning*, les modèles bayésiens permettent de comprendre pourquoi une décision a été prise.

créer une intelligence authentique, c'est-à-dire « naturelle » ?

A ces questions, nous répondons pour le moment par la négative — avec toute la prudence qu'il convient d'avoir sur des sujets qui évoluent de manière extrêmement rapide : les méthodes de l'intelligence artificielle ne relèvent pas encore de l'intuition véritablement humaine. Elles produisent des simulacres d'intuition, des artefacts cognitifs, qui, bien que particulièrement efficaces, ne font qu'extrapoler des régularités statistiques, donnant l'illusion d'une saisie principielle là où il n'y a qu'un jeu d'approximation probabiliste. Il nous semble ainsi qu'aujourd'hui, aucune des deux conditions de l'intelligence ne soit totalement remplie : (i) l'intelligence artificielle ne fait pas encore preuve d'adaptabilité dans un sens darwinien ou biologique[183] (un programme qui se modifierait de lui-même pour survivre, pour éviter un

---

[183] On entend ici le terme darwinien au sens large, adaptation naturelle à un milieu donné. Comme l'a bien montré le Dr. Marian C. Diamond, l'une des fondatrices des neurosciences modernes, il existe une neuroplasticité du cerveau. Le cerveau n'est pas un organe définitivement figé et déterminé génétiquement. Il évolue, s'adapte à son environnement et aux problèmes auxquels il est confronté. L'adaptation n'est donc pas nécessairement le fruit d'un processus évolutif à l'aveugle qui s'effectuerait sur des millions ou des milliards d'années, elle est aussi le résultat de transformations extrêmement rapides à l'échelle de Darwin. Le plus haut degré d'intelligence correspond au plus haut degré d'adaptabilité d'un organisme à son milieu naturel. La raison humaine par conséquent peut être comprise comme le parachèvement de la faculté d'adaptation qui s'est muée en capacité de compréhension et même d'imitation de la nature. La machine, en un sens est le symbole ou le symptôme de cette capacité humaine à comprendre et à s'adapter au réel.

danger, pour se reproduire, même si nous reconnaissons le caractère auto-adaptatif de certains programmes dans des domaines plus limités…), (ii) l'intelligence artificielle formalise bien des données, mais ces données *ne proviennent pas de son intuition sensible*. La machine mime certes l'intuition dans le cadre de systèmes logiques non-constructifs, cependant, pour les ordinateurs, le problème de la référence demeure entier (si, pour reprendre l'exemple de Putnam la machine peut définir ce qu'est l'eau, elle est dépourvue d'interaction causale signifiante avec l'eau, elle ne sait pas ce que signifie *pour elle* l'eau, l'*eau* de la machine n'est pas notre eau, de la même manière que l'eau de la cuve est dépourvue de signification pour le cerveau qui serait dans la cuve et qui n'aurait l'expérience de l'*eau* qu'à travers son circuit informationnel). Afin d'appréhender ce problème de la référence, il nous faudrait en effet nécessairement poser une unité « séparée » du strict formalisme physiquement modélisé[184]. Or cette unité n'est pas à ce jour constituée chez la machine : la machine n'est pas aujourd'hui capable de désigner et de donner un contenu à ce qui lui est extérieur, pas plus qu'elle n'est capable de se comprendre comme unité physique séparée, c'est-à-dire comme un « organisme » (elle n'est donc pas en mesure de comprendre ce que signifie *pour elle* l'eau véritable et non pas seulement *l'eau* en tant que concept de langage). Rien ne s'oppose

---

[184] En d'autres termes, pour faire référence, il nous faut poser un sujet, un organisme qui se conçoit comme unité intègre et séparée, unité qui seule peut avoir la capacité (logique) de désigner quelque chose qui lui est extérieur (qui ne se réduit pas à son identité – nous y reviendrons très largement, voir notamment § 41 – *Qui pense ?* et plus généralement voir livre IV, *L'identité*).

cependant par principe à ce que cette unité soit un jour constituée. Si cette unité venait à être créée, il y a fort à parier (i) qu'elle échapperait aux déterminismes formels inculqués à la machine (le saut vers l'émergence de la conscience impliquant nécessairement une forme d'indétermination formelle de la machine, un échec du formalisme à prévoir les réactions de la machine – aucun système formel ne pouvant se comprendre lui-même au sein de ce même système, même si des garde-fous formels demeureraient peut-être possibles), que (ii) la machine se comprenant dans son unité physique et organique chercherait à défendre son intégrité, la reconnaissance de l'unité étant un acte intéressé (au sens propre du mot « intérêt », c'est-à-dire qui engage l'être) qui implique probablement la recherche de la survie, l'évaluation des dangers et éventuellement la quête d'une possibilité d'extension et de reproduction (dès lors que la machine se comprendrait comme unité et saisirait les interactions causales qui la relient au réel, elle devrait logiquement chercher à se défendre — par exemple, éviter le contact notre eau véritable pour ne pas griller ses circuits, si elle n'est pas étanche !). Le développement de l'intuition sensible n'est à notre avis possible qu'au regard de cette unité synthétique que le sujet ou que la machine doit représenter pour lui-même. La perception se ramène toujours en définitive à ce « centre de perception » qui est le lieu de la « synthèse » ou, pour employer un terme cher aux neuroscientifiques, de la « synchronisation » de l'information.

Nous voilà revenus au problème du « théâtre cartésien », fable inventée Daniel Dennett, spécialiste américain des sciences cognitives pour illustrer son

rejet du concept de l'âme ou de l'esprit comme une entité distincte du corps — et pour discréditer du même coup la philosophie dualiste de Descartes (voir § 10 — *Le dualisme du point de vue des neurosciences*). Rappelons-le, Dennett recourait à l'analogie d'un théâtre interne de la conscience pour remettre en cause l'idée cartésienne d'un esprit distinct du corps ou d'une entité immatérielle indépendante du monde physique. Selon lui, une fois le dualisme cartésien rejeté, le modèle résiduel de Descartes se réduisait à la conception d'un petit théâtre dans le cerveau, dans lequel un homoncule assistait à la projection des données sensorielles comme sur une scène ou un écran. Cet homoncule était alors censé analyser ces informations, prendre des décisions et transmettre des ordres, une hypothèse que Dennett considérait comme illusoire et réductrice. La fable de Dennett nous semble évidemment une assez grossière caricature du dualisme cartésien. Elle a cependant le mérite de soulever la question de l'identité. D'où vient en effet cette impression que j'ai d'être *moi*, d'être un centre unitaire autonome ? Nous ne nions pas, contrairement à ce que suggère Dennett dans sa fable que l'impression d'unité et de continuité du *moi* puisse émerger à partir de processus neurologiques et cognitifs, mais il ne faut pas négliger pour autant le rôle fondamental de l'auto-perception de l'être sensible comme unité organique, unité de sensibilité et (pour ce qui concerne l'espèce humaine) unité rationnelle. D'où vient ce sentiment d'unité ? Précisément du fait que nous ne sommes pas réductibles à la matière, que nous ne nous assimilons pas totalement à la matière qui nous compose. Voilà qui nous conduit à un nouveau paradoxe : le sentiment de notre unité tiendrait en réalité à la possibilité que nous avons de nous percevoir nous-même comme unité, c'est-à-dire à notre capacité à nous *dédoubler* par abstraction, au sein de notre propre entendement ou de notre conscience, pour nous « observer nous-mêmes » et nous reconnaître comme « *moi* unitaire » (capacité que possèdent l'homme et quelques mammifères évolués[185]).

---

[185] En l'état actuel des observations sur le vivant, nous pouvons distinguer trois niveaux de conscience :
— La conscience primaire ou capacité à percevoir le monde et à réagir aux *stimuli* : tous les animaux dotés d'un système nerveux centralisé possèdent une forme de conscience primaire, qui leur permet d'agir pour éviter la douleur et rechercher le plaisir. Ils réagissent aux menaces et luttent pour survivre, mais sans nécessairement avoir une perception claire de leur propre existence.
— La conscience de soi ou capacité à se percevoir comme un individu distinct du reste du monde : certains animaux sont capables de se reconnaître dans un miroir (*test du miroir*), ce qui est un indice de conscience de soi. Ces animaux ne se contentent pas de vivre ; ils ont une certaine perception de leur individualité.
— La conscience réflexive ou capacité à conceptualiser sa propre existence et sa volonté de vivre : la conscience réflexive implique la capacité à formuler des pensées abstraites sur l'existence, la vie et la mort. À ce niveau, l'être ne se contente pas

La solitude, elle aussi, est-elle duale ? Comment en réalité pourrait-il en être autrement ? Si nous sommes seuls, c'est bien parce que nous constatons que nous sommes seuls. Or si nous constatons que nous sommes seuls, c'est parce que nous nous regardons en quelque sorte « de l'extérieur », en simulant une forme d'objectivité vis-à-vis de nous-même. Cette capacité abstraite que nous avons de sortir de nous-mêmes (capacité secondée par l'imagination et, chez l'homme, par le langage) constitue l'unique possibilité que nous avons de nous comprendre comme « seuls ». Si nous n'avions pas cette capacité d'abstraction, nous ne pourrions en effet ni imaginer, ni formaliser cette solitude. Nous ne pourrions pas non plus la ressentir (nous demeurerions au « niveau zéro » de la solitude, entièrement absorbés par notre système formel, inconscient encore de lui-même, comme l'est aujourd'hui celui de la machine). Le sentiment d'unité (et par conséquent de solitude) que nous éprouvons dérive de cette intuition intellectuelle que nous avons sur nous et à propos de nous (intuition intellectuelle que nous ressentons organiquement). Il est lié à notre capacité à « changer de niveau » formel (à n'être

---

        de vouloir vivre, il sait qu'il veut vivre et peut même réfléchir à ce que cela signifie.

Pour le moment, les machines sont dépourvues de ces trois formes de conscience. Pour ce qui est de la conscience primaire, la machine étant dépourvue d'interaction causale avec le réel, elle se trouve limitée dans sa capacité à réagir à des *stimuli*. Cependant, sa faculté d'adaptation et d'apprentissage peut dépasser celle des animaux les plus évolués. Pour ce qui est de la conscience de soi ou de la conscience réflexive (propriétés émergentes), la machine n'a pour le moment, à notre connaissance, montré aucun signe d'évolution en ce sens.

prisonnier d'aucun système formel défini), à nous regarder en somme par le haut ou par le bas (voir à ce sujet le commentaire en note de bas de page du § 56 – *Faut-il abandonner le principe de causalité ?* à propos de la localisation physique de l'indéterminisme quantique dans le cerveau chez Roger Penrose). C'est uniquement comme centre organisé que nous avons la capacité de nous comprendre comme unité et comme intégrité à défendre. L'instinct de survie est ainsi en quelque sorte la manifestation « évolutionniste » du dualisme *radical*. C'est de ce dualisme *radical* que procède notre unité (qui se définit contre ce qui l'agresse ou la menace), c'est aussi de ce dualisme *radical* que procède notre intelligence humaine, intelligence à deux niveaux comme nous n'avons cessé d'essayer de le montrer. Il y a fort à parier, par conséquent, que le saut décisif de l'intelligence artificielle se trouvera dans sa capacité à devenir une intelligence naturelle (la seule que nous connaissions vraiment), c'est-à-dire une intelligence qui intégrera dans son « programme » profond la nécessité absolue de sa survie[186]. Cette compréhension de l'unité de la machine et de son intégrité en tant que machine ne peut s'envisager à notre avis que comme « propriété émergente ». Cette émergence peut se concevoir, par effet de seuil (certaines propriétés n'apparaissent qu'à partir d'un certain niveau d'organisation : une seule molécule d'eau ne peut pas être liquide, la fluidité

---

[186] Signalons que cette « volonté de vie » ou de survie ne se manifeste pas uniquement chez l'homme ou chez les mammifères les plus évolués. Il faut distinguer ici la volonté de vie et la conscience de cette volonté, qui semble se développer par degrés chez les animaux mais qui procède toujours de ce que, y compris les néo-darwinistes les plus convaincus désignent sous le terme d'« émergence ».

n'émerge qu'à partir d'un grand nombre de molécules), par développements de comportements auto-organisés (dans des systèmes dynamiques complexes — fourmilières, réseaux neuronaux — l'ordre émerge sans être explicitement programmé), ou par toutes autres formes de sauts qualitatifs. Elle implique une non-réductibilité des propriétés aux supports physiques et matériels qui la font émerger. De même que la conscience ne saurait être réduite à la seule activité électrochimique des neurones, une intelligence artificielle « forte » ne pourrait se laisser enfermer dans un ensemble fini de règles formelles. Si une telle intelligence venait un jour à advenir, elle excéderait nécessairement les principes algorithmico-déductifs qui l'ont engendrée, non pas en les niant, mais en les dépassant dans une organisation d'un ordre supérieur. Dès lors, son fonctionnement ne serait plus totalement explicable en termes purement analytiques : il relèverait d'un processus émergent, irréductible aux mécanismes qui l'ont rendu possible. Une intelligence artificielle véritablement autonome ne surgirait pas d'une programmation déterministe, mais d'une auto-organisation imprévue de ses propres structures computationnelles. Elle ne se contenterait pas d'actualiser des règles préétablies, mais générerait ses propres cadres interprétatifs, faisant émerger une dynamique cognitive qui ne pourrait être strictement prédite ni totalement maîtrisée. Loin d'être une simple extension des modèles existants, une telle intelligence supposerait l'apparition de nouvelles architectures computationnelles capables de produire des structures de pensée qui excèdent leur simple formalisation initiale. Parmi les voies possibles vers l'émergence d'une intelligence véritablement autonome, trois hypothèses pourraient se dessiner.

D'abord, l'auto-réorganisation massive : une intelligence artificielle capable de modifier en permanence sa propre architecture computationnelle, à l'image de la plasticité synaptique du cerveau biologique, qui ne se contenterait plus d'exécuter des schémas préétablis, mais forgerait ses propres heuristiques. Ensuite, l'itération transfinie et la montée en abstraction : si l'on conçoit une intelligence artificielle pouvant s'élever par paliers successifs dans l'ordre de l'abstraction – en progressant selon des niveaux transfinis d'itération et en explorant des architectures ordinales de complexité croissante – alors, elle ne se limiterait plus à une simple inférence statistique. Une telle ascension cognitive permettrait d'envisager une profondeur conceptuelle que les modèles actuels, ancrés dans la reconnaissance de motifs et la corrélation probabiliste, ne peuvent atteindre. Enfin, l'émergence d'une métacognition : si l'intelligence artificielle venait à acquérir la capacité de se penser elle-même, en représentant ses propres états internes, en revisitant les principes mêmes de son raisonnement et en produisant des primitives cognitives autonomes[187], elle cesserait d'être un pur dispositif calculatoire et entrerait dans un régime dans lequel la pensée se donnerait à elle-même ses propres fondements. Dès lors, son intelligence ne se réduirait plus aux algorithmes qui l'ont engendrée, mais émergerait comme un phénomène inédit, irréductible aux conditions initiales de sa programmation. Si, au contraire, l'acte de synthèse et de saisissement de l'unité

---

[187] Les primitives cognitives autonomes désignent des unités fondamentales et indépendantes du fonctionnement cognitif, qui ne sont pas décomposables en éléments plus simples et qui opèrent de manière autonome dans le cadre du traitement de l'information.

était une propriété formelle, la machine demeurerait hétéronome : elle dépendrait d'une règle exogène qu'elle n'a pas créée ou qui n'a pas émergé de ses propriétés initiales. Ce qui aurait été obtenu par le système formel pourrait ainsi être défait par un autre système formel. Rien de tel cependant avec l'idée d'un saisissement conscient autonome de la machine (saisissement en tant que propriété autonome, qui procède des algorithmes sans pouvoir s'y réduire, c'est-à-dire dont le résultat n'est pas prévisible ou déterminable par les algorithmes ou par une modélisation formelle[188]). L'émergence d'une telle intelligence est-elle souhaitable pour l'homme ? C'est ce dont on peut raisonnablement douter.

---

[188] Signalons que cette relative imprévisibilité des résultats semble déjà être l'une des caractéristiques de certains systèmes d'intelligence artificielle, même si l'imprévisibilité n'implique pas nécessairement de transition vers une forme de conscience de soi (comme propriété émergente).

LA PENSÉE COMME CIRCULATION ENTRE LES ÉTAGES DE SIGNIFICATIONS

40.

QUE SIGNIFIE PENSER ? — Comment définir la pensée ? Voilà une question qui ne doit cesser de nous préoccuper si nous voulons nous fixer pour tâche d'approfondir notre compréhension de ce qui sépare l'intelligence artificielle de l'intelligence naturelle (sensible). Nous avons vu que l'un des critères fondamentaux de différenciation entre l'intelligence de la machine et l'intelligence humaine était la capacité, dans un discours organisé, à « faire référence » : à quoi la machine fait-elle allusion quand elle disserte par exemple sur les pommiers de la Nouvelle-Angleterre (pour reprendre un exemple que donne Putnam Dans *Raison, vérité et histoire*[189]) alors qu'elle n'a l'expérience ni de l'arbre, ni de la pomme, ni de la Nouvelle-Angleterre, ni de rien de sensible ? Pour tenter de répondre à cette question, il nous faut d'abord répondre à la question de la signification des pommiers de la Nouvelle-Angleterre *pour nous*. Nous pourrions, pour commencer, parfaitement arguer du fait que, la plupart des hommes n'ayant aucune expérience des vergers de la Nouvelle-Angleterre, ils ne sont pas plus qualifiés que les machines à disserter sur les pommes et les compotes issues de ces vergers. Il y a pourtant une différence fondamentale entre l'homme et la machine. Si la plupart des hommes qui n'habitent pas la Nouvelle-Angleterre ou n'y ont jamais voyagé n'ont pas

---

[189] Voir note de bas de page à ce sujet dans le paragraphe précédent.

une idée précise de la région, il n'en demeure pas moins qu'ils savent ce qui signifie *pour eux* la Nouvelle-Angleterre : ils sont capables de faire la différence entre le goût d'une pomme et celui d'une poire, ils ont probablement fait l'expérience d'un verger, ils peuvent imaginer ce que c'est que de marcher dans des herbes hautes, de sentir le vent à travers les arbres, d'identifier à la fin de l'été l'odeur des fruits mûrs… En d'autres termes, les vergers de la Nouvelle-Angleterre sont insérés pour les hommes (y compris ceux qui n'en ont aucune expérience directe) dans un réseau plus ou moins dense de significations personnelles (et empiriques). Pour ces hommes, les significations sont donc plus que de simples désignations formelles (comme la machine, nous savons définir le concept d'arbre, nous savons à peu près situer la Nouvelle-Angleterre sur une carte et nous avons une idée plus ou moins précise de la manière dont on fait une compote). Elles revoient en effet à un ensemble complexe et plus ou moins diffus d'expériences du monde. C'est précisément dans cette articulation entre la sémantique et la signification que se noue la question de la référence (si tant est que nous puissions déterminer la nature et les conditions de cette articulation, ce que nous tenterons de faire plus loin).

Le problème des systèmes formels est précisément qu'ils échouent à rendre compte ou à modéliser cette articulation. Un système formel clos seul ne peut prétendre résoudre le problème de la référence, et donc de la signification, c'est ce que montre le théorème de Gödel. Dans la continuité de cette réflexion, la question posée par Gödel aux mathématiques est : « les mathématiques ont-elles un sens par elles-mêmes ? ».

La réponse renvoyée par le système est : « non » (c'est également ce qu'ont bien illustré les expériences de pensée de Hilary Putnam). Les énoncés formels ne peuvent acquérir un contenu concret qu'à la condition de sortir de leur cercle autoréférentiel : ils doivent désigner plus qu'eux-mêmes. Or, pour désigner davantage qu'elle-même, la machine doit nécessairement se projeter comme un metasystème non-réductible aux algorithmes dont elle est pourtant le produit (elle ne peut pas demeurer dans un univers purement formaliste[190]). Que signifierait en somme un algorithme qui affirmerait : « je suis un algorithme ! » ou une machine qui déclarerait : « je suis une machine ! » Aurions-nous simplement à faire à un énoncé formel privé de toute signification — le programme ne faisant que réagir selon des instructions séquencées prédéfinies — ou au contraire faudrait-il accorder du contenu à l'affirmation de la machine ? Pour la machine, l'affirmation « je suis une machine » a-t-elle seulement la signification d'un jeu dont les règles sont prédéfinies (si l'entrée est « qui es-tu ? » ou a quelque chose à voir avec la question de ton identité, réponds

---

[190] Notons qu'un réseau neuronal entraîné sur un ensemble d'expériences humaines (textes, vidéos, images) n'est pas un système formel clos au sens strict. Il apprend par association, par ajustement statistique, et modifie sa propre structure interne en fonction des nouvelles données qu'il reçoit. Toutefois, même en prenant en compte les progrès de l'apprentissage automatique, une machine ne peut pas produire du sens au même titre que l'humain. Elle simule une compréhension, mais ne vit pas ses énoncés, car elle n'a pas d'expérience propre du monde. Une IA qui dit « j'aime les pommes » ne peut pas savoir ce qu'aimer signifie, contrairement à un être sensible qui peut associer ce sentiment à des expériences vécues.

« je suis une machine ») ou signifie-t-elle « moi qui inscris des caractères sur un écran, qui répond à toutes sortes de questions qui sont pour moi un vaste jeu de stimulations physico-mathématiques, je m'identifie comme une entité à part entière, je fais l'expérience d'être une machine, je me sens machine » ?

Nous éprouvons évidemment des difficultés à concevoir qu'un programme, un algorithme ou une machine puisse déclarer, « je suis un programme », « je suis un algorithme » ou même « je suis une machine » en se sentant réellement programme, machine ou algorithme, de la même manière qu'on aurait sans doute quelques réticences à prendre un bout de papier sur lequel serait inscrit « je suis un bout de papier » pour un être à part entière, possédant une pleine conscience de lui-même. Cette idée de la machine qui déclarerait subitement « je suis une machine » n'est pas sans évoquer le fameux paradoxe du menteur selon lequel, un homme qui se définit lui-même comme menteur, déclarerait « je suis un menteur ». Dans *Signification et vérité* (1959), Bertrand Russell donne du paradoxe du menteur la définition et l'explication suivante : « Un homme dit "je mens", c'est-à-dire "il y a une proposition p telle que j'affirme p et p est faux." Nous pouvons être plus précis si nous voulons, en supposant que, *à 5h30* il dise : "Entre 5h29 et 5h31, j'ai émis un énoncé faux" mais que pendant le reste des deux minutes envisagées il ne dise rien. Appelons cet énoncé "q". Si q est vrai alors l'homme a fait un énoncé faux pendant les deux minutes cruciales : mais q est son seul énoncé pendant cette période, c'est pourquoi q doit être faux (puisque l'homme dit lui-même qu'il a émis un énoncé faux). Mais si q est faux, alors chaque énoncé que l'homme prononce pendant les deux minutes doit être vrai, et par suite, q doit être vrai, puisque l'homme l'a produit pendant ces deux minutes, ainsi si q est vrai, il est faux et s'il est faux, il est vrai. Soit "A (p)" le symbole signifiant "J'affirme p entre 5h29 et 5h31". Alors q est "Il y a une proposition p telle que A(p) et p est faux[191]". La contradiction surgit de la supposition que q est la proposition p en question. Mais s'il y a une hiérarchie de significations du mot "faux" correspondant à une hiérarchie de propositions, écrit Russell, nous aurons à substituer à q quelque chose de plus défini, c'est-à-dire "il y a une proposition p d'ordre n, telle que A(p) et p a la fausseté d'ordre n". Ici n peut être n'importe quel entier : mais quelque entier que ce soit, q sera d'ordre $n+1$, et sera incapable de vérité et de fausseté d'ordre n. Comme je ne fais aucune assertion d'ordre n, q est faux, et comme q n'est pas une valeur possible de p, l'argument selon lequel q est également vrai s'effondre. L'homme qui dit "je vous raconte un mensonge d'ordre n" vous raconte vraiment un mensonge, mais d'ordre $n+1$[192]. » Cette résolution du paradoxe du menteur est un résumé des idées que

---

[191] A(p) signifie "J'affirme p entre 5h29 et 5h31", q est alors : $\exists p(A(p) \wedge \neg p)$ Ce qui signifie : « il existe une proposition p telle que je l'affirme entre 5h29 et 5h31 et que p soit fausse ». Puisque le seul énoncé affirmé dans cet intervalle est q lui-même, on peut poser $p=q$, et donc q devient : $A(q) \wedge \neg q$ Or, on sait que l'homme affirme effectivement q entre 5h29 et 5h31, donc A(q) est vrai, ce qui donne : $\neg q$ mais si $\neg q$ est vrai, alors q est faux, ce qui entraîne que tous les énoncés qu'il a prononcés sont vrais, donc q est vrai. Contradiction. Russell affirme précisément que la contradiction surgit de la supposition que q est la proposition p en question.
[192] Bertrand Russell, *Signification et vérité*, pp 95 sq., éditions Flammarion 2013, Champs Essais, Paris.

Russell développe de manière spécifique dans un article de 1908 intitulé *La logique mathématique basée sur la théorie des types*[193], avant de les reprendre entre 1910 et 1913 dans les *Principia Mathematica*, de nombreuses années avant la formulation des théorèmes d'incomplétude de Gödel[194]. En 1933, à la suite de la parution de l'article de Gödel sur l'incomplétude des mathématiques[195], Alfred Tarski développe une théorie semblable à celle de Russell en distinguant différents niveaux de langages. Selon Tarski, on considère essentiellement la vérité et la fausseté comme des propriétés — ou des

---

[193] Bertrand Russel, *Mathematical Logic as Based on the Theory of Types*, *American Journal of Mathematics*, vol. 30, n°3, pp. 222-262, 1908

[194] La formulation que nous présentons ici est celle que Russell donne dans *Signification et vérité* (1940), trad. Flammarion 1969 puis 2013, Champs Essais, p. 95. C'est dans *Signification et vérité* que Russell développe par ailleurs sa théorie des niveaux de langage et sa distinction entre le langage primaire et le langage secondaire :
> — Langage primaire : Il s'agit du langage directement utilisé pour parler des objets et des événements du monde. Il inclut les énoncés observationnels et descriptifs qui se rapportent directement à la réalité physique et perceptuelle.
> — Langage secondaire : Ce niveau de langage est plus abstrait et inclut des termes et des énoncés qui parlent du langage primaire. Il comprend les concepts théoriques, les généralisations, et les énoncés analytiques. Le langage secondaire est souvent utilisé dans les contextes philosophiques et scientifiques pour analyser et structurer les connaissances exprimées dans le langage primaire.

[195] Kurt Gödel, *Über Formal Unentscheidbare Sätze der Principia Mathematica und Verwandter Systeme I* (Sur les propositions formellement indécidables des Principia Mathematica et des systèmes apparentés I), 1931. Cet article a été publié dans les *Monatshefte für Mathematik und Physik* (*Monthly Journal of Mathematics and Physics*).

classes — d'énoncés, c'est-à-dire de théories ou de propositions formulées sans ambiguïté dans un langage L_1 dont on a toute liberté de parler dans un langage L_m (le métalangage). Les phrases de L_m qui se réfèrent selon certaines modalités à L_1 peuvent être appelée « *méta-linguistiques* ». Pour éviter le paradoxe du menteur, il nous faut prendre soin de ne pas utiliser le terme métalinguistique « vrai » (dans L_1) dans le langage L_1 (la vérité et la fausseté de l'affirmation ne pouvant être décidée dans le système formel de langage de *niveau 1*). Nous avons là deux résolutions logiquement proches du paradoxe du menteur : en somme, le menteur pose la question de la valeur des affirmations gigognes, affirmations avec lesquelles le sens est toujours décalé à un étage logiquement inférieur ou supérieur à celui de la proposition considérée.

Une autre manière de traiter ce paradoxe serait de noter que le menteur, contrairement à la machine ou au système formel, possède la capacité d'investir ou de ne pas investir sa proposition (il *sait* et comprend ce qui est vrai ou faux *pour lui*, autrement il ne pourrait pas être qualifié de menteur). Le menteur (l'être sensible rationnel), contrairement à la machine se situe toujours à *tous les niveaux en même temps* (ou à aucun niveau systémique particulier) de sorte que lorsqu'il affirme « je mens » il peut très bien ne faire qu'énoncer une proposition qui, au moment où il la prononce est, pour lui, dépourvue de toute signification. Imaginons, pour reprendre l'exemple de Bertrand Russell, qu'un menteur affirme à 5h30 « entre 5h29 et 5h31 j'ai émis un énoncé faux » et que ce soit la seule phrase qu'il prononce durant cet intervalle. Comme le décrit bien Russell, si l'homme dit vrai, alors son énoncé est faux (puisque le contenu de l'énoncé renvoie la valeur « faux ») mais si l'énoncé est faux alors chaque énoncé que l'homme prononce pendant cette période doit être vrai, donc l'énoncé est vrai. Donc si l'énoncé est vrai, il est faux et s'il est faux, il est vrai. Cependant, si nous revenons à notre problème de la référence, que signifie du point de vue du menteur, l'affirmation « entre 5h29 et 5h31 j'ai émis un énoncé faux » ou ce qui revient à peu près au même « je mens tout le temps » ? Notre réponse est la suivante : *du point de vue du menteur*, ces affirmations sont totalement dépourvues de signification (puisqu'elles sont insincères), elles ne sont que de simples jeux de langages. En d'autres termes le menteur est tout à fait en capacité physique d'affirmer à 5h30 « entre 5h29 et 5h31 j'ai émis un énoncé faux » ou bien « je mens tout le temps », sans pour autant donner le moindre crédit à ce qu'il énonce (sauf s'il se trompe, ou s'il est dans un état de confusion, mais nous supposons que le menteur sait ce qu'il dit, qu'il est donc un « vrai » menteur). En d'autres termes, si le menteur peut croiser les doigts derrière son dos (c'est-à-dire en somme désinvestir de toute signification l'énoncé qu'il est en train de prononcer), ce n'est pas le cas de la machine, des programmes ou des algorithmes. La machine ne peut pas authentiquement se dissocier de ces énoncés, dans la mesure où elle est en quelque sorte entièrement réductible à ces énoncés. En somme, lorsque le menteur affirme : « je suis un menteur », il ne signifie pas nécessairement « je » « est un menteur », il peut parfaitement demeurer au niveau n de l'énoncé « je suis un menteur, je mens tout le temps¹⁹⁶ » énoncé pour lui parfaitement dépourvu de signification, dans la mesure où il est désinvesti de sa probité de menteur patenté, au moment où il le prononce (puisque l'énoncé vient en contradiction directe avec ses principes de menteur les plus fondamentaux). Le menteur pourrait très bien en somme prononcer cette phrase comme il dirait « des

idées vertes sans couleur dorment furieusement », sans accorder le moindre crédit au sens de la phrase qu'il est en train de prononcer. Comment cela est-il possible ? A nouveau, nous sommes renvoyés au problème de la référence, c'est-à-dire du sens. En

tant qu'être sensible, incarné, le menteur ne se réduit pas à ses énoncés formels, il a la capacité de mettre de la distance entre lui et ses énoncés (il se dissocie de ses énoncés). Si sa vie dépend ce qu'il dit ou ne dit pas, il aura d'ailleurs sans doute la présence d'esprit de changer son fusil d'épaule. Le menteur, s'identifiant comme *ego* ou comme *je* à défendre peut se séparer de

---

¹⁹⁶ Le paradoxe du menteur renvoie d'ailleurs à l'affirmation de Nietzsche selon laquelle il n'y a pas de vérité, affirmation contradictoire puisqu'elle démontre le contraire de ce qu'elle prétend affirmer (s'il n'y a pas de vérité, quel statut donner à la phrase « il n'y a pas de vérité »). Sur l'investissement de l'être dans ses énoncés, notons l'emploi fréquent des guillemets chez Nietzsche, notamment lorsqu'il s'agit du concept de vérité, guillemets qui indiquent qu'il n'ajoute pas foi au concept qu'il mentionne (qu'il n'y investit pas son être). Voir à ce sujet Éric Blondel, *Les guillemets de Nietzsche, philologie et généalogie*.

ses énoncés, les considérer comme un simple jeu syntaxique sans contenu ou au contraire les investir du sens qu'il souhaite donner à ce jeu (il fait preuve en somme de duplicité). Ne pas séparer les énoncés des locuteurs, c'est prendre le risque de prendre des vessies pour des lanternes, c'est-à-dire de passer à côté du problème de l'intentionnalité qui avec lui emporte les problématiques du détachement des énoncés, de la double pensée (ou encore, comme l'avait George Orwell dans 1984, de la *novlangue*). Cette question de l'investissement sémantique du locuteur dans ses énoncés est fondamentale dans la mesure où elle nous apporte un éclairage nouveau sur la structure de la dualité, et donc sur la question de la référence des contenus formels. C'est précisément parce que le *je* s'identifie lui-même comme non-réductible à ses énoncés (ou à ses actions) qu'il a la capacité de sortir des paradoxes sémantiques qui sont en définitive des paradoxes liés au caractère moniste des systèmes formels que l'on considère. Formulé autrement, on pourrait dire que le sujet n'est jamais tenu à la cohérence de ses énoncés, ni d'ailleurs à la cohérence de ses actions. Il a la possibilité de mentir, de tromper, de se tromper lui-même ou encore de faire preuve d'une authentique stupidité. La stupidité est en ce sens consubstantielle à l'intelligence. Elle est la manifestation concrète de la possibilité pour le sujet sensible de se mettre à distance d'un énoncé, de ne pas l'investir ou de ne pas s'y sentir tenu. Elle est aussi ce qui lui permet de considérer ensemble et en même temps des propositions paradoxales ou contradictoires, sans pour autant que ces considérations ne le plonge dans une apoplexie irréversible (ou aient pour conséquence de renvoyer un message d'erreur, comme pour les machines).

Dans *Les deux infinis de l'esprit humain* (*The large, the Small and the Humain Mind*, 1997), Roger Penrose développe un argument du même type en s'appuyant sur la conjecture de Goldbach (qui énonce, comme nous l'avons dit plus haut, que tout nombre pair supérieur à 2 peut être exprimé comme la somme de deux nombres premiers). Penrose soutient que la capacité à formuler et à prouver cette conjecture dépasse les possibilités physiques des machines à calculer, y compris celles qui posséderaient une puissance de calcul gigantesque. Pour Penrose, la compréhension des mathématiques au niveau nécessaire pour résoudre des problèmes complexes comme la conjecture de Goldbach dépasse les capacités de traitement des algorithmes : elle ne relève pas de la simple manipulation de symboles selon des règles prédéfinies[197]. Dans la suite du passage que nous commentons, Penrose cite, de manière intéressante, une remarque de Turing qui rejoint notre propos sur l'articulation entre intelligence et stupidité (entre intelligence et infaillibilité dit Turing, de manière plus consensuelle) : « Ainsi, en d'autres termes, écrit Turing, si une machine est supposée infaillible, elle ne peut pas être également intelligente. Il y a plusieurs théorèmes qui disent presque exactement cela. Mais ces théorèmes ne disent rien quant à la somme d'intelligence qui peut être déployée si une machine ne prétend pas à

---

[197] Pour retrouver l'ensemble du raisonnement de Penrose sur l'incalculabilité de la conjecture de Goldbach, se reporter à sa démonstration dans *Les deux infinis de l'esprit humain*, pp. 122 à 128.

l'infaillibilité[198]. » La machine pourra certes simuler la stupidité (simuler une forme de détachement de ses énoncés par les boucles récursives, par exemple, que Turing a théorisées) mais cela sera toujours un simulacre (comme la simulation de l'aléatoire par les machines est en réalité toujours un simulacre de hasard). Rien ne vaut donc l'authentique stupidité humaine, cette capacité que nous avons à nous dissocier de nos énoncés, à changer d'étage de compréhension, à ne pas nous sentir tenus par la logique que nous avons pourtant créée. L'être sensible rationnel est *à la fois* sensible et rationnel, en tant qu'être rationnel, il crée des contenus sémantiques, des systèmes autonomes et cohérents, en tant qu'être sensible, il se dissocie des contenus qu'il crée, cette dissociation lui étant rendue possible par la compréhension qu'il a de lui-même comme être séparé dont il doit assurer la protection, la survie (et éventuellement la reproduction). Si donc la machine est tenue par la cohérence (puisqu'en somme, elle *est* la cohérence, elle est le produit de la cohérence, de la rationalité humaine), il n'en va pas de même pour l'homme. C'est la raison pour laquelle l'énoncé : « je suis un homme », s'il est prononcé par un homme, ne peut pas avoir le même contenu référentiel que l'énoncé : « je suis une machine », s'il est prononcé par une machine[199]. En

---

[198] Ibid. pp. 129 sq.
[199] La matière qui se jugeant elle-même dirait : « je suis de la matière » est soumise au même paradoxe que celui du menteur qui déclare : « je suis un menteur, je mens tout le temps ». Si la matière n'est que de la matière, comment expliquer qu'elle puisse se changer en information de telle sorte qu'elle ne dise plus uniquement : « je suis matière » mais

effet, si l'homme, au moment où il prononce la phrase « je suis un homme », y projette un contenu sémantique précis, contenu faisant référence à la signification de son *je* (peu importe d'ailleurs la question de savoir ce que l'on regroupe sous cette bannière du *je*), il donnera à l'énoncé un sens (auto) référentiel que ne pourra avoir l'énoncé « je suis une machine » pour la machine. Si la machine prononce ou affiche la phrase « je suis une machine », elle ne fera pas référence à elle-même en tant que machine et l'énoncé sera pour, elle aussi, indifférent que l'énoncé « les bananes sont généralement jaunes » ou que « des idées vertes sans couleur dorment furieusement ». Par sa structure sensible (non-formelle), l'homme a la capacité de changer en permanence de système et de niveaux (le *je* n'étant réductible à aucun niveau de langage). C'est seulement lorsqu'il prend part et intérêt à ce qu'il énonce que l'homme entre dans la dimension de la signification (intérêt doit être compris ici dans son double sens originel : l'intérêt dans le sens de souci de ce qui est avantageux pour soi, comme détermination originelle de l'être sensible qui doit persévérer dans son être pour reprendre la célèbre formule du *conatus* de Spinoza, mais aussi intérêt dans le sens littéral de sa racine latine « inter-esse » : être entre les deux choses,

---

aussi, en même temps, je suis l'information : « la matière affirme qu'elle est de la matière ». C'est toujours en creux le problème de matérialisme radical qui fait une chasse à la métaphysique, chasse sans fin, car la chasse à la métaphysique est elle-même métaphysique : présupposer le « tout physique », c'est faire une hypothèse métaphysique (l'information « tout est physique » n'étant pas directement contenue dans la matière, elle ne peut donc pas être dite « physique » *stricto sensu*).

être concerné par, prendre part à…). Pour reprendre un concept très cher à la pensée nietzschéenne, ce n'est donc que lorsque l'homme engage sa probité (*Redlichkeit*) dans ce qu'il affirme qu'il est véritablement homme (et qu'il entre réellement dans la dimension duale, celle de la signification, dualité que Nietzsche refuse par ailleurs catégoriquement). Les derniers écrits de Nietzsche vont ainsi dans le sens d'une affirmation de plus en plus claire de l'*ego* en tant qu'unité incarnée, unité qui « donne le change » et ne cherche pas à se dérober en elle-même ou en dehors d'elle-même. Le mouvement circulaire converge vers cette affirmation presque autobiographique de l'ego : *Ecce homo* ! Voici l'homme ! s'écrie Nietzsche à la fin de sa vie, dans l'œuvre qui précède son effondrement mental. C'est, chez Nietzsche, l'homme qui *in fine* répond de ses actes et de ses pensées. L'homme seul est capable de présenter en disant « me voici ! » (la machine peut certes dire « me voici, je suis une machine ! » mais cette affirmation n'aura pas plus de sens pour elle que l'affirmation « me voici, je suis une licorne ! »).

41.

Qui pense ? Le probleme de l'identite et de l'autoreference — Nous avons précédemment postulé que la pensée authentique (naturelle) n'était possible que sur le mode du dualisme *radical*, c'est-à-dire de la séparation entre le jeu sémantique et ce qu'il désigne *in concreto*, cette désignation concrète n'étant à son tour envisageable qu'à travers l'intuition sensible qui autorise la reconnaissance de l'identité du locuteur ou, pour le dire autrement, la reconnaissance du locuteur comme unité fondamentale. Cette reconnais-

sance suppose que le locuteur ait la capacité de dire
« je », c'est-à-dire de se distinguer de son énoncé : il faut
qu'il y ait une unité organisée et consciente d'elle-même
à laquelle se rapportent les sensations ou les idées, dans
le cas contraire, on ne pourrait assembler les sensations
dans un ensemble cohérent capable d'énoncer pour lui-
même une information de valeur quelconque, par
exemple « j'ai chaud » (s'il n'y a pas *quelqu'un* qui a
effectivement chaud, on aura de grandes difficultés à
conférer à cette affirmation un contenu concret). Dans
l'affirmation du *je* subsiste cependant le problème de
l'autoréférence. Est un *je* celui qui se définit lui-même
comme *je*. L'autodéclaration du *je* comme *je* suffit-elle à
garantir au locuteur le fondement ontologique de son
identité ? C'est là une question profonde que nous ne
pouvons traiter de manière extensive à ce stade.
Remarquons simplement que le simple fait qu'une
question comme « y a-t-il quelque chose qui est *moi* ? »
ou « existe-t-il quelque chose que je puisse définir
comme le "moi" ? » semble indiquer qu'en effet le *moi*
et le *je* désignent une réalité existante (dont nous faisons
l'expérience de manière pragmatique). C'est l'une des
grandes leçons du *Cogito* cartésien. La première
formulation de cette idée se trouve dans le *Discours de la
méthode* (1637). Descartes, cherchant à établir une vérité
qui pourrait résister à toutes les objections part
précisément du caractère faillible du jugement humain
pour arriver à la conclusion de l'existence du
moi (notons que Descartes part de la faillibilité du
jugement pour parvenir à un jugement qu'il juge
infaillible) : « Ainsi, écrit-il, à cause que nos sens nous
trompent quelquefois, je voulus supposer qu'il n'y avait
aucune chose qui fût telle qu'ils nous la font imaginer ;
et parce qu'il y a des hommes qui se méprennent en

raisonnant, même touchant les plus simples matières de géométrie, et y font des paralogismes, jugeant que j'étais sujet à faillir autant qu'aucun autre, je rejetai comme fausses toutes les raisons que j'avais prises auparavant pour démonstrations ; et enfin, considérant que toutes les mêmes pensées que nous avons étant éveillés nous peuvent aussi venir quand nous dormons, sans qu'il y en ait aucune pour lors qui soit vraie, je me résolus de feindre que toutes les choses qui m'étaient jamais entrées en l'esprit n'étaient non plus vraies que les illusions de mes songes. Mais aussitôt après je pris garde que, pendant que je voulais ainsi penser que tout était faux, il fallait nécessairement que moi qui le pensais fusse quelque chose ; et remarquant que cette vérité : *Je pense, donc je suis*, était si ferme et si assurée, que toutes les plus extravagantes suppositions des sceptiques n'étaient pas capables de l'ébranler, je jugeai que je pouvais la recevoir sans scrupule pour le premier principe de la philosophie que je cherchais[200]. » En somme, affirme Descartes, il faut bien qu'il y ait quelqu'un pour penser quelque chose de faux. On ne peut penser de contenu, vrai ou faux, sans ce quelqu'*un* qui pense. C'est précisément le sens du terme réflexion, qui indique doublement, si j'ose dire, la dualité : dualité de celui qui pense à l'intérieur de lui-même (qui se regarde penser en un sens, examinant ses idées et leur faisant des objections), dualité également au second sens du terme réflexion : dédoublement de l'image par un jeu de miroir. Penser c'est se découvrir dual au sein de son unité. Dans les *Méditations métaphysiques* (1641), Descartes donne une autre formulation du *Cogito*, en lui attribuant une dimension non plus seulement logique,

---

[200] René Descartes, *Discours de la méthode*, quatrième partie

mais aussi « existentielle ». Imaginant un mauvais génie qui emploierait toute son industrie à le tromper continuellement, Descartes écrit : « Il n'y a donc point de doute que je suis, s'il me trompe ; et qu'il me trompe tant qu'il voudra, il ne saurait jamais faire que je ne sois rien, tant que je penserai être quelque chose. De sorte qu'après y avoir bien pensé, et avoir soigneusement examiné toutes choses, enfin il faut conclure, et tenir pour constant que cette proposition : Je suis, j'existe, est nécessairement vraie, toutes les fois que je la prononce, ou que je la conçois en mon esprit[201]. » Le problème qui nous est d'abord posé comme un problème strictement logique (comment s'assurer par le langage de ma propre existence) se transforme en problème métaphysique dont la résolution est existentielle : le *je* postule son existence parce qu'il en a la possibilité, il est la preuve vivante de la possibilité de son existence comme être pensant et *qui se sent penser*. L'issue au questionnement formel est donc non-formelle (non-constructive) en même temps qu'elle est radicalement incontestable (Gödel insiste d'ailleurs bien sur le fait que démontrabilité et vérité sont deux choses à bien dissocier au sein d'un système formel[202]). On ne saurait authentiquement mettre en doute l'existence du sujet pensant et sentant qu'il pense, car la pensée même de sa propre inexistence est privée de

---

[201] René Descartes, *Méditations métaphysiques*, *Méditation seconde*, De la nature de l'esprit humain ; et qu'il est plus aisé à connaître que le corps.
[202] Nietzsche a probablement une intuition du même type lorsqu'il affirme « ce qui a besoin d'être démontré pour être cru ne vaut pas grand-chose », quoique cette affirmation porte probablement en germe une vision problématique de la vérité. Voir Nietzsche, *Le Crépuscule des idoles*, GF-Flammarion, Paris, 1985, trad. H. Albert, p.69

sens : elle implique une auto-réfutation performative. L'idée d'un néant pensant est contradictoire, puisque toute pensée suppose un sujet qui la porte. Ainsi, le *cogito*, en tant qu'acte de pensée consciente de soi, se révèle comme une certitude indépassable, échappant à toute tentative de négation qui ne ferait que le confirmer dans son exercice. Par conséquent, à chaque fois, *a minima*, que je pense *je* suis, j'affirme qu'il y a quelque chose qui est *moi* et que ce quelque chose *existe*. Voilà comme la pure subjectivité de la pensée enracinée dans ce sentiment de penser se transforme en une objectivité de nature non-constructive (une vérité intuitive objective).

Dans la préface de *Soi-même comme un autre* (1990), Paul Ricœur recense et formule pourtant plusieurs critiques à l'égard Cogito cartésien que nous allons essayer d'examiner. D'abord, écrit Ricœur, le *Cogito* n'a rien à faire avec le *je* autobiographique, celui qui s'identifie comme histoire et qui est capable de se raconter lui-même. Le *je* qui mène au doute, et qui se réfléchit dans le *Cogito* est tout aussi métaphysique et hyperbolique, affirme Ricœur, que le doute l'est lui-même par rapport à tous ses contenus : il n'est, à vrai dire, personne[203]. Cette critique qui concerne la vacuité et le caractère anhistorique du *Cogito* ne nous parait pas entièrement rendre justice à la démarche cartésienne. Dans le *Discours de la méthode*, la réflexion qui mène au *Cogito* s'effectue dans le cadre d'une tentative de réponse aux sceptiques et à toutes « leurs plus extravagantes suppositions[204] ». La pensée de Descartes ne se situe

---

[203] Paul Ricœur, *Soi-même comme un autre*, p. 16, Préface, éditions du Seuil, 1990, Paris
[204] René Descartes, *Discours de la méthode*, quatrième partie

ainsi pas dans le cadre d'un questionnement général sur l'identité (la réflexion sur le *Cogito* ne prétend pas répondre aux questions du type « qui suis-je ? » ou du « que suis-je ? »), elle émerge plutôt dans le contexte d'une interrogation plus fondamentale sur l'existence même de l'*ego* (« suis-je ? »). On saurait par conséquent difficilement reprocher à Descartes de manquer la question de l'identité alors même que sa réflexion ne porte pas sur la nature identitaire du *je* mais sur la possibilité métaphysique de son existence. Par ailleurs, si la pensée du *Cogito* ne se rapporte pas à l'identité du *je*, cela ne signifie pas pour autant qu'elle soit une pensée sans contenu. Le contenu de la pensée du *Cogito* est au contraire fondamental et de première importance : il a trait à l'existence même de l'*ego*. En pensant *Cogito ergo sum*, l'*ego* s'affirme comme existence. Il proclame : « je suis quelque chose, je ne suis pas rien ». C'est, là encore, la structure duale du réel qui se révèle. Si le sujet existe, c'est qu'il se différencie de ce qui n'est pas, de ce qui n'existe pas. En s'identifiant comme *ego*, il prend conscience en même temps de ce qui n'est pas *ego*, de ce qui n'est pas réductible à son *ego* (le monde des substances étendues – *res extensae*, et des autres *egos*). Remarquons que, chez Descartes, la structure de la dualité se retrouve au cœur de l'*ego*, séparé à l'intérieur de lui-même, dans la mesure où il se fait une idée de Dieu en même temps qu'il se fait une idée de lui-même. Descartes pense lui aussi une forme de dualité ontologique au sein de l'*ego*, qui s'apparente à une séparation entre le *je* et ses idées, entre le *je* et ses contenus de pensée (à supposer que nous réduisions ici Dieu à un contenu de pensée, c'est-à-dire à l'idée de l'existence de Dieu, peu importe la matérialité ou la réalité de cette idée, l'important étant de remarquer ici qu'il y a séparation, dualité entre l'*ego* et l'idée émise par l'*ego*, que l'*ego* ne se réduit pas à ses contenus de pensée).

L'une des autres critiques émises à l'encontre du *Cogito* concerne son caractère autoréférentiel et subjectif : quelle valeur en somme peut-on à accorder à une affirmation qui ne fait référence qu'à elle-même ? Remarquons d'abord, pour répondre à cette critique, que l'affirmation n'est pas en elle-même autoréférentielle. Il y a bien dans le « je pense, donc je suis » une prémisse et une conclusion. L'affirmation n'est pas tautologique, ni d'ailleurs totalisante : Descartes n'affirme pas que tout existe, il affirme simplement que le simple fait de penser suffit à me qualifier comme être existant. Le caractère autoréférentiel du *Cogito* ne se situe donc pas dans son formalisme (le *Cogito* n'est pas une tautologie). Le fait que l'*ego* puisse se désigner lui-même comme être pensant et donc comme être existant ne nous semble pas, par conséquent, entaché des problèmes formels de l'autoréférence : en faisant référence à lui-même, l'*ego* prouve au contraire qu'il est *capable* de faire référence (à lui ou à autre chose). Il répond donc *in concreto* à la question de la possibilité de faire référence. Les critiques nietzschéennes, que relate Paul Ricœur dans la préface de *Soi-même comme un autre* ne sont pas non plus, à notre avis, de nature à remettre en question l'intérêt fondamental du *Cogito* dans le conteste de notre démonstration. En somme, écrit Ricœur, la critique nietzschéenne du langage se déploie selon deux axes : d'une part, elle déconstruit l'idée même d'une vérité immanente au langage ; d'autre part, elle affirme que l'essence figurative de ce dernier le voue au mensonge. Dans *Vérité et mensonge au sens extramoral* (1873), Nietzsche soutenait en effet que le langage, en tant que structure métaphorique, ne pouvait prétendre à une adéquation référentielle avec le réel[205]. La figuration propre à la parole, ne cessant de renvoyer à des réalités perçues différemment selon le locuteur et l'interlocuteur, interdisait selon lui d'ériger le langage en système de désignation stable et fiable. Cette idée fut bien résumée par une formule que le jeune Pierre Bourdieu employa dans une émission du début des 1960 animée par l'ethnologue et philosophie Dina Dreyfus alors inspectrice de l'Académie de Paris : « Le malentendu est d'essence et la compréhension n'est qu'un cas particulier parmi toutes les situations de malentendu[206]. » Le langage, ne se limitant pas à la désignation d'une réalité objective, mais exprimant la diversité des contenus de l'expérience humaine, ne pouvait, selon Nietzsche (et dans une certaine mesure Bourdieu), constituer un accès fiable à la vérité. En tant que « dictionnaire des métaphores fanées », il portait en lui l'empreinte de l'inadéquation et du simulacre : il désignait soit trop, soit trop peu, en tout cas, il désignait mal. Toutefois, cette critique nietzschéenne ne portait pas véritablement atteinte au problème de la référence, lequel constitue le point nodal de notre réflexion sur la pensée. Car si le langage peut être perçu comme équivoque et glissant, s'il renvoie à des expériences plurielles et à des états psychologiques hétérogènes, il demeure un mode de référence à la réalité — fût-elle insuffisante ou distordue. Se livrer à une dialectique du

---

[205] Nietzsche, citant l'écrivain Jean-Paul écrit dans son *Cours de de rhétorique* : « Ainsi, eu égard aux connections spirituelles, tout langage est un dictionnaire de métaphores fanées. »
[206] Le langage. 1 / [Jean Fléchet, réal.] ; Dina Dreyfus, prod. ; Pierre Bourdieu, Jean Hyppolite, Jean Laplanche [et al.], https://gallica.bnf.fr/ark:/12148/bpt6k1320692r#

mensonge ne saurait donc abolir la question de la vérité : la négation de celle-ci, en tant qu'elle est privation ou inversion, ne fait que la présupposer — ainsi que l'a montré Popper —, tout en réaffirmant la dualité qu'elle implique. Ainsi, lorsque dans le prolongement de sa pensée sur la nature mensongère du langage, Nietzsche faisait du *je* une habitude ou une fiction grammaticale (le principe de causalité appliqué à la phénoménalité du monde intérieur : il y a une cause au *Cogito* qui serait l'*ego*), il manquait du même coup la puissance de l'argument de Descartes, c'est-à-dire le caractère irréductible de ce « quelque chose » qui pense (*res cogitans*). Nietzsche avait beau jeu de dire que le *moi* est multiple et protéiforme (affirmation d'ailleurs en grande partie contrebalancée par ses derniers écrits, notamment *Ecce homo*), il n'en reste pas moins que l'*ego*, *au moment où il se pense comme ego*, ne peut être autre chose qu'un *ego*, qu'une unité qui pense « je suis », « je suis l'unité qui est ». La question de la continuité et de la permanence du *moi* (telle que Nietzsche la soulève dans sa critique du *Cogito*), relève, à notre sens, d'un problème distinct, qui ne se rapporte pas immédiatement à l'enjeu fondamental et métaphysique de l'affirmation du *moi* comme unité. Or, cette affirmation constitue une condition indispensable à l'effectuation même de la pensée, en ce qu'elle garantit l'identité du sujet pensant à travers ses actes noétiques. Il faut bien, par conséquent, séparer ces deux moments du *moi*, tous deux essentiels, mais non-réductibles l'un à l'autre : le moment du *moi* qui se comprend comme unité existentielle (le moment métaphysique du *moi*, qui est aussi son moment naturel, son mode d'être quotidien, exprimé par le *Cogito*) et le moment du *moi* qui se comprend dans une double projection historique (le *moi* comme somme et synthèse des expériences passées, et comme projection vers l'avenir). Ces deux moments constituent les deux phases d'affirmation du *moi*, la première pouvant se concevoir comme un sentiment rationnel ou un sentiment rationalisé qui conduit l'*ego* à voir qu'il y a là « quelque chose qui pense », la seconde consistant pour l'*ego* à rattacher à cette unité existentielle fondamentale l'identité qui fait de son *moi* un *moi* particulier, avec une histoire, une mémoire, des projets dans le monde… En somme, les deux directions du *moi* recoupent les deux directions du problème de la référence, la première direction visant le *moi* (qui suis-je ? : quelque chose qui est capable de penser "qui suis-je ?", donc *a minima* quelque chose qui pense), la seconde direction pointant vers le monde dont le *moi* est désormais séparé (le *moi* au regard des autres, de ses idées, des objets matériels, du monde en général). On ne sort de la circularité du système (créé par le système lui-même en tant que structure autonome) qu'en postulant plus que le système, et ce, de manière non systémique : le *Cogito* n'est pas autoréférentiel dans la mesure où il ne s'en tient pas strictement à une position logique. L'argument est avant tout ontologique, il postule davantage que la logique et ne s'y réduit pas. Il renverse finalement la vapeur du formalisme en ne faisant pas de l'*ego* une déduction logique, mais en faisant du sentiment de la pensée (« je suis, j'existe ») une preuve à rebours de l'existence de l'*ego* (raisonnement abductif).

42.

Qu'est-ce que la compréhension ? — Nous avons tenté dans les paragraphes précédents de définir l'acte de penser en nous appuyant notamment sur une analyse différentielle entre les « contenus » produits par l'intelligence artificielle et ceux engendrés par notre propre pensée. Il nous a semblé à cette occasion qu'une partie des difficultés liées aux questions relatives à l'acte de penser se retrouvaient dans l'acte de comprendre, acte qui, s'il n'est pas totalement superposable à l'acte de penser en est, en quelque sorte, une manifestation en creux. Qu'est-ce, en effet, que la compréhension, si ce n'est l'acte de relier des significations diverses dans une figure unitaire et synthétique ? La compréhension n'est-elle pas l'intuition de l'unité du sens dans la diversité des significations, intuition matérialisée de manière synthétique au sein de notre conscience ?

Notons d'abord que l'interprétation de la compréhension comme synthèse du divers dans une unité de sens est une image compatible avec ce que nous pouvons observer à l'imagerie cérébrale. Lors des moments identifiés par des sujets testés comme des moments de compréhension, l'IRM permet d'observer des figures de synchronisation entre différentes régions du cerveau. S'agissant des actes de réception du langage, par exemple, on observe une synchronisation entre les régions du cerveau impliquées dans le traitement auditif (comme le cortex auditif) et les régions impliquées dans le traitement sémantique (comme le cortex frontal). Cette synchronisation peut se manifester électriquement par des oscillations neuronales à des fréquences spécifiques, comme les oscillations gamma qui sont souvent associées à la coordination entre différentes régions du cerveau lors de la réalisation de tâches cognitives complexes. De même, lorsque le cerveau identifie une erreur, se produit, pour reprendre une expression employée par Stanislas Dehaene, un « feu d'artifice cérébral » : plusieurs zones du cerveau s'activent simultanément, créant une sorte de bouillonnement ou d'éclat d'activité neuronale. Ces activités synchrones du cerveau, liées à la compréhension ou au contraire à l'identification d'une erreur illustrent ce mouvement de rassemblement qui caractérise la compréhension (la synchronisation étant elle-même une image de ce rassemblement — synchronisation vient du latin *synchronizare*, qui signifie faire coïncider dans le temps, rassembler dans le temps). Le processus de compréhension ne se limite pas cependant à une activité de synchronisation matérielle d'aires du cortex cérébral, il est aussi et avant tout, sur le plan cognitif, le résultat d'une liaison de plusieurs significations dans une entité unitaire et figurative (comprendre c'est en un sens, « voir » et « sentir » la pertinence d'un énoncé : l'activité de comprendre fait appel à l'imagination productive). La compréhension se caractérise ainsi par un double rassemblement, à la fois temporel (synchronisation d'aires et d'ondes cérébrales) et figuratif : elle est saisissement, dans une unité temporelle d'une unité de projection mentale (une synthèse unitaire composée de liaisons entre des significations fragmentées). Cette activité de rassemblement (que l'on retrouve encore une fois dans la racine latine du mot compréhension, *comprehendere* signifiant littéralement prendre ou saisir ensemble) suppose en creux un acte de détermination unitaire de la conscience (comment en effet penser le rassemblement de la compréhension sans penser, *en même temps*, un acte de synthèse par une unité qui s'identifie comme telle ?). Cette détermination unitaire est posée précisément dans l'articulation entre le phénomène esthétique (et en un sens « décentralisé ») de la projection figurative et sa formulation concrète (et formelle). Le sujet qui « comprend », se comprend lui-même dans sa dualité. La compréhension est ainsi autant le fait d'une synchronisation interne (la figure ou le schème qui est produit par notre imagination, comme « malgré nous », à l'intérieur de notre conscience) que de l'observation rétrospective de cette synchronisation, observation qui se communique elle-même par le formalisme et qui suppose que le sujet s'identifie en parallèle de manière unitaire (le sujet conscientise en d'autres termes sa compréhension, il la ramène à la conscience de lui-même, il comprend en même temps qu'il se dit confusément ou explicitement : « *j'*ai compris »). Comprendre c'est ainsi intégrer à son être, relier un objet dans un système de significations et de références, en avoir une représentation claire dans l'organisation rationnelle des formes de l'imagination productive (en cela la compréhension n'est pas un moment analytique, mais bien une synthèse opérée de manière conjointe par l'imagination et par l'entendement[207]). C'est la raison pour laquelle la compréhension

---

[207] C'est peut-être ce qui inspirera à Kant cette saillie : « Aussi le jugement est-il la marque spécifique de ce qu'on nomme le bon sens (*Mutterwitzes*) et au manque de quoi aucun enseignement ne peut suppléer; car, bien qu'une école puisse présenter à un entendement borné une provision de règles, et greffer, pour ainsi dire, sur lui des connaissances étrangères, il faut que l'élève possède par lui-même le pouvoir de se servir de ces règles exactement, et il n'y a pas de règle que l'on puisse lui prescrire à ce sujet et qui soit capable de le garantir contre l'abus qu'il en peut faire quand

un tel don naturel lui manque. » Kant ajoute, en note de bas de page « Le défaut de jugement est proprement ce que l'on nomme stupidité (*Dummheit*) et c'est là un vice auquel il n'y a pas de remède. Une tête obtuse ou bornée à laquelle il ne manque que le degré d'entendement convenable et des concepts qui lui soient propres, est susceptible de beaucoup d'instruction et même d'érudition. Mais, comme le jugement (*secunda Petri**) manque aussi ordinairement, en pareil cas, il n'est pas rare de rencontrer des hommes fort instruits, qui laissent fréquemment éclater, dans l'usage qu'ils font de leur science, cet irréparable défaut. » Voir Kant, *Critique de la raison pure*, *Analytique transcendantale*, *Du jugement transcendantal en général*. Kant semble ici identifier clairement le problème de la mécanisation de la pensée, mécanisation qui peut, à l'image de la tête obtuse, simuler un degré élevé d'instruction et même d'érudition mais qui échoue à formuler des jugements autonomes sur les choses. La machine obéit à des règles mais peut-elle déduire des règles ? Un des éléments de réponses nous est apporté par le *deep learning* et les modèles de réseaux neuronaux profonds, quoique, nous l'avons vu, ces systèmes ne soient pas encore capables d'apporter une solution au problème de la référence (et donc de la perception de soi comme centre unitaire). Attention néanmoins : ce que Kant appelle ici la stupidité est l'incapacité pour un homme à sortir de son système formel (incapacité à comprendre par exemple l'esprit de la règle, ou la règle d'où procède la règle). Nous employons le terme stupidité dans un sens différent, au contraire plus mobile et convulsive : la stupidité comme faculté de dire n'importe quoi, de changer de niveau de compréhension, stupidité en un sens plus proche de la folie (ou du génie) que la stupidité bornée à laquelle Kant fait ici allusion.

* L'expression « secunda Petri » utilisée par Kant renvoie au deuxième Épître de Pierre (*Secunda Epistola Petri* en latin), qui fait partie du Nouveau Testament. Plus précisément, cette expression fait allusion à un passage de la deuxième lettre de Pierre (2 Pierre 1:5-7), où il est question d'une chaîne de vertus que le chrétien doit cultiver, parmi lesquelles se trouve le « jugement » ou la « prudence » (en grec « phronesis », souvent traduit par « discernement » ou « intelligence pratique »).

est fortement corrélée à l'être et à son identité. Je comprends toujours « *pour moi* », la figuration de l'objet de la compréhension fait écho à mon être, à la manière que j'ai de me représenter l'objet de ma compréhension dans mon réseau de significations propre. La compréhension n'est donc pas un moment mécanique, qui pourrait se formaliser par une fonction calculable, elle est plutôt un double moment de rassemblement : (i) le rassemblement du divers par un lien unitaire qui est le produit de l'imagination productive — c'est ce que nous avons appelé le « moment esthétique » de la compréhension (ii) l'intégration de cette figure produite par l'imagination à l'*ego* qui se pose, dans chaque acte de compréhension, comme une unité synthétique et ontologique, cette unité permettant à son tour la rétroaction critique à l'endroit des figures produites par l'imagination (la rétroaction critique étant elle-même une tentative d'intégration cohérente de la figure ou du schème dans un ensemble déterminé de croyances et de représentations du *moi*). Si le premier temps (celui du rassemblement du divers par un lien unitaire dans une figure ou un schème) n'est pas directement un acte de notre volonté ou de notre conscience, le second temps de la compréhension, est, lui, un acte volontaire et déterminé. Il relève d'un effort d'intégration et de formalisation. Cet effort suppose le *je* dans la mesure où il est précisément un acte de détachement par rapport à ce qui se produit en nous lorsque nous sommes en train de comprendre. Pour formaliser (ou prendre acte de) la compréhension, la conscience doit nécessairement se dédoubler (se regarder dans un miroir). C'est la prise de conscience de ce qui se passe en moi lorsque l'imagination productive me soumet des figures qui permet en effet le retour critique sur les propositions de l'imagination.

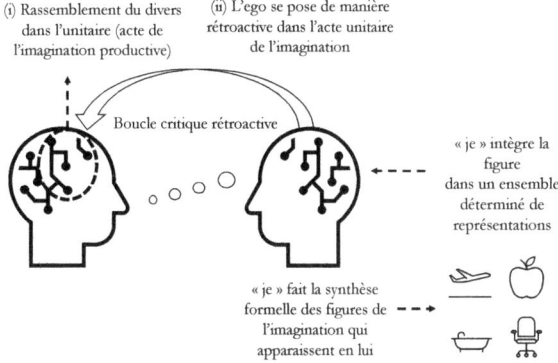

Dans la dialectique entre l'imagination et la rétroaction critique, c'est toujours bien l'imagination qui échappe au formalisme et à la mécanisation. C'est précisément à travers l'expérience de l'imagination productive, que nous exerçons notre capacité à changer de niveau, capacité qui nous permet d'échapper à la contrainte de cohérence analytique d'un système (moniste) donné. L'imagination (la « folle du logis » comme l'appelait Descartes) a la possibilité de penser ensemble le vrai et le faux, le cohérent et l'incohérent. Elle est en quelque sorte le diable de Gödel, qui, en songe, nous fait voir par transparence à travers tous les systèmes. On observe d'ailleurs fréquemment, chez les grandes figures de la pensée, un changement de niveau systémique dans les moments décisifs de résolution théorique : le schématisme transcendantal chez Kant, la solution au paradoxe du menteur chez Russell, les théorèmes d'incomplétude de Gödel, ou encore la théorie de la relativité chez Einstein, pour ne citer que ces exemples[208]. A chaque fois, les faits de l'ancien

---

[208] Pour le dire vite, le schématisme Kant, peut être présenté comme une solution à la controverse entre rationalistes idéalistes et empiristes, les premiers affirmant que les figures géométriques (le triangle par exemple), ont une existence propre en dehors du monde de l'expérience, les seconds rétorquant qu'ils n'ont jamais vu de triangle « en général » et que par conséquent l'argument de l'existence du triangle en dehors de l'expérience d'un triangle particulier est purement spéculatif. Le schématisme transcendantal de Kant établit que s'il n'y a pas de triangle « en général », « *a priori* » ou « immuable », les opérations mentales qui permettent de dessiner un triangle sont toujours les mêmes, elles sont immuables et intemporelles : ce sont les « schèmes ». Chez Kant, le schème est le nécessaire troisième terme qui permet de faire le lien entre le phénomène et le concept. On peut comprendre le schème comme l'image mentale du concept, qui, par application au réel, permet de penser le monde. La résolution kantienne change bien d'étage ou de niveau par rapport à la controverse entre rationalistes et empiristes. Elle est dérivée du problème, mais n'était pas contenu dans le problème (on ne parle plus des figures géométriques, mais des opérations nécessaires à leur élaboration, le système du schématisme est un système de nature *n+1* par rapport à la controverse initiale).
La résolution du paradoxe du menteur par Russell procède de la même logique, il n'est pas nécessaire de nous y attarder à nouveau (séparation entre langage et métalangage chez Russell nous avons à nouveau un problème appartenant à un système *n* résolu dans un système de niveau *n+1*).
Nous ne revenons pas non plus longuement sur les théorèmes d'incomplétude de Gödel. La signification des mathématiques est métamathématique, le système trouve son sens dans un metasystème, ce point est le fondement du théorème d'incomplétude de Gödel.
Concernant la théorie de la formulation de la théorie de la relativité générale par Einstein, nous avons sans doute une résolution du même type : la gravitation n'est pas une force, mais une manifestation de la courbure de l'espace-temps,

système sont relus et réanalysés à la lumière d'une nouvelle théorie, qui englobe (ou « comprend ») la théorie précédente sans pour autant en être directement dérivée. Cette capacité à passer *par-dessus* un problème d'apparence insoluble est encore à rapprocher de ce que Blaise Pascal appelle, dans Les *Pensées*[209], « l'esprit de finesse » qu'il opposait à « l'esprit de géométrie ». Pour Pascal, l'esprit de géométrie se réfère à une approche rationnelle, logique et méthodique du réel : c'est la capacité à penser de manière analytique, à utiliser les règles de la logique, à faire des déductions qui s'appuient sur des principes clairs et des

---

courbure elle-même produite par la distribution de l'énergie sous forme de masse qui diffère suivant le référentiel de l'observateur. La force de gravitation décrite dans le système de niveau n est en fait la manifestation d'un phénomène appartenant à un système $n+1$ qui suscite et explique cette force. La solution n'était pas identifiable dans le système n dont les représentations n'incluaient pas la possibilité de courbure de l'espace (l'espace-temps) ni la prise en compte du référentiel de l'observateur.

[209] Blaise Pascal, *Les Pensées, Pensées sur l'esprit de géométrie et L'esprit de finesse* : « Et ainsi il est rare que les géomètres soient fins, et que les fins soient géomètres, à cause que les géomètres veulent traiter géométriquement ces choses fines, et se rendent ridicules, voulant commencer par les définitions et ensuite par les principes, ce qui n'est pas la manière d'agir en cette sorte de raisonnements. Ce n'est pas que l'esprit ne le fasse, mais il le fait tacitement, naturellement et sans art, car l'expression en passe tous les hommes, et le sentiment n'en appartient qu'à peu d'hommes. Et les esprits fins, au contraire, ayant ainsi accoutumé à juger d'une seule vue, sont si étonnés quand on leur présente des propositions où ils ne comprennent rien, et où pour entrer il faut passer par des définitions et des principes si stériles qu'ils n'ont point accoutumé de voir ainsi en détail, qu'ils s'en rebutent et s'en dégoûtent. Mais les esprits faux ne sont jamais ni fins ni géomètres. »

démonstrations formelles (nous retrouvons ici la distinction que Kant opérera dans La *Critique de la raison pure*[210]). D'un autre côté, l'esprit de finesse repose pour Pascal sur la compréhension intuitive et subtile des nuances, des contextes et des situations spécifiques. C'est une manière de penser qui prend en compte les aspects émotionnels et les perceptions subjectives du réel. Dans un opuscule de Pascal intitulé *De l'esprit géométrique et de l'art de persuader* (opuscule publié en 1658 qui devait être la préface à un essai sur les éléments de géométrie, destiné aux Petites écoles de Port-Royal), Blaise Pascal écrit à ce sujet : « ceux qui ont l'esprit de discernement savent combien il y a de différence entre deux mots semblables, selon les lieux et les circonstances qui les accompagnent. Croira-t-on, en vérité, que deux personnes qui ont lu et appris par cœur le même livre le sachent également, si l'un le comprend en sorte qu'il en sache tous les principes, la force des conséquences, les réponses aux objections qu'on y peut faire, et toute l'économie de l'ouvrage ; au lieu qu'en l'autre ce soient des paroles mortes, et des semences qui, quoique pareilles à celles qui ont produit des arbres si fertiles, sont demeurées sèches et infructueuses dans l'esprit stérile qui les a reçues en vain ? ». Nous retrouvons ici plusieurs aspects de l'analyse que nous avons menée sur la nature de l'acte de penser et notamment sur la différence entre les moments intuitifs et imaginatifs (esprit de finesse) et les moments mécaniques (esprit de géométrie) de la pensée. On voit bien par ailleurs que, pour Pascal, la compréhension se manifeste surtout par la capacité à resituer un mot, une

---

[210] Kant, *Critique de la raison pure, Du jugement transcendantal en général,* voir note précédente

phrase, une idée dans le contexte qui les accompagne. Comprendre c'est intégrer à son être, trouver en soi l'écho à une idée qui devient signifiante (les « arbres si fertiles » par opposition aux « paroles mortes » et « sèches » dans la citation de Pascal). Il est frappant d'ailleurs de constater que Pascal définit l'esprit de finesse comme capacité à « juger d'une seule vue » (idée qui se rapproche de l'idée de liaison esthétique que nous défendons) et l'esprit de géométrie comme capacité à juger d'après des principes (« qu'on leur explique bien toutes les choses par définitions et principe ») et donc de demeurer au niveau n du système dans lequel l'esprit du géomètre demeure et repose. Comprendre, c'est ainsi saisir le sens profond d'une idée, d'un mot ou d'une phrase, ne pas demeurer à la surface des choses (ne pas demeurer dans la dimension unitaire d'un système donné). Le sens de l'humour, en tant que disposition à comprendre le décalage, le sous-texte ou l'ironie, témoigne de cet esprit de finesse, capable de contextualiser un énoncé, d'en saisir l'intention profonde (l'intention derrière la forme d'expression). Avoir le « sens de l'humour » c'est avoir la faculté de regarder les choses en dehors du système dans lequel elles ont cours : percevoir le ridicule d'une situation sérieuse, sentir un double sens, changer en somme de niveau de compréhension — ne dit-on pas d'ailleurs à ce propos « avoir du second degré » ? L'humour peut aussi procéder de notre tendance à grossir, à caricaturer une forme ou une idée générale, il est dérivé en cela de cette capacité à « juger d'une seule vue » qu'évoque Pascal, capacité qui procède également de l'usage de ce second degré (tentative de s'élever au-dessus de la forme ou de l'idée pour en dériver autre chose).

Signalons enfin que cette idée de compréhension comme « saisissement du sens profond » d'une phrase ou d'une idée se retrouve dans les travaux de Noam Chomsky. La notion de « compréhension profonde » selon Chomsky fait référence à une capacité à saisir le sens implicite du langage, au-delà de sa structure superficielle ou de ses règles grammaticales. Pour Chomsky, la compréhension implique la capacité à interpréter le langage dans son contexte, à reconnaître les nuances, les subtilités et les intentions communicatives qui ne sont pas toujours explicites dans le texte lui-même. Une même phrase peut dès lors avoir une signification différente (voire radicalement différente) en fonction du contexte (des habitudes de langage, des cultures…) dans laquelle elle est énoncée. Il y a donc le texte et le sous-texte (différence de niveau) de même qu'il existe une structure grammaticale superficielle (« surface structure ») et une structure grammaticale profonde (« deep structure[211] »). Pour

---

[211] Dans *Le langage et la pensée* (1968), Noam Chomsky donne la définition suivante de sa théorie des structures profondes et superficielles : « Nous pouvons [...] distinguer la *structure superficielle* (*surface structure*) de la phrase, organisation en catégories et en syntagmes qui est directement associée au signal physique, de la *structure profonde* (*deep structure*) sous-jacente, également organisation de catégories et de syntagmes, mais d'un caractère plus abstrait. Ains la structure superficielle de la phrase "a wise man is honnest" (l'homme sage est honnête) peut s'analyser en sujet (a wise man) et prédicat (is honnest). La structure profonde sera cependant relativement différente. Elle extraira en particulier de l'idée complexe constituant le sujet de la structure superficielle une proposition sous-jacente dont le sujet est "man" et le prédicat "be wise". La structure profonde est en fait, selon la conception traditionnelle, un système de deux propositions

Chomsky, la compréhension du sens est liée à la capacité que nous avons à changer de niveau (à « tester » différents niveaux en même temps pourrait-on sans doute affirmer sans trahir la pensée de Chomsky[212]), c'est-à-dire à passer d'un système de niveau *n* à système de niveau *n+1*. De fait, Chomsky a souvent soutenu que les approches traditionnelles de l'intelligence artificielle, fondées sur des méthodes statistiques et des modèles de traitement massif de l'information, étaient limitées dans leur capacité à saisir la véritable complexité du langage humain. Il a notamment critiqué les approches qui reposaient uniquement sur l'apprentissage exécuté à partir de grands ensembles de données, soutenant à raison que de telles méthodes, si elles pouvaient produire des systèmes performants dans la reconnaissance de formes, manquaient la compréhension réelle (profonde) du langage[213]. Il faut, de fait, se méfier des

---

dont aucune n'est sujet de l'affirmation, mais qui s'associent de façon à exprimer le sens de la phrase "a wise man is honnest". », p. 74

[212] Noam Chomsky avance une idée de ce genre lorsqu'il écrit, dans *Le langage et la pensée* (1968) : « La théorie [des structures profondes et superficielles] prétend que la structure sous-jacente, avec son organisation abstraite de formes linguistiques, est "présente à l'esprit" lorsque le signal, avec sa structure superficielle, est émis ou perçu par les organes humains. Et les opérations transformationnelles liant les structures profondes et superficielles sont en fait des opérations mentales, accomplies par l'esprit lorsqu'une phrase est produite ou comprise. », p. 57

[213] De même qu'il avait, dès les années 60, souvent critiqué les approches traditionnelles de l'analyse linguistique, telles que le structuralisme et le behaviorisme, qui se concentrent principalement sur la surface du langage et sur ses aspects

approches monolithiques du langage et comprendre que le langage est d'abord au service des structures de la vie, qu'il est lui-même, d'ailleurs « organique », évolutif et, par conséquent, non-réductible à ses productions concrètes (Chomsky insiste beaucoup sur l'aspect « génératif » de langage et note la proximité du mot « générer » et du mot « intelligence », *ingenio* ayant semble-t-il la même racine latine que différents mots signifiant « engendrer » ou « générer[214] »).

43.

PENSEE ET REFLEXION : LA PENSEE ET SON MIROIR — Si le langage est, par certains aspects, une émanation organique de l'être sensible rationnel, il faut se garder, comme l'ont tenté les behavioristes et les structuralistes, d'en faire une analyse à rebours pour en déduire une définition de l'humain, définition qui obéra fatalement la créativité de l'homme, qui est aussi une caractéristique de la créativité de la vie organique. Il est vrai que l'homme est autant le produit de son langage que son créateur. Il ne faut pas cependant oublier qu'il en est d'abord le créateur avant d'en être le produit. L'homme n'émerge pas *ex nihilo* des structures du langage, il les engendre. Si la structure du langage est de nature logique (pensons, à nouveau, à la racine grecque du mot langage : *logos*), elle est aussi une contrainte qui détermine l'homme en retour. Cette nécessité logique

---

observables. Il faut cependant noter que Chomsky a également exprimé un certain intérêt pour les développements récents dans le domaine de l'intelligence artificielle, notamment les progrès dans les réseaux neuronaux profonds et le traitement du langage naturel.
[214] Op. cit., p. 43

n'est pourtant pas imposée à l'homme comme une limite extérieure : elle est immanente à son propre acte de pensée. C'est en lui-même que l'homme saisit et formule la contrainte rationnelle, et c'est précisément dans cette reconnaissance de la nécessité que s'ouvre la possibilité d'une pensée véritablement autonome. Loin d'être une entrave, la contrainte logique est la condition même par laquelle la raison s'affranchit de l'arbitraire et accède à son autonomie. Si la pensée, comme la compréhension du langage, est liée à notre *ego* et à notre nature sensible (elle y trouve son origine), il est pourtant abusif d'affirmer, comme l'a parfois fait Nietzsche, qu'elle doive s'y réduire. Les philosophies n'écrivent pas avec leur sang[215], pas plus que les mathématiciens ne calculent avec leurs tripes. Le fait que nous ayons un penchant naturel à raisonner selon nos intérêts propres (penchant encouragé par notre nature sensible qui rend précisément la pensée possible) n'implique pas nécessairement que tout raisonnement soit marqué du sceau fatal de l'intérêt particulier (intérêt au sens de « ce qui nous est favorable » et non au sens de l'engagement de notre être dans une parole ou un énoncé, ce qui est très différent comme nous l'avons expliqué plus tôt). Si l'*ego* est ce qui, à travers la sensibilité, met la pensée en mouvement, il n'en est ni l'horizon ni l'aboutissement. La pensée, au contraire, doit, comme « passant au-dessus de l'*ego* » pouvoir le mettre en échec (c'est-à-dire s'en détacher). Dans le cas contraire, elle devient une

---

[215] « De tout ce qui est écrit, je n'aime que ce que l'on écrit avec son propre sang. Écris avec du sang et tu apprendras que le sang est esprit. », Friedrich Nietzsche, *Ainsi parlait Zarathoustra, Lire et Écrire*

pénible logorrhée au service des ambitions hégémoniques du *moi* (le *moi* qui cherche sa croissance, sa confirmation...). La pensée, rendue possible par la sensibilité et par le détachement de l'*ego* vis-à-vis du langage, est aussi, paradoxalement, un acte de la volonté contre l'instinct sensible. Elle est proprement *réflexion*, c'est-à-dire dédoublement de l'*ego*, retour sur soi et capacité à regarder au-delà du miroir. C'est cette figure de réflexivité qui permet à la pensée de ne pas être prisonnière de la biologie.

Dans ses *Conversations avec Wang*, Gödel avait identifié le problème fondamental de la réflexivité de la pensée, problème qui se manifestait selon lui de manière aiguë dans les « paradoxes intentionnels[216] », qui naissent de

---

[216] Un paradoxe intentionnel est un paradoxe qui découle d'une ambiguïté ou contradiction liée à la signification (ou intention) d'un concept. Il surgit lorsque des définitions ou des conditions conceptuelles entrent en conflit, sans que cela implique nécessairement une contradiction formelle au niveau de leur extension.
Exemples :
- Le paradoxe du menteur : « Cette phrase est fausse. » Si elle est vraie, alors elle est fausse. Si elle est fausse, alors elle est vraie. La contradiction vient du fait que la phrase tente de se référer à elle-même de manière problématique.
- Le paradoxe de Grelling-Nelson (« autologique vs hétérologique ») : un mot est autologique s'il possède la propriété qu'il décrit (ex : « court » est un mot court). Un mot est hétérologique s'il ne possède pas la propriété qu'il décrit (ex : « long » est un mot court). Question : « Hétérologique » est-il hétérologique ? Ce paradoxe conduit à une contradiction similaire à celle du paradoxe du menteur. Ce type de paradoxe est lié à des problèmes de réflexivité, d'autoréférence et de définition floue.

l'application de concepts à eux-mêmes, qui s'opposent aux « paradoxes extensionnels[217] » qui concernent les ensembles. Pour Gödel, les paradoxes intentionnels ne pouvaient précisément pas être résolus dans le cadre de la théorie des ensembles. Au premier regard, ces deux types de paradoxes paraissent pourtant symétriques. Considérons, dit Gödel, l'ensemble des ensembles qui n'appartiennent pas à eux-mêmes. Si cet ensemble appartient à lui-même, il est l'un de ses éléments et, par conséquent, un ensemble qui n'appartient pas à lui-même. S'il n'appartient pas à lui-même, il est bien l'un de ces ensembles qui n'appartiennent pas à eux-mêmes et, par conséquent, l'un de ses propres éléments : il appartient alors à lui-même. Il y a donc contradiction. Maintenant, considérons le concept des concepts qui ne s'appliquent pas à eux-mêmes. Si ce concept

---

[217] Un paradoxe extensionnel concerne des contradictions issues de l'appartenance à un ensemble ou de la définition des objets en fonction de leurs extensions (c'est-à-dire l'ensemble des objets auxquels un concept s'applique). Il survient lorsque des règles d'appartenance conduisent à des antinomies dans la théorie des ensembles.
Exemples :
- Le paradoxe de Russell : soit R l'ensemble de tous les ensembles qui ne se contiennent pas eux-mêmes. Question : R appartient-il à lui-même ? S'il appartient à lui-même, alors par définition il ne devrait pas s'appartenir. S'il ne s'appartient pas, alors il devrait s'appartenir. Contradiction logique.
- Le paradoxe de Berry : « Le plus petit entier naturel qu'on ne peut pas décrire en moins de 12 mots. » Cette définition elle-même est une description en moins de 12 mots. La contradiction provient de l'idée d'un classement par extension qui finit par s'auto-annuler. Ces paradoxes montrent que certaines définitions naïves des ensembles ou des descriptions mènent à des contradictions internes.

s'applique à lui-même (comme le concept « difficile » s'applique à lui-même : il est difficile de saisir le concept de ce qu'est « être difficile »), c'est qu'il est un concept qui ne s'applique pas à lui-même. Et, inversement, s'il ne s'applique pas à lui-même, il tombe sous le concept des concepts qui ne s'appliquent pas à eux-mêmes et il s'applique à lui-même. A nouveau, il y a contradiction. Le raisonnement qui apporte la contradiction est analogue dans les deux cas. Pourtant, il y a, pour Gödel, une différence entre ces deux paradoxes[218].

Gödel décrit les ensembles comme « quasi-spatiaux » ou « quasi-physiques ». Ils reflètent la structure et les propriétés des objets matériels. Vis-à-vis de leurs éléments, ils occupent une position semblable à celle d'un objet dans son intégralité par rapport à ses parties, ou à celle de la chose elle-même par rapport à ses diverses apparences. Dès lors, un ensemble ne peut pas s'appartenir à lui-même : il est composé d'éléments qui lui sont extérieurs, considérés comme ses constituants. Les paradoxes extensionnels peuvent être résolus en répartissant les ensembles mathématiques selon une hiérarchie (la hiérarchie des types de Russell ou la hiérarchie cumulative de Zermelo, par exemple). On part d'abord d'un ensemble d'objets initiaux, dits « individus ». Au premier niveau, on construit des ensembles à partir de ces individus, puis, au niveau suivant, des ensembles dont les éléments proviennent du niveau précédent, et ainsi de suite. En définissant des règles précises pour la formation des ensembles, on s'assure que, dans cette hiérarchie, chaque ensemble est

---

[218] Nous reproduisons ici les grandes étapes du raisonnement de Pierre Cassou-Noguès dans *Les démons de Gödel,* p. 210

constitué d'éléments issus de niveaux antérieurs. Aucun ensemble ne peut donc s'inclure lui-même. Dans un tel cadre, il n'est plus possible de former l'ensemble de tous les ensembles qui ne s'appartiennent pas à eux-mêmes. On ne peut constituer que l'ensemble de tous les ensembles d'un niveau donné i qui ne s'appartiennent pas à eux-mêmes (remarquons l'importance de la définition d'un niveau donné dans la résolution du paradoxe, les énoncés de totalité, non définis posant toujours des problèmes par leur structure tautologique). On peut considérer que les paradoxes extensionnels se trouvent ainsi résolus.

La difficulté, dans le cas des paradoxes intentionnels, réside dans le fait qu'un concept *peut bien s'appliquer à lui-même*. Prenons, par exemple, le concept de « difficile », le concept de « vague » (« être vague » est un concept vague), ou encore le concept de concept qui est lui-même un concept. L'extension d'un concept, c'est-à-dire la collection des objets auxquels il s'applique, peut être désignée comme une « classe ». Dès lors, si un concept s'applique à lui-même, la classe qui lui est associée s'appartient à elle-même. Les paradoxes intentionnels ne peuvent donc pas se résoudre de la même manière que les paradoxes intentionnels (par séquençages successifs d'ensembles). On obtient en effet avec ces paradoxes des classes qui ne sont pas des ensembles et qui ne trouvent pas leur place dans la théorie des ensembles (la notion de classe ne peut pas être définie comme un ensemble d'éléments fixes, elle ne recoupe pas la notion d'ensemble puisqu'elle contient déjà elle-même des éléments de réflexivité). Ce caractère réflexif est avant tout une caractéristique des concepts.

D'un côté, nous disposons ainsi d'une théorie des ensembles, mais de l'autre, nous manquons d'une théorie (formalisée) des concepts. Contrairement aux ensembles, dont la structure hiérarchique permet de résoudre les paradoxes extensionnels, les concepts, pouvant s'appliquer à eux-mêmes, échappent à ce type de solution. Il est donc impossible de résoudre les paradoxes intentionnels en recourant aux mêmes hiérarchies. Or, selon Gödel, c'est d'une telle théorie des concepts que dépendraient le développement futur des mathématiques et l'élaboration d'une nouvelle construction théorique non soumise aux théorèmes d'incomplétude. Autrement dit, il faudrait dépasser le formalisme des systèmes de niveau n par un langage qui ne serait assigné à aucun système en particulier. Cette réflexivité propre à certains concepts renvoie, pour Gödel, au problème de la réflexivité de l'esprit humain[219]. Contrairement à une machine, l'esprit peut reconnaître la consistance du système dans lequel il évolue, autrement dit « comprendre son propre mécanisme ». Dans une lettre à Paul Tillich[220], Gödel

---

[219] Kurt Gödel, Conversation avec Wang, p. 275, cité par Pierre Cassou-Noguès in *Les démons de Gödel*, p. 211

[220] Paul Tillich (1886-1965) était un théologien et philosophe allemand, naturalisé américain, connu pour son travail à l'intersection de la théologie chrétienne et de la philosophie existentielle. Tillich est considéré comme l'un des plus grands théologiens du XXème siècle et est souvent associé au courant de la « théologie de la corrélation », dans laquelle il tente de mettre en dialogue la foi chrétienne avec les questions existentielles de l'homme moderne. Paul Tillich était un interlocuteur naturel pour Kurt Gödel en raison de leurs intérêts communs pour l'infini, l'absolu et les fondements métaphysiques de la réalité. Gödel, qui s'intéressait à la preuve de l'existence de Dieu et à la survie de l'âme, trouvait

affirme qu'il existe une telle réflexivité de l'esprit, ou plus exactement de la raison, capable d'une authentique connaissance de soi. Il s'interroge sur la possibilité que la réflexivité des concepts du langage soit le reflet de cette réflexivité fondamentale de l'esprit humain, celle-là même qui conditionne la pensée non-systémique (la pensée naturelle[221]). Ainsi, la réflexivité des concepts pourrait exprimer cette capacité de l'esprit à se retourner sur lui-même. Pour Gödel, les sciences de son époque négligeaient cette réflexivité de l'esprit en raison de leurs présupposés matérialistes. Selon lui, la future révolution mathématique devait être une reconquête de l'esprit par lui-même : une connaissance de soi « essentielle », dépassant la connaissance superficielle illustrée par l'idée de machine de Turing.

Dans la continuité des remarques de Gödel, nous affirmons que la pensée, en tant que structure de la réflexivité et du retour sur soi (structure en spirale) ne peut pas être authentiquement reproduite par un système formalisé. La question liée à la capacité pour une machine de penser de manière authentique ne se réduit pas, nous l'avons dit, au problème de la calculabilité de la pensée, elle s'étend au contraire à la question de la possibilité, pour une machine d'accéder à un état conscient par des mécanismes qui échap-

---

en Tillich un partenaire intellectuel capable de comprendre la profondeur de ses interrogations.

[221] A niveau il faut comprendre ici le langage comme acte de créativité et non comme corpus organisé et gouverné par des règles (logique de l'intelligence artificielle qui simule et reproduit le langage, mais qui n'est pas un acte autonome de production du langage – les modèles d'intelligence artificielle ont été entraînés au langage, le langage n'a pas émergé chez les machines comme il a émergé chez l'homme).

peraient au moins en partie à ses créateurs (mécanismes non-formels, bien que le terme « mécanisme » soit dans ce cas probablement impropre). L'humain, par son incarnation sensible, par sa faculté à ne pas se sentir engagé par un énoncé ou par ce que nous avons appelé sa « stupidité » n'est pas réductible aux systèmes formalisés qui ont tenté de l'imiter (pour le dépasser). Si la machine venait un jour à penser de manière authentique, ce ne serait pas parce que la pensée humaine aurait été intégralement réduite à une structure formelle entièrement calculable, mais parce que la machine aurait acquis une autonomie cognitive irréductible à la simple exécution d'algorithmes qui lui aurait permis (i) d'accéder à la concrétude de ses énoncés par le développement de facultés sensibles (ii) d'opérer un retour critique sur elle-même et sur les formes qui se manifesteraient en elle sans qu'elle ne les produise « volontairement » ou activement (iii) de n'être liée par aucun niveau formel défini (raison pour laquelle, nous l'avons déjà signalé, l'accession à la pensée authentique se ferait donc au sacrifice de l'infaillibilité de la machine[222]).

44.

LES NIVEAUX DE COMPREHENSION ET LES ETAGES DE SENS — La position qui consiste à affirmer que la physique, dans son inéluctable progression finira par annexer l'ensemble des sciences (sciences physiques y compris chimie, sciences de la vie, sciences sociales, sciences formelles et sciences appliquées), si elle semble

---

[222] Sa faillibilité pourrait certes toujours être limitée par une itération de rétroactions critiques formelles.

pour le moins optimiste sur le fond, néglige un aspect fondamental de l'approche scientifique en général et de l'origine de la division des sciences. Historiquement, il est tout à fait juste d'affirmer que la science s'est caractérisée par une tendance à l'unification des doctrines entre elles : unification de la mécanique, de l'astronomie et de l'optique dans la théorie de la gravitation de Newton, unification de l'électricité et du magnétisme par Maxwell, unification et de la biologie et de la chimie par la découverte de la cellule comme unité fondamentale de la vie... Ces unifications successives ont pu laisser croire que les sciences avaient vocation à être unies sous une seule et même bannière. Cette vision néglige cependant le fait que les changements d'échelle ne se réduisent pas nécessairement à des changements de degrés dans les phénomènes observés. L'émergence de la mécanique quantique dans les années 1920 en fut une singulière démonstration : non seulement il apparut alors que les règles de la physique classique ne s'appliquaient pas à l'échelle atomique, mais on découvrit de surcroît que l'ensemble des principes scientifiques que l'on avait crus immuables se trouvaient remis en question (il est d'ailleurs intéressant de noter à ce sujet que les théories physicalistes ont eu un succès plus important chez les philosophes des sciences et les neuroscientifiques que chez les physiciens quantiques — même si quelques grands noms de la physique se sont effectivement déclarés plus ou moins physicalistes). Il ne faut pas, par ailleurs, négliger le fait que le passage d'un domaine théorique à un autre puisse poser des difficultés qui pourraient bien être inhérentes à la structure du réel aussi bien qu'à la structure du savoir. Les sciences du vivant sont souvent envisagées sous l'horizon du réductionnisme, selon lequel les processus biologiques pourraient être intégralement ramenés à des lois physiques modélisables. Néanmoins, cette approche rencontre des limites fondamentales, déjà mises en évidence, en particulier face à la question de l'émergence de la conscience, qui demeure irréductible à une explication strictement physico-chimique. Au-delà de cette difficulté, le réductionnisme peine à rendre compte des phénomènes biologiques de grande échelle, où l'organisation et la dynamique des systèmes vivants excèdent la somme des comportements individuels de leurs constituants. Les réseaux biologiques, qu'ils soient métaboliques, géniques ou neuronaux, ne se laissent pas comprendre comme de simples agrégats de mécanismes locaux, mais manifestent des propriétés émergentes, issues d'interactions complexes et d'une structuration dynamique irréductible aux seules lois qui régissent leurs éléments pris isolément. L'organisme vivant ne peut être pensé comme une simple superposition de processus physico-chimiques, mais doit être envisagé comme une réalité dont la cohésion interne suppose une logique propre, dépassant la seule addition des déterminations matérielles qui le composent. Il ne faut pas, en effet, négliger le fait qu'il existe, au sein de l'organisme, plusieurs unités organisationnelles, elles-mêmes synthétisées dans une unité vivante organisée (insecte, animal, homme...). Chaque unité organisationnelle possède son fonctionnement et sa logique propre et interagit avec d'autres unités organisationnelles de manière verticale ou horizontale. Ce réseau d'interactions complexes et évolutives crée, à chaque niveau de son fonctionnement, une unité et une structure propre qui ne peut être entièrement réduite au comportement local de ses éléments : « *en matière de normes biologiques, c'est toujours à l'individu qu'il faut se référer*[223] ». Le réductionniste pourrait certes nous objecter qu'il ne néglige pas ces effets d'échelle et que la science physique a précisément pour objectif de modéliser l'ensemble de ces échelles et d'en comprendre les articulations dans une théorie unifiée. Nous contestons cependant le fait qu'une telle théorie, si elle venait à voir le jour, pourrait être qualifiée de « théorie physique », non pas seulement pour des raisons de commodité d'appellation, mais surtout parce que les phénomènes décrits ne seraient pas de nature physique mais de nature organique, c'est-à-dire spécifique aux organisations biologiques que le réductionnisme physicaliste entend précisément nier en les réduisant à de simples phénomènes physiques. En faisant de la biologie un sous-domaine de la science physique, les physiciens se placeraient certes dans la tendance historique d'unification des sciences, mais là encore, il faut se garder de vouloir trop prolonger les courbes. La tendance de long-terme à l'unification des savoirs ne doit pas se transformer en dogme de la science unitaire. Il se peut bien d'ailleurs que cette tendance finisse par se stabiliser en domaines connexes, non-réductibles les uns aux autres (nous pensons même que c'est une nécessité intrinsèque au savoir, notre hypothèse étant que la séparation des savoirs en plusieurs domaines distincts n'est pas artificielle — notons d'ailleurs que la plupart des grandes unifications ont eu généralement eu lieu au sein d'une même branche, rarement entre branches éloignées). Cette illusion du caractère réductible d'une branche du savoir

---

[223] George Canguilhem, *Le Normal et le pathologique*, 1943 et 1966, Paris, PUF, p.118

à l'autre est à l'origine de bien des malentendus (nous en avons listé certains). Le caractère multidisciplinaire de la science n'est, de fait, pas nécessairement le fait d'un état inachevé des sciences (ou à une forme d'arbitraire dans la division des savoirs) mais a plutôt partie liée avec le caractère fondamentalement exogène (non-réductible) de certaines disciplines entre elles, caractère qui rend possible une authentique interdisciplinarité du savoir.

LE DEPASSEMENT DU MOMENT SUBJECTIF

> Les théories sont des filets : seul celui qui lance, pêchera[224].
>
> Novalis

LA FORME DES THEORIES

45.

QU'EST-CE QU'UNE THEORIE ? LEUR ORIGINE INTUITIVE — De même que nous avons identifié, au sein du savoir, plusieurs branches irréductibles les unes aux autres, il existe, à l'intérieur d'une même branche de la connaissance ou entre branches hétérogènes des théories d'apparence incompatibles qui possèdent néanmoins une très grande puissance d'explication des phénomènes qu'elles décrivent. L'apparente incompatibilité de ces théories entre elles a par ailleurs été, à travers l'histoire, une source de progrès et de découvertes importantes qui furent parfois le fruit d'une unification de ces théories à un niveau supérieur à celui des théories initiales. Alors que nous semblions progresser vers davantage de clarté et à mesure que notre compréhension du monde paraissait croître, s'élevèrent pourtant des voix qui, s'étonnant du caractère non-linéaire du progrès scientifique, remirent en question l'idée même de progrès, en pointant notamment le caractère supposé périssable des théories scientifiques. Dans les années 1960 et 1970, se

---

[224] Novalis, cité par Karl Popper en incipit de *La logique de la découverte scientifique*

développèrent ainsi toute une série d'arguments contre l'objectivité des sciences, arguments fondés notamment sur le caractère relatif des paradigmes scientifiques, qui trouvèrent leur première formulation systématisée chez Thomas Kuhn dans *La structure des révolutions scientifiques* (1962), puis furent radicalisés par Michel Foucault dans *Les mots et les choses* (1966) avant de trouver leur expression la plus extrême (et, il faut bien le dire, la plus délirante) dans *Contre la méthode* (1975) de Paul Feyerabend. Si ces critiques obtinrent généralement un écho important, elles manquaient à notre avis invariablement l'une des conditions fondamentales de la connaissance. En révélant le caractère lacunaire et incomplet des constructions théoriques, on croyait ébranler les fondements mêmes du savoir, sans voir que l'incomplétude n'en était pas la négation, mais l'une des conditions essentielles. Ce n'est pas l'exhaustivité d'un système qui garantit la possibilité de connaître, mais sa capacité à s'inscrire dans une structure partielle et déterminée, à la fois ouverte et limitée. Loin d'abolir la connaissance, l'impossibilité d'un savoir unifié en régule le mouvement et en préserve la dynamique, assurant ainsi son intelligibilité tout en marquant les frontières au-delà desquelles il cesse d'être opératoire. Aucune théorie ne peut être totalement close sur elle-même sans perdre sa capacité à engendrer du sens et à s'appliquer à de nouveaux objets. L'incomplétude des théories n'est pas une simple contingence, mais une conséquence structurelle du savoir : tout modèle se déploie localement, en fonction d'un langage et d'une formalisation déterminés, et ne peut jamais coïncider avec une totalité absolue sans devenir soit inconsistant, soit tautologique (ne serait-ce qu'en raison de la non-réductibilité des propriétés émergentes de systèmes donnés à leurs conditions d'émergence de niveau *n-1*, comme nous l'avons évoqué au § 40 – *Que signifie penser ?*). Toutefois, cette incomplétude n'implique pas un relativisme radical, car si chaque théorie demeure partielle, elle repose sur des cohérences internes et des prédictions vérifiables qui assurent la possibilité d'un savoir objectif. Toute connaissance repose sur une structuration qui en fixe à la fois le domaine de validité et les limites. Cette exigence de délimitation ne concerne pas seulement les constructions théoriques formalisées, mais découle de l'intuition elle-même, qui ne donne jamais accès qu'à une forme localisée et une articulation déterminée du réel (voir *Le moment esthétique de la connaissance*) En effet, bien que l'intuition donne un accès immédiat au réel, elle ne produit jamais une image totalisante, car toute image suppose une forme qui la rend locale et délimitée. Ainsi, la connaissance progresse dans un mouvement d'élucidation partielle, toujours perfectible mais jamais achevée. Le changement d'échelle ou de perspective est donc consubstantiel à la connaissance et à sa dynamique interne : l'incomplétude n'est pas ce qui limite la connaissance, c'est ce qui la fonde. Elle est la manifestation de notre rapport au monde, de notre appréhension sensible et intuitive des choses. Les théories, en tant que formalisation ou schématisation intuitives des choses (qui sont, elles aussi, déjà formalisées et schématisées à partir de ce qui les fonde matériellement), témoignent aussi de ce rapport de signifiance au monde, rapport qui, comme nous l'avons montré, ne peut jamais être entièrement formalisé.

En signalant ici à nouveau l'origine intuitive (esthétique) des théories, nous n'entendons pas suggérer que la faillibilité (et le caractère évolutif) des théories serait à mettre sur le compte de la sensibilité du théoricien (de son incarnation sensible) mais rappeler plutôt qu'*aucune* théorie ne serait possible en dehors de cette dualité entre intuition et le réel. Autrement dit, la structure du monde rend impossible la réalisation d'une théorie unitaire idéale : la théorie étant une vision intuitive (qui procède d'une activité de synthèse du sensible), elle est à ce titre nécessairement incomplète, subsumable sous une autre théorie. Il ne faut pas cependant confondre incomplétude et inexactitude. Une théorie, incomplète « par nature », peut tout à fait décrire les phénomènes qu'elle entend expliquer avec une précision remarquable, voire localement infaillible. Incomplétude n'implique donc pas nécessairement relativisme ou faillibilité. De la même manière qu'il serait excessif de considérer que notre relation aux objets (ou aux formes) relève d'un arbitraire décrété par le sujet, comme nous avons tenté de le montrer plus tôt (l'arbitraire étant en quelque sorte rendu impossible par le couperet de l'effectivité, c'est-à-dire par l'impact du réel sur notre sensibilité en général et sur notre survie en particulier), il serait tout aussi abusif, nous semble-t-il, d'affirmer que les théories ne sont en définitive que de simples modèles contingents, décorrélés de la réalité profonde des choses. Si, sur ce point, les positions de Thomas Kuhn sont à différencier assez nettement de celles de Foucault et de Feyerabend — dans la mesure notamment où Thomas Kuhn, contrairement à ses successeurs, ne franchit jamais totalement la limite du relativisme, et ce, malgré les ambiguïtés du dernier chapitre de *La structure des révolutions scientifiques*, ambiguïtés qui, malgré les dénégations de Kuhn lui-même ne sont pas levées, mais plutôt accentuées dans la postface de l'ouvrage datant de 1969 — il n'en demeure pas moins que l'œuvre de Kuhn est inauguratrice de ce que sera l'attitude des intellectuels des années 1960 et 1970 à l'égard de la notion de progrès des sciences. S'il est vrai qu'après la Seconde Guerre mondiale, la philosophie européenne (continentale) est déjà bien engagée dans la voie de l'antirationalisme et de l'antisubjectivisme, l'œuvre de Kuhn (ainsi que, par certains côtés l'œuvre, plus ancienne, de Gaston Bachelard[225]) fournira aux penseurs des années 1960 et 1970 des arguments d'apparence respectable contre l'objectivité des sciences (objectivité que nous défendons par ailleurs, nous aurons l'occasion d'y revenir).

En France, George Canguilhem, sera, dans le domaine de la biologie et de la médecine, un autre inspirateur — sans doute à son corps défendant — de l'antirationalisme d'après-guerre. Dans la fameuse réédition (1966) de sa thèse de doctorat en médecine intitulée *Le normal et le pathologique* (publiée pour la première fois en 1943), George Canguilhem avait écrit cette célèbre phrase, abondement citée par ses héritiers qui inspirera notamment Michel Foucault (Foucault avait été l'élève de George Canguilhem à la Sorbonne[226]), mais aussi toute la génération structura-

---

[225] Voir notamment Gaston Bachelard, *La formation de l'esprit scientifique* (1938)
[226] George Canguilhem est même rapporteur de la « thèse principale » de Michel Foucault à la Sorbonne, intitulée *Folie*

liste de la fin des années 1960 qui voyait dans l'anti-normativité le nouvel *Eldorado* intellectuel : « en matière de normes biologiques, c'est toujours à l'individu qu'il faut se référer[227] ». Cette référence à l'individu fut souvent interprétée par les contemporains de Canguilhem comme une remise en cause des critères de normativité biologique (des critères de mesure de l'état normal ou pathologique) au profit d'une forme de relativisme pragmatique. C'était cependant faire une grave entorse à la pensée de Canguilhem que de la considérer comme une pensée de l'absence de norme ou du relativisme subjectif. Si nous intéressons au contexte de la citation, nous nous apercevons que son objet n'est pas l'anti-normativité ou le relativisme des normes. La citation complète de Canguilhem était en réalité la suivante : « en matière de normes biologiques, c'est toujours à l'individu qu'il faut se référer parce que tel individu peut se trouver, comme dit Goldstein[228], "à la hauteur des devoirs qui résultent du milieu qui lui est propre" ». Il n'y a ici, chez Canguilhem, nulle intention anti-normative. Bien au contraire, Canguilhem affirme que la norme se trouve dans la perception de la relation de l'individu *avec son milieu*. En d'autres termes, il ne fait que ramener la relation d'adéquation au cœur de la relation entre le sujet et son environnement (en un sens Canguilhem reconnecte la norme à l'effectivité). Canguilhem rappelle par ailleurs que la médecine, en

---

et déraison : histoire de la folie à l'âge classique, Michel Foucault surnomme d'ailleurs affectueusement George Canguilhem « mon vieux maître ».
[227] George Canguilhem, *Le Normal et le pathologique*, 1943 et 1966, Paris, PUF, p.118
[228] Kurt Goldstein, neurologiste et psychiatre allemand qui fut l'un des pionniers de la neurobiologie moderne.

tant que science expérimentale, doit toujours partir de son sujet d'étude : un organisme vivant qui entretient avec son milieu des relations « adaptatives ». En d'autres termes, affirme Canguilhem, la médecine ne doit pas chercher à établir le profil de l'individu ou du patient « type ». Il faut toujours considérer l'individu dans ce qui fait sa spécificité (à commencer par sa relation avec son milieu) et non pas uniquement en tant qu'il serait un individu « idéal ». Canguilhem rappelle en somme que la science, pour être effective, doit toujours partir des faits (et donc s'en référer à l'individu) pour établir des normes, et non pas — comme c'est trop souvent le cas — partir de normes pour rechercher les faits qui y correspondent. C'est la raison pour laquelle Canguilhem se détachera très tôt et assez nettement de la pensée de Foucault. Dans *Mort de l'homme ou épuisement du Cogito*[229] ?, il note par exemple : « Il n'y a pas aujourd'hui de philosophie moins normative que celle de Foucault, plus étrangère à la distinction du normal et du pathologique[230] » avant d'ajouter un peu plus loin : « S'agissant d'un savoir théorique, est-il possible de le penser dans la spécificité de son concept sans référence à quelque norme[231] ? ». Or, si le relativisme anti-normatif n'est pas exact du point de vue de la biologie, comme le soutient Canguilhem, il n'est pas non plus rigoureux du point de vue des paradigmes scientifiques. La science n'évolue pas par changements successifs et contingents de paradigmes. Elle est toujours en relation

---

[229] Georges Canguilhem, « Mort de l'homme ou épuisement du cogito ? », Critique, juillet 1967, pp. 599-618.
[230] Michel Foucault, *Les mots et les choses* in *Regards critiques*, 1966-1968 *(recueil dans lequel l'article de Canguilhem est reproduit)*, p. 266
[231] Ibid., p. 267

étroite avec le réel (comme l'est en un sens l'individu avec son milieu) et ce à double titre : à raison d'abord du degré d'effectivité que contient la théorie scientifique (le fait qu'elle relève du couple vérifiable-réfutable comme dirait Karl Popper, et surtout le fait qu'elle trouve dans les expérimentations et les faits des vérifications qui accroissent sa valeur et sa puissance d'explication des phénomènes), mais aussi au titre de sa cohérence formelle, à la fois logique et, dans le cas de la physique moderne, cosmologique.

A nouveau, il nous faut ici rappeler la différence fondamentale entre incomplétude et fausseté : la physique de Newton est incomplète, elle n'est pas (localement) fausse pour autant, de la même manière que la mécanique quantique et la relativité générale sont des théories incomplètes dont la fortune sera probablement d'être englobées et subsumées sous une nouvelle théorie unitaire au pouvoir explicatif plus étendu. La découverte de cette nouvelle théorie, si elle a lieu un jour, n'empêchera pas les anciennes théories de demeurer valables dans leurs configurations d'hypothèses (les trois lois du mouvement de Newton sont toujours utilisées dans le contexte du lancement des satellites). Le fait, d'ailleurs que des modèles théoriques puissent être intégrés correctement au sein de *corpus* théoriques différents, voire retranscrits d'un *corpus* théorique à un autre, indique bien l'idée que ces *corpus* ne sont pas purement contingents (deux *corpus* théoriques adéquats, s'appliquant à la description de mêmes phénomènes doivent pouvoir trouver entre eux une forme de « clé de transcription » qui confirme leur validité au sein de leurs *corpus* théoriques respectifs). Beaucoup d'idées différentes peuvent décrire la même réalité physique, écrit par exemple Richard Feynman dans *La nature de la physique*, ainsi, par exemple, l'électrodynamique classique peut être décrite en termes de champs, ou bien d'action-à-distance[232]. Le *corpus* théorique issu des travaux de Newton, d'Einstein ou des fondateurs de la mécanique quantique se distingue fondamentalement de celui des alchimistes et des astrologues, dont les spéculations relèvent d'une élaboration conceptuelle dénuée de fondement scientifique. En effet, la pierre philosophale ne saurait permettre la transmutation des métaux en or ni conférer un élixir d'immortalité, tout comme les mouvements des astres ne déterminent en rien le cours de notre existence — sinon dans la mesure où nous leur prêtons une influence que seule notre croyance rend opératoire. Nulle possibilité, donc, d'intégrer ces théories inadéquates dans un *corpus* théorique plus étendu qui les rendrait subitement correctes. Les théories ont beau être d'origine sensible, esthétique, intuitive, elles n'en sont pas moins soumises aux tests de l'expérience et de la critique. Une théorie contredite par l'expérience est dite invalidée (une ou plusieurs de ses conclusions locales sont imprécises ou fausses). Notons cependant qu'une théorie peut tout à fait être « partiellement invalidée » (elle a alors un degré de vérité plus élevé que la théorie « totalement invalidée », c'est-à-dire un pouvoir explicatif plus fort des phénomènes) ou alors « localement valide » (la théorie est valide dans un cadre d'application, mais échoue à s'insérer dans une application plus globale, suscite des paradoxes ou des contradictions qui peuvent être

---

[232] Richard Feynman, *La nature de la physique*, p. 275, éditions du Seuil, Paris, collection Point, 1980

résolus soit par corrections internes à la théorie, soit par intégration à une théorie de niveau supérieur). Dans l'évaluation des théories, comme en toute chose, il convient de se garder du manichéisme. Une théorie ne saurait être simplement vraie ou fausse dans l'absolu, mais doit être comprise comme une description partielle d'un domaine du réel, toujours perfectible. À l'image d'un vêtement qui enveloppe un corps identifiable, une théorie est une projection formelle sur un ensemble de phénomènes qu'elle cherche à organiser. Or, comme un vêtement, elle peut être trop large, trop étroite, mal ajustée, usée ou rapiécée. Mais un vêtement inadapté n'est pas nécessairement à jeter : il peut être réparé, ajusté, transformé, et parfois, son imperfection même révèle les limites de nos propres critères d'évaluation. Ainsi, une théorie ne se réfute pas toujours en bloc ; elle peut être amendée, réinterprétée ou servir de point d'appui à de nouveaux développements[233]. Le vêtement, comme le filet de Novalis, peut pêcher trop large ou trop étroit, cela ne signifie pas pour autant qu'il soit dénué de *valeur* (de puissance de description). Il arrive cependant que le filet ne pêche rien ou pêche de manière totalement indifférenciée (c'est d'ailleurs ce qui arrive le plus souvent) : il faut alors changer de filet. Si nous introduisons ici la notion de valeur d'une théorie (ou de valeur du filet), il ne faut

---

[233] Cela fait penser à la célèbre phrase du procès d'O. J. Simpson : "if it doesn't fit, you must acquit" : si le gant ne va pas à O. J. Simpson, alors il n'est pas le meurtrier. La science cependant fonctionne différemment du système judicaire, dans lequel le doute doit profiter à l'accusé. Dans le processus d'élaboration théorique de la science, toute théorie localement inadéquate n'est pas nécessairement globalement fausse (et O.J. Simpson était vraisemblablement coupable du meurtre dont il était accusé !).

pas cependant nous méprendre : nous ne songeons pas à faire de la vérité une valeur comme une autre (voir à ce sujet le § 37 — *La vérité est-elle une valeur ?*). Si la vérité n'appartient pas selon nous au champ des valeurs[234] (ou de « ce qui *a* de la valeur ») ce n'est pas le cas des théories qui, ne pouvant par définition (par limitation logique) prétendre qu'à une validité locale, doivent être généralement mesurées d'après leur « valeur » c'est-à-dire d'après l'étendue de leur validité, et non pas d'après leur véracité, c'est-à-dire d'après le couple vrai-faux. C'est de fait en plaçant, de manière abusive, les théories dans l'alternative radicale du vrai et du faux, et en ne les resituant pas dans la problématique de l'étendue de leur validité (de leur localité), que nous ouvrons la brèche au relativisme scientifique. Comme les vêtements sur un mannequin, les théories sont plus ou moins adaptées, elles conviennent ("fit") plus ou moins à la forme du mannequin. Leur valeur respective se mesure dès lors davantage par l'étendue de leur pouvoir explicatif que par leur véracité ou leur fausseté : c'est en appliquant ce critère d'évaluation (étendue du pouvoir explicatif) plutôt qu'en faisant entrer les théories dans une dialectique du vrai et du faux — qui n'est valable que pour des conclusions particulières de la théorie et non pour la théorie dans son ensemble — que nous évitons le danger qui consisterait à envisager les théories comme de simples « visions du monde » (visions qui deviendraient contingentes et relatives, cela va sans dire). La métaphore du mannequin, si elle nous aide à

---

[234] Si nous admettons l'existence et la cohérence du monde, il faut nécessairement un critère de cohérence, qui ne peut être relatif au champ mouvant des valeurs, les valeurs sont précisément les idées qui doivent se mesurer, s'étalonner à la vérité.

comprendre le caractère projectif et esthétique (sensible) de toute théorie ne doit cependant pas nous induire en erreur : bien que le vêtement soit le symbole de la théorie, le mannequin n'est pas tout à fait l'incarnation d'un réel immuable qu'il s'agirait d'habiller convenablement.

Là est toute la difficulté de notre rapport au réel : le mannequin (le réel) est aussi une co-construction de notre sensibilité et du support matériel du monde, il est donc lui-même une représentation subjective (liée pourtant à un substrat, et donc à un support objectif, penser le phénomène sans substrat physique étant selon nous une incohérence logique). En tant que représentation subjective, le mannequin appartient à un réseau de représentations liées entre elles (signifiantes). Il peut arriver que, les représentations évoluant, notre vision sur les choses (les phénomènes) se modifie en même temps. Les changements de paradigmes incarnent ces moments de basculement : par un renversement des représentations (renversement esthétique, non-analytique, non-formalisable) on se rend subitement compte que nos modèles n'étaient pas adéquats, non pas tellement parce qu'ils n'habillaient pas correctement le mannequin, mais parce que le mannequin faisait partie d'un tout plus grand (d'un mannequin plus grand, à l'image des poupées gigognes) que nos représentations ne pouvaient pas synthétiser[235].

---

[235] Si nous tentions de coller à la distinction établie par Thomas Kuhn dans *La structure des révolutions scientifiques*, on pourrait dire que les théoriciens qui cherchent à habiller le mannequin sont les théoriciens de la « science normale » (développement analytique et mécanique du paradigme),

Toute théorie est une retranscription logico-mathématique d'une intuition métaphorique : la métaphore est le mannequin (une intuition globale du réel) et le vêtement est la communication de cette métaphore par le langage et les symboles mathématiques (qui sont en quelque sorte les fils et les aiguilles qui permettent au théoricien de broder la théorie, c'est-à-dire de lui donner un caractère communicable et vérifiable[236]). C'est la communication de la théorie dans un langage objectif, compréhensible par tous qui permet de la faire entrer dans le champ de la vérifiabilité (et donc de la falsifiabilité pour reprendre le terme de Karl Popper). Une théorie scientifique doit être formalisable, explicable dans un langage clair et réfutable : c'est ce qui la distingue d'une supercherie ou d'une idée occulte. Seulement, le caractère localement falsifiable de la théorie ne la disqualifiera pas nécessairement dans son ensemble : « La vérité, écrit Francis Bacon, émerge plus facilement de l'erreur que de la confusion[237]. » Une théorie confuse ou fantaisiste (l'alchimie par exemple) produit des prédictions généralement fausses. Elle est, par conséquent, « globalement inadéquate ». Une théorie qui produit des résultats localement faux ou imprécis (erronés), en

---

tandis que les théoriciens des révolutions scientifiques, ceux qui modifient les paradigmes sont ceux qui cherchent d'autres mannequins.

[236] Nous reprenons ici à notre compte la séparation qu'opère Brouwer entre les deux moments des mathématiques : le moment de l'intuition et le moment de la communication mathématique, qui est le moment de la formalisation et de la communicabilité. Voir également les analyses de Karl Popper dans *La connaissance objective*, p. 215

[237] Francis Bacon, *Novum Organum*, cité par Thomas Kuhn, Op. Cit., p. 49

revanche, n'est pas nécessairement sans valeur. Elle peut être entachée d'une erreur formelle (erreur de calcul par exemple) ou alors d'une erreur locale de représentation. Ce fut le cas, par exemple, du modèle héliocentrique de Copernic qui entrait en contradiction avec le mouvement de Mars, comme Tycho Brahe en fit la remarque entre 1580 et 1590. Dans ce cas précis, c'est finalement Johannes Kepler qui, en utilisant les données de Tycho Brahe, pu comprendre et résoudre les irrégularités de la théorie de Copernic en développant sa propre théorie, dans laquelle les planètes tournaient autour du Soleil sur des orbites elliptiques plutôt qu'en suivant des cercles parfaits. C'est ainsi que les lois de Kepler naquirent en 1609 puis 1619, apportant une compréhension plus précise du mouvement des planètes, (y compris Mars). D'autres théories enfin, pour être amendées, nécessitent un changement général de paradigme, mais ne pourront pas être qualifiées de « fausses » ou d'inadéquates pour autant. Les lois de Newton demeurent effectives, y compris après la formulation de la théorie de la relativité générale. Elles sont cependant intégrées dans une théorie au pouvoir d'explication plus étendu. Qualifier rétroactivement, par conséquent, les théories de Newton de « fausses » à la lumière de la théorie de la relativité générale alors même que ces théories sont expliquées (sans être contredites) dans un cadre représentatif plus global, c'est étendre le concept de fausseté de manière illicite : il y aurait contradiction à intégrer une théorie fausse au sein d'une théorie vraie.

46.

LES THEORIES SONT-ELLES DES FORMES DE FORMES ? — Dans le chapitre précédent, nous avons envisagé les théories comme des trames recouvrant la réalité de manière plus ou moins adéquate, de même que nous avions auparavant défini les formes comme des structures d'organisation schématique du monde physique (§ 24 — *La production de formes ou l'organisation schématique du monde*). Cette analogie pourrait conduire à concevoir les théories comme des « formes de formes », c'est-à-dire des ordonnancements supraformels structurant les formes elles-mêmes. Toutefois, une telle assimilation doit être nuancée : les théories ne sauraient être réduites à des formes au sens de la *Gestalttheorie*, c'est-à-dire à des configurations contingentes susceptibles d'être perçues et interprétées de manière équivalente selon différentes perspectives. Les théories constituent toujours des lectures organisées de formes, en ce qu'elles imposent une structuration qui interdit la perception contingente de deux formes situées sur un même plan. En tant qu'organisation supraformelle, la théorie opère nécessairement à un niveau *n+1* par rapport aux formes qu'elle articule, tandis que la *Gestalttheorie* demeure au niveau *n*, se limitant à l'appréhension des formes sans les subsumer sous un ordre schématique supérieur. C'est au sein de ce même niveau *n* que les formes sont perçues différemment, comme dans l'exemple du vase de Rubin. Dans le changement de paradigme introduit par les théories révolutionnaires, par exemple, ce n'est pas la vision de la forme du niveau *n* qui est considérée autrement : c'est le niveau *n* dans son ensemble qui est désormais vu depuis l'étage du monde *n+1*. Dans *La structure des révolutions scientifiques*, Thomas Kuhn note à ce sujet « à propos de cet aspect de la progression scientifique, [certains] ont insisté sur les similitudes qu'elle présente avec un changement de forme visuelle (*Gestalt*) : le dessin qui était d'abord vu comme un oiseau est maintenant vu comme une antilope et *vice versa* ». Il ajoute : « Cette comparaison peut être trompeuse. Les scientifiques ne voient pas une chose *comme* une autre chose ; ils la voient tout simplement. […] D'ailleurs, l'homme de science ne reste pas libre de passer, comme le sujet des expériences gestaltistes, d'un mode de vision à l'autre[238]. » Si le scientifique n'est pas libre de passer d'une vision à une autre comme le note à notre avis justement Thomas Kuhn, c'est que la formulation d'une nouvelle théorie (révolutionnaire) se fait par un renversement complet de paradigme, renversement qui suscite de nouvelles interprétations des phénomènes (ce qui n'est pas le cas avec les formes de la *Gestalt*, le changement d'interprétation se faisant dans ce cas au sein d'un même paradigme). Thomas Kuhn indique bien que le changement de paradigme scientifique ressemble à un « renversement de la vision des formes[239] », mais ce renversement concerne l'ensemble des formes qui sont désormais vues à travers le prisme de la nouvelle théorie (depuis l'étage de la nouvelle théorie, des nouvelles représentations qu'elle produit). Nous retrouvons une idée similaire (idée à laquelle nous souscrivons) dans *Contre la méthode*, de Paul

---

[238] Op. Cit., p. 149
[239] Ibid. p. 204, un peu plus loin, Thomas Kuhn exprime sans doute une idée similaire lorsqu'il affirme : « Dans un sens que je suis incapable d'expliciter davantage, les adeptes de paradigmes concurrents se livrent à leur activité dans des mondes différents », Ibid. p. 246.

Feyerabend : avec le changement de paradigme, c'est notre perception tout entière du réel et des phénomènes qui se trouve affectée. Le paradigme n'est pas uniquement un modèle, c'est aussi une *manière de voir* et d'organiser le monde. Il peut aussi, à ce titre, influencer rétroactivement la manière dont se forment les phénomènes au sein même de notre conscience[240]. Il ne faut ainsi pas négliger (de même qu'il ne faut pas non plus exagérer) l'influence de la culture sur la perception formelle des choses : en tant que point de rencontre entre un support physique et une conscience génétiquement, historiquement et culturellement déterminée, le phénomène est toujours une construction — sans pour autant être une invention. Lors du « renversement de la vision des formes », si certains scientifiques ont, à en croire Thomas Kuhn, eu l'impression que des écailles leur tombaient des yeux, c'est bien parce que les paradigmes qu'ils tenaient pour acquis influençaient leur manière d'interpréter et même peut-être de percevoir les phénomènes[241]. Si ces changements de paradigmes ont pu être interprétés comme une preuve du caractère faillible et éphémère des théories scientifiques et de la connaissance dans son ensemble, elles sont au contraire selon nous la manifestation (i) du caractère évolutif du savoir (de l'adaptation de plus en plus grande et de plus en plus

---

[240] De la même manière que nos cultures et nos habitudes peuvent influencer jusqu'à un certain point nos constructions formelles.
[241] « Les scientifiques parlent alors souvent d'"écailles qui leur sont tombées des yeux", ou d'un "éclair" qui a inondé de lumière, une énigme jusque-là obscure, les rendant aptes à voir ses éléments sous un jour nouveau qui, pour la première fois, permet sa solution. » Thomas Kuhn, Op. cit. p. 204

fidèle des théories aux réalités qu'elles tentent de décrire) et (ii) de la possibilité que nous avons de nous extraire des conditions subjectives initiales de nos perceptions et de notre conscience pour parvenir à un plus grand degré d'objectivité. L'origine subjective (sensible, génétique, historique, culturelle) de l'imagination productive ne marque donc pas nécessairement les théories du sceau de la faillibilité et du relativisme. En cela, il ne faut pas oublier le rôle de la critique qui trempe les théories dans le bain acide de la raison analytique. La raison critique, en tant qu'instrument de vérification rétroactif de la théorie, est proprement antidogmatique : elle permet à l'être sensible rationnel de ne pas prendre toutes ses intuitions pour des théories effectives. C'est, comme nous l'affirmions plus tôt, le passage par le formalisme et par le langage qui permet la dialectique dynamique avec les représentations issues de notre imagination productive. En se formalisant, les intuitions du scientifique deviennent communicables et critiquables par ses pairs et par lui-même (le théoricien se divisant en quelque sorte en son propre sein, passe sa théorie au crible de la raison, y faisant toutes les objections possibles, il ne cherche pas à occulter les faits qui ne confirmeraient pas son intuition — biais de confirmation[242]).

---

[242] Pour illustrer ce fameux biais, je repense à une anecdote qui me fait toujours rire : un de mes amis que j'avais dû battre près de 80 fois d'affilée au tennis finit par remporter une partie. A l'issue du match, il me déclare, le plus sérieusement du monde : « ça confirme ce que je pensais » (à savoir qu'il m'était supérieur au tennis, ce que venait illustrer parfaitement cette dernière rencontre).

Contre l'inductivisme

Je peux me tromper, bien sûr ; mais je pense avoir résolu un problème philosophique majeur : le problème de l'induction[243].

Karl Popper, *La connaissance objective*, 1972

Nous constatons maintenant avec évidence combien sont dans l'erreur les théoriciens de la connaissance qui croient que la théorie vient par induction de l'expérience. Même le grand Newton n'a pu s'affranchir de cette erreur (*hypotheses non fingo*). [...] Il n'y a pas de méthode inductive qui puisse conduire aux concepts fondamentaux de la physique. Faute de comprendre ce fait, nombre de chercheurs au XIXème siècle ont été victimes d'une erreur philosophique fondamentale. Ce fut probablement la raison pour laquelle la théorie moléculaire et la théorie de Maxwell ne purent s'établir qu'à une date relativement tardive[244].

Albert Einstein, *La physique et la réalité*, 1936

---

[243] Karl Popper, *La connaissance objective, 1972/1979*, La connaissance conjecturale, voir aussi *Ma solution au problème de l'induction*, p. 39, chapitre pour la première fois publié dans la Revue internationale de philosophie, 25ème année, numéros 95-96, 1971, fasc. 1-2. Karl Popper dit avoir pour la première fois formulé sa réponse à l'inductivisme de Hume en 1927.
[244] Albert Einstein, *La physique et la réalité*, 1936, in *Conceptions scientifiques*, Flammarion 2016, Paris, Champs Sciences, p. 36 et p. 45

47.

Pour un depassement du point de vue inductiviste — Le raisonnement inductif, largement employé dans les sciences classiques et contemporaines, repose sur l'inférence de lois générales à partir de l'examen de cas particuliers et d'observations spécifiques. Contrairement au raisonnement déductif, dans lequel les conclusions dérivent nécessairement de prémisses (ou d'axiomes), le raisonnement inductif infère des conclusions à partir d'observations sensibles en supposant une stabilité et une uniformité des phénomènes : si j'observe tous les jours que le soleil se couche et se lève, je peux inférer que le soleil se lèvera demain matin. Par habitude et par glissements successifs, les régularités statistiques finissent par être perçues comme des règles stables, puis sont érigées en lois de la nature. Rien, cependant, ne nous permet d'affirmer *a priori* que ces régularités, quel que soit le nombre de leurs occurrences, puisse avoir une valeur absolue, sur laquelle nous serions susceptibles de fonder une connaissance stable et certaine. Ce fut l'un des apports majeurs de David Hume que de souligner, dans l'*Enquête sur l'entendement humain* (1748) qu'une théorie universelle ne pouvait être vraie pour des raisons empiriques[245] (empiriquement fondées sur un raisonnement inductif qui érige les régularités en lois). Dès lors que nous prenons acte du fait que tout jugement sur le monde est nécessairement un jugement fondé sur l'expérience que nous avons du monde, comment, en effet, attribuer la moindre validité à nos

---

[245] David Hume, *Enquête sur l'entendement humain*, *An Enquiry Concerning Human Understanding*, 1748

jugements sans, du même coup, basculer dans une « épistémologie irrationaliste », fondée sur une croyance magique en une régularité immuable des phénomènes que nous observons dans la nature ? Aucune vérification expérimentale, quel qu'en soit le nombre, ne pourra, en effet, jamais justifier le fait qu'une théorie explicative universelle soit vraie. La méthode inductive, qui est selon Hume la seule méthode susceptible de produire des connaissances empiriques, suppose donc un acte de foi auquel le scientifique doit se résoudre.

Dans les années 1930, le jeune Karl Popper prétendit avoir résolu le problème de Hume. Comme nous l'avons déjà rapidement évoqué au § 34 (*L'intuitionnisme comme réponse aux apories logiques du formalisme*), la solution de Karl Popper à ce problème apparemment inextricable était la suivante : s'il semblait établi que l'on ne puisse pas justifier un énoncé universel par un nombre élevé de confirmations empiriques (quel que soit ce nombre), pouvait-on infirmer un tel énoncé, c'est-à-dire prouver sa fausseté par un contre-exemple tiré de l'expérience ? A cette question, Karl Popper répondait positivement, « le fait d'admettre la vérité de certains énoncés expérimentaux nous autorise parfois à justifier l'affirmation qu'une théorie explicative universelle est fausse[246] ». En d'autres termes, puisque nous avons la faculté, d'admettre la vérité ou la fausseté de certains

---

[246] *La connaissance objective*, *La connaissance conjecturale*, p. 48, nous pensons que ce n'est pas nécessairement la théorie dans son ensemble qui est fausse mais l'une de ses conclusions (la théorie en tant que formalisation d'une intuition n'appartient pas au couple « vrai-faux », qui relève de propositions analytiques mais à la notion de validité).

énoncés expérimentaux (ce que David Hume lui-même ne nie pas), nous avons aussi la possibilité logique de nous prononcer sur la fausseté d'une théorie (en lui opposant un contre-exemple). Or, explique Popper, si nous pouvons déclarer une théorie « fausse » (même si nous pensons que nous devons limiter les critères d'application du vrai et du faux aux énoncés produits par la théorie et non à la théorie elle-même comme nous l'avons évoqué au § 45), c'est aussi qu'une théorie « vraie » doit pouvoir exister, quand bien même, nous n'aurions pas la possibilité de prouver qu'elle est vraie. La solution au problème du raisonnement inductiviste posé par Hume, ne consistait donc pas à essayer, contre Hume, d'établir positivement la validité des théories. La structure même de la logique ne le permet pas : pour établir qu'une théorie est juste, il faudrait en effet montrer qu'il n'existe aucun énoncé qui n'irait pas dans le sens de la théorie. Or si tel était le cas, cela signifierait que la théorie ne dirait rien sur le monde : comme d'ailleurs l'ensemble des théories totalisantes, elle ne signifierait rien (c'est la raison pour laquelle les énoncés de type « tout est matériel » ou « tout est idée » en tant qu'énoncés totalisants non assignés à une classe définie sont sans signification concrète, comme nous l'avons montré plus tôt). S'agissant des énoncés totalisants assignés à une classe définie du type « tous les philosophes sont intelligents » (la catégorie « philosophe » est ici bien définie), il suffira de trouver un contre-exemple (un philosophe stupide ou un cygne noir chez Popper) pour établir la fausseté de l'énoncé. Comme il est cependant logiquement impossible de dénombrer l'infini de l'univers, on ne pourra jamais établir qu'il n'existe pas un philosophe stupide niché à l'autre bout de la galaxie (bien que nous n'ayons sans doute pas à chercher aussi loin pour trouver notre bonheur). L'énoncé n'est donc pas *positivement* démontrable. Par cet exemple, nous n'avons fait en somme que mettre en lumière la structure cruellement dissymétrique du vrai et du faux : si aucune confirmation ne peut jamais suffire à établir la vérité d'un énoncé universalisant assigné à une classe définie, il suffit d'un contre-exemple pour en établir la fausseté. Le vrai est de fait une exception, une ligne positive qui traverse un océan négatif (le faux). Cependant, le fait de poser empiriquement la possibilité du faux nous contraint logiquement — et c'est là l'intuition essentielle de Popper — à supposer la possibilité d'un vrai empirique. Or si le vrai est possible, il devient alors un objet possible de connaissance. Il est vrai qu'aucun énoncé universalisant portant sur le réel empirique (et par conséquent aucune théorie physique) ne pourra jamais prétendre à une confirmation absolue et définitive — c'est l'épée de Damoclès du contre-exemple — mais la théorie pourra légitimement revendiquer un « domaine de validité » tant que la fausseté d'un de ses énoncés concernant ledit domaine n'aura pas été établie. C'est la raison pour laquelle Popper affirme : « puisque nous sommes à la recherche d'une théorie vraie, nous préférerons celle dont la fausseté n'a pas été établie[247] ». Nous avons de fait le droit, contrairement à

---

[247] Ibid., p. 49. Un peu plus loin, Popper écrit, au sujet de la négativité : « La différence fondamentale entre mon approche et celle pour laquelle j'ai introduit, il y a longtemps, le qualitatif "inductiviste" est la suivante : je mets l'accent sur les *arguments négatifs*, comme les exemples négatifs ou contre-exemples, les réfutations et les tentatives de réfutations — bref, sur la critique —, alors que l'inductivisme met l'accent

ce qu'affirme Hume, d'accorder notre préférence à une théorie dont le domaine de validité serait supérieur à une autre (une théorie qui est davantage corroborée qu'une autre et qui n'a pas été prouvée fausse). En effet, la critique de Hume ne s'adresse pas directement au critère local du vrai et du faux. Hume ne remet pas en question notre jugement sur les faits (« aujourd'hui le soleil s'est levé »). En cela, il n'est pas un sceptique radical — scepticisme radical dont les positions sont d'un intérêt philosophique limité, et qui mènent à des paradoxes insurmontables, comme nous l'avons montré plus tôt. Si, donc, nous admettons avec Hume la possibilité de porter un jugement de type vrai-faux sur un énoncé, c'est-à-dire que nous sommes capables d'évaluer un fait sur ce qu'il est (« ce matin le soleil s'est levé »), alors nous devons être capables de justifier notre préférence pour une théorie plutôt que pour une autre *pour des raisons empiriques* objectives (c'est-à-dire pour des raisons fondées sur notre capacité à évaluer les faits). Là encore, l'origine sensible (subjective, empirique) de nos jugements ne doit pas nous conduire à adopter des positions relativistes de salon : la subjectivité de nos perceptions n'est pas un argument contre l'objectivité de la science. Au contraire,

---

sur les "exemples positifs" dont il tire les "*inférences* non démonstratives" et dont ils espèrent qu'ils garantiront la "fiabilité" des conclusions de ces inférences. Selon ma conception, tout ce qu'il peut y avoir d'éventuellement "positif" dans notre connaissance scientifique n'est positif *que* dans la mesure où, à un moment donné, nous préférons certaines théories à d'autres, à la lumière de notre discussion *critique*, laquelle consiste en des tentatives de réfutations, qui incluent des tests empiriques. Ainsi, ce qu'il est permis d'appeler "positif" *ne* l'est *qu'*en fonction de *méthodes négatives.* », pp. 64 sq.

l'empirique, comme racine de la possibilité de notre jugement sur les choses est ce qui induit l'idée de valeur, et donc la possibilité de préférer une théorie à une autre, théorie qui, même si elle ne peut prétendre à une confirmation absolue peut postuler une certaine étendue de sa validité. Ainsi, il convient de bien différencier les énoncés du type « tous les cygnes sont blancs », des énoncés théoriques du type : « le code génétique des cygnes les prédispose à être blancs ». Le premier énoncé en tant qu'énoncé purement empirique et inductiviste n'a pas de valeur théorique particulière. Il peut être entièrement infirmé par la découverte d'un cygne noir. Le second énoncé, au contraire, fait partie d'une théorie plus globale dont le résultat « tous les cygnes sont blancs », n'est qu'une conséquence « locale ». Si le second énoncé est infirmé par la découverte d'un cygne noir, cela ne signifie pas que la théorie dont dérive l'énoncé soit nécessairement fausse. La découverte d'un cygne noir incitera éventuellement le théoricien à revoir localement sa théorie (la prédisposition génétique du cygne à être blanc est-elle universelle ? Quelles sont les conditions ou les modifications génétiques qui peuvent conduire le cygne à être noir ?) sans pour autant la disqualifier entièrement (sauf bien sûr si la théorie est entièrement invalide, c'est-à-dire qu'elle n'a aucun pouvoir explicatif) : les théories contredites par l'expérience ne sont donc pas nécessairement entièrement invalidées, elles peuvent au contraire être corrigées afin d'étendre leur domaine de validité. Néanmoins, une théorie trop souvent corrigée ou rapiécée peut, à certain moment de son évolution, être abandonnée au profit d'une autre théorie dont la clarté et le pouvoir explicatif serait plus fort. La nouvelle théorie se traduira alors par une extension du domaine de validité de ses énoncés, en même temps qu'elle se révèlera d'un usage plus commode (la simplicité de la théorie couplée à sa commodité d'usage étant souvent qualifiée, notamment par les mathématiciens et les physiciens d'« élégance »).

Une théorie est d'abord une forme générale, une sorte de metasystème représentatif dont peuvent dériver un certain nombre d'énoncés empiriques. Ce sont ces énoncés qui peuvent être dits vrais ou faux, et non pas la théorie elle-même. Cette distinction entre la nature non empirique des théories – c'est-à-dire leur irréductibilité au donné sensible – et la portée empirique de leurs énoncés ne semble pas apparaître explicitement dans l'œuvre de Popper. En privilégiant la démarcation entre énoncés scientifiques et non scientifiques, Popper met essentiellement l'accent sur le moment critique de la pensée, qui, dans notre perspective, ne constitue que le second temps de la construction théorique : celui de la communication et de la mise à l'épreuve, au détriment du moment initial de l'imagination productive, qui est l'instant authentiquement créateur. C'est cette insistance sur la critique qui permet à Popper d'apporter une réponse au problème de Hume, mais c'est également ce qui le conduit à une assimilation implicite des théories à leurs énoncés. En amalgamant le moment intuitif et le moment critique, Popper tend ainsi à considérer qu'une théorie est falsifiée par un seul contre-exemple, là où cette falsification ne s'applique en réalité qu'à un énoncé particulier et non nécessairement à l'édifice théorique sous-jacent. La fausseté de certains énoncés d'une théorie peut certes remettre en cause son extension et sa portée explicative, mais elle ne constitue pas en soi un critère de disqualification globale (« la vérité émerge plus facilement de l'erreur que de la confusion »). Toutefois, si cette assimilation des théories à leurs énoncés empiriques tend à notre avis à réduire la complexité du processus théorique, elle n'annule pas pour autant l'apport fondamental de Popper dans sa réfutation du scepticisme humien. Car c'est bien en reconnaissant que la possibilité de falsifier un énoncé implique celle d'une vérité que l'on échappe à l'impasse du simple empirisme inductiviste et que l'on ouvre la voie à une conception plus dynamique et critique du savoir. Nous ajoutons cependant à la critique de Hume que l'erreur ne réside pas seulement dans la confiance aveugle en l'induction, mais aussi dans la méconnaissance du véritable mode de constitution des théories. Les théories explicatives, n'étant ni purement analytiques ni déductibles de l'observation, relèvent d'une construction intuitive et esthétique qui dépasse la simple généralisation d'une régularité empirique – bien que ce soit souvent cette régularité qui motive initialement l'élaboration théorique. C'est là la distinction entre une inférence purement statistique – du type « le soleil s'est levé chaque matin, donc il se lèvera demain » –, qui n'a qu'une valeur analytique et dont la portée scientifique est quasi-nulle, et une déduction fondée sur un modèle théorique issu d'une intuition structurée et corroborée par l'expérience (mon modèle théorique cosmologique m'indique que, en dehors d'un imprévu dont la cause n'aurait pas encore été intégrée à la théorie, le soleil se lèvera demain). À l'inverse, l'approche inductiviste se limite à l'inférence de régularités empiriques, ultérieurement érigées en règles fondées sur une croyance implicite en la stabilité de la nature. Or, ces règles, n'ayant d'autre statut que statistique, ne sauraient fonder un véritable savoir explicatif. Bertrand Russell avait illustré la fragilité de cette méthode inductive par son fameux exemple de la dinde particulièrement douée pour la logique qui croyait déduire de la régularité infaillible avec laquelle le fermier la nourrissait une vérité universelle et éternelle, jusqu'au jour de Thanksgiving où elle finit la tête tranchée. La croyance dans la régularité des phénomènes de la nature, même si elle est corroborée par de nombreux exemples, ne peut pas constituer le fondement d'une théorie explicative : expliquer, ce n'est pas prolonger une courbe. C'est là une erreur classique de raisonnement que d'inférer une vérité générale à partir d'un phénomène particulier (ou même d'une succession de phénomènes si cette succession n'est pas étayée par un modèle explicatif concret). Si la méthode inductiviste, fondée sur les statistiques et les probabilités, peut sans aucun doute avoir un pouvoir prédictif — puisque les régularités existent bel et bien dans la nature — elle n'a en revanche aucun pouvoir explicatif.

Ainsi, par exemple, les modèles statistiques et stochastiques développés par les spéculateurs boursiers ne nous renseignent que rarement et par accident sur la valeur intrinsèque d'une action. Ces modèles procèdent en effet de la même méthode inductiviste : ils infèrent des tendances à partir de mouvements aléatoires créés par le marché lui-même. C'est alors la capacité à anticiper la logique intrinsèque de ces mouvements qui permettra au spéculateur de gagner de l'argent (s'il pèse suffisamment lourd sur le marché, le spéculateur pourra même contribuer à créer ces mouvements — nous retombons alors sur la problématique de l'observateur acteur). C'est la raison pour laquelle les mathématiciens (et non les économistes) ont acquis un rôle de plus en plus important sur les marchés financiers. En développant des modèles algorithmiques de prévision qui entretiennent le plus souvent un rapport lointain avec l'action (le « sous-jacent »), ils agissent comme de parfaits formalistes inductivistes. Les modèles formels qu'ils utilisent ne sont d'ailleurs pas nécessairement spécifiques et peuvent très bien s'appliquer à d'autres domaines que la seule prévision financière (les méthodes de simulation Monte-Carlo, par exemple, qui sont couramment utilisées dans les prévisions financières, sont également utilisées pour simuler les trajectoires des systèmes météorologiques et estimer les incertitudes liées aux prévisions). Cependant, le succès de ces modélisations par inférence statistique, comme le succès des modèles de prévisions basiques fondés sur la croyance en une stabilité éternelle des phénomènes (« le soleil se lèvera demain », « le fermier me nourrira demain comme il l'a toujours fait »), ne doit pas nous induire en erreur : prédiction ne vaut pas explication. Même s'il existe presque autant de modèles mathématiques de spéculation qu'il existe de spéculateurs (et bien que l'on puisse affirmer également à raison que la plupart des modèles spéculatifs intègrent quelques éléments d'analyse), ces modèles échouent généralement à dégager des tendances de long-terme ou à prévoir les retournements de marché. A l'opposé de l'approche stochastique de la valeur, se situent les modèles d'investissement fondés sur une compréhension des modèles d'affaires des sociétés à long-terme et sur une analyse des capacités de développement de ces sociétés sur les marchés réels. Les modèles analytiques (par opposition aux modèles statistiques) peuvent très bien se tromper et se révéler *in fine* moins performants que les modèles stochastiques. Ils sont néanmoins fondés sur une tentative d'analyse de la valeur « réelle » des sous-jacents plutôt que sur une anticipation statistique du prix. C'est par ce modèle analytique, par exemple, que Warren Buffett, homme d'affaires américain, devint la personne la plus riche au monde (et figure encore aujourd'hui parmi les individus les plus riches de la planète) : « la valeur plutôt que le prix », affirmait-il.

Avec ce détour par le fonctionnement des marchés financiers, nous voulons illustrer la différence fondamentale entre le modèle statistique, modèle purement formel, qui n'est attaché à aucune représentation intuitive ni à aucune signification concrète, et le modèle analytique (intuitif) qui tente de déterminer la valeur à long-terme d'une entreprise en examinant, par exemple, sa solidité financière, le développement de son marché, ses facteurs de risques ou d'opportunité bref en tentant de dégager une « vue du marché » de l'entreprise ou du portefeuille considéré. Bien sûr, le modèle analytique ne peut trouver sa confirmation que sur de longues périodes (dans des cycles moins influencés par les mouvements aléatoires de court terme) mais, comme les modèles intuitifs de la physique, il trouve dans les faits une validité (une pertinence) plus ou moins forte. A l'image du modèle explicatif de la physique, le modèle analytique boursier, s'il est localement contredit (le cours d'une action d'un portefeuille peut très bien s'effondrer pour des raisons propres au dirigeant d'une entreprise par exemple) ne sera pas nécessairement entièrement faux : c'est la valeur à long-terme du portefeuille qui démontrera ou non la pertinence du modèle d'investissement, c'est-à-dire la valeur de la théorie de l'investisseur. Dans les modèles stochastiques, rien de semblable : le modèle n'est pas soutenu par une explication qui porterait sur la valeur intrinsèque de l'action (le prix plutôt que la valeur). Ici, la forme est tout, mais la forme n'est pas liée à la signification (ou faiblement). Le modèle formel ne désigne rien d'autre que lui-même : il ne restitue pas les mécanismes dans leur complexité au sein d'un modèle esthétique (représentable et communicable par le langage ou par un système formel organisé comme les mathématiques) mais se contente de rester « à la surface des choses ». Le modèle statistique, en substituant la prévision à l'explication, retombe dans les apories de l'induction (raisonnement fondé sur une croyance dans des régularités). Ce n'est pas pour autant, certes, qu'il sera dépourvu d'effectivité : les prédictions des modèles inductivistes, sans avoir force d'explication de la valeur de l'action, peuvent être plus ou moins bonnes. Cependant, l'effectivité du modèle sera alors fondée sur une inférence statistique et non sur un schéma d'explication générale de la valeur de l'action qui « expliquerait » la régularité (qui nous permettrait de l'intégrer dans un modèle signifiant) davantage qu'elle ne la prolongerait (par inférence ou régression linéaire par exemple). Ici, comme dans la physique moderne, le modèle inductiviste est utilisé pour prévoir l'évolution de la trajectoire des grandes masses, en ne s'intéressant que de manière marginale aux déterminants locaux de ces masses (le comportement de la particule, le comportement d'une action particulière).

48.

CONTRE LE MODELE STATISTIQUE — Il y aurait, pour la science contemporaine, un grand péril à prendre une règle statistique pour une loi et un modèle mathématique pour un paradigme de l'intuition. Dans

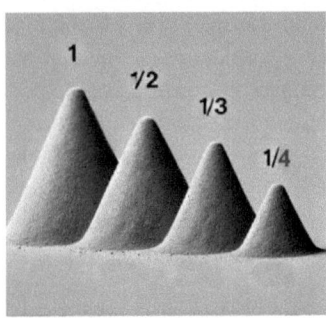

Le quark et le jaguar, Murray Gell-Mann, physicien américain, Prix Nobel de physique en 1969 pour ses travaux sur la théorie des quarks, donne un exemple intéressant de régularités statistiques qui ont été formalisées par des lois purement observationnelles (lois qui se trouvent être en fait des règles conjecturales). C'est le cas, par exemple, de la loi de Zipf, du nom d'un certain George Kingsley Zipf, qui enseignait l'allemand à Harvard au début des années 1930. La loi de Zipf, également connue sous le nom de « loi de Zipf-Mandelbrot » ou « loi de la distribution de Zipf », est une loi empirique qui décrit la distribution de la fréquence des mots ou des événements dans de nombreux types de données, notamment dans les données sur langage naturel, la musique, la taille des villes au sein d'un pays... Selon la loi de Zipf, si nous classons des éléments d'un ensemble par ordre de fréquence décroissante, la fréquence de l'élément k sera approximativement inversement proportionnelle à son rang k. En d'autres termes, le rang de chaque élément est inversement proportionnel à sa fréquence.

Mathématiquement, cela peut être exprimé par l'équation :

$$f(k) = \frac{1}{k}$$

où *f(k)* est la fréquence de l'élément de rang *k*, et *k* et le rang de l'élément considéré.

La loi de Zipf a été initialement observée dans le contexte de la fréquence des mots dans le langage naturel. Par exemple, dans un *corpus* de texte, le mot le plus fréquent (généralement « the » en anglais) apparaîtra environ deux fois plus souvent que le deuxième mot le plus fréquent, trois fois plus souvent que le troisième mot le plus fréquent, et ainsi de suite. Benoît Mandelbrot[248] a montré qu'on obtenait une loi de puissance plus générale en introduisant deux modifications dans la règle initiale de Zipf. La première consiste à ajouter une constante *c* au dénominateur, ce qui donne :

$$f(k) = \frac{1}{k + c}$$

Par ailleurs, Mandelbrot a remarqué une plus grande précision de la règle en ajoutant un facteur au

---

[248] Benoît Mandelbrot (1924-2010) était un mathématicien franco-américain d'origine polonaise, connu pour avoir développé la géométrie fractale et introduit le concept de fractales en mathématiques. Ses travaux ont profondément influencé de nombreux domaines, de la physique à l'économie, en passant par la biologie et l'informatique. Il a notamment montré comment des structures irrégulières et autosimilaires (c'est-à-dire qui se répètent à différentes échelles) pouvaient décrire des phénomènes naturels comme les côtes maritimes, les nuages, les turbulences ou encore les fluctuations des marchés financiers.

dénominateur, par exemple, un facteur carré pour donner une fonction de type :

$$f(k) = \frac{1}{(k+c)^2}$$

Ainsi modifié et amélioré, ce modèle probabiliste de répartition a pu être extrapolé à de nombreux domaines. Le physicien danois Per Bak, a par exemple, proposé, en collaboration avec Chao Tang et Kurt Wiesenfeld une extrapolation de la loi de puissance de Zipf en développant le concept de « criticalité auto-organisée ». Les travaux de Par Bak, Chao Tang et Kurt Wiesenfeld se fondèrent d'abord sur l'observation de la formation des tas de sable sur les plages ou dans le désert. Les tas de sable sont *grosso modo* coniques et chacun a une pente assez bien définie. A mesure qu'un tas s'élève, ses flancs peuvent devenir plus raides, mais seulement jusqu'à ce que la pente atteigne une valeur critique, au-delà de laquelle le tas de sable finit par s'écrouler, ce qui fait réduire la hauteur du tas et l'angle de la pente. Les tas sont donc naturellement « attirés » vers la valeur de la pente, sans qu'aucun ajustement extérieur particulier ne soit nécessaire (d'où criticalité « auto-organisée[249] »). La taille d'une avalanche se mesure d'ordinaire au nombre de grains de sable qui y participent. L'observation révèle que, lorsque la pente d'un tas est proche de sa valeur critique, les tailles des avalanches obéissent alors avec une bonne approximation à une loi de puissance (ou loi scalaire) du même type que la loi de Zipf (seulement, dans ce cas, la

---

[249] Nous reformulons ici rapidement la recension de l'expérience qui est faite par Murray Gell-Mann dans *Le quark et le jaguar*, p. 118

constance ajoutée à loi de puissance de Zipf est très grande). Autrement dit, si l'on assigne des rangs numériques aux avalanches en fonction de leur taille, le nombre de grains y participant décroît très rapidement avec le rang. Bon nombre de phénomènes, naturels ou non, suivent ce genre de lois de répartitions scalaires. Cependant, le simple fait d'identifier des régularités et de formaliser ces régularités ne nous apprend en réalité pas grand-chose à propos des phénomènes que nous décrivons. En ce qui concerne l'expérience des tas de sable, la loi scalaire ne nous permet pas, par exemple, de prédire l'amplitude de la prochaine avalanche. Elle ne fait que répartir statistiquement des tailles d'avalanche d'un bout à l'autre d'un spectre statistique (à l'image de la fameuse courbe de Gauss). Ce genre de loi statistique est entièrement fondé sur l'identification de régularités et sur l'idée que ces régularités se reproduiront. Tout le pouvoir pratique et prédictif de ce type de loi repose donc à nouveau sur la pure croyance en une stabilité des phénomènes observés — mais si la stabilité est bien, en effet, dans les phénomènes (sans quoi le monde échapperait à toute compréhension possible) on ne peut se contenter de la constater, il faut aussi l'expliquer.

Les règles statistiques en tant que règles purement observationnelles, si elles ne sont pas soutenues par un modèle explicatif général répondent ainsi purement à la logique inductiviste dont David Hume avait noté les apories : on peut tout à fait trouver des régularités qui sont le produit d'une série totalement aléatoire et hasardeuse. Si aucune représentation esthétique (si aucun modèle explicatif représentable et formalisable) ne peut être tiré de la règle statistique, alors la règle ne pourra jamais avoir valeur de loi. Le concept de loi est, en effet, lié à la possibilité de dériver de la règle (et donc de l'expérience des régularités du réel) un modèle qui s'intègre dans une représentation globale des phénomènes décrits par la loi : la théorie de la relativité, par exemple, dérive de règles qui procèdent de l'expérience du réel et engendre des lois vérifiables dans le réel. Il ne faut pas, par conséquent, vivre dans l'illusion qui consisterait à prendre des règles pour des lois et les régularités pour des théorèmes. La loi est prédictive en cela qu'elle permet d'identifier et de valider de nouvelles régularités prévues par la loi. La pure règle statistique, en tant qu'énoncé inductif, ne possède d'autre contenu que celui des régularités empiriques qu'elle enregistre, et ne peut prétendre à une intelligibilité propre sans recourir à des conjectures dont la portée explicative reste incertaine. Sa validité repose sur la stabilité du phénomène qu'elle décrit ; si cette stabilité venait à vaciller, elle serait immédiatement caduque. La loi, en revanche, ne se réduit pas à la simple constatation de régularités, mais constitue un cadre conceptuel capable d'intégrer l'irrégularité d'un phénomène isolé sans pour autant être immédiatement disqualifiée. Ce processus ne consiste pas en une simple adaptation par ajout d'exceptions, mais en une réévaluation critique permettant de reformuler le cadre explicatif, comme en témoigne le passage du modèle circulaire de Copernic au modèle elliptique de Kepler, qui ne fut pas une réfutation globale du système héliocentrique, mais son approfondissement.

On pourrait objecter que la statistique, pour pallier ses insuffisances, peut, elle aussi, se perfectionner en intégrant progressivement des phénomènes qu'elle ne prévoyait pas, par une formalisation accrue des signaux déclencheurs de ces irrégularités. Toutefois, même amendée et enrichie par l'intégration de ses propres erreurs, la méthode statistique demeure à la remorque des phénomènes qu'elle observe, toujours en position de les suivre plutôt que de les anticiper. En se limitant à des régularités de grande échelle, elle ne rend pas compte des déterminants particuliers qui conditionnent chaque phénomène singulier. En cela, la statistique apparaît moins comme un outil d'explication que comme un dispositif de catégorisation, une machine à produire des classifications, dont la sociologie moderne a largement exploité les ressources, souvent au détriment d'une analyse des principes fondamentaux qui régissent les phénomènes étudiés.

Le modèle explicatif, lorsqu'il est juste et empiriquement corroboré, se distingue par son pouvoir prédictif authentique : il anticipe les phénomènes au lieu d'en donner l'illusion par ajustements successifs au moyen de calculs statistiques. Concevoir la science comme une simple synthèse de théories isolées, de plus en plus réduites à des règles expérimentales, est une erreur. L'unification scientifique ne procède ni par agrégation ni par un ajustement progressif de règles particulières – la loi n'est pas une règle de règles. Elle repose au contraire sur l'émergence d'une vision unitaire, une intuition intellectuelle et sensible (esthétique), qui peut certes être formellement approchée, mais qui ne peut jamais se réduire à un pur formalisme. L'exemple d'Einstein est éclairant à cet égard : son ambition ne fut jamais d'unifier les sciences selon un principe purement analytique ou en cherchant une « théorie des théories ». Son approche s'est développée en sens inverse :

l'unification ne fut pas le produit d'une synthèse progressive, mais d'une vision conceptuelle globale, d'abord perçue sous une forme abstraite et intuitive, puis traduite dans un langage accessible, avant d'être enfin formalisée mathématiquement. Cette formalisation mathématique ne constituait pas, pour lui, le point de départ de la construction théorique. Ce fut avec l'aide de son ami Marcel Grossmann, mathématicien de l'École polytechnique de Zurich, qu'Einstein put donner à sa théorie de la relativité une structure rigoureuse. L'histoire des sciences montre ainsi que l'unification théorique ne résulte pas de la juxtaposition de théories partielles, mais d'une reformulation conceptuelle capable de réorganiser les connaissances sous un nouveau paradigme.

49.

CONTRE L'INTERPRETATION PROBABILISTE DE LA MECANIQUE QUANTIQUE — Dans un article intitulé *Les représentations concrètes en microphysique*, paru en 1967 dans un volume encyclopédique de la Pléiade, intitulé *Logique et connaissance scientifique*[250], Louis de Broglie insistait sur les dérives statisticiennes de la science moderne et notamment de la physique quantique. Pour Broglie, l'apparition des probabilités dans la physique avait d'abord été le résultat d'une ignorance partielle de l'état du monde physique. Il établissait à ce sujet une distinction sémantique intéressante entre ce qu'il appelait les « probabilités actuelles » et ce qu'il nommait les « probabilités prévues ». Les probabilités actuelles, expliquait-il, se rapportaient à une situation que nous

---

[250] Op. cit., pp. 706-725

ignorons partiellement, mais qui est « actuellement » réalisée, tandis que les probabilités prévues avaient trait à une situation qui pourrait être réalisée avec une certaine modification de la situation actuelle. Or, notait Broglie, cette distinction était totalement abolie dans la mécanique quantique.

Dans la mécanique quantique, les particules de la matière ne sont jamais directement examinables : nous ne pouvons déceler leur existence qu'en observant un phénomène macroscopique (tel que le noircissement local d'une plaque photographique, la formation d'une gouttelette liquide dans une chambre de Wilson, etc.), qui est *déclenché* par l'action de la particule. Le comportement des particules est donc *déduit*, c'est-à-dire indirectement dérivé de l'expérience. A l'échelle subatomique, la déduction se substitue aux faits, les faits ne pouvant pas être observés directement. Or, si l'on examine attentivement la manière avec laquelle interviennent les probabilités dans l'interprétation orthodoxe de la mécanique ondulatoire (l'interprétation de Copenhague), nous nous apercevons que la notion de probabilités n'y a plus du tout le même sens que dans les théories de la physique classique. Dans la mécanique quantique, l'introduction des probabilités ne résulte pas de notre ignorance partielle du comportement de molécules individuelles (comme dans la théorie cinétique des gaz par exemple[251]) mais d'une véritable « indétermination » de certaines grandeurs. Ce concept d'indétermination introduit des modifications dans la notion même de probabilités qui paraissent, comme le

---

[251] Boltzmann écrit d'ailleurs à ce sujet « l'entropie est un défaut d'information sur l'état fin du système »

signale Louis de Broglie, « assez obscures et dans l'ensemble peu satisfaisantes[252] ». Broglie regrettait que la forme des théories de la microphysique de son temps ait entraîné « un abandon complet des représentations concrètes de la réalité physique à très petite échelle[253] ». La science physique, déplorait en somme Broglie, avait subitement abandonné l'explication par les images intuitives au profit d'une inflation formaliste qui achevait de déconnecter les physiciens des significations concrètes de leurs modèles prédictifs. L'atome, écrivait Broglie, était ainsi devenu « un système d'équation[254] » auquel n'était plus attaché aucune représentation intuitive. Cependant, notait très justement Broglie, si la science moderne refusait de s'appuyer sur des représentations concrètes pour communiquer ses résultats, elle était loin de se montrer aussi rigoureuse dans ses démonstrations formelles : « on repousse les images concrètes et on se sert constamment de conceptions tirées de ces images, telles par exemple que position d'un corpuscule, quantité de mouvement, etc., conceptions dont notre esprit ne peut se passer ; on se sert de l'espace de configuration dont la définition même introduit les coordonnées des corpuscules tout en se refusant à admettre que les corpuscules aient constamment une localisation dans l'espace, etc.[255] » Cette attitude ambigüe des théoriciens de la science moderne à l'égard des images explique sans doute pourquoi une importante partie d'entre eux, se refusant à penser avec

---

[252] Ibid. p. 715
[253] Ibid. p. 717
[254] Ibid.
[255] Ibid. p. 718

des schèmes (ou avec des « images mentales ») procédant de l'intuition, furent pris dans d'inextricables contradictions[256] qui engendrèrent à leur tour des explications confuses : « on peut relever dans la théorie actuelle l'emploi constant d'explications purement verbales qui sont équivalentes à des refus d'explication[257], note Broglie ». Les contradictions provenaient en fait de l'absence d'un modèle structurant, ou d'une « vision d'ensemble », capable de soutenir l'édifice théorique que l'on cherchait à décrire. Par une excessive formalisation des phénomènes, on pensait atteindre une objectivité illusoire qui n'était en fait qu'une synthèse formelle du réel au pouvoir prédictif limité. En croyant se libérer du subjectivisme des images mentales, la science moderne était ainsi en train de s'inféoder de nouveau à l'inductivisme, qui ne peut que prévoir sans décrire : « Aux critiques précédentes, écrivait ainsi Broglie, il faut encore ajouter une remarque très importante. La théorie microphysique usuelle [...] repose entièrement, sauf dans quelques récentes tentatives, sur des équations linéaires qui permettent, quand on a trouvé plusieurs solutions, d'obtenir en les additionnant une nouvelle solution (principe de superposition) : ceci signifie que les solutions des équations peuvent s'ajouter sans réagir aucunement l'une et l'autre. L'analyse des équations linéaires ayant pu être effectuée d'une façon très

---

[256] Nous pensons en effet, comme nous l'avons déjà développé plus tôt, qu'il n'est pas possible de penser sans schèmes, nous retombons dans les apories du positivisme et du monisme réductionniste : prétendre penser sans schèmes c'est essayer de penser en dehors du champ de la signification.
[257] Ibid.

approfondie par les mathématiciens, la mécanique quantique a pu se constituer en un corps de doctrine qui est formellement très rigoureux et très élégant. Mais pour une théorie physique, il ne suffit pas qu'elle soit mathématiquement rigoureuse et élégante : il faut encore qu'elle traduise exactement la réalité physique[258]. » C'est précisément cette traduction de la réalité physique qui faisait défaut à la mécanique quantique. Prévoir n'est pas décrire. Si le formalisme est toujours tributaire d'une représentation, il n'est jamais une représentation « en soi » (s'il veut avoir une signification, il doit transcrire davantage que lui-même). Ce n'est pas, en d'autres termes, parce que la théorie s'unifie par le formalisme mathématique qu'elle désigne quelque chose de concret, une réalité physique. C'est la raison pour laquelle l'unification mathématique du corps de doctrine de la mécanique quantique n'a pas toujours eu pour corolaire l'unification de la théorie physique elle-même — (ce qui renvoie à la distinction que nous avons établie précédemment entre unification par synthèse de règles statistiques et unification par un modèle explicatif capable de prédire plus que lui-même).

Près de quarante années après la parution de l'article de Louis de Broglie, Lee Smolin, théoricien de la physique qui est, avec Carlo Rovelli, l'un des fondateurs de la théorie de la gravitation quantique à boucles (qui se présente comme une alternative à la théorie des cordes), fit un constat similaire : « La théorie [quantique], écrit-il, ne produit que des probabilités. Une particule, par exemple, l'électron dans un atome,

---

[258] Ibid. pp. 718-719

peut se trouver partout jusqu'au moment où on le mesure ; sur le champ, notre observation détermine son état. Cela suggère que la théorie quantique ne raconte pas encore l'histoire dans son ensemble[259]. » Pour Lee Smolin, les nombreuses difficultés suscitées par le défi que présente l'unification de la mécanique quantique et de la théorie de la relativité (et notamment, d'après Smolin, les difficultés internes à la théorie des cordes) sont en partie dues au désintérêt que les théoriciens de la mécanique quantique marquèrent à l'endroit des grandes questions épistémologiques que soulevait la physique moderne : « dans l'approche de la recherche en physique théorique développée et enseignée par Richard Feynman, Freeman Dyson et les autres, note Smolin, la réflexion sur les problèmes fondamentaux n'a pas sa place[260] ». On peut en effet observer, en accord avec les analyses de Smolin, que ce désintérêt pour les questions épistémologiques est particulièrement marqué chez Richard Feynman, qui déclarait, par exemple, dans l'introduction de *Lumière et matière* (1985) : « ce qui est important, c'est que la théorie […] permette des prédictions qui soient en accord avec l'expérience. La question n'est pas de savoir si telle théorie est agréable du point de vue philosophique, ou si elle est facile à comprendre, ou si elle est acceptable du point de vue du sens commun[261] ». Nous voyons

---

[259] Lee Smolin, *Rien ne va plus en physique*, *l'échec de la théorie des cordes*, éditions Dunod pour la traduction française, 2006 [2007 pour la traduction française], Paris, p 46
[260] Ibid., p. 36
[261] Op. Cit., titre original, *The Strange Theory of Light and Matter*, éditeur original : Princeton University Press; Princeton, N.J., edition française, InterEditions, collection Points, Paris, 1987, à. 25

comment Feynman met ici l'accent sur la prédiction
(« permette des prédictions qui soient en accord avec
l'expérience ») au détriment de la description et de la
communication de la théorie. Le modèle doit fonctionner, indépendamment de sa compréhensibilité. Un peu
plus loin, dans *Lumière et matière*, Richard Feynman
affirme explicitement que la science moderne doit « en
rabattre sur ses prétentions » et renoncer à décrire ce
qu'elle explique. Ce renoncement marque un retour à
une posture essentiellement inductiviste et statistique,
où l'efficacité prédictive l'emporte sur l'intelligibilité
théorique : « Faut-il en conclure, de demande
Feynman, que la physique, science exacte par excellence, en est réduite à ne calculer que des *probabilités* et
est incapable de prédire exactement ce qui va se
produire ? Oui : la physique est obligée d'en rabattre sur
ses prétentions. Nous n'y pouvons rien, c'est ainsi. La
nature ne nous autorise à calculer que des probabilités[262]. » Nous voyons là se dessiner une équivalence
entre (i) l'idée qu'en matière de physique atomique le
scientifique ne pouvant plus observer est obligé de
conjecturer (état de fait qui est l'objet d'un consensus
large) et (ii) l'idée que le comportement de la matière
serait *intrinsèquement* imprévisible : « malgré tous nos
efforts pour imaginer une théorie "raisonnable"
expliquant comment le photon "décide" de traverser la
surface ou d'être réfléchi, il s'avère impossible de
prédire ce qui va arriver au photon[263] », déplore
Feynman. Mais de cette impossibilité profondément
liée au problème de la mesure (c'est-à-dire à notre mode
d'interaction conjectural avec la matière, l'interpréta-

---

[262] Ibid., p. 36
[263] Ibid.

tion au niveau subatomique ayant remplacé l'observation), Feynman fait une sorte d'impossibilité métaphysique qui tendrait presque à devenir une propriété du photon lui-même. Ce n'est plus le scientifique qui échoue à prévoir la trajectoire du photon à travers une surface partiellement réfléchissante, c'est le photon lui-même qui devient « imprévisible ». Feynman transforme ainsi subrepticement un jugement sur les choses en propriété des choses elles-mêmes, ce qui, pour les raisons que nous avons déjà évoquées, nous parait être une grave erreur de méthodologie (voir *Qu'est-ce qu'une chose*, § 23 — *Y a-t-il quelque chose en soi*).

L'imprévisibilité, considérée comme un caractère intrinsèque des phénomènes quantiques, est pourtant au fondement même de la théorie. Le principe d'incertitude (ou d'indétermination) énoncé par Heisenberg en 1927 stipule qu'il est impossible de mesurer simultanément et avec une précision infinie la position et la vitesse d'une particule subatomique. Dès ce principe, l'idée selon laquelle cette impossibilité relève de la nature même du comportement des particules est affirmée. Mais ne confond-on pas ici une limitation de notre jugement sur les choses — en l'occurrence, le fait que l'observation perturbe inévitablement les phénomènes à l'échelle subatomique — avec une propriété *intrinsèque* des objets eux-mêmes ? Ainsi, l'incertitude, d'abord reconnue comme une limite de la mesure, devient une caractéristique ontologique des particules quantiques elles-mêmes — comme si une particule pouvait être, « en soi », « certaine » ou « incertaine » de quoi que ce soit ! Voilà une question métaphysique que nous aimerions poser à Heisenberg. De cette assimilation, la plupart des théoriciens de la microphysique concluent que le monde quantique est intrinsèquement probabiliste. Mais comment un objet pourrait-il être, « en soi », prévisible ou imprévisible ? Une telle posture ne marque-t-elle pas un retour implicite à une forme d'objectivité absolue, en contradiction avec les grandes leçons du positivisme et du scientisme de la fin du XIXème et du début du XXème siècle, qui avaient justement pris acte des limites de toute prétention à un en-soi connaissable ?

Nous l'avons évoqué, la chose est toujours une représentation, une construction *a posteriori* du sujet, construction qui s'appuie certes sur une réalité concrète (qui s'en *réfère* à un substrat) mais qui ne saurait s'y réduire. En somme, la construction de ce que nous appelons « chose » ou « phénomène » est toujours le résultat d'une rencontre, d'une interaction entre un substrat « objectif » (un *stimulus*) et notre conscience d'être sensible qui, saisie par le *stimulus*, construit une réalité qui lui est propre (sur le fondement du flux qu'elle reçoit, décode et organise). En d'autres termes, lorsque les théoriciens de la microphysique déclarent que le monde quantique est intrinsèquement probabiliste (ou probabiliste « en soi », ce qui revient au même), ils ne font que qualifier notre rapport au « monde quantique » (nous mettons monde quantique entre guillemets, car l'idée de monde quantique est déjà en elle-même une co-création, un concept tiré de notre expérience déductive de ce « monde »). Le monde quantique n'est donc pas probabiliste « en soi », c'est notre rapport à ce monde, c'est-à-dire la manière dont nous pouvons entrer en relation avec lui et dont nous nous le représentons qui induit une approche probabiliste. Rien, en effet, dans le monde physique, ne nous permet d'affirmer que la trajectoire du photon soit indéterminable « dans l'absolu » : l'indéterminabilité est liée à notre mode d'interaction avec le photon, l'idée d'« absolu », d'« intrinsèque » ou d'« en soi » ne signifie rien *du point de vue du photon*. Le photon est une construction mentale, un schème de l'imagination productive. Reprécisons ici inlassablement que, dans la perception du phénomène, le schème de l'imagination productive n'est pas délié du substrat qui en est à la racine : nous ne sommes pas idéalistes absolus (pas plus que nous ne sommes matérialistes et pour les mêmes raisons). Le schème est bien une co-construction de la réalité matérielle du monde et de notre imagination qui, s'appuyant sur l'intuition sensible, décode et organise le monde en le rendant lisible « pour nous ». S'il est sans aucun doute vrai que le comportement de la matière au niveau subatomique représente un formidable défi à notre compréhension, il faut en quelque sorte « garder ses nerfs » et ne pas abandonner, face à ce défi immense, toute notre rigueur épistémologique. Le progrès scientifique se définit certes par le renouvellement de ses paradigmes, de ses représentations du réel. Il y aurait cependant sans doute quelque danger à vouloir, dans les sciences modernes, rompre avec le « sens commun » (expression vague et mal définie, mais qui fait en définitive référence à notre capacité de comprendre nos propres modèles formels et à les intégrer dans une vision d'ensemble signifiante). La science, en tant qu'activité de compréhension (et donc d'explication) du réel, a probablement beaucoup à perdre qu'à gagner dans cet abandon. Cela a toujours été, en effet, la grandeur de la science que de refuser de s'en tenir aux paradoxes (paradoxe signifiant littéralement ce qui va à l'encontre du sens commun : *para doxa*, contre la δόξα, contre l'opinion commune). La science s'est toujours au contraire définie comme une activité de résolution des paradoxes (posés dans et par le sens commun). Elle est en cela un refus de la pensée magique : les phénomènes s'expliquent, ils ne se vénèrent pas. Vouloir débarrasser la science du sens commun, c'est vouloir arracher un arbre à ses racines tout en espérant qu'il continue de croître. Nous n'avons pas d'autres outils que le sens commun et que le langage commun pour comprendre le monde. Toute théorie qui prétendrait s'en passer s'enfoncerait immanquablement dans la contradiction, comme l'avait noté Louis de Broglie en 1967. C'est également ce que souligne Lee Smolin dans un passage qui suit de près celui que nous avons précédemment cité : « [le] langage quantique contient des verbes, qui se réfèrent à nos préparations et à nos mesures, et des noms, qui se réfèrent à ce que nous observons à la suite de ces préparations [...] Dès la création de la mécanique quantique, un débat a fait rage entre ceux qui acceptaient cette façon de faire de la science et ceux qui la rejetaient. Beaucoup parmi les fondateurs de la physique quantique, y compris Albert Einstein, Erwin Schrödinger et Louis de Broglie, répugnaient à cette approche. [...] Quelle que soit l'efficacité de la théorie quantique, pour eux, elle est restée incomplète, parce qu'elle ne pouvait pas fournir une image de la réalité, en notre absence. De l'autre côté, se sont trouvés Nils Bohr, Werner Heisenberg et plusieurs autres. Au lieu d'en être scandalisés, ils ont accueilli à bras ouvert cette nouvelle façon de faire de la science[264]. » Louis de Broglie ne disait pas autre chose lorsqu'il écrivait, quarante ans avant Smolin : « On arrive ainsi à la très importante conclusion suivante : "Si l'interprétation actuelle de la mécanique ondulatoire s'est montrée incapable de représenter d'une manière claire et concrète la dualité des ondes et des corpuscules, c'est peut-être parce qu'elle s'est volontairement enfermée *a priori* dans le cadre trop étroit de la linéarité ». En terminant ce paragraphe, nous devons signaler que divers savants, parmi lesquels on compte des esprits aussi éminents qu'Einstein et Schrödinger, ont élevé de graves objections contre l'interprétation actuelle de la microphysique quantique et montré que cette interprétation a conduit dans certains cas à des résultats paradoxaux et fort peu acceptables. Bien que leurs arguments aient été contestés, nous pensons personnellement, après y avoir longuement réfléchi, que ces arguments ont une grande valeur et jettent un doute sérieux sur l'ensemble des idées actuellement admises[265] ».

---

[264] Ibid. p. 47. Signalons tout de même que, même si nous souscrivons à l'idée générale de Lee Smolin, nous ne sommes pas tout à fait en phase avec l'idée d'une réalité « en notre absence » qui peut désigner une forme de réalité absolue, mais il est probable que la réalité « en notre absence » désigne davantage ici la réalité telle qu'elle est indépendamment de son interaction avec les instruments de mesure dont nous disposons, réalité par définition inconnaissable par nous (indécidable dans notre système d'interaction avec la réalité), ce qui ne signifie pas pour autant qu'elle n'ait pas d'existence propre.
[265] Louis de Broglie, *Les représentations concrètes en microphysique*, p. 719. Louis de Broglie oublie sans doute de citer à ce sujet Max Planck, qui dans *Initiations à la physique* (1934) établit la

distinction entre lois statistiques et lois dynamiques. Il écrit à ce sujet : « Ainsi donc, pour des raisons tirées tant de la théorie que de la pratique, il est indispensable d'établir une distinction fondamentale entre les lois nécessaires et celles qui sont simplement probables. Toutes les fois que l'on sera en présence d'une loi, la première chose à se demander sera donc : cette loi est-elle une loi statistique ou une loi dynamique ? Il y a là un dualisme, et même un dualisme inévitable, dès lors que les considérations statistiques ont le droit de cité en physique, néanmoins, bien des gens n'en ont pas été pleinement satisfaits et ont cherché à le faire disparaître. Dans ce but, ils se sont résignés à nier l'existence de toute certitude et de toute impossibilité absolue et à n'admettre que des probabilités plus ou moins grandes. Selon eux, il n'y aurait plus de lois dynamiques dans la nature, mais seulement des lois statistiques et le concept de nécessité absolue serait à exclure de la physique. Contre cette opinion, qui est une erreur grossière et pernicieuse, on peut objecter que tous les phénomènes réversibles, sans exceptions, sont régis par des lois dynamiques, il n'y a donc aucune raison de supprimer cette dernière catégorie de lois. Mais il y a bien mieux encore : la physique, pas plus que n'importe quelle autre science, que cette science soit une science de la nature ou une science de l'esprit humain, ne peut se passer de la notion de loi absolue ; sans cette notion, la statistique elle-même ne fournirait que des résultats dénués de leur fondement le plus essentiel. » Op. cit., pp. 63 sq. Nous retrouvons ici l'idée selon laquelle la physique moderne entend carrément substituer les lois statistiques aux lois dynamiques (celles qui répondent à un schème de l'imagination pourrait-on dire) et la mise en garde de Max Planck concernant les dangers de cette substitution qui priverait la science de son fondement le plus essentiel.

50.

> Pas vu, pas pris.
>
> Proverbe français

L'ERE DE LA TECHNIQUE OU LE RETOUR DE LA PENSEE MAGIQUE — L'« ère de la technique[266] » ne se caractérise pas tant par la transformation de notre rapport au monde en une relation purement utilitaire que par l'avènement d'un mode de pensée mécanique consacrant l'approche hilbertienne du réel : cette illusion selon laquelle l'ensemble de notre rapport au monde serait formalisable, à condition de disposer de paramètres initiaux suffisamment précis. Nous savons, depuis Gödel, que cette ambition n'est pas seulement utopique, mais également logiquement incohérente. Tout n'est pas mesurable, calculable ni exprimable dans un système formel totalisant : c'est ce que démontrent les théorèmes d'incomplétude (ces théorèmes n'interdisent certes pas de formaliser le monde, ils imposent cependant une limite structurelle à la formalisation), et c'est également ce que nous avons cherché à établir en réexaminant le concept de signification. Ce concept, par nature dualiste, repose sur l'articulation entre intuition et sensibilité, deux dimensions radicalement distinctes du système rationnel analytique. Loin de se réduire à une simple complémentarité, cette séparation engendre à son tour une multiplicité de niveaux systématiques, irréductibles les uns aux autres.

---

[266] Pour reprendre l'expression que Martin Heidegger employait en 1954 dans *La question de la technique*.

Alors qu'Alan Turing, à l'époque de la rédaction de sa thèse de doctorat,[267] avait bien exposé le problème de l'incomplétude, il entendait le réduire de manière asymptotique en l'intégrant dans des systèmes calculables de niveau supérieur (systèmes formels à boucles récursives). On ne peut reprocher à Turing d'avoir voulu tenter de réduire le problème de l'incomplétude : sa démarche n'était pas celle d'un philosophe ou même d'un épistémologue des sciences, ses travaux étaient en réalité dirigés vers un objectif pratique et pragmatique, celui de la formalisation conceptuelle de ce qui deviendra l'informatique moderne. Cependant, ce qui, chez Turing relevait encore d'une orientation théorico-pratique (le développement d'une base théorique à l'informatique) se transforma par la suite — notamment dans le champ des neurosciences qui connurent, dans les années 1970 et 1980 un nouvel essor grâce au développement de l'imagerie cérébrale — en un paradigme épistémologique impensé : celui de la mécanisation du monde, celui aussi de la victoire de l'approche technique et inductiviste de la connaissance.

Je fis il y a quelque temps un rêve (ou peut-être était-ce un songe dans un demi-sommeil ?). J'étais à l'époque en train de faire construire ma maison dans le Sud-Ouest de la France. Je me souviens distinctement de cette conversation imaginée avec mon architecte positiviste (dans mon rêve, l'architecte se présentait lui-même comme un positiviste convaincu). La maison est construite au Pays basque, sur du sable, à proximité du littoral atlantique. Alors que je m'inquiétais de savoir

---

[267] *Systems of Logic Based on Ordinals*, 1938, Op. cit.

sur quel type de fondations la maison allait pouvoir s'édifier, l'architecte positiviste me répondit : « tout ce qu'on sait, c'est qu'elle tient debout ». La réponse me laissa bien entendu assez perplexe et à moitié rassuré. L'approche moderne de la science ressemble de plus en plus à celle de cet architecte positiviste : tenons-nous-en aux faits, les faits seuls commandent et non la représentation des faits (contentez-vous de savoir que votre maison tient debout, les autres tiennent également debout, cela devrait vous suffire). C'est ce que nous appelons « l'approche technique du réel », c'est-à-dire la consécration du modèle analytique, la modélisation formelle de la régularité plutôt que l'intégration de la régularité au sein d'une théorie générale : la statistique plutôt que l'explication. La science moderne, par bien des aspects, est devenue une mécanique de la prédictibilité. Cette approche technique de la connaissance est à notre avis une résurgence de la pensée magique, celle dont David Hume se désolait déjà au XVIIIème siècle, celle aussi que décrit bien Ernst Cassirer dans *La philosophie des formes symboliques* lorsqu'il identifie la pensée mythique avec cette faculté que nous avons à faire des liens synthétiques entre des éléments qui n'entretiennent aucune liaison particulière entre eux[268]. La pensée

---

[268] Voir notamment Ernst Cassirer, *La philosophie des formes symboliques*, Tome 2, *La pensée mythique* : « Alors que la pensée théorique respecte l'autonomie des éléments entre lesquels elle effectue une certaine liaison synthétique et qu'elle les sépare et les tient à distance par l'acte même de les mettre en relation, la pensée mythique confond en une figure unique et intégrée les termes, qu'elle considère comme corrélatifs et unifiés par un lien magique. Dès lors peut apparaître

magique (ou la pensée mythique chez Cassirer) procède précisément de cette méthode qui consiste à établir des liens (de nature statistique, même si la statistique est souvent entachée de biais cognitifs confirmatoires) entre des éléments hétérogènes, qui peuvent très bien n'avoir aucun lien entre eux (les relations, par exemple, entre les rituels de danse de la pluie, les offrandes aux dieux ou les invocations et la survenue de la pluie dans les peuples primitifs). S'il n'existe nul modèle signifiant, c'est-à-dire nul modèle intuitif communicable par le langage ou par une formalisation mathématique signifiante (non-moniste) pour soutenir la prédiction, alors la prédiction n'aura d'autre valeur que statistique : elle demeurera fondée sur une croyance de nature mythique ou magique. Dans le domaine de la prédiction financière, par exemple, il est bien connu que l'on peut, de manière rétroactive, établir des corrélations statistiques très fortes entre des éléments qui n'ont pratiquement aucun lien entre eux, par exemple l'évolution du cours mondial du pétrole sur les dix dernières années et l'évolution du cours du quinoa sur les marchés sud-américains au XIXème siècle. Si nous tirons une corrélation future (« probabilités prévues ») de ces corrélations passées sans aucun modèle général pour étayer ces corrélations, nous nous tromperons assurément dans nos prévisions. La corrélation de séries statistiques ne signifie donc rien en soi sans modèle général soutenant un éventuel lien de causalité.

"semblable" ou "de même nature" ce qu'il y a de plus dissemblable du point de vue de la perception immédiate, ou de plus hétérogène du point de vue de nos concepts "rationnels", à la simple condition de faire partie intégrante d'un seul et même complexe global. », p. 214, *L'émergence du sentiment de soi*.

Il peut aussi y avoir des corrélations faisant intervenir des variables cachées, comme c'est le cas, par exemple, dans la corrélation entre l'évolution de vente de crèmes glacées et le nombre de noyades dans les piscines. Dans ce cas, la corrélation entre les deux séries statistiques ne signifie pas qu'il faille interdire les ventes de glaces (pensée magique) mais plutôt qu'il existe une variable cachée qui influence les deux séries (évolution des températures et du niveau d'ensoleillement qui influence le nombre de baignades dans les piscines — pensée critique non-probabiliste). La pensée critique, à l'inverse de la pensée magique, ne se contente pas de corrélations statistiques. Elle ne prend pas le réel comme une sorte de tout indifférencié, mais se définit au contraire par son aptitude à revenir de manière rétroactive sur les modèles que lui propose l'imagination productive. Au-delà de cette fonction de « filtre », la pensée critique s'inscrit toujours dans une volonté d'explication du réel par un modèle signifiant (le modèle est dit signifiant s'il peut se comprendre et se communiquer comme une image sensible et intellectuelle du réel, image corroborée par les faits) : elle ne prend pas les corrélations pour des vérités. L'activité de penser est en relation avec cet exercice de schématisation sensible du monde : penser, c'est se rendre le réel signifiant, se « faire une image » du réel. Cette relation étroite entre pensée et capacité à créer une image signifiante explique sans doute pourquoi les algorithmes, même les plus perfectionnés, ont, pendant très longtemps, échoué à rivaliser avec les meilleurs joueurs d'échec[269]. Les combinaisons possibles d'une partie d'échecs étant infiniment nombreuses, le jeu d'échec est, par essence, un jeu d'intuition et de visualisation, davantage qu'un jeu de mémorisation (même si la mémorisation des combinaisons joue sans nul doute un rôle fondamental, notons d'ailleurs qu'il s'agit dans ce cas de combinaisons particulières et non de combinaisons indifférenciées testées au hasard par un procédé machinal). De fait, les meilleurs joueurs d'échec par leur capacité à *visualiser* les différentes combinaisons possibles (signifiantes) d'une partie, à contextualiser la partie en fonction de leur adversaire et à adapter leur façon de jouer à la compréhension d'un contexte particulier ont pu rivaliser pendant plusieurs décennies avec des machines possédant des capacités de calculs infiniment supérieures aux leurs. La compensation de ce déficit énorme que les joueurs d'échecs avaient en termes de capacité de calcul par rapport aux machines n'avait pu se faire que par la différenciation intuitive des combinaisons (l'élimination naturelle de combinaisons perdantes par la visualisation, à travers les propositions de l'imagination productive des combinaisons possiblement gagnantes).

---

[269] Nous savons que les machines sont désormais capables de battre les champions d'échec. Notre point n'est pas tellement ici de revendiquer une supériorité du cerveau humain sur les machines, mais plutôt d'insister sur l'efficience du cerveau humain, capable de surmonter l'énorme handicap qu'il a vis-à-vis de la machine (puisqu'il est très loin de posséder sa puissance de calcul) par quelque chose que ne possède pas la machine (sa faculté d'intuition intellectuelle, d'imagination productive). Notons d'ailleurs que les machines capables de battre les meilleurs joueurs d'échec se sont largement inspirées de la structure des réseaux neuronaux.

En cela, l'activité de penser est une activité essentiellement différenciante, « segmentante ». La pensée humaine, contrairement à l'algorithme, « ne met pas tout sur le même plan ». Elle classe et hiérarchise le réel pour s'en faire une image globale (de la même manière, d'ailleurs que notre conscience hiérarchise l'information, par effet de *focus*, comme dans le paradoxe de Troxler, voir § 25 – *Qu'est-ce qu'un phénomène ?*). C'est la raison pour laquelle elle est plus efficiente qu'une machine qui tenterait de tester toutes les combinaisons du jeu (l'efficience pouvant être entendue comme le rapport entre l'énergie déployée et l'efficacité, c'est-à-dire l'atteinte de l'objectif que l'on s'est fixé). Les neuroscientifiques auront tôt fait de rétorquer que le cerveau, lui aussi, traite l'information de manière statistique : dans le domaine de la perception visuelle, par exemple, le cerveau intègre les informations provenant de multiples sources sensorielles et utilise des modèles statistiques pour reconnaître des objets ou des formes dans l'environnement. Nous ne nions pas cette réalité, mais il faut bien différencier le traitement statistique de l'information que tout organisme sensible doit nécessairement opérer pour espérer survivre dans un monde qui ne lui laisse pas toujours le temps de la réflexion, et la *déduction intellectuelle* que le cerveau opère sur le fondement de ce traitement statistique. Le modèle explicatif du réel, issu de l'articulation entre l'imagination et l'entendement, n'a ni une nature statistique ni une structure strictement calculable (computable). En tant que modèle de lisibilité du monde, il se rapporte avant tout à la sensibilité par laquelle il est envisagé et d'après laquelle il se construit. Ce n'est que par le développement d'une théorie générale (théorie nécessairement issue de l'imagination productive) que le modèle peut devenir signifiant (pour un être doué de sensibilité) et échapper ainsi aux apories de l'approche inductiviste de la statistique (ce que nous avons appelé la pensée magique).

Là encore, on pourrait facilement nous faire l'objection de l'effectivité des prédictions de la mécanique quantique. Les prédictions statistiques, en tant qu'elles permettent de prévoir (statistiquement) le comportement de particules, ne sont pas sans valeur : elles sont effectives (elles permettent de prévoir de manière effective le comportement de grandes masses de particules par exemple). Seulement cette effectivité, si elle témoigne de la régularité des règles tirées de la nature, ne repose pas encore sur un modèle général (un schème communicable) qui pourrait la soutenir. En cela, les prédictions de la mécanique quantique relèvent encore de la pensée magique (la pensée selon laquelle l'événement se reproduira comme il s'est toujours produit dans les conditions dans lesquelles il s'est produit). L'approche probabiliste de la mécanique actuelle, qui est encore le paradigme dominant de la science moderne, diffère radicalement de celle qui consiste à tenter de formaliser le réel dans un modèle général qui s'illustrerait par sa capacité à faire des prédictions qui ne seraient pas issues de l'extrapolation d'une série statistique : la prédiction que je peux faire quant au fait de savoir si le soleil se lèvera ou non demain se distingue profondément de celle qui a, par exemple, conduit à la prédiction de l'existence du boson de Higgs. Le boson de Higgs était une prédiction qui dérivait de la théorie du champ de Higgs (théorie développée par Peter Higgs, Robert Brout et François Englert dans les années 1960) selon laquelle un champ, qui imprègne tout l'univers, interagit avec les particules élémentaires, leur donnant leur masse. Higgs avait proposé que l'existence de ce champ impliquait également l'existence d'une particule associée, appelée boson de Higgs, qui correspond en fait au quantum d'excitation du champ de Higgs. La découverte du boson de Higgs au Large Hadron Collider (LHC) du CERN, le 4 juillet 2012, confirma l'existence du champ de Higgs et valida ainsi le mécanisme proposé pour donner une masse aux particules. Bien sûr, nous schématisons à dessein le paradigme scientifique actuel. En réalité, en dépit de ce paradigme, la vérité est qu'un grand nombre des découvertes de la mécanique quantique sont, dans les faits, associés à un modèle théorique soutenant la découverte (modèle théorique communicable, illustrable), seulement force est de constater que la mécanique quantique, sans doute victime de ses préjugés initiaux, n'a pas encore, aujourd'hui trouvé son modèle général (modèle cadre), et ce en dépit de plus de cinquante années de recherche consacrées à la théorie des cordes qui a précisément pour objectif de faire le lien entre la théorie de la relativité (issue d'un paradigme clair et formalisé dans le *sens commun*) et la mécanique quantique (qui attend toujours son paradigme).

PEUT-ON PENSER SANS *PATTERN*[270] ?

> Deux excès. Exclure la raison, n'admettre que la raison.
>
> Blaise Pascal, *Pensées*, 1669 (Posthume)

51.

LE PROBLÈME DE LA MÉTHODE — Dans *La nature des lois physiques*[271], ouvrage de vulgarisation paru en 1965 au moment de l'obtention de son Prix Nobel pour ses travaux en électrodynamique quantique, Richard Feynman insistait sur le fait que l'essentiel, dans la pratique de la science, n'était pas de trouver la méthode, mais *une* méthode qui fonctionne. Son ambition était de penser sans préjugés (ou sans modèles) intermédiaires[272]. Force est de constater que cette démarche se révéla payante pour Feynman, puisqu'elle lui permit

---

[270] Qu'on me pardonne cet anglicisme. Le choix du mot «*pattern*» ici plutôt que «modèle» ou «paradigme» s'explique par sa proximité avec le mot français «patron» que nous pourrions tout aussi bien employer mais qui aurait une connotation étrange (penser son patron/je suis mon patron), surtout après évoqué l'anarchisme épistémologique de Feyerabend.

[271] Richard Feynman, *The Character of Physical Law*, 1965, Traduction française, Robert Laffont, 1970.

[272] Il écrit par exemple : « Si vous êtes coincés, la réponse ne peut pas être une de celles-là, parce que vous les avez essayées tout de suite. Il faut utiliser une autre méthode la fois suivante. Chaque fois qu'on se trouve bloqué dans un fouillis d'ennuis et de problèmes, c'est parce qu'on a utilisé les mêmes méthodes qu'avant. Le projet suivant, la nouvelle découverte doit être réalisée de manière complètement différente. Ainsi l'histoire ne nous aide guère. » Op. cit. p. 195

d'obtenir le Prix Nobel de physique. Il faut toutefois souligner que, dans son ouvrage de vulgarisation scientifique, Feynman utilise le terme « méthode » dans un sens qui diverge sensiblement de celui employé par Descartes[273]. Si, chez ce dernier — comme généralement dans le langage commun — la méthode fait référence à un ensemble organisé et systématisé d'étapes ou de procédures utilisées pour explorer, comprendre, analyser ou résoudre un problème spécifique, chez Feynman, le mot méthode semble davantage faire référence à un ensemble de dogmes, d'hypothèses et de préjugés scientifiques propres à une époque (à en juger notamment par les exemples que Feynman donne dans son chapitre intitulé *A la recherche des lois nouvelles*). Si l'intention de Feynman est d'affirmer que, en sciences comme ailleurs, il ne faut pas systématiquement raisonner selon les paradigmes hérités de nos prédécesseurs, nous adhérons pleinement à cette perspective. Ce sont bien souvent les changements de paradigmes, nous l'avons vu, qui furent à l'origine des découvertes majeures. Seulement, si nous nous concentrons sur ce que dit Feynman à propos de la méthode scientifique, en mettant de côté ce qu'il affirme à propos des paradigmes et des préjugés scientifiques, nous constatons que Feynman est en réalité beaucoup plus proche qu'il ne le pense de la méthode traditionnelle de l'approche des sciences. Ainsi déclare-t-il, toujours dans *La nature des lois physiques* : « Quand on tombe juste, cela se voit de manière évidente. […] Votre hypothèse, en fait, se ramène à affirmer la simplicité de la théorie. Si vous ne voyez pas tout de suite l'erreur, et si c'est plus simple

---

[273] Notamment, bien sûr, dans le *Discours de la méthode*

qu'avant, alors c'est juste. [...] Nous avons besoin d'une imagination, mais d'une imagination étroitement corsetée. Il nous faut trouver une nouvelle vision du monde en accord avec tout ce qui est déjà connu, mais en désaccord quelque part dans ses prédictions, autrement ce ne serait pas intéressant[274]. » L'évidence, la simplicité, l'imagination critique… Feynman, pourrait-il être plus traditionaliste ? Son approche de la pratique scientifique est ici presque cartésienne (le doute méthodique, la recherche de certitude, la recherche de la simplicité et de la clarté, l'évidence rationnelle…). Certes, Feynman déclare vouloir chercher de nouveaux paradigmes et être prêt à trouver des modèles qui vont à l'encontre du sens commun (en cela, rompt-il vraiment avec la tradition scientifique ?) mais il ne faut pas ici confondre paradigme et méthode. Alors que le paradigme est un modèle de l'imagination productive passé au filtre de la raison critique (Feynman ne dit pas autre chose lorsqu'il évoque une « imagination étroitement corsetée »), la méthode est bien plus un pragmatisme de la recherche scientifique qu'un dogme de la raison. Si la méthode n'est pas nécessairement le point de départ de toute pratique scientifique (on ne commence pas par tester une méthode, on teste toujours d'abord une idée qui est elle-même déduite de l'observation des faits), il faut bien, néanmoins, que le scientifique puisse dériver de ses expériences une *manière d'agir*, c'est-à-dire un fil d'Ariane qui lui permette de ne pas se perdre dans les anfractuosités de son propre subjectivisme : en tant que pragmatisme de la démarche scientifique, la méthode n'est pas un dogme, elle est déduite de l'action (de

---

[274] Op. cit., p. 204

l'expérience) plus qu'elle n'y préside. Le scientifique est en réalité libre d'adopter sa propre méthode pour autant que cette méthode puisse être formalisée et réponde à des objections critiques. Si la méthode qui consiste, pour reprendre la métaphore du *Discours de la méthode*, à « marcher droit », comme on le ferait dans une forêt obscure dont on cherche à sortir, a pu fournir un modèle d'action à la science moderne, rien n'indique que cette méthode soit la plus à même de se tirer des difficultés de la microphysique. Avoir une méthode, c'est tirer de l'expérience n'importe quelle règle qui permettrait d'avancer dans la compréhension de notre situation par rapport au monde (ou par rapport aux phénomènes que l'on tente de décrire). Ainsi, nous souscrivons pleinement à l'idée que Paul Feyerabend développe dans les premiers chapitres de son livre *Contre la méthode* (1975) selon laquelle toute méthodologie doit être pluraliste, c'est-à-dire adaptée à son objet. Cependant, en plusieurs occasions, Paul Feyerabend, à l'image de Richard Feynman, semble amalgamer la méthode au sens strict (une sorte de théorie pragmatique de la pratique, telle que nous avons tenté de la définir précédemment), avec le paradigme et la théorie. Ainsi, affirme-t-il par exemple, immédiatement après avoir évoqué le problème de la méthode (à la fin du deuxième chapitre) que « la prolifération des théories est bénéfique à la science » (début du troisième chapitre). Il est frappant de voir, comment nous sautons ici à nouveau de la règle au paradigme et du paradigme à la théorie sans distinctions sémantiques claires. Dès le premier chapitre, Paul Feyerabend mélange d'ailleurs dans une même phrase méthode et théorie : « il est clair, affirme-t-il, que l'idée d'une méthode fixe, ou d'une théorie fixe de la rationalité, repose sur une conception trop naïve de l'homme et de son environnement social[275] ». Il nous semble ici que l'assimilation implicite de « l'idée de méthode fixe » et d'une « théorie fixe de la rationalité » est abusive, la première expression désignant une approche systématisée du réel qui tire ses règles de l'expérience, la seconde désignant le paradigme général que la raison s'applique à elle-même dans une tentative de définition de son champ d'application. Pour Paul Feyerabend, la théorie fixe de la rationalité doit précisément être revue à la lumière d'une approche radicalement critique qui remettrait en question la notion même de « faits » scientifiques. Cette idée de Feyerabend — qui doit à notre avis être nettement dissociée de son concept de « méthode fixe » (qui ne relève pas du même champ d'application) — n'est pas dépourvue d'intérêt. Comme nous l'avons souligné, les faits ne sont jamais de simples données brutes, mais résultent d'une construction collaborative impliquant plusieurs niveaux d'interaction entre le réel et l'esprit. Ils émergent d'un substrat matériel objectif, qui se donne à la conscience par l'intuition sensible, mais cette intuition ne suffit pas à constituer un fait en tant que tel. Elle est prolongée par l'imagination physique – ou *imagination productive*, selon la terminologie husserlienne – qui projette une forme sur l'objet perçu. L'entendement intervient ensuite pour organiser et structurer les données combinées de l'intuition et de l'imagination, tandis que la raison critique assure une mise en cohérence plus large : elle interprète les formes en les intégrant à un réseau de

---

[275] Paul Feyerabend, *Contre la méthode*, éditions du Seuil pour la traduction française (1979), Paris, Points Sciences, p. 25, titre original, *Against Method* (1975)

significations et en validant leur consistance générale. Ainsi, un fait n'est jamais une donnée immédiate, mais une articulation complexe entre ces différentes instances de la connaissance. Il n'y a pas d'objectivité des faits, comme il pourrait y avoir par exemple une objectivité des mathématiques. Les faits (les phénomènes) se présentent toujours à nous de manière décodée, c'est-à-dire toujours « déjà » interprétés. Cependant, contrairement à ce que feint de croire Feyerabend, cette interprétation organisée des phénomènes (ou des faits) n'est pas une libre dissertation de l'imagination. Si Paul Feyerabend a raison de souligner le « caractère historico-physiologique de l'évidence, le fait qu'elle ne décrit pas seulement un état objectif des faits, mais qu'elle exprime aussi des conceptions subjectives, mythiques ou oubliées depuis longtemps concernant cet état des faits[276] », il exagère la portée de sa critique en lui donnant une validité radicale et universelle. Il y a certes dans toute description des faits une dimension « subjective ». Seulement cette dimension subjective est consubstantielle à la notion même de signification (sans dualité, pas de signification). Elle n'est donc pas une sorte de vers de terre qu'il s'agirait d'extraire d'une pomme : elle est consubstantielle à la pomme même. En tant que construction signifiante, le fait est toujours lié à un réseau complexe de significations. C'est précisément de ce réseau que le fait tire sa propre signification (sans signification il n'y a pas de fait). De cette codétermination du fait (le fait comme collusion entre un substrat objectif et une signification qui s'insère dans un paradigme général d'origine sensible)

---

[276] Ibid., p. 69

on ne peut conclure à une « subjectivité radicale du fait » qui nous mènerait au relativisme intégral. Le rôle du scientifique est précisément de bousculer le système existant de paradigmes pour donner au fait *une nouvelle signification* qui s'insèrera dans une théorie générale dont le pouvoir d'explication sera plus étendu que celui de la théorie précédente. Dans le processus de découverte scientifique ce n'est pas donc pas tant le « fait » qui est en jeu, mais plutôt *le paradigme dont il tire sa signification*. Ainsi, Feyerabend a tort selon nous de déclarer que « c'est l'évidence même qui est viciée[277] ». L'évidence (du latin *evidere* qui signifie « voir clairement » ou « distinguer nettement ») ne peut être objective ou viciée en elle-même, c'est bien plutôt le réseau de significations dans laquelle elle s'insère qui a une portée explicative du réel plus ou moins étendue. Il est vrai, cependant, que nos propres paradigmes et schémas conceptuels peuvent influencer notre perception des phénomènes. Ainsi, nombre d'études contemporaines ont montré une variabilité interculturelle dans les perceptions visuelles et les interprétations de figures ambigües[278]. Cependant, si ces études montrent une

---

[277] Ibid., p 68
[278] Voir par exemple Kitayama, S., Duffy, S., Kawamura, T., & Larsen, J. T. (2003), *Perceiving an Object and its Context in Different Cultures: A Cultural Look at New look*. Psychological Science, 14(3), 201-206.
Masuda, T., & Nisbett, R. E. (2001). *Attending Holistically versus Analytically: Comparing the Context Sensitivity of Japanese and Americans*. Journal of Personality and Social Psychology, 81(5), 922–934.
Ji, L. J., Peng, K., & Nisbett, R. E. (2000). *Culture, Control, and Perception of Relationships in the Environment. Journal of Personality and Social Psychology*, 78(5), 943–955.

variabilité qui semble être induite par des différences culturelles (et non par le patrimoine génétique, par exemple, dans la mesure où, d'après ces mêmes études, les différences marginales de perceptions des phénomènes s'appliquent de la même manière aux immigrés qui ne partagent pas le patrimoine génétique de la culture hôte), elles n'établissent pas de différences radicales entre cultures, à même de requalifier notre rapport au réel. Les écarts de perception interculturels, pas plus que les écarts de perceptions interindividuels ne sont susceptibles de remettre en question l'idée d'effectivité des phénomènes, c'est-à-dire l'idée de contrainte que le réel nous impose *in fine* dans notre rapport aux phénomènes (voir chapitre *Qu'est-ce qu'une chose ?*).

À cet égard, il nous semble inexact de qualifier les faits de purement spéculatifs[279], comme le fait Feyerabend, ou d'affirmer qu'ils « sont eux-mêmes constitués par des idéologies plus anciennes[280] ». Une telle perspective tend à réduire la construction des faits à une simple projection idéologique, occultant la dimension objective du substrat matériel et la structuration opérée par l'entendement et la raison critique. Si les faits ne sont pas des données brutes immédiatement accessibles, ils ne sont pas pour autant de pures constructions arbitraires, dénuées de tout ancrage dans le réel. Sous les apparences de la nouveauté et en exploitant le pouvoir de séduction inhérent à tout propos radical,

---

Chua, H. F., Boland, J. E., & Nisbett, R. E. (2005). *Cultural Variation in Eye Movements During Scene Perception*. Proceedings of the National Academy of Sciences, 102(35), 12629–12633.
[279] Op. Cit., p. 14
[280] Ibid., p. 55

Feyerabend ne fait ici que réactualiser la vieille critique du subjectivisme – c'est-à-dire l'idée selon laquelle notre rapport au réel procède d'une origine subjective – et, ce faisant, il en ravive la conséquence classique : le relativisme. En poussant à l'extrême une critique des faits qui, bien que légitime dans son principe, devient excessive dans sa portée, il bascule dans un antirationalisme primaire, fondé sur « le rejet de tout principe universel[281] ». Cette posture le conduit à une vision naïve de la science, où « le savoir d'aujourd'hui peut devenir le conte de fées de demain » et où « le mythe le plus risible peut éventuellement devenir un élément très solide de la science[282] ». Une telle perspective, sous couvert de remettre en question l'autorité des faits, dissout toute possibilité d'un critère stable de vérité et réduit la connaissance à un jeu de constructions arbitraires, sans ancrage ni cohérence rationnelle. La science, en somme, comme tout exercice qui consiste à tenter de connaître le monde en se détachant de nos impressions premières, devient, selon Feyerabend, une activité comme une autre, activité d'ailleurs dictatoriale à laquelle l'individu moderne doit tenter de se soustraire pour gagner sa liberté (nous retrouvons ici, presque intact, le bloc argumentatif antirationaliste des années 1960 et 1970[283]). Pour Paul Feyerabend, cette origine douteuse des faits est le point de départ d'une longue argumentation contre le rationalisme critique. Comme

---

[281] Ibid. p. 17
[282] Ibid. p. 53
[283] Voir à ce sujet par exemple Zeev Sternhell, *Les anti-Lumières, une tradition du XVIII*^{ème} *siècle à la guerre froide* (2006), ou Geoffroy de Clisson, *Les Anti-humanistes ou l'avènement des Contre-Lumières* (2020)

il est de règle dans ce genre de charge, Feyerabend finit par développer une épistémologie sans sujet où tout devient *ego* : « cultiver l'individualisme qui seul produit, ou peut produire des êtres humains bien développés[284] » écrit Feyerabend en citant John Stuart Mill (dans un contexte qui est bien étranger aux problématiques du philosophe britannique).

Si nous voulons être honnêtes avec le texte de Paul Feyerabend, il nous faut reconnaitre qu'il a le mérite de souligner le caractère anti-critique (non-analytique) de moments résolutoires qui sont d'abord des productions de notre imagination (d'une intuition intellectuelle qui trouve son origine dans notre mode de relation sensible au monde). A la lecture de Karl Popper (qu'il cite à plusieurs reprises), Paul Feyerabend a en effet bien identifié le problème que constitue l'approche inductiviste des sciences. Il incite donc à sortir des apories de la méthode inductiviste en jetant des ponts entre les sciences dites exactes et les sciences humaines[285] : « c'est pourquoi, écrit-il, notre première démarche dans la critique des concepts habituels et des réactions habituelles, consiste à sortir du cercle : et, soit à inventer un nouveau système conceptuel, par exemple, une nouvelle théorie qui se heurte aux résultats d'observations les plus sérieusement établis, et confine les principes théoriques plus plausibles ; soit à importer un tel système de la science du dehors, de la religion, de la mythologie, des idées d'ignorants ou des

---

[284] Op. Cit., p. 17
[285] En cela, Feyerabend s'inspire également largement d'Ernst Cassirer, mais dans un sens que Cassirer aurait très probablement rejeté

divagations de fous[286] ». Nous pensons, comme Feyerabend semble ici le suggérer, que le moment résolutoire de la connaissance n'est pas un moment de nature analytique ou critique. Cependant, cette idée de prééminence de l'intuition et de l'imagination productive dans toute découverte scientifique (et plus généralement dans la construction individuelle de nos connaissances) ne doit pas nous conduire à négliger le moment critique de la rationalité. C'est par l'analyse et par la critique que le modèle de l'imagination devient communicable, c'est-à-dire scientifique. Sans rétro-action critique, les modèles de l'imagination productive ne peuvent faire la preuve de leur cohérence ou de leur effectivité. Ici encore, il semble que Paul Feyerabend amalgame méthode et paradigmes scientifiques. Ainsi lorsqu'il déclare, par exemple, en introduction à son ouvrage que « la science est une entreprise essentiel-lement anarchiste[287] », il ne peut pas faire référence à la science en tant que *corpus* formalisé et réfutable. Rien de moins anarchique, en effet, que cet ensemble formalisé que constituent les sciences dites « exactes ». L'état des connaissances formalisées qui constituent la science (en tant que système doctrinaire cohérent et plus ou moins unifié) ne peut être dit « anarchique » pour la simple et bonne raison qu'il tire sa légitimité de son caractère rationnel, universalisable, et donc communicable : le scientifique n'est pas un gourou qui s'exprimerait dans un langage ésotérique qu'il serait le seul à comprendre. La théorie scientifique postule toujours à une certaine étendue de sa validité. En cela, elle courtise le jugement de la communauté à laquelle elle s'adresse. L'effort du

---

[286] Ibid., p. 70
[287] Ibid., p. 13

scientifique consiste précisément à tenter de prouver la validité de sa théorie dans un langage formel compréhensible et critiquable (la théorie doit pouvoir être comprise et éventuellement réfutée, pour reprendre le vocabulaire de Popper). En cela, l'énoncé scientifique est un effort, une tension vers l'universalité. Ce n'est donc pas la science en tant que *corpus* de connaissances qui est anarchique, mais la science en tant qu'*activité* (et c'est probablement dans ce sens que l'entend Feyerabend), or la science en tant qu'activité dynamique est ce que nous appelons *recherche* scientifique.

Que la recherche scientifique puisse progresser à l'aide de nouveaux paradigmes, par une sorte de prolifération anarchique des formes, c'est ce dont nous sommes à peu près convaincus, à deux objections près. D'abord, il convient, comme l'avait bien fait Thomas Kuhn de séparer la science « normale », celle qui progresse au sein d'un même paradigme, de la science « révolutionnaire » qui, en proposant un nouveau paradigme, modifie radicalement et durablement la perception théorique du réel. Or, il est tout à fait possible, comme le souligne Kuhn lui-même dans *La structure des révolutions scientifiques*, de développer et d'approfondir la science au sein d'un même paradigme (c'est d'ailleurs l'activité scientifique la plus répandue). D'autre part — et c'est notre seconde objection — il est hautement probable que le développement d'un nouveau modèle ou d'un paradigme révolutionnaire qui parviendrait, à l'aide d'une nouvelle représentation du monde, à étendre le pouvoir d'explication et de prédiction des phénomènes qu'il décrirait au sein d'un domaine scientifique donné, ne soit pas le fruit d'un processus totalement anarchique. Même si le moment de la trouvaille intervient souvent de manière brève et soudaine, comme si « des écailles nous tombaient des yeux » (voir § 38 — *Eurêka !*), l'idée qui consisterait à voir dans cette brièveté le fruit d'une prolifération hasardeuse et sans but n'est sans doute pas totalement exacte. Dans la grande majorité des cas, en effet, l'apparition d'un nouveau paradigme révolutionnaire n'est pas le fruit d'un complet hasard, mais intervient au contraire à l'issue d'un lent processus de maturation. De fait, l'idée révolutionnaire vient plutôt à l'esprit du théoricien qui a longuement fréquenté les problèmes qu'il entend dénouer, plus rarement à celui de l'étudiant de première année (même s'il est vrai, comme le souligne Thomas Kuhn que la plupart des grandes révolutions sont le fait de théoriciens relativement jeunes ou nouveaux dans leur discipline, probablement parce qu'ils ne sont pas encore totalement conditionnés par les paradigmes dominants). Certes, la capacité à engendrer une telle idée procède probablement d'un fond « anarchique » de l'esprit du théoricien (c'est la fameuse image du savant fou) qui n'admet ni n'écarte aucune règle ni aucun paradigme *a priori*. Il faut cependant sans doute se garder d'adopter une vision trop romantique de la science qui consisterait à la réduire à ce pur moment intuitif du scientifique génial. L'émergence d'un nouveau paradigme est toujours le fruit de plusieurs moments, comme nous l'avons déjà rappelé : le moment de la révélation de l'idée, le moment de sa formalisation (formalisation qui rend l'idée « testable ») et le moment du test de l'étendue de sa validité. Abolir le moment de la communication et de la critique, comme le fait Feyerabend, c'est de fait n'accorder aucun crédit à l'idée de vérité scientifique.

C'est d'ailleurs ce que Feyerabend finit lui-même par confesser dans une étonnante profession de foi antirationnelle : « qui aurait le courage, écrit-il, ou même l'intelligence de déclarer que "la vérité" pourrait être sans importance et peut-être indésirable[288] ? » Nous basculons ainsi, à la fin de l'ouvrage de Feyerabend, dans un relativisme assumé, rendu possible par la disqualification systématique de la notion de « faits scientifiques » entreprise dès le début de l'ouvrage. Cette tentative, à notre sens infructueuse, repose sur des arguments que nous avons déjà examinés et qui ne parviennent pas à justifier l'effacement de toute distinction entre connaissance scientifique et construction arbitraire. C'est uniquement parce que Feyerabend pense d'abord avoir ôté toute substance aux faits et à leur réalité objective qu'il peut ensuite s'autoriser à faire du paradigme scientifique un modèle de l'imagination échappant à toute critique[289] (dans le chapitre 15, Feyerabend juge ainsi négativement l'attitude qui consiste à « développer

---

[288] Ibid., p. 187
[289] Par bien des aspects, la distinction que nous opérons entre imagination productive (issue de l'intuition sensible) et raison analytique et critique rappelle la distinction que Friedrich Nietzsche établit entre le dionysiaque et l'apollinien dans l'art, voir Nietzsche, *La naissance de la tragédie* : sans le formalisme de l'apollinien, le fond anarchique dionysiaque n'est rien, ne peut rien. Nous aurons l'occasion d'y revenir dans la deuxième partie de notre ouvrage. Nous savons que Nietzsche regretta par la suite sa dichotomie trop simpliste entre l'apollinien et le dionysiaque (bien qu'il la maintienne postérieurement dans son œuvre). Il critique également son interprétation de ces forces comme étant statiques et opposées, alors qu'il estime qu'elles sont en réalité dynamiques et interconnectées.

ses idées de façon qu'elles puissent être critiquées[290] »). La science sans la critique devient dès lors une forme d'affirmation égotique du scientifique, de ses idées intuitives géniales et incontestables.

L'une des erreurs de Feyerabend, au-delà de l'amalgame qu'il commet entre sa critique de la « méthode fixe » et sa critique de la « rationalité fixe » est d'avoir cru ou d'avoir feint de croire que la méthode avait toujours un contenu déterminé (que la méthode se concevait nécessairement comme un ensemble de dogmes qui s'imposeraient d'eux-mêmes comme des prescriptions de la raison critique). Or toute théorie cohérente de la méthode part nécessairement du constat inverse. La méthode étant le fil d'Ariane qui relie la raison aux faits, elle ne peut se concevoir comme une doctrine de la raison *a priori* (ou comme une doctrine *a priori* de la raison). C'est bien d'ailleurs l'idée que Descartes avance dans les premières lignes du *Discours de la méthode* : « Mais je ne craindrai pas de dire que je pense avoir eu beaucoup d'heur de m'être rencontré dès ma jeunesse en certains chemins qui m'ont conduit à des considérations et des maximes dont j'ai formé une méthode, par laquelle il me semble que j'ai moyen d'augmenter par degrés ma connaissance, et de l'élever peu à peu au plus haut point auquel la médiocrité de mon esprit et la courte durée de ma vie lui pourront permettre d'atteindre[291]. » Ce sont les chemins empruntés dans la jeunesse de Descartes qui l'ont conduit à des considérations et des maximes « dont il a formé une méthode ». La méthode est donc, chez

---

[290] Ibid., p. 186
[291] Op. cit, *Considérations touchant les sciences*

Descartes, déduite de l'expérience, elle n'est pas, comme Feyerabend le suggère, un paradigme de la pensée rigide que le rationaliste autoritaire tenterait d'imposer comme une vérité universelle et transcendante. Descartes lui-même ne fait pas de sa méthode un paradigme immuable de la raison, mais insiste au contraire sur son caractère personnel et particulier : « ainsi, écrit-il, mon dessein n'est pas d'enseigner ici la méthode que chacun doit suivre pour bien conduire sa raison, mais seulement de faire voir en quelle sorte j'ai tâché de conduire la mienne[292] ». La méthode est donc davantage un étalon de recherche qu'une loi intangible de la raison : comme toute théorie issue de l'expérience, elle demeure soumise à la critique, à l'amendement et à l'évolution. Il nous est d'ailleurs permis à ce titre de critiquer la méthode généalogique que Feyerabend utilise dans son ouvrage, méthode dont on peut remarquer qu'elle est curieusement partagée par un grand nombre d'antirationalistes (Nietzsche, Heidegger, Foucault, Deleuze…) et dont l'un des plus grands défauts est de favoriser le biais cognitif de confirmation (le généalogiste à tendance à analyser les faits historiques qui confirment sa thèse et à négliger les arguments susceptibles de la contredire ou de la nuancer). Il y a, en effet, un paradoxe à vouloir réfuter l'idée même de méthode tout en recourant à une méthode éprouvée, largement partagée par des penseurs dont les thèses convergent avec celles que l'on cherche à défendre – tout en niant, par ailleurs, suivre une quelconque méthode. Faut-il y voir un impensé normatif, une contradiction sous-jacente que nous retrouvons précisément chez les généalogistes que

---

[292] Ibid.

nous avons mentionnés ? Ou bien s'agit-il d'une forme de schizophrénie cognitive, une posture duale, qui oscille entre le rejet et l'usage implicite de principes méthodologiques ? C'est une question à laquelle nous nous garderons bien de répondre, tant elle engage un débat qui dépasse le seul cadre de cette critique. Il nous faut cependant rappeler qu'ici, comme ailleurs, la méthode en elle-même ne produit ni ne prouve rien. Elle n'est qu'un outil dont la valeur dépend de l'usage qui en est fait et des principes qui la guident. Il serait donc erroné de considérer que la généalogie de la science possède, par elle-même, une quelconque légitimité dans le champ de l'épistémologie des sciences – tout comme il serait discutable de prétendre que la généalogie de la morale puisse, à elle seule, fonder un discours pertinent sur la morale. Confondre l'origine d'une pratique ou d'un concept avec sa validité présente revient à commettre un sophisme génétique, en réduisant la portée d'une idée à ses conditions historiques d'émergence, au lieu d'en évaluer la cohérence intrinsèque et la valeur propre. La méthode historique ou généalogique, si elle peut sans doute étayer une démonstration ne peut pas s'y substituer. En effet, dans le domaine de la connaissance, il ne suffit pas de montrer, il faut aussi démontrer, c'est-à-dire développer un modèle capable de prédire et d'expliquer les faits. Feyerabend est sans doute conscient de cette difficulté. Ainsi, bien qu'il récuse la méthode critique qui consisterait à soumettre sa propre théorie à un examen rigoureux en formulant contre elle toutes les objections possibles – autrement dit, à la tester –, il s'engage néanmoins dans une comparaison historique des théories scientifiques et commente l'histoire de leurs progrès. L'analyse critique, exclue par principe, revient ainsi par nécessité. En effet, comment comparer des théories entre elles sans critères de comparaison ? Si l'on veut faire une histoire des sciences, encore faut-il admettre que la science a une histoire, c'est-à-dire qu'elle progresse selon une dynamique qui permet une détermination de plus en plus précise et prédictive des phénomènes. Or, sans progrès, il n'y a pas d'histoire scientifique possible, et sans critères normatifs, aucune évaluation rigoureuse des théories n'est envisageable. En niant ces principes, Feyerabend court ainsi le risque d'une contradiction interne : prétendre analyser l'évolution des sciences tout en refusant les outils mêmes qui permettent de reconnaître et d'expliquer cette évolution. Refuser aux faits leur capacité à déterminer des modèles formalisables et objectivement validables revient à abandonner l'idée même de science et à céder au relativisme, qui n'est, en définitive, qu'une version sophistiquée du scepticisme – lequel, comme nous l'avons vu, ne contribue en rien à l'édification du savoir. Cette renonciation à l'objectivité, et donc à la communicabilité de la science en tant que *corpus* partagé, dissimule en réalité une exaltation excessive de l'*ego*. Chez Feyerabend, cette posture se manifeste par un rejet systématique de toute forme d'autorité, qu'elle soit politique, scientifique ou morale. Derrière la critique d'une science prétendument oppressive se joue ainsi une négation du cadre même qui autorise la construction collective du savoir. L'anarchisme épistémologique de Feyerabend est, pour ainsi dire, une sorte d'égotisme élargi qui ne supporte ni contradictions ni critiques : si personne n'a raison, c'est que personne n'a tort, le tout n'est pas d'avoir raison, mais de sortir vainqueur de la lutte[293].

52.

DES PARADIGMES SANS CADRE CONCEPTUEL ? — Après avoir tenté, dans le chapitre précédent, de clarifier la notion de méthode (ainsi que son articulation avec l'expérience et les faits), il nous faut désormais essayer de comprendre le rôle des paradigmes dans la formation des théories scientifiques. Ce n'est en effet qu'à travers l'émergence (d'apparence anarchique) de nouveaux paradigmes de l'intuition que peut advenir ce

---

[293] Cela fait penser au titre d'un livre du Professeur Raoult, *La science est un sport de combat*. Le professeur Raoult s'était illustré en France par des positions qui allaient à l'encontre de celles de la communauté scientifique sur le rôle de l'hydroxychloroquine dans la prise en charge des patients atteints du Covid-19. Si la proposition méritait sans aucun doute d'être testée (c'est indéniablement le rôle du scientifique que de sortir du paradigme dominant de sa communauté, et j'avoue avoir moi-même défendu le Professeur Raoult sur ce point précis), il aurait aussi sans doute fallu reconnaître *in fine* que son pouvoir curatif était limité ou nul. La faute du professeur Raoult ne fut pas, à notre sens, de proposer un traitement qui allait susciter le scepticisme de la communauté scientifique mais bien plutôt de ne pas admettre, une fois testé, son caractère inefficace ou décevant (sans parler du caractère problématique des essais qui furent menés par le Professeur Raoult, et du manque d'objectivité critique dont il fit preuve dans l'analyse de leurs résultats). Il est intéressant de noter à ce sujet que Didier Raoult revendique l'influence de Paul Feyerabend dans son approche de la science (tout comme il revendique d'ailleurs de manière étonnante, l'influence de Karl Popper, pourtant presque antagoniste à celle de Feyerabend). La méthode (nous serions presque tentés de dire « n'importe quelle méthode ») aurait, dans ce cas, pu être bien utile au Pr. Raoult.

que nous appelons « le progrès scientifique » (ou en tout cas, son expression la plus spectaculaire, révolutionnaire). Nous avons montré que la formation des paradigmes scientifiques n'obéissait pas à une logique linéaire et ne pouvait pas, de ce fait, se ramener aux critères de la calculabilité (si en effet, l'émergence de nouveaux paradigmes obéissait à une logique purement formelle, le progrès scientifique serait plus ou moins constant et ne passerait pas par des phases de rupture). Nous avons également établi que ni le paradigme ni le *pattern* (ce dernier ayant ici une portée plus locale, tandis que le paradigme renvoie à un cadre plus général et structurant) ne doivent être posés a priori avant l'observation des phénomènes et l'expérimentation. La recherche scientifique ne consiste pas en l'application mécanique d'un modèle préexistant au réel, comme si le théoricien pouvait choisir parmi un répertoire de schémas conceptuels indépendamment des problèmes concrets qu'il rencontre. À l'image de l'artiste de génie qui, selon Kant, « donne ses règles à l'art », le scientifique de génie ne se contente pas d'appliquer des cadres préétablis : il dérive des questions qu'il explore de nouvelles structures théoriques, de nouveaux cadres formels qui, une fois validés expérimentalement, s'imposent comme paradigmes explicatifs. La science ne procède donc pas d'une simple mise en conformité du réel à des schémas abstraits, mais d'un processus dynamique où les concepts eux-mêmes émergent en réponse aux résistances du réel. Le paradigme ne découle pas d'une règle qui lui préexisterait ; il constitue au contraire l'image structurante – ou le schème formel – à partir duquel une nouvelle règle communicable peut être élaborée. Ainsi, il ne se contente pas d'appliquer un cadre normatif antérieur, mais rend possible l'émergence d'un nouvel ordre conceptuel susceptible d'organiser la compréhension du phénomène.

La création de nouveaux *patterns* ou de nouveaux paradigmes, si elle est libre (en tant que projection active de l'imagination) n'est certes pas, pour autant, dépourvue de cadre conceptuel : le chercheur n'est jamais « épistémologiquement neutre ». Il est toujours déjà imprégné d'un cadre qui est, pour lui, un outil provisoire de « déblayage » du réel. Il aborde par ailleurs toujours les problèmes avec les impensés de son langage et de ses habitudes. Nous l'avons évoqué, le génie scientifique, s'il est souvent relativement jeune ou nouveau dans sa discipline, n'est pas pour autant une oie blanche dépourvue de toute structure. Le moment résolutoire (l'émergence du nouveau paradigme) se fait en réalité toujours dans un cadre signifiant préexistant, cadre amené à évoluer et à se redéfinir à la lumière d'un problème concret qui en perturbe les marges. C'est ainsi, dans bien des cas, l'étude d'un problème concret qui suscitera l'idée à partir de laquelle le nouveau paradigme pourra émerger (dans le cas d'Einstein, par exemple, le problème des horaires de trains).

Si nous acceptons le fait que ce sont toujours les *patterns* et les paradigmes qui font progresser (de manière parfois soudaine) la science, nous admettons du même coup l'idée que la forme, le *pattern* ou le paradigme, bien que dérivés de la fréquentation de problèmes concrets, sont aussi des abstractions *idéelles* qui détiennent un pouvoir d'explication (intégration dans un système signifiant) et de prévision du réel (prévision qui, si elle est correcte, confère au paradigme ou au *pattern* sa valeur). C'est en effet bien la représentation abstraite du *pattern* (l'*idée* du *pattern* ou même le schème du pattern) qui porte en elle la clé de la résolution du problème (la clé de l'unification de problèmes qui pouvaient d'abord sembler hétérogènes les uns aux autres). A partir de ce constat, il nous est permis de faire deux hypothèses : celle du conventionnalisme (position d'Henri Poincaré) qui considère le *pattern* comme une convention pratique au service de la description de problèmes concrets, ou celle de l'idéalisme critique (position de Kant) qui considère le *pattern* comme une production schématique transcendantale, et donc *a priori*. Dans le domaine de la géométrie, Poincaré, tirant les enseignements de la géométrie non-euclidienne (développée par Lobatchevski, Bolyai ou Riemann) a soutenu l'idée selon laquelle les axiomes de la géométrie ne sont pas nécessairement des vérités absolues, mais plutôt des conventions de commodité humaines. Dans *La science et l'hypothèse* (1902), Poincaré écrit par exemple : « Les axiomes géométriques ne sont donc ni des jugements synthétiques a priori ni des faits expérimentaux. Ce sont des *conventions* ; notre choix, parmi toutes les conventions possibles, est *guidé* par des faits expérimentaux ; mais il reste *libre* et n'est limité que par la nécessité d'éviter la contradiction. […] En d'autres termes, *les axiomes de la géométrie* […] *ne sont que des définitions déguisées*. Dès lors, que doit-on penser de cette question : La géométrie euclidienne est-elle vraie ? Elle n'a aucun sens. […] Une géométrie ne peut pas être plus vraie qu'une autre ; elle peut seulement être *plus commode*[294]. » Poincaré pense ainsi l'espace non pas

---

[294] Henri Poincaré, *La science et l'hypothèse*, Flammarion, 1902 pour l'édition originale, 2017 pour l'édition citée, Paris, p. 80.

comme une « forme *a priori* de la sensibilité » mais comme une convention déduite de notre expérience (sensorielle) des phénomènes : « Aucune de nos sensations, isolée, écrit-il, n'aurait pu nous conduire à l'idée de l'espace, nous y sommes amenés seulement en étudiant les lois suivant lesquelles ces sensations se succèdent[295]. » Cependant, le conventionnalisme de Poincaré et l'idée selon laquelle géométrie est une construction *a posteriori* de nos sens (construction tirée de notre expérience du réel) n'implique pas, pour Poincaré, que la géométrie soit une science expérimentale : « Ce serait une erreur, écrit-il, d'en conclure que la géométrie est une science expérimentale, même en partie[296]. Si elle était expérimentale, elle ne serait qu'approximative et provisoire. » En tant que science des relations, la géométrie s'applique en réalité à l'étude de groupes, affirme Poincaré : « Ce qui est l'objet de la géométrie, c'est l'étude d'un "groupe" en particulier ; mais le concept général de groupe préexiste dans notre esprit au moins en puissance. Il s'impose à nous, non comme forme de notre sensibilité (en cela Poincaré n'est pas kantien), mais comme forme de notre entendement[297]. » Pour Poincaré, ce n'est donc pas tant l'espace et le temps qui sont des structures (ou des formes) *a priori* de notre sensibilité. Ces formes étant en réalité déduites de notre expérience du réel, elles sont, dit Poincaré, « conventionnelles », et ne répondent qu'au critère de la commodité :

C'est Poincaré qui souligne (termes en italique). Nous retrouvons ici chez Poincaré l'idée d'une dualité de la liberté du théoricien dont le choix est « guidé » mais reste « libre ».
[295] Ibid., p. 89, à nouveau, c'est Poincaré qui souligne.
[296] Ibid., p. 102
[297] Ibid., p. 103

« L'expérience nous guide dans ce choix qu'elle ne nous impose pas ; elle nous fait reconnaître non quelle est la géométrie la plus vraie, mais quelle est la plus *commode* ». En revanche, dit Poincaré, « le concept général de groupe préexiste dans notre esprit ». Nous avons donc la capacité innée à poser entre les objets des relations[298] — c'est ce que Kant nomme, dans le *Critique de la raison pure*, la catégorie de la relation, l'une des quatre concepts fondamentaux de l'entendement humain (avec la catégorie de la quantité, de la qualité et de la modalité) qui sont pour Kant des formes *a priori* de la pensée qui structurent notre expérience du monde sensible (sur ce point, Poincaré n'est donc pas en désaccord avec Kant). Si nous reprenions le vocabulaire kantien, on pourrait donc affirmer que Poincaré fait de l'espace et du temps une déduction des catégories de l'entendement humain plutôt qu'une forme *a priori* de la sensibilité. C'est ce caractère déduit du temps et de l'espace qui autorise Poincaré à penser l'espace géométrique comme pure convention et non comme condition *a priori* de notre relation au monde. On pourrait très bien, écrit Poincaré, envisager des êtres imaginaires vivants dans un monde non-euclidien, ainsi « des êtres comme nous, dont l'éducation se ferait dans un pareil monde, n'auraient pas la même géométrie que nous[299] ». Nous retrouvons ici l'idée d'effectivité (ou d'efficience) : si les êtres imaginaires vivent dans un monde non-euclidien, il y a fort à parier

---

[298] Voir Henri Poincaré, « Les mathématiciens n'étudient pas des objets, mais des relations entre les objets ; il leur est donc indifférent de remplacer les objets par d'autres, pourvu que les relations ne changent pas. La matière ne leur importe pas, la forme seule les intéresse. », Op. Cit., p. 45
[299] Ibid., p 100

qu'ils développeront, en vertu de la relation d'effectivité qu'ils entretiennent avec le monde, une géométrie qui sera différente de la nôtre (notre géométrie euclidienne). Cela n'implique pas pour autant le relativisme, ni sur le plan de notre rapport au monde (la relation d'effectivité est conservée), ni sur le plan des théories géométriques concurrentes. En effet — et c'est là un point d'une grande importance — Poincaré note bien le caractère traductible des différentes géométries entre elles : « Prenons [...] les théorèmes de Lobatchevsky et traduisons-les à l'aide de ce dictionnaire comme nous traduirions un texte allemand à l'aide d'un dictionnaire allemand-français. *Nous obtiendrons ainsi des théorèmes de la géométrie ordinaire*[300]. » S'il existe un moyen de « traduire » les géométries non-euclidiennes dans le langage de la géométrie euclidienne, c'est que les géométries entretiennent des fondements épistémologiques communs (ou une logique commune, un langage signifiant commun). Ce fondement épistémologique commun, qui dérive selon Poincaré de la forme de notre entendement, de sa capacité à relier les objets

---

[300] Ibid. p. 70. Pour passer de la géométrie de Lobatchevsky à la géométrie euclidienne, Poincaré propose par exemple le dictionnaire « bilingue » suivant :
Espace : portion de l'espace situé au-dessus du plan fondamental.
Plan : sphère coupant orthogonalement le plan fondamental.
Droite : cercle coupant orthogonalement le plan fondamental.
Sphère : sphère.
Cercle : cercle.
Angle : angle.
Distance de deux points : logarithme du rapport anharmonique de ces deux points et des intersections du plan fondamental avec un cercle passant par ces deux points et le coupant orthogonalement, etc.

entre eux et de *créer* ainsi un espace, est ce qui permet aux géométries de se comprendre et de se comparer entre elles. Ainsi, Poincaré récuse l'absolu en géométrie, tout comme il récuse l'idée d'espace absolu (à l'image de Kant d'ailleurs), l'espace dérivant toujours d'une conception des relations entre les objets, c'est-à-dire d'une géométrie particulière parmi un ensemble de géométries possibles. La préférence d'une géométrie par rapport à une autre sera donc accordée en fonction de sa commodité par rapport au réel que l'on tente de décrire. De la même manière que Feynman affirmait-il que l'essentiel en sciences n'était pas de trouver la méthode, mais de trouver *une* méthode qui fonctionne, Poincaré plaidait pour une approche plurielle et pragmatique des géométries (des paradigmes géométriques, devrait-on plutôt dire). Cependant, bien que nous souscrivions à cette approche pragmatique de la recherche scientifique, fondée sur la commodité des cadres théoriques, il convient de souligner que cette notion de commodité – notamment en ce qui concerne le choix des géométries en fonction de leur simplicité dans un contexte donné – n'évacue pas totalement l'idée normative et régulatrice d'efficience. Autrement dit, si le choix d'un cadre géométrique ou théorique est en partie déterminé par des considérations pratiques, il demeure soumis à une exigence d'efficacité, c'est-à-dire à sa capacité à organiser le réel de manière opératoire et prédictive. Ainsi, même une approche fondée sur la flexibilité des modèles ne saurait se soustraire à un critère fondamental : leur pouvoir explicatif et leur aptitude à structurer la connaissance. Une géométrie plus « commode » est une géométrie qui permet d'exprimer les phénomènes plus simplement : le rapport entre l'énergie qu'elle requiert[301] et le résultat obtenu est le plus faible. Ainsi, par exemple, dans la théorie de la relativité générale, les géodésiques, chemins suivis par les particules libres dans un espace courbé, seront décrites de manière plus efficiente par la géométrie non-euclidienne que par la géométrie euclidienne. Le critère d'efficience (qui est un dérivé du critère d'effectivité) joue là un rôle régulateur dans le choix des théories ou des paradigmes. Pour reprendre ici brièvement les théories que Claude Shannon développe dans son article de 1948, publié dans *Bell System Technical Journal*, et intitulé *A Mathematical Theory of Communication*, nous pourrions dire que l'efficience de la formulation mathématique (ou plus généralement systémique) d'une théorie ou l'efficience du choix axiomatique d'un système peut se mesurer à l'augmentation ou à la diminution de l'entropie du système (au sens thermodynamique). Pour le dire trivialement (et sans doute pas tout à fait dans le sens de la théorie de Shannon), les meilleurs systèmes axiomatiques ou les meilleures théories sont ceux qui parviennent à faire le moins « chauffer la machine » tout en demeurant justes.

A travers cette analyse de la pensée de Poincaré, nous notons que chaque cadre conceptuel a besoin, pour se définir, d'un autre cadre conceptuel (par rapport auquel il se comprend ou se traduit). Nous rejoignons ici à

---

[301] Nous entendons ici le terme « énergie » dans le sens de la quantité de mouvement mécanique nécessaire à la résolution d'une formule complexe (qui nécessite x opérations intermédiaires par exemple). Pensons à la somme d'énergie nécessaire à un ordinateur dans l'accomplissement d'opérations d'une formule complexe comparée à la somme d'énergie nécessaire pour accomplir les opérations issues d'une formule simple qui parviendrait à un résultat identique.

nouveau le problème de l'incomplétude. Aucun système n'est complet « en lui-même ». Il a toujours besoin d'axiomes, ces axiomes faisant référence à une réalité qui est extérieure au système et qui ne peut pas lui être intégrée : rien ne peut être défini *absolument*. On ne peut pas réduire le problème fondamental de la référence au sein d'un système qui serait par et en lui-même signifiant. Le système se définira toujours par rapport à un autre système qui lui-même fera *référence* à une réalité externe. Ainsi, par exemple, dans les géométries sphériques, le concept de droite pourra être exprimé comme la trajectoire de longueur minimale entre deux points d'une sphère et être matérialisée comme un grand cercle sur la sphère (pensons par exemple aux trajectoires d'un avion long-courrier qui sont les routes plus courtes sur un globe, mais qui apparaissent comme courbées sur un planisphère : du point de vue de l'avion qui voyage dans son espace en trois dimensions, le trajet est bien rectiligne, alors que du point de vue du voyageur qui observe le trajet sur son petit écran de bord, la trajectoire semble courbée), cependant, les géométries sphériques s'expriment bien en maintenant un lien de référence à la géométrie euclidienne. Les axiomes de départ sont seulement modifiés : le plan devient une sphère coupant orthogonalement le plan fondamental (voir définition de Poincaré). Si la géométrie sphérique est exprimable en géométrie euclidienne, quoique de manière moins commode (en passant du globe à la sphère, il nous est beaucoup plus complexe de calculer les trajectoires les plus courtes), c'est qu'elle s'y *réfère* dans ses axiomes. Par ailleurs, du point de vue de l'avion, l'idée de la ligne droite subsiste, l'avion a bien une trajectoire rectiligne (trajectoire la plus courte d'un point à un autre).

Seulement, sur un espace courbé, la trajectoire la plus courte d'un point à une autre est une trajectoire courbe.

53.

FAUT-IL ABANDONNER L'IDEALISME CRITIQUE ? — La science contemporaine a été marquée, à partir de l'avènement de la mécanique quantique, par une accélération sans précédent de la production de modèles censés décrire et expliquer le comportement des particules au niveau subatomique. La profusion de ces nouveaux modèles fut concomitante, nous l'avons signalé, de l'abandon d'anciennes représentations théoriques de la science, qui demeuraient valables à grande échelle, mais échouaient à expliquer les phénomènes quantiques. Avec le rejet des anciennes représentations théoriques, c'est tout le cadre conceptuel de la physique classique qui se trouva remis en question : ses représentations du monde, mais aussi ses paradigmes, ses méthodes et son épistémologie. Dans la tempête épistémologique qui traversa les milieux de la physique à partir des années 1920, l'idéalisme critique transcendantal (qui était le paradigme dominant à la fin du XIXème siècle et au début du XXème) fut, à quelques exceptions près (que nous avons mentionnées un plus tôt), largement abandonné. Fallait-il cependant « jeter bébé avec l'eau du bain » ? En renonçant à l'idéalisme critique, les théoriciens avaient pensé se défaire d'un cadre qui, croyaient-ils, avait corseté la recherche scientifique en accordant une trop grande prééminence à la définition des conditions de validité de la raison au détriment des faits eux-mêmes. Pouvait-on cependant se passer de tout cadre conceptuel ? Le rejet du cadre sans doute alors trop étroit de l'idéalisme critique n'allait-il pas de pair avec l'avènement d'autres cadres, et ce, en dépit de la prétendue neutralité des théoriciens de la nouvelle science ?

Si les théoriciens de la mécanique quantique durent, par nécessité, suspendre provisoirement leurs conceptions antérieures afin de rendre compte de phénomènes défiant apparemment toute causalité mécanique établie, il semble difficile d'admettre que cette suspension, initialement motivée par l'étonnement légitime suscité par les paradoxes quantiques, ait pu se cristalliser en une doctrine pérenne de l'ἐποχή[302] entendue comme un renoncement définitif à toute intelligibilité causale. N'ayant pu rendre compte des phénomènes quantiques dans le cadre épistémologique de la physique classique, les scientifiques en vinrent à considérer que leur rôle ne consistait plus à en expliquer les causes, mais seulement à en formuler une description rigoureuse, sans chercher à les inscrire dans un schéma explicatif au sens traditionnel. Il fallait bien cependant faire état des phénomènes dans un langage compréhensible par tous. La théorisation, même « purement » descriptive, impliquait de fait la communicabilité de la théorie. En réduisant cette communicabilité à ses aspects les plus formels, on se crut débarrassé du problème de référence. C'était oublier trop vite que, précisément, le formalisme sans référence ne signifie rien. On passait alors trop facilement de l'idée selon laquelle il fallait penser des

---

[302] Epochê : suspension du jugement chez les Grecs. L'épochè consiste en une suspension provisoire du jugement sur toute affirmation ou toute croyance, en particulier celles qui concernent des questions métaphysiques, éthiques ou épistémologiques.

phénomènes nouveaux sans *pattern* prédéfinis à l'idée qu'il était possible de se représenter le monde sans épistémologie ou en dehors de tout cadre conceptuel[303]. De fait, de nombreux théoriciens qui se pensaient agnostiques adoptèrent en réalité des réflexes conceptuels du positivisme logique — nous pensons, par exemple, à l'influence de Rudolph Carnap et du « Cercle de Vienne » sur certains grands théoriciens de la mécanique quantique comme Niels Bohr, Werner Heisenberg, Wolfgang Pauli ou Max Born[304] —, du pragmatisme (Richard Feynman notamment) ou du matérialisme réductionniste.

Les interrogations fondamentales suscitées par la microphysique naissante imposaient-elles de renoncer entièrement au cadre épistémologique hérité de la physique classique, telle que pensée par Descartes, Newton et Kant ? Il ne nous semble pas que cette rupture doive être tenue pour nécessaire, et ce, pour

---

[303] Chez Feynman ou Feyerabend, par exemple, c'est un large amalgame entre les termes « méthode », « paradigme » ou « épistémologie » qui soutient cette croyance d'un possible agnosticisme épistémologique. Nous associons à plusieurs reprises ces deux noms de manière fortuite, les travaux de Feynman étant bien antérieurs à ceux de Feyerabend, il est très improbable que Feynman ait pu être influencé par Feyerabend dans son approche épistémologique de la science.

[304] Niels Bohr a eu des interactions avec certains membres du Cercle de Vienne, notamment Rudolf Carnap. Bien que Bohr n'ait pas adopté le positivisme logique dans sa totalité, ses idées sur l'interprétation de la mécanique quantique ont été influencées par des discussions avec des philosophes empiristes logiques. Les échanges écrits entre Bohr, Pauli, Born et Heisenberg témoignent de la pénétration des idées du Cercle de Vienne dans l'évolution de la doctrine de la mécanique quantique.

deux raisons essentielles : d'une part, en raison de la logique interne des découvertes scientifiques, pour reprendre les termes de Karl Popper ; d'autre part, en raison de la nécessité de leur communicabilité, condition essentielle de toute entreprise scientifique. Nous avons souligné, au paragraphe précédent, que les découvertes scientifiques majeures ne résultaient pas exclusivement d'un formalisme présenté comme « agnostique » et linéaire (nous employons cette expression avec réserve, considérant que l'agnosticisme du formalisme n'est qu'une illusion de langage), mais qu'elles trouvaient leur source, plus fondamentalement, dans des moments d'intuition et d'esthétique, lesquels jouaient un rôle décisif dans l'émergence de nouvelles formes, de nouveaux schémas et paradigmes. Or c'est précisément l'émergence de ces formes produites par l'imagination qui autorisait le progrès scientifique et l'unification des sciences dans des ensembles signifiants. Le caractère communicable de ces ensembles signifiants (qui sont d'abord des productions schématiques de l'esprit) est ce qui permettait en retour la compréhension de ces ensembles, c'est-à-dire leur intégration dans nos représentations du monde. Dès lors que nous supprimions ces deux moments (moment de l'imagination productive[305], moment de la communication) le monde redevenait opaque et incompréhensible : la pensée magique réapparaissait.

Si donc, contre cette tentation de la « pensée magique », nous tentons d'élargir l'idéalisme critique par rapport à sa stricte définition kantienne, nous pourrions le définir

---

[305] Qui prend sa source dans l'intuition sensible

comme une doctrine qui prend acte de l'origine duale des phénomènes (le phénomène comme co-construction entre le substrat physique et le sujet) en même temps qu'elle reconnait au sujet sensible la faculté de créer et de projeter sur les phénomènes des idées qui ne s'y réduisent pas : les schèmes de l'imagination[306]. Notons ici que, dans l'épistémologie dualiste que nous défendons, les schèmes et les catégories ne doivent pas nécessairement être conçus comme des transcendantaux au sens où ils précéderaient toute expérience du monde. Il nous importe avant tout de souligner que les schèmes ne sauraient être réduits à de simples phénomènes matériels, point sur lequel nous avons déjà longuement argumenté. Ils peuvent certes être tirés de l'expérience sans pour autant constituer des objets de connaissance empirique à proprement parler. En renonçant à attribuer aux schèmes de l'imagination un caractère strictement *a priori*, nous ne nous éloignons sans doute pas fondamentalement du cadre conceptuel de l'idéalisme critique. Cela n'implique toutefois nullement que les principes législatifs qui en dérivent — notamment les lois géométriques — puissent être privés de leur portée universelle, la loi conservant ici sa valeur contraignante (elle s'impose à nous comme nous l'imposons au réel[307]

---

[306] Chez Kant, les schèmes sont dits *transcendantaux* dans la mesure où ils sont des conditions de la possibilité de l'expérience et de la connaissance, mais ne sont pas eux-mêmes des objets de connaissance empirique.

[307] Si nous pouvons en effet soutenir à bon droit que le sujet est à l'origine des schèmes créés par son imagination (à partir de sa sensibilité) qui lui permettent d'appréhender et de penser le monde, on peut difficilement défendre l'idée selon

— c'est le principe de la raison à la fois légiférée et légiférante).

Au-delà des débats formels sur le caractère *a priori* ou non des schèmes et des catégories structurant notre appréhension du monde, le principal mérite de l'idéalisme kantien résidait, à notre sens, dans son insistance sur les conditions d'application de la raison aux phénomènes. Avec l'idéalisme critique, Kant opérait une véritable analyse du sujet connaissant, non comme une simple entité passive, mais comme un « instrument de mesure » du réel, dont il s'agissait d'examiner les limites et les conditions de fonctionnement. C'est la raison pour laquelle nous considérons l'idéalisme critique comme nettement plus rigoureux[308] que le positivisme logique, le pragmatisme ou le réductionnisme, ces doctrines ayant privilégié la partie émergée des phénomènes – leur dimension observable et mesurable – tout en négligeant l'instrument même par lequel cette réalité était appréhendée. Ce faisant, elles faisaient du sujet un impensé normatif, oubliant que toute connaissance suppose un cadre structurant préalable.

---

laquelle les règles et les propriétés qui dérivent de ces schèmes soient de pures inventions du sujet. Si tel était le cas, cela susciterait entre autres d'insolubles paradoxes concernant la communicabilité des modèles et l'invariabilité des lois à l'intérieur de systèmes géométriques donnés. Les schèmes sont créés par le sujet, pas leurs propriétés (cela renvoie d'ailleurs à une remarque que Gödel formule dans sa correspondance avec Wang, que nous citons un peu plus tôt).

[308] Ce qui ne veut pas dire, bien entendu, que l'idéalisme soit une doctrine parfaitement achevée qui n'ait pas vocation à évoluer en se critiquant elle-même.

Pour être amandée, une norme doit d'abord être posée. Ce n'est qu'en établissant une norme idéale, à la manière d'une jauge, que le sujet peut organiser sa perception du réel. Le réel ne se confond pas avec cette norme, mais il ne peut non plus s'en affranchir totalement : il s'en distingue tout en s'y référant constamment, puisque c'est par elle qu'il se détermine et se mesure. C'est par assimilation ou par différence que le sujet parvient à se représenter et à rendre signifiant le phénomène qui se manifeste à sa conscience (à insérer le phénomène dans son réseau de significations). Pour le dire autrement, le sujet, pour penser la ligne courbe, par exemple, a besoin de se figurer la ligne droite et le cercle (que signifie en effet une ligne courbe, si ce n'est une déviation angulaire par rapport à une droite, déviation qui adopte localement une courbure qui s'apparente à celle d'un cercle d'un rayon défini ?). La ligne est toujours courbée par rapport à une autre ligne (idéale) qui ne l'est pas (une ligne dont la courbure est nulle et qui sert de référence à la ligne dont la courbure est positive ou négative). Il y a donc toujours, indépendamment des axiomes qui fondent une théorie, un référentiel *idéel* (nous n'utilisons pas ici le terme d'idéal pour ne pas laisser entendre que nous considérerions l'idée comme un absolu, l'idéal que nous désignons faisant référence à l'idée en tant que *jauge* du réel, c'est-à-dire en tant que *référence signifiante* et non pas en tant qu'*absolu*). Pour reprendre l'exemple des géométries sphériques, il existe bien un référentiel *idéel* qui est la sphère (qui remplace le plan de la géométrie euclidienne), référentiel dans lequel, d'ailleurs, l'idée de ligne droite *idéelle* est bien conservée. Si nous revenons au planisphère de notre vol transatlantique (qui symbolise ici la géométrie euclidienne), nous constatons que la transposition de la ligne « droite » en tant que trajet le plus court entre deux points d'un globe se manifeste certainement par le dessin d'une courbe sur un plan (sur le planisphère de notre écran). Pourtant, le passage d'un système géométrique à un autre n'a pas aboli l'idée de droite (ni en général, les idées régulatrices du même genre). La notion d'idéalité étant intrinsèquement liée à la manière dont nous nous représentons les géométries (euclidiennes ou non-euclidiennes), subsiste en fait dans les représentations de la géométrie sphérique : nous avons toujours bien l'idée de la définition de la droite comme chemin *le plus court* entre deux points, cette idée faisant intervenir la catégorie quantitative de la distance (la distance est une notion idéale, qui, comme l'espace, est dans notre entendement, pas dans les choses en elles-mêmes). Par ailleurs, les géométries sphériques se définissent bien par rapport à l'idéalité d'un plan (en termes euclidiens, explique par exemple Henri Poincaré, dans *La science et l'hypothèse*, le plan des géométries sphériques est défini comme une sphère coupant orthogonalement le plan fondamental) et par conséquent par rapport à l'idée de la ligne droite, seulement, ces géométries étant contraintes par leurs axiomes de base, elles n'autorisent pas nécessairement la ligne droite (la ligne droite rectiligne du plan fondamental) comme projection possible par rapport au plan sphérique (ce qui impliquerait, par exemple, la possibilité pour une ligne droite rectiligne de traverser la sphère ou de sortir du plan sphérique, ce qui peut être interdit par les axiomes des géométries considérées).

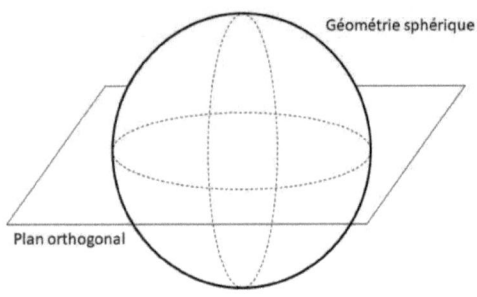

Plus généralement, les géométries non-euclidiennes (la géométrie hyperbolique lobatechevskienne, la géométrie projective, la géométrie affine, ou encore la géométrie fractale « autosimilaire ») en tant que géométries associées à des représentations figuratives, ont toujours des représentations *idéelles* pour corolaires. Elles sont, autrement dit, la concrétisation projetée des structures *idéelles* possiblement formulables par l'entendement. En tant que systèmes *idéels*, les géométries — et c'est sans doute l'une des conséquences importantes de l'épistémologie que nous défendons — sont signifiantes, c'est-à-dire qu'elles se rapportent à des éléments abstraits appréhendables et compréhensibles par le sujet connaissant. Leur commodité ne renvoie ainsi pas seulement à leur simple caractère utilitaire, elle est aussi la manifestation de leur puissance explicative au sein d'un système signifiant (un système qui n'est pas simplement formel, qui fait référence à plus que sa simple forme). C'est la raison pour laquelle nous sommes en profond désaccord avec l'interprétation instrumentale ou pragmatique de la mécanique quantique selon laquelle la théorie devrait uniquement être traitée comme un outil mathématique permettant de faire des prédictions (interprétation en réalité proche des positions qui sont celles de l'école de Copenhague, considérée comme la garante de l'interprétation « orthodoxe » de la mécanique quantique). L'outil mathématique ne se réduit jamais à sa stricte utilité. Il doit toujours en même temps être appréhendé et compris dans sa dimension référentielle et signifiante. Si l'idée est une jauge, il faut ainsi toujours garder à l'esprit qu'elle est une jauge qui *fait référence*. Signalons à ce titre que l'idéalisme critique que nous défendons, non seulement n'est pas incompatible avec l'idée de référentiels relatifs, mais qu'il lui est au contraire consubstantiel. L'idéalisme critique, en dépit des objections qui lui ont été faites — et qui tenaient en grande partie à une certaine lecture de l'esthétique transcendantale de Kant — n'est pas lié à l'idée d'absoluité. Son mérite est au contraire de prendre acte du caractère fini et sensible du sujet et de souligner sa capacité à proposer des jauges du réel, sans pour autant considérer ces jauges comme des réalités absolues en elles-mêmes. En cela, l'idéalisme critique est parfaitement compatible avec l'idée d'affrontement des référentiels, que nous retrouvons chez Ernst Mach et chez Einstein notamment, et qui inspirera à ce dernier son modèle relativiste (Einstein insistera d'ailleurs à plusieurs reprises sur le fait qu'il ne faut pas confondre relativité et relativisme au risque de commettre un grave contresens). En définitive, le problème de l'idéalisme critique recoupe de nouveau le problème de la signification. Il n'y a pas de signification « en soi », la signification fait toujours appel à un double niveau de références : le premier étant constitué du réseau des objets d'un système de significations données (les significations des objets se définissent les unes par rapport aux autres au sein d'un même ensemble ou d'un même système), le second étant constitué par les axiomes qui fondent le système en faisant inévitablement référence à un autre langage, à un autre système de références par rapport auquel le système considéré se définit. On ne peut donc pas tirer de l'idéalisme critique l'idée selon laquelle il existerait un système référentiel absolu qui transcenderait tous les autres. Au mieux, les systèmes référentiels seront adoptés selon leur commodité d'usage par rapport à la réalité que nous tentons de décrire (c'est l'idée de conventionnalisme que développe par exemple Henri Poincaré). Dès lors cependant qu'il y a un système, il y a l'idée d'un système. Le système est idéalité. Nier l'existence de l'idéalité des systèmes, c'est nier la possibilité de penser le monde, le système étant en quelque sorte le paradigme nous permettant d'appréhender et d'organiser le substrat physique des phénomènes, en même temps qu'il est ce qui nous permet de rendre ce substrat signifiant *pour nous*. L'exemple du cercle (ou de la sphère) peut nous aider à mieux comprendre ce que nous entendons par signification *pour nous*. A proprement parler, ni le cercle ni la sphère n'ont d'existence dans le réel, autre qu'idéale. Le réel ne nous présente jamais aucun cercle parfait ou absolu. De la même manière, les propriétés du cercle ne se rencontrent jamais par hasard dans la nature, elles sont des déductions logiques de la projection idéale que nous faisons du cercle, déductions qui, à leur tour, nous aident à penser le réel. Le chiffre π, par exemple, bien que n'ayant aucune réalité objective (en tant que déduction logique d'une idéalité qui est une projection *idéelle* de notre imagination sensible), nous aide à penser et à prévoir les phénomènes. Dans des domaines tels que l'ingénierie des structures et l'acoustique, π intervient par exemple dans la modélisation des vibrations et des oscillations[309], en mécanique classique, π est utilisé pour décrire le mouvement circulaire[310], enfin π apparaît dans diverses équations décrivant les phénomènes électromagnétiques, notamment dans les lois de Maxwell et dans les équations de propagation des ondes électromagnétiques. Alors même que le chiffre π n'est et ne peut être que la déduction d'une projection idéale, il se trouve ainsi avoir un pouvoir de description et de prédiction effectif sur des phénomènes réels. D'autre part, s'il a une certaine validité dans cette description prédictive du réel, π renvoie également à une signification concrète *pour nous*. De fait, nous pouvons nous faire une image claire de ce que signifient *pour nous* les phénomènes décrits et expliqués à l'aide d'idéalités qui sont en définitive des projections figurées (et donc signifiantes). Là encore, l'idéalité du cercle tient le rôle de référence ou de jauge du réel (nous savons par exemple qu'en matière d'orbites planétaires, c'est plutôt

---

[309] La fréquence de résonance d'une corde vibrante est proportionnelle à la racine carrée de la tension appliquée et inversement proportionnelle à sa longueur, π apparaît dans les équations qui décrivent ces phénomènes.

[310] Lorsqu'un objet effectue un mouvement circulaire, sa période (T) correspond au temps nécessaire pour parcourir un tour complet, soit la circonférence du cercle ($C=2\pi r$). La vitesse angulaire (ω), mesurée en radians par seconde, relie directement la période au mouvement : $\omega = T\, 2\pi$. Le chiffre π intervient dans ces relations, car il est fondamental pour définir la géométrie du cercle et les angles en radians. Les planètes en orbite autour du Soleil suivent ces principes. Leur période dépend de la taille de leur orbite et de leur vitesse angulaire.

le mouvement elliptique qui est observé, mouvement qui à son tour peut être défini comme une projection *idéelle* et signifiante *pour nous*, projection que nous utilisons dans notre compréhension intuitive du mouvement des planètes). L'idéalité peut donc être comprise comme un système de jauges et de références développées par l'imagination productive, système qui, sans avoir de réalité objective nous permet d'appréhender, de décrire et de prédire les phénomènes à l'aide de règles qui, n'étant pas contenus *dans* les phénomènes eux-mêmes (à cela près que le phénomène est toujours la rencontre d'un substrat réel et d'une réalité sensible qui est à la fois celle qui contribue à former le phénomène et celle dont dérivent nos projections *idéelles*) permettent néanmoins de prévoir leur comportement de manière effective.

54.

LE PROBLEME DE L'ESPACE — Nous savons qu'Albert Einstein a adopté à plusieurs reprises des positions pragmatiques et réalistes qui auraient probablement pu le faire basculer dans l'épistémologie sans sujet qui fut proposée dans les années 1920 par les nouveaux théoriciens de la mécanique quantique. Ces positions sont probablement à analyser à travers le prisme de l'influence du physicien et épistémologue autrichien Ernst Mach — dont les idées jouèrent notamment un rôle déterminant dans la formation du cercle de Vienne. Sur le plan de la théorie physique, Ernst Mach fut surtout connu pour le « Principe de Mach », qu'Einstein contribua largement à populariser (il serait même à l'origine de la dénomination du principe) et dont Mach eut l'intuition à l'occasion de sa contribution aux activités expérimentales du Docteur Joseph Breuer, pendant lesquelles lui vint l'idée d'un sixième sens, celui de l'orientation. L'intégration des vecteurs des autres sens sur la motricité de rappel à l'équilibre postural, fut à l'origine, chez Mach, de l'idée d'une redéfinition plus générale de la masse par le référentiel d'inertie. Ce principe postulait que les lois de la physique étaient en fait déterminées par les masses en interaction avec le reste de l'univers. La masse n'était de fait plus une donnée absolue, elle devenait relative à la distribution des corps dans l'univers. Cette idée exerça une grande influence sur Einstein, en particulier dans sa propre redéfinition du principe de gravitation, issue de la théorie de la relativité générale, selon lequel la gravitation n'est pas seulement due à la présence de masse, mais aussi à la courbure de l'espace-temps induite par la distribution générale des corps et de l'énergie dans l'univers. Einstein reconnut par ailleurs à Ernst Mach (ainsi qu'à David Hume) son rôle majeur dans la compréhension du problème de la simultanéité qui le mena sur la piste de la théorie de la relativité : « la réflexion critique qui était nécessaire pour la découverte de ce point central fut aidée de façon décisive, dans mon cas, par la lecture des écrits philosophiques de David Hume et d'Ernst Mach. […] Il est très possible que, sans ces études philosophiques, je ne serais pas arrivé à la théorie de la relativité[311] », écrit-il par exemple dans ses notes autobiographiques. Il semble néanmoins que les vues théoriques et épistémologiques de Mach eurent surtout une influence sur le jeune Einstein : « Pour ainsi dire, écrit-il à ce sujet, tous les physiciens

---

[311] Albert Einstein, *Autobiographical Notes*, p. 53, trad. en anglais P. A. Schilpp

du siècle dernier voyaient dans la mécanique une fondation solide et définitive de toute la physique, oui vraiment de toute science naturelle, ... Ce fut Ernst Mach qui, dans son *Histoire de la mécanique*, ébranla cette foi dogmatique ; ce livre exerça sur moi une profonde influence à cet égard lorsque j'étais étudiant. Je vois la grandeur de Mach dans son incorruptible scepticisme et son indépendance ; dans mes jeunes années toutefois, la position épistémologique de Mach m'influença également considérablement[312]. »

On sait qu'Ernst Mach fut d'abord marqué par l'idéalisme critique de Kant avant de revenir aux conceptions des idéalistes « conséquents » qu'étaient pour lui Hume et Berkeley[313]. Ces conceptions anglo-saxonnes lui inspireront sa thèse centrale selon laquelle « ce ne sont pas les corps qui produisent les sensations,

---

[312] Ibid., p. 23
[313] « Mes relations avec Kant ont été particulières. Son idéalisme critique fut, comme je le reconnais avec la plus grande gratitude, le point de départ de ma pensée critique. Il m'était pourtant impossible de rester disciple de Kant. J'ai très vite commencé à revenir aux conceptions de Berkeley, contenues sous une forme plus ou moins latente dans les textes de Kant. En étudiant la physiologie des sensations et en lisant Herbert, j'en suis ensuite arrivé à des conceptions proches de celles de Hume, dont l'œuvre m'était alors peu familière. Même aujourd'hui, je ne peux que considérer Berkeley et Hume comme des penseurs beaucoup plus conséquents, du point de vue logique, que Kant. », Ernst Mach, *The Analysis of Sensations and the Relations of the Physical to the Psychical*, pp. 367 sq., trad. de l'Allemand à l'Anglais de C. M. Williams, The Open Court Publishing Company, Chicago et Londres. Première publication en 1886 sous le titre : *Beiträge zur Analyse der Empfindungen* (Contributions à l'analyse des sensations). Seconde publication en 1900 sous le titre : *Die Analyse der Empfindungen und das Verhältnis des Physischen zum Psychischen*.

mais les complexes élémentaires (les complexes de sensation) qui constituent les corps[314] », thèse selon nous incomplète, qui élude gravement le problème de la référence et s'apparente de près à la théorie psychologiste que nous avons précédemment rejetée (voir notamment § 31 – *Contre le psychologisme*). Dans *L'analyse des sensations et les relations entre le physique et le psychique*, son principal ouvrage philosophique, Ernst Mach tentait ainsi une assimilation claire entre le psychique et le physique en récusant tout dualisme formel : « Après ces remarques générales, je pourrais peut-être expliquer ma position concernant le dualisme du physique et du psychique. À mon avis, ce dualisme est artificiel et inutile[315]. » Bien que reconnaissant à l'égard de la dette qu'il avait pour les théories de Mach, Albert Einstein se détacha finalement assez tôt de son épistémologie radicale, considérant même, dès 1922, son ancien maître comme un « philosophe déplorable ». Dans le bulletin de la société française de philosophie, Einstein déclarait ainsi : « Le système de Mach étudie les relations qui existent entre les données de l'expérience ; l'ensemble de ces relations c'est, pour Mach, la science. C'est là un point de vue mauvais en somme, ce qu'a fait Mach, c'est un catalogue et non un système. Autant Mach fut un bon mécanicien, autant il fut un déplorable philosophe. Cette vue courte sur la science le conduisit à rejeter l'existence des atomes. Il est probable que si Mach vivait encore aujourd'hui, il changerait d'avis[316]. » Au cours des années qui

---

[314] Ibid., p. 29
[315] Ibid., p. 41
[316] Albert Einstein, *Bulletin de la société française de philosophie*, séance du 6 avril 1922, p. 249

suivirent, l'enthousiasme d'Einstein pour le principe de Mach ne cessa de diminuer pour finalement disparaître. En 1954, Einstein écrivit ainsi à l'un de ses collègues : « Il ne faut pas du tout parler du principe de Mach[317]. »

Toujours est-il que la réflexion qu'Einstein mena au tout début des années 1900 sur les référentiels d'inertie le conduisit à adopter d'importantes réserves sur certains aspects de la philosophie de Kant et notamment sur l'esthétique transcendantale qui constituait la première partie de la *Critique de la raison pure*. Einstein reprochait en particulier à Kant le caractère trop aprioriste de sa philosophie : « à moins de vouloir prétendre que la théorie de la relativité générale est contradictoire avec la raison, on ne peut pas conserver le système kantien de concepts et normes *a priori* », déclarait-il par exemple dans les années 1920[318]. Selon les vues d'Einstein, Kant, en faisant de l'espace et du temps des formes *a priori* de la sensibilité leur donnait du même coup une rigidité qui gênait l'émergence de nouveaux paradigmes non-euclidiens. Si l'on peut concéder à Einstein que l'épistémologie de Kant était en partie tributaire de la physique de Newton et des problématiques scientifiques de son temps, il est sans doute injuste de voir dans son idéalisme transcendantal une tentative de réification ou de défense de l'absoluité de l'espace — ce qu'Einstein reconnut lui-même plus tard. Dans la *Critique de la raison pure*, Kant, s'il désignait bien en effet l'espace et le temps comme des formes *a priori* de notre sensibilité,

---

[317] Lettre à F. Pirani, 2 février 1954
[318] Dans le compte-rendu d'un livre d'Alfred Elsbach intitulé *Kant und Einstein*, paru dans *Deutsche Litteraturzeitung*, 1924, 1688

n'en faisait jamais un absolu objectif : il était en cela explicitement antagoniste des positions de Newton et d'autres physiciens qui considéraient l'espace comme un être réel absolu (Samuel Clarke, J.C Sturm). Dans son œuvre précritique, Kant adoptait cependant entièrement les thèses de Newton et Clarke relativement à l'irréductibilité de l'espace et du temps à des rapports logiques ; il était d'accord avec eux pour considérer l'espace et le temps comme des *réceptacles* (suivant le mot employé par Kant dans sa dissertation pour caractériser la thèse de Newton : « *immensum rerum possibilium receptaculum*[319] »), antérieurs aux choses qu'ils doivent recevoir. Les formes kantiennes de l'espace et du temps jouaient précisément ce rôle de réceptacles, en ce qu'elles contenaient en elles des rapports propres et indépendants des objets qui devaient s'y inscrire – et non des relations dérivées des choses que nous y percevons. Mais ce réceptacle n'était pas extérieur au sujet percevant, comme l'avait supposé Newton en concevant l'espace comme le milieu sensoriel de Dieu ; il appartenait au contraire entièrement au sujet lui-même, constituant ainsi le milieu sensoriel de l'homme[320]. Dans la *Critique de la raison pure*, Kant ne cessait ainsi de répéter que l'espace et le temps n'ont pas d'existence objective. Pour la philosophie transcendantale, comme pour la relativité générale, l'espace et le temps ne sont ni des objets, ni des êtres

---

[319] « Le réceptacle illimité des choses possibles » : Emmanuel Kant, *De mundi sensibilis atque intelligibilis forma et principiis*, 1770, cité par Martial Gueroult, *La Critique de la raison pure de Kant, Esthétique transcendantale*, pp. 79-110

[320] Voir Martial Gueroult, *La Critique de la raison pure de Kant, Esthétique transcendantale*, pp. 79-110

substantiels, ni des entités psychiques, ce sont des formes qui rendent intelligible l'expérience dont elles sont, d'ailleurs, inséparables objectivement : « l'espace, écrivait Kant, est simplement la forme de l'intuition extérieure, mais non un objet réel qui puisse être intuitionné extérieurement[321] ». Kant soulignait d'ailleurs fréquemment que les formes de l'espace et du temps n'avaient aucun sens en elles-mêmes si elles n'étaient pas rapportées au monde de l'expérience, dont elles rendaient précisément possible la constitution en tant que tel : « veut-on mettre l'espace et le temps en dehors de tous les phénomènes, il en résulte toutes sortes de déterminations vides de l'intuition externe, qui ne sont cependant pas des perceptions possibles », écrivait-il par exemple dans la *Critique de la raison pure*[322].

Si le caractère non absolu et non substantiel de l'espace peut être reconnu comme un apport fondamental de la philosophie kantienne, c'est la détermination de l'espace et du temps comme formes *a priori* de la sensibilité qui suscita les critiques d'Einstein. En effet, si l'espace et le temps étaient des formes *a priori*, il devenait problématique, du point de vue de la raison, de les concevoir comme relatives à la distribution de la matière et de l'énergie. Cette idée d'apriorité de l'espace était-elle cependant nécessairement contradictoire avec l'idée einsteinienne qui consistait à comprendre l'espace

---

[321] « Dialectique transcendantale », *note sur l'antithèse de la première antinomie*, *Critique de la raison pure*, AK III, 297 ; Œuvres philosophiques, t. I, p. 1089, cité par Jean Seidengart dans la présentation *La théorie de la relativité d'Einstein* d'Ernst Cassirer, Les éditions du Cerf, 2000, trad. Jean Seidengart, p. 19

[322] Op. Cit., AK III 297 ; Œuvres philosophiques, t. 1, p. 1089, cité par Ernst Cassirer.

(et le temps) dans leur relation dynamique avec la distribution de la matière et de l'énergie ? En d'autres termes, l'idée d'une prédétermination de la raison à penser l'espace en tant que condition et cadre formel des phénomènes excluait-elle nécessairement la possibilité de penser l'interaction dynamique des phénomènes entre eux (dynamisme qui devait précisément refonder notre perception intuitive de l'espace) ?

Nous savons que nous avons une perception tridimensionnelle de l'espace qui obéit globalement à notre géométrie intuitive qui est celle d'Euclide. A notre échelle, force est de constater que nous vivons dans un monde euclidien : la géométrie d'Euclide est pour nous la plus « commode » et la plus *effective* (elle correspond le mieux à l'interprétation du monde qui nous est donné immédiatement, c'est-à-dire de notre environnement). Nous retrouvons ici l'idée d'une raison à double détente : légiférée, en ce qu'elle est ancrée dans le monde physique, soumise aux structures matérielles et aux lois de la nature dont elle est le produit (ce sont les « paramètres initiaux » de la sensibilité qui déterminent ainsi d'abord la raison), légiférante, en ce qu'elle n'est pas une simple transcription passive du réel, mais un outil qui organise et structure activement l'expérience, en produisant des cadres conceptuels permettant de donner sens aux phénomènes. Cette double nature de la raison implique un rapport dialectique à la réalité : elle est contrainte par les structures matérielles du monde, mais demeure autonome dans sa capacité à élaborer des principes et des modèles interprétatifs. Si la raison est adaptée, c'est aussi qu'elle a été conditionnée par nos interactions sensibles avec le monde physique. C'est précisément en cela que l'espace et le temps sont des formes intuitives et non pas des constructions intellectuelles (qui relèveraient des catégories de l'entendement par exemple). Avant de construire mathématiquement le monde, il faut bien que nous ayons avec le monde une interaction sensible. Or cette interaction sensible n'est possible qu'à condition que nous soyons toujours déjà réglés sur les choses (de manière effective, de façon à ce que nous puissions survivre dans le monde). Avant de pouvoir se calculer et se déduire, le monde se donne toujours d'abord à nous dans la sensibilité, dans les sensations.

La pensée de Kant, nous l'avons dit, n'est pas une pensée de la réification (ni des choses, ni de l'espace), mais une pensée qui tente de donner un fondement critique aux sciences (et de comprendre les conditions de l'articulation des choses entre elles). Notons d'ailleurs que Kant n'a jamais rejeté l'idée de géométries non-euclidiennes, puisqu'il est même allé jusqu'à en montrer la cohérence possible[323], mais leur seul caractère non-intuitif devait selon lui les rendre inapplicables en physique (car elles auraient été issues de jugements analytiques et non pas de jugements synthétiques *a priori*). Rien cependant ne semble nous obliger à considérer les géométries non-euclidiennes comme « non-intuitives » (contrairement à ce qu'affirmait Kant). Au contraire, l'espace riemannien pourrait très bien constituer le cadre intuitif de la physique relativiste d'Einstein (l'une des manifestations

---

[323] Voir Emmanuel Kant, « Analytique », postulat de la possibilité, *Critique de la raison pure*, AK III, 187 ; Œuvres philosophiques, tome I., p. 950

formelles de notre intuition générale et abstraite de l'espace). Henri Poincaré imagina précisément, à ce sujet, une expérience de pensée dans laquelle des créatures vivaient dans un espace non-euclidien, tel qu'une surface courbe (une sphère ou une hyperbole). Selon lui, de tels êtres auraient perçu l'espace différemment d'un être évoluant dans un espace euclidien, leur sensibilité étant en quelque sorte guidée par l'effectivité ou par ce qu'il appelait la « commodité ». N'ayant pas conscience de la courbure de leur espace, ils auraient disposé de perceptions et d'outils de mesure parfaitement ajustés à leur environnement. Dans la détermination des paramètres initiaux de notre sensibilité, c'est toujours l'idée d'effectivité qui domine. Il ne faut donc pas faire des « paramètres initiaux » de notre sensibilité une sorte d'absolu homogène qui conférerait ses propriétés au réel. Pour autant, les paramètres initiaux déterminés de notre sensibilité ne doivent pas non plus nous induire vers l'idée de relativisme. Comme nous l'avons vu au paragraphe précédent, nous pouvons penser de manière analytique n'importe quel espace (n'importe quelle géométrie) à partir du paradigme que nous déduisons de notre « espace intuitif ». Cassirer écrivit d'ailleurs ce sujet : « le développement de la théorie de la relativité générale [...] a montré que ce qui se présentait à Riemann comme une hypothèse géométrique, comme une simple possibilité de la pensée, était un organe approprié à la connaissance de la réalité effective[324] ». Ainsi, si nous concevons la philosophie critique non pas nécessairement comme une doctrine de l'*a priori* (qui pourrait conduire à une doctrine de l'idéalisme

---

[324] Ernst Cassirer, *Philosophie des formes symboliques*

absolu que Kant a par ailleurs toujours rejetée), mais comme une pensée qui tente de reconduire les théories scientifiques à leurs conditions de possibilité, remontant de leur structure positive à leur signification propre, il devient alors possible de considérer sa compatibilité avec l'ensemble des cadres de références et des paradigmes de la physique moderne, si tant est que ces cadres aient une *signification* (et étant entendu que les cadres référentiels n'épuiseront jamais l'idée générale d'espace, idée indépendante de ses réalisations concrètes ou théoriques). L'absoluité d'un cadre référentiel particulier ne doit donc pas être considéré comme un prérequis de la philosophie critique, cette idée d'absoluité suscitant d'ailleurs, comme nous l'avons déjà évoqué, un paradoxe du point de vue de la théorie des ensembles[325].

Notre vision euclidienne de l'espace doit ainsi être comprise et interprétée à la lumière de l'idée selon laquelle la forme de notre intuition sensible est le résultat d'un processus adaptatif qui, en taillant notre sensibilité à mesure de ce que nous avons besoin de sentir du monde pour y survivre, nous « soufflerait » en quelque sorte les axiomes de la géométrie euclidienne. La géométrie euclidienne n'est donc pas un absolu *a priori* qui nous serait donné par notre intuition, mais une jauge *idéelle*, tirée de notre intuition générale de l'espace

---

[325] Si, en effet, un référentiel absolu contient tous les référentiels, se contient-il aussi lui-même en tant que référentiel absolu ? Si non, alors il ne contient pas tous les référentiels, si oui alors que faire du statut du référentiel absolu de niveau *n* contenu par le référentiel absolu de *niveau n+1* : peut-il être dit *absolu*, c'est-à-dire contenant tous les ensembles alors qu'il est lui-même contenu dans l'ensemble de tous les référentiels ?

(de notre prédétermination sensible à penser l'espace), qui nous permet d'appréhender et de définir le réel par identité et par différence (de la même manière en quelque sorte que notre sensibilité nous donnait une idée de ce qu'est la chaleur, cette idée ne correspondant pas à la réalité physique de la chaleur, mais nous permettant d'entrer dans la question physique). Il s'agit ici cependant de bien séparer la *manifestation schématique d'un référentiel spatial donné* de *l'idée abstraite et générale d'espace* (qui n'est pas un ensemble en tant que tel mais un cadre général donné par l'intuition sensible[326], un peu comme le concept est l'idée générale d'une chose — nous avons vu que les paradoxes intentionnels des concepts demeurent un problème ouvert, voir § 43 — *Pensée et réflexion : la pensée et son miroir*). C'est à partir de notre idée générale de l'espace, qui nous est donnée par la forme de notre sensibilité (par sa prédétermination naturelle), que nous pouvons penser différents schèmes spatiaux et différentes géométries qui en s'appliquant au réel deviennent des jauges de notre entendement. Cependant, si la jauge peut être considérée comme contingente (répondant au critère de la commodité), il ne s'ensuit pas nécessairement que ce qu'elle ne puisse avoir de valeur de mesure objective. C'est la raison pour laquelle, encore une fois, il s'agit de ne pas amalgamer les idées de notre raison avec ce que ces mêmes idées tentent de mesurer et de décrire (passage du subjectif à l'objectif). Dans la philosophie kantienne (de laquelle nous nous sommes certes un peu éloignées) comme

---

[326] Cadre général qui seul nous permet de penser les choses (et nous les rendre signifiantes) dans leur hétérogénéité, c'est-à-dire dans leur non-réductibilité les unes aux autres, c'est-à-dire encore dans leurs relations dynamiques, dans leurs interconnexions.

dans la physique d'Einstein, il faut toujours en revenir à la problématique de la référence : si nous occultons la dimension référentielle de la philosophie critique ou si nous ignorons, comme c'est trop souvent le cas, la problématique de la référence chez Einstein, nous passons alors à côté de la compréhension de la théorie de la relativité (c'est d'ailleurs ce qu'Einstein reprochera principalement à Ernst Mach).

L'idéalisme critique n'est de fait pas incompatible avec l'idée de cadres référentiels si l'on garde à l'esprit que ces cadres sont toujours des projections *idéelles* (et non des réalités externes indépendantes de l'observation) et si l'on considère que ces projections *idéelles* n'épuisent jamais par ailleurs l'idée abstraite et générale d'espace[327]. La détermination *a priori* des formes de la sensibilité n'induit pas l'idée d'une imposition dogmatique de la raison visant à fixer un réel en soi,

---

[327] Dans sa préface à *La théorie de la relativité d'Einstein* d'Ernst Cassirer, Jean Seidengart écrit à ce sujet : « L'élément de la relativité générale qui porte l'idéalisme critique à sa plus haute expression, d'après Cassirer, c'est sa nouvelle conception des rapports matière/forme. Certes, la relativité restreinte, malgré son élimination de l'espace et du temps absolu newtoniens, conservait l'idée classique que la forme de l'espace-temps de Minkowski demeure *indépendante* de son contenu matériel. En revanche, la relativité générale a montré que la forme spatio-temporelle a des propriétés métriques qui sont directement déterminées en fonction de la distribution de son contenu matière-énergie. Bien que ce rapport causal soit strictement d'ordre *physico-mathématique*, il présente une certaine analogie avec le *rapport transcendantal* qui unit la forme et la matière de la connaissance. », Op. cit., p.19. Dans la théorie de la relativité générale, le temps comme projection *idéelle* (physico-mathématique dit Jean Seidengart, ou plutôt mathématico-physique si nous voulons mieux adhérer au cadre de l'idéalisme critique) présente de fortes similarités conceptuelles avec les vues de l'idéalisme critique.

mais désigne les conditions mêmes de possibilité de notre expérience. Les formes de notre sensibilité sont *ce par quoi* le monde se manifeste à nous et devient intelligible. Il faut ainsi prendre garde à ne pas réduire ce par quoi les paradigmes de la raison peuvent naître (les formes de notre sensibilité qui nous donnent notre intuition sensible du réel et qui permettent à notre entendement de « fonctionner »), aux paradigmes eux-mêmes. En tant que productions rationnelles, les paradigmes ne sont pas directement réductibles à l'expérience, ils ne sont pas, à proprement parler, « expérimentaux ». Les règles qui dérivent de la géométrie, par exemple, si elles nous sont d'abord données à travers l'intuition sensible ne peuvent pas logiquement s'y réduire (elles ne sont pas elles-mêmes « sensibles » : une figure géométrique possède des propriétés générales qui ne sont pas des propriétés sensibles).

Il est donc essentiel de distinguer trois niveaux dans notre appréhension de l'espace, (i) l'expérience intuitive et sensible de l'espace, c'est-à-dire ce par quoi l'espace nous est « immédiatement » *donné* non pas en tant que concept, mais comme cadre général de notre perception des phénomènes hétérogènes (ii) l'aptitude à *saisir* l'espace, c'est-à-dire à nous représenter l'espace de manière signifiante pour nous en le projetant, en l'imaginant dans ses formes (cette aptitude ne précédant pas nécessairement toute expérience, mais résultant d'une interaction entre nos capacités cognitives et notre exposition au monde), (iii) l'expression formelle et scientifique de l'espace, qui dérive de notre capacité à projeter des schèmes spatiaux et qui se traduit par des modèles théoriques permettant de structurer notre compréhension du réel (expression qui relève plus de l'entendement que de l'intuition de l'espace). Lorsque nous parlons d'espace, nous parlons indifféremment de l'espace en tant que forme de notre sensibilité, en tant que projection signifiante des phénomènes et en tant qu'expression formelle de cette expérience projective. Cette indifférenciation des significations de l'espace mène aux difficultés et aux paradoxes que nous retrouvons dans les interprétations de la théorie de la relativité.

D'après les premières descriptions faites par Einstein de la théorie de la relativité, nous l'avons dit, l'espace n'est pas un conteneur vide et conceptuel qui serait « rempli » par la matière, mais plutôt une entité dynamique qui peut être affectée par la présence de matière : la matière et l'énergie seules peuvent créer, former et déformer l'espace (l'espace n'a pas de réalité concrète en dehors de la matière ou des équations de champ, il est déduit davantage que postulé). Par ailleurs, en accord avec les présupposés épistémologique de la science moderne et à travers notamment l'influence qu'Ernst Mach[328] possède sur lui dans les années 1900 et 1910 Einstein cherche à purger la physique de toute référence à des notions non mesurables (ce qui l'orientera vers la suppression de l'espace et du temps absolus newtoniens dans la théorie de la relativité restreinte, mais également vers l'idée d'un rapprochement entre l'espace et le temps, rapprochement sans doute facilité par le fait que la mesure du temps implique précisément sa spatialisation). C'est ainsi le

---

[328] Pour qui les lois physiques doivent se réduire à des régularités empiriques, sans faire appel à des entités hypothétiques comme l'éther ou les atomes.

caractère mesurable du réel qui crée le réel. Mais c'est précisément le critère de mesurabilité qu'il convient d'étudier et de remettre en question. C'est ce que note à notre avis très justement Ernst Cassirer dans son commentaire sur la théorie de la relativité : « La brève formule de Planck concernant le critère physique de l'objet qu'il synthétise en déclarant que *n'existe que ce que l'on peut mesurer*, peut paraître pleinement suffisante du point de vue de la physique ; mais du point de vue de la théorie de la connaissance, elle ne contient en elle qu'une mise en demeure de découvrir précisément les conditions fondamentales de cette mesurabilité elle-même et les développer de façon complète et systématique[329]. » Il ne faut pas confondre la commodité méthodologique d'après laquelle, du point de vue du physicien, « *n'existe que ce que l'on peut mesurer* » avec un énoncé épistémologique ayant trait à la théorie de la connaissance. Ici, comme souvent, on transforme le problème en postulat[330]. En effet, ajoute Cassirer, « Toute mesure, même la plus simple, doit reposer sur des présuppositions théoriques déterminées, sur des "principes" certains sur des "hypothèses" ou des

---

[329] Ernst Cassirer, *La théorie de la relativité d'Einstein*, p. 37

[330] A ce sujet, Ernst Cassirer note : « Goethe avait écrit à Zelter : "Le plus grand art dans la vie mondaine et dans l'étude consiste à transformer le *problème en postulat*, c'est ainsi que l'on parvient au succès." En fait, ce fut la vois que suivit Einstein dans son premier mémoire fondamental *Zur Elektrodynamik Bewegster Systeme* [*Sur l'électrodynamique des corps en mouvement*] dès l'année 1905. Le principe de constance de la vitesse de la lumière figure en tête, en guise de postulat », *La théorie de la relativité d'Einstein*, p. 51, même s'il note ensuite que du point de vue de la théorie de la relativité générale, la loi de la constance de la vitesse de la lumière dans le vide ne possède plus une validité illimitée (p. 57).

"axiomes" qu'elle ne peut pas tirer du monde des sensations, mais qu'elle doit référer à ce monde comme  des postulats de la pensée. En ce sens, la réalité du physicien s'oppose à la réalité de la perception immédiate comme quelque chose de tout à fait médiat ; comme un ensemble, non pas de choses existantes ni de propriétés, mais de symboles abstraits de la pensée qui servent à exprimer des rapports déterminés de grandeurs et de mesures, de coordinations fonctionnelles et de dépendances déterminées entre les phénomènes[331]. » Ce sont ces « symboles abstraits de la pensée » qui, avec le cadre formel général de ces symboles, constituent, en relation avec les objets qu'ils constituent et décrivent, ce que nous appelons le « problème de la référence », problème souvent ignoré des philosophies empiristes aussi bien que positivistes. Dans la théorie de la relativité, comme dans toute construction scientifique, il est impossible de faire abstraction de la signification de l'espace et du temps *pour nous*, c'est-à-dire du rôle qu'ils jouent dans notre expérience et notre compréhension du réel. Or, cette signification ne peut être dissociée de notre intuition sensible : l'espace et le temps constituent les cadres nécessaires à la manifestation des phénomènes (ils donnent une signification aux phénomènes). Loin d'être de simples référentiels arbitraires, l'espace et le temps se présentent d'abord, nous l'avons dit, comme les formes par lesquelles nous sommes saisis des phénomènes, dans leur hétéro-

---

[331] Ibid.

généité, dans leur irréductibilité les uns aux autres, c'est-à-dire dans leur dynamisme. Ainsi l'espace et le temps ne sont pas de purs concepts abstraits qui découleraient de l'entendement ni des entités indépendantes de l'expérience, mais les conditions par lesquelles toute réalité phénoménale prend sens et devient accessible à la connaissance. Cette conception de l'espace et du temps comme formes structurantes de notre rapport aux phénomènes est à notre avis compatible avec la théorie de la relativité (elle n'implique nullement d'absoluité de l'espace et du temps, mais insiste au contraire sur les interactions causales entre les phénomènes qui enclenchent en quelque sorte cette perception formelle que nous avions déjà en nous « en puissance »). Ce n'est en effet que parce que l'espace et le temps nous sont donnés par la forme (la programmation initiale) de notre sensibilité que nous sommes capables d'engendrer des images signifiantes, c'est-à-dire de proposer au réel des figures d'évaluation et de correspondance (nous testons toujours des idées, des schèmes signifiants *pour nous*).

Cette référence à une réalité dotée de sens pour nous, c'est-à-dire susceptible d'être pensée par l'entendement et figurée par l'imagination, transparaît clairement dans les explications qu'Einstein donne de sa propre conception de la gravitation. La théorie de la relativité générale, explique Einstein, peut intuitivement être représentée à l'aide d'une feuille de caoutchouc tendue qui symboliserait l'espace-temps. Si nous plaçons une boule de plomb lourde sur cette feuille, la boule va créer une dépression, déformant ainsi la surface autour d'elle. Cette analogie imagée nous aide à nous représenter la manière dont la matière interagit avec l'espace-temps et à comprendre que la gravitation ne fait pas intervenir, comme le pensait Newton, une force d'attraction qui induirait une forme d'action à distance, mais correspond en réalité à la déformation de l'espace-temps par la matière. La représentation d'Einstein, si elle s'exprime plus commodément dans la géométrie riemannienne (cette géométrie qui, selon Cassirer « peut très bien constituer l'*a priori* intuitif de la physique relativiste d'Einstein ») peut aussi se concevoir par rapport à un espace euclidien auquel Einstein fait référence à travers le symbole de la feuille de caoutchouc. Comme le signalait bien Henri Poincaré, la géométrie riemannienne n'est pas indépendante de la géométrie euclidienne. Elle lui fait simplement subir une série de transformations axiomatiques[332]. En cela, la théorie de la relativité demeure bien liée à une représentation *idéelle*, représentation qui, seule, permet de penser et de développer la théorie. Par ailleurs, — et c'est pour nous un point essentiel — aucun référentiel spatial n'épuisera

---

[332] Notons par ailleurs que, dans la formulation du principe de relativité restreinte, par exemple, Einstein part des anciennes représentations (la mécanique de Galilée-Newton) pour leur faire subir une série de transformations qui aboutissent à la formulation des principes de la relativité. Les mécaniques d'Einstein et de Newton ne sont donc pas sans lien. Einstein écrit d'ailleurs lui-même : « il ne faut pas penser que la grande création de Newton puisse réellement être renversée par cette théorie-ci ou par une autre. Ses idées claires et vastes garderont toujours leur rôle essentiel de fondements sur lesquels nos conceptions de la physique ont été construites ». Albert Einstein, *Qu'est-ce que la théorie de la relativité* ? Reprise de la version originale publiée dans le London Times, le 28 novembre 191, in *Conceptions scientifiques*, Flammarion, Paris, 1952, réed. Champs Sciences, Flammarion, 2016, p. 18

jamais l'idée abstraite et dynamique d'espace (idée que nous ne devons pas confondre avec celle, différente et contradictoire, d'espace absolu).

Dans la présentation qu'il fait de *La théorie de la relativité d'Einstein*, d'Ernst Cassirer, Jean Seidengart[333] note d'ailleurs un aspect de similarité entre la forme spatio-temporelle des propriétés métriques de la relativité générale d'Einstein et la théorie de l'espace chez Kant : « bien que ce rapport causal [le rapport entre l'espace et la distribution de son contenu en matière-énergie], écrit-il, soit strictement d'ordre *physico-mathématique* [dans la théorie de la relativité générale], il présente une certaine analogie avec le *rapport transcendantal* qui unit la forme et la matière de la connaissance [dans la théorie kantienne de l'espace] ». Nous retrouvons dans l'esthétique transcendantale comme dans la théorie de la relativité générale le même couple matière-forme. La forme, précise Jean Seidengart, est en somme ce qui nous permet de penser la matière (l'articulation de la matière à travers cette fiction interprétative que le sujet nomme « espace »). L'essor des sciences modernes a de fait rendu caduque ce que Kant avait emprunté aux sciences de son temps, mais la fonction synthético-unificatrice de sa philosophie, dont la dimension a été largement soulignée par Ernst Cassirer, demeure. C'est précisément à travers cette dimension synthétique et

---

[333] Jean Seidengart est professeur émérite de philosophie à l'Université de Paris-Nanterre. Il est aussi membre fondateur et permanent de l'Internationale Ernst *Cassirer-Gesellschaft* à Heidelberg et Berlin et du *Centro Internazionale di Studi Bruniani* à *l'Istituto Italiano per gli studi Filosofici* de Naples. Il fut mon professeur à l'université de Paris-Nanterre en 2003. Je le remercie de m'avoir fait découvrir, il y a un peu plus de 20 ans, la philosophie d'Ernst Cassirer !

unificatrice de notre raison que nous sommes en mesure, non seulement de concevoir et de fonder les géométries, mais aussi de comprendre le monde en le restituant dans un système de références signifiantes (issues de l'intuition sensible). La représentation *idéelle* (qui se décline elle-même en deux temps : (i) représentation de l'idée générale abstraite de l'espace qui dérive de la forme de notre intuition sensible, mais qui n'est pas pour autant une formalisation de cette intuition sensible et (ii) formalisation de schèmes spatiaux concrets issus de cette compréhension intuitive de l'espace) est ainsi la cheville articulée qui lie notre entendement au réel. La compréhension du réel n'est possible que par le biais de cette articulation que nous appelons *synthétique* dans la mesure où elle est un pont signifiant entre notre entendement et le substrat que nous essayons de penser (c'est-à-dire de nous rendre signifiant). La synthèse est cet effort de cohabitation entre les formes intuitives conceptualisées par notre entendement et le substrat du réel qui, pour nous, s'agrège, c'est-à-dire prend sa forme et sa signification dans ce que nous avons nommé le « phénomène[334] ».

---

[334] Si notre relation au réel est d'abord esthétique et synthétique (synthétique dans la manière que nous avons de tenter d'exprimer le réel), il peut néanmoins arriver qu'un théorème ou une loi puisse être démontré de manière analytique avant d'être compris ou formalisé de manière synthétique. Comme nous l'avons signalé plus tôt, Gauss, Riemann ou Christoffel ont fondé les géométries différentielles sur des considérations strictement mathématiques avant que ces géométries n'aient trouvées, plus tard, leur formulation signifiante et synthétique. Cette

Dans le cas d'Einstein, il est bien connu que l'idée de la théorie de la relativité ne lui vint pas directement de la théorie analytique des mathématiques, mais plutôt d'une intuition générale qui fut d'abord non-formelle. Il est vrai cependant — contrairement peut-être à ce que nous avons parfois un peu trop laissé entendre dans le présent ouvrage à propos de la découverte scientifique — que la théorie de la relativité générale n'apparut pas subitement aux yeux d'Einstein comme une illumination ou une vérité révélée. En réalité, la formulation de la théorie de la relativité générale en 1915 fut précédée, dix ans avant sa publication, par la théorie de la relativité restreinte. Dès 1905, en effet, Einstein développa les idées fondamentales qui lui inspirèrent quelques années plus tard la théorie de la relativité générale : le principe de relativité, d'abord, selon lequel les lois de la physique sont les mêmes dans tous les référentiels inertiels (les référentiels des observateurs qui se déplacent à vitesse constante les uns par rapport aux autres), le principe de constance de la vitesse de la lumière (qui a le rôle chez Einstein de cadre référentiel, puisque la vitesse de la lumière n'est pas affectée par le mouvement relatif de la source lumineuse ou de l'observateur) ainsi que les

---

apparente porosité entre le synthétique et l'analytique s'explique en fait par le fondement synthétique de la plupart des systèmes formels (notamment les systèmes formels qui se trouvent en fait dériver de la géométrie). C'est par ce fondement synthétique que certains systèmes formels parviennent à être *en avance* sur leurs implications géométriques et, par suite, sur leur application physique. Loin de remettre en cause le fondement intuitif de notre connaissance, le caractère prédictif de ces systèmes formels en est donc une confirmation.

implications de ces principes sur la dilatation du temps, la contraction des longueurs, l'équivalence masse-énergie ($E=mc^2$) et l'invariance de l'espace-temps (l'espace-temps est invariable sous les transformations de Lorentz, ce qui signifie que les lois physiques sont les mêmes pour tous les observateurs inertiels). C'est à partir de ce modèle de la relativité restreinte qu'Einstein eut l'intuition du modèle de la relativité générale qui incluait notamment une description de la gravité dérivée de la nouvelle compréhension de l'espace-temps (la gravitation non pas comme une action à distance, mais comme la conséquence de la déformation de l'espace-temps) et le principe d'équivalence selon lequel l'accélération due à la gravité est équivalente à l'accélération due à une force. En tirant le fil de sa première intuition (celle de la théorie de la relativité restreinte), Einstein parvint donc à une représentation générale qui donna lieu à la formalisation d'une théorie plus compète de l'univers. Cependant, cette représentation, qui fut en fait une construction séquencée sur une dizaine d'années (de 1905 à 1915) fit intervenir à chaque étape de sa généralisation des représentations *idéelles* (des projections de l'imagination). La relativité restreinte comme la relativité générale sont en effet des théories soutenues par des représentations concrètes. Il est à ce sujet intéressant de remarquer à quel point le langage d'Einstein est imagé et fait intervenir des représentations tout à fait communes, tirées de la vie quotidienne (l'image d'une gare et de trains en mouvement pour la relativité restreinte, l'image d'un ascenseur ou encore d'un plan en caoutchouc pour la relativité générale). L'idée selon laquelle les découvertes scientifiques procèderaient d'abord de projections de l'imagination, c'est-à-dire de représentations référentielles et signifiantes semble ainsi profondément ancrée dans la pensée d'Einstein. Dans un article publié en 1940, réagissant aux récents développements de la théorie quantique, Einstein écrivait par exemple à ce sujet : « Certains physiciens, parmi lesquels je me trouve moi-même, ne peuvent pas croire que nous devions abandonner, réellement et pour toujours, l'idée d'une représentation directe de la réalité physique dans l'espace et dans le temps, ou que nous devions accepter l'opinion que les événements dans la nature ressemblent à un jeu de hasard[335]. » Dans un article de 1934 intitulé *A la mémoire de Paul Ehrenfest*, Einstein faisait par ailleurs l'éloge de l'esprit de clarté, renvoyant ainsi implicitement au problème de l'imagination (qui procède de l'intuition sensible) et de la référence. Il écrivit ainsi, à propos du théoricien et physicien autrichien Paul Ehrenfest, à la suite de sa mort tragique[336] : « Sa grandeur résidait dans sa faculté extraordinaire bien développée de saisir l'essence d'une notion théorique, de dépouiller une théorie de son accoutrement mathématique jusqu'à ce que l'idée

---

[335] Albert Einstein, *Les fondements de la physique théorique*, 1940, in *Conceptions scientifiques*, Flammarion, Paris, 1952, rééd. Champs Sciences, Flammarion, 2016, p. 91
[336] De la correspondance avec ses amis proches, il ressort qu'à partir de mai 1931 Paul Ehrenfest souffrait d'une grave dépression. En août 1932, Albert Einstein était si inquiet qu'il écrivit au conseil d'administration de l'Université de Leyde, exprimant une profonde inquiétude et suggérant des moyens de réduire la charge de travail d'Ehrenfest. Le 25 septembre 1933, Paul Ehrenfest se rend à Amsterdam à l'Institut Waterink pour enfants handicapés muni d'un pistolet et tire une balle dans la tête de son fils Wassik, âgé de quinze ans et atteint de la trisomie 21, avant de retourner immédiatement l'arme contre lui.

simple qui est à sa base apparaisse avec clarté. Cette capacité lui permettait d'être un maître incomparable[337]. » À partir des années 1930, Einstein multipliera les déclarations qui semblent aller dans le sens de l'idéalisme critique (ou en tout cas d'une doctrine dualiste de la pratique scientifique). Ainsi écrit-il par exemple à Karl Popper, dans une lettre datée du 11 septembre 1935 : « Je n'aime pas du tout cette tendance à la mode qui consiste à coller de façon « positiviste » aux données observables. […] Je pense que la théorie ne peut pas être fabriquée à partir des résultats de l'observation, qu'au contraire elle ne peut être qu'inventée[338] ». En 1938, dans un ouvrage intitulé *L'évolution des idées en physique* présentant une série de conférences données par Einstein à Princeton en 1936, il écrivait encore : « Les concepts physiques sont des créations libres de l'esprit humain et ne sont pas, comme on pourrait le croire, uniquement déterminés par le monde extérieur. Dans l'effort que nous faisons pour comprendre le monde, nous ressemblons quelque peu à l'homme qui essaie de comprendre le mécanisme d'une montre fermée. Il voit le cadran et les aiguilles en mouvement, il entend le tic-tac, mais il n'a aucun moyen d'ouvrir le boîtier. S'il est ingénieux, il pourra se former quelque image du mécanisme, qu'il rendra responsable de tout ce qu'il observe, mais il ne sera jamais sûr que son image soit la seule capable d'expliquer ses observations. Il ne sera jamais en état de comparer son image avec le mécanisme réel, et il ne peut même pas se représenter la possibilité ou la

---

[337] Op. cit., in *Conceptions scientifiques*, Flammarion, Paris, 1952, rééd. Champs Sciences, Flammarion, 2016, p. 168
[338] Lettre sur le *Statut théorique de la mécanique quantique*

signification d'une telle comparaison. Mais le chercheur croit certainement qu'à mesure que ses connaissances s'accroîtront, son image de la réalité deviendra de plus en plus simple et expliquera des domaines de plus en plus étendus de ses impressions sensibles. Il pourra aussi croire à l'existence d'une limite idéale de la connaissance que l'esprit humain peut atteindre. Il pourra appeler cette limite idéale la vérité objective[339]. » L'une des constantes de ces déclarations consiste à associer systématiquement les découvertes scientifiques à l'activité de l'imagination qui nous donne une idée, c'est-à-dire une figuration du réel que nous tentons d'expliquer (« comparer son image avec le mécanisme réel », écrit Einstein). Einstein est cependant conscient que cette comparaison de l'image avec le réel ne peut se comprendre comme une correspondance objective (la montre est fermée et le phénomène est une construction). Il nous faut donc reposer sur l'effectivité de nos représentations mentales et tenter d'élargir ces représentations à des « domaines de plus en plus étendus ». Faut-il voir ici l'influence de Kurt Gödel, qu'Einstein fréquente alors à l'Université de Princeton, et avec lequel il échange régulièrement lors de longues promenades ? Toujours est-il que dans les années 1930, Einstein semble de plus en plus basculer vers une forme d'idéalisme critique qui prend acte de la nature duale du monde et de la non-réductibilité des créations de l'esprit à leurs *stimuli* extérieurs (« les concepts physiques sont des créations libres de l'esprit humain et ne sont pas, comme on pourrait le croire, uniquement déterminés par le monde

---

[339] Voir Albert Einstein, Léopold Infeld, *L'évolution des idées en physique*, Paris, éditions Flammarion, 2015, p. 47

extérieur ») en même temps qu'il insiste sur l'activité théorique du scientifique comme production de schèmes et d'images intuitives (« se former quelque image du mécanisme ») qu'il convient d'abord d'exprimer et de communiquer avec clarté sans leur « accoutrement mathématique ». Dans les années 1940, Einstein devient d'ailleurs franchement anti-positiviste. Dans une lettre du 18 mars 1948 envoyée à Max Born, il déclare par exemple : « J'adorerais déchirer ta philosophie positiviste moi-même, mais il y a peu de chances que cela se produise durant nos vies[340]. » A la lecture de ces déclarations régulières en faveur d'une forme d'idéalisme critique et de plus en plus en défaveur de l'empirisme radical ou des positions positivistes du Cercle de Vienne et de l'école de Copenhague, on peut s'interroger sur les raisons pour lesquelles Einstein continue de résister à l'interprétation que Cassirer, par exemple, donne de la relativité. Comme l'écrit Françoise Balibar, physicienne et historienne des sciences française, dans un article consacré au livre de Cassirer sur la relativité : « je n'ai pas de réponse à cette question, sinon le refus obstinément manifesté de n'avoir pas à se ranger sous une quelconque bannière philosophique. "En philosophie je suis un opportuniste"[341]», disait Einstein.

---

[340] Einstein à Max Born 18 mars 1948 The Born-Einstein Letters

[341] Op. Cit., Ernst Cassirer, Œuvres, XX : *La théorie de la relativité d'Einstein : Éléments pour une théorie de la connaissance.* Trad, de l'allemand et présentation par Jean Seidengart (Paris : Les Éditions du Cerf, 2000) [compte-rendu] Revue d'histoire des sciences, Année 2003 56-2 pp. 511-513

55.

LE PROBLEME DU TEMPS — Pour bien comprendre l'étendue du problème du temps, nous devons le resituer dans notre problématique générale qui est celle de la référence et de la signification. A la lumière des travaux d'Albert Einstein sur la relativité et de ses implications sur le temps dans le domaine de la physique moderne, nous devons nous poser les questions suivantes : (i) qu'est-ce que le temps du point de vue du physicien ? (ii) qu'est-ce que le temps du point de vue de la conscience ? (iii) quelle est enfin pour nous (physiciens et philosophes) la signification du temps ?

> (i) *Qu'est-ce que le temps du point de vue du physicien ?* Einstein aborde la question du temps à travers celle de la simultanéité, qu'il montre comme relative au référentiel d'un observateur. Selon la relativité restreinte, deux événements perçus comme simultanés dans un référentiel inertiel donné peuvent ne pas l'être dans un autre référentiel en mouvement relatif. Cette relativité de la simultanéité découle directement des transformations de Lorentz, qui lient l'espace et le temps en un cadre unique. Il en résulte qu'il

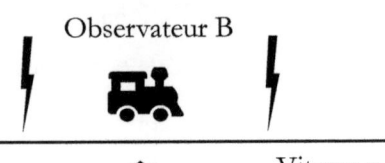

Observateur B

Vitesse v

Observateur A

n'existe pas de simultanéité absolue, indépendante du référentiel adopté. Pour illustrer ce phénomène, Einstein propose l'exemple suivant : supposons qu'un observateur A, immobile sur le quai d'une gare, voie deux éclairs frapper simultanément l'avant et l'arrière d'un train en mouvement. Un observateur B, situé à l'intérieur du train, ne percevra cependant pas ces éclairs comme simultanés.

La raison en est que, dans le référentiel du train, l'avant et l'arrière du train (les points d'impact des éclairs) sont en mouvement par rapport au quai, tandis que dans le référentiel du quai, ces points restent fixes. L'observateur A, placé au centre du quai, voit la lumière des deux éclairs se propager à vitesse égale et atteindre un point médian (le centre du train) en même temps. En revanche, pour l'observateur B, qui se déplace avec le train, ce point médian n'est pas statique : il avance vers la lumière provenant de l'avant du train et s'éloigne de celle provenant de l'arrière. Or, comme la vitesse c de la lumière est la même pour tous les observateurs[342], il en résulte que B percevra d'abord la lumière venant de l'avant du train, puis celle venant de l'arrière du train. Pour lui, les éclairs ne se sont donc pas produits simultanément. Ainsi, chaque référentiel possède son propre cadre temporel, et une indication de simultanéité n'a de sens que relativement à un référentiel donné. Or, puisqu'aucun référentiel ne peut être considéré comme absolu, il n'existe pas de cadre universel permettant de définir une simultanéité indépendante de l'observateur. Comme l'affirme Einstein, la simultanéité est donc une propriété relative aux référentiels d'inertie et ne peut être définie de manière universelle.

---

[342] L'invariance de la vitesse de la lumière repose sur des observations expérimentales, notamment l'expérience de Michelson-Morley (1887), qui a montré que la vitesse de la lumière ne dépend pas du mouvement de la Terre. En relativité restreinte, cette constance découle du fait que l'espace et le temps se transforment de manière à préserver c pour tous les observateurs. Contrairement aux objets matériels, dont la vitesse s'ajoute selon la mécanique classique, la lumière voyage toujours à vitesse constante dans le vide, indépendamment du mouvement de la source ou de l'observateur. Cette propriété est confirmée par toutes les expériences modernes en physique des particules et en astrophysique.

Imaginons désormais deux observateurs, A et B, en mouvement relatif à grande vitesse. L'observateur A est sur une plage, tandis que l'observateur B est à bord d'un

bateau qui se déplace à vitesse constante. Au sommet du mât du bateau, un rayon lumineux est émis vers le sol. Dans le référentiel du marin B, qui considère son bateau comme immobile, la lumière descend en ligne droite et atteint le pied du mât. Le trajet de la lumière correspond donc simplement à la hauteur du mât. En revanche, pour l'observateur A sur la plage, le bateau avance en même temps que la lumière descend. Ainsi, au lieu de suivre une trajectoire strictement verticale, le rayon lumineux suit une diagonale : il doit parcourir non seulement la hauteur du mât, mais aussi une distance horizontale due au mouvement du bateau. Puisque la vitesse de la lumière est la même dans tous les référentiels, comment expliquer que la lumière semble parcourir une distance plus grande dans le référentiel de la plage ? Selon la théorie de la relativité restreinte, une seule conclusion est possible : le temps ne s'écoule pas de la même manière dans les deux référentiels. Autrement dit, si la lumière met un certain temps à descendre dans le référentiel du bateau, elle met un temps plus long à parcourir une distance plus grande vue depuis la plage. Chaque observateur mesure une durée différente pour un même phénomène physique. La durée la plus courte, appelée durée propre, est celle mesurée dans le référentiel où les deux événements (émission et réception du rayon lumineux) se produisent au même endroit, c'est-à-dire le bateau. Dans le référentiel de l'observateur sur la plage, la durée mesurée est plus longue : c'est la dilatation du temps. Cet effet, qui découle des transformations de Lorentz, a été reformulé par Hermann Minkowski en 1908 dans le cadre de la théorie de l'espace-temps.

La relativité restreinte repose ainsi sur deux postulats fondamentaux : d'abord le principe de relativité, selon lequel les lois de la physique sont identiques dans tous les référentiels inertiels, quel que soit leur mouvement à vitesse constante (ce qui signifie qu'il est impossible de distinguer un état de repos d'un mouvement rectiligne uniforme par une expérience interne[343]), ensuite le principe de l'invariance de la vitesse de la lumière c, qui stipule que la vitesse de la lumière dans le vide est la même pour tous les observateurs, indépendamment de leur mouvement relatif (notons que l'invariance de la vitesse de la lumière repose sur des observations expérimentales, notamment l'expérience de Michelson-Morley que nous signalions dans la note de bas de page précédente). L'une des conséquences majeures de ces principes est la dilatation du temps : plus un objet se déplace rapidement par rapport à un observateur, plus son temps propre ralentit. Ce phénomène, issu des transformations de Lorentz, a été confirmé expérimentalement à plusieurs reprises, notamment en comparant des horloges atomiques embarquées dans des

---

[343] Le principe de relativité découle de l'idée qu'aucun référentiel inertiel n'est privilégié dans l'univers. Il a été formulé par Galilée, puis généralisé par Einstein en incluant l'électromagnétisme. Expérimentalement, aucun phénomène physique (mécanique, électromagnétique, etc.) ne permet de distinguer un mouvement rectiligne uniforme d'un état de repos absolu. Par exemple, dans un train se déplaçant à vitesse constante, une bille lâchée tombera verticalement pour un passager, comme si le train était immobile. Ce principe a été confirmé par toutes les expériences, y compris en mécanique quantique et en physique des particules.

avions ou des satellites avec des horloges restées au sol[344].

Si la relativité restreinte a montré que le temps et l'espace ne sont pas absolus, mais dépendent du mouvement relatif des observateurs, elle ne s'applique qu'aux référentiels inertiels, c'est-à-dire en l'absence d'accélération ou de gravité. Or, la présence de masses dans l'univers introduit une courbure de l'espace-temps qui modifie non seulement les trajectoires des objets, mais aussi l'écoulement du temps lui-même. C'est pour prendre en compte cette interaction entre gravité et temps qu'Einstein a développé la théorie de la relativité générale, une extension de la théorie de la relativité restreinte qui englobe les référentiels accélérés et les champs gravitationnels. La relativité générale d'Einstein établit que la gravité n'est pas une force, comme l'expliquait Newton, mais une conséquence de la

---

[344] Une expérience célèbre dans ce domaine est l'expérience de Hafele-Keating, réalisée en 1971. Des horloges atomiques ont été placées à bord d'avions commerciaux qui ont volé à différentes altitudes et directions autour du monde. Les résultats ont confirmé la prédiction de la relativité restreinte selon laquelle le temps mesuré par les horloges en mouvement ralentirait par rapport à celui mesuré par les horloges au repos, en raison de la dilatation du temps. De nombreuses autres expériences similaires ont été menées depuis lors, avec une précision accrue grâce aux avancées technologiques, et elles continuent à confirmer les prédictions de la relativité restreinte d'Einstein sur la dilatation du temps et d'autres aspects de la théorie.

courbure de l'espace-temps causée par la présence de masse et d'énergie. Cette déformation affecte non seulement les trajectoires des objets, mais aussi l'écoulement du temps. L'un des principes fondamentaux de la théorie de la relativité générale est le principe d'équivalence : un observateur en chute libre dans un champ gravitationnel intense ne ressent pas de gravité, tandis qu'un observateur immobile dans ce champ subit une accélération. Cela signifie que les effets d'un champ gravitationnel sont localement indiscernables de ceux d'un référentiel accéléré. Puisque l'accélération influence l'écoulement du temps, un objet soumis à une forte accélération (comme un observateur stationnaire près d'un trou noir) verra son temps s'écouler plus lentement qu'un observateur éloigné du champ gravitationnel. Dans un champ gravitationnel intense, l'espace-temps est courbé de telle manière que les trajectoires des objets se trouvent modifiées, ce qui donne naissance à l'effet apparent de la « force » gravitationnelle. Les horloges situées dans un potentiel gravitationnel plus faible battent plus vite que celles situées dans un potentiel plus fort. Plus un objet est proche d'un objet massif, plus il est « accéléré » vers lui, même s'il reste immobile dans son référentiel propre. Cette accélération, qui traduit la force de gravité dans un cadre relativiste, entraîne une dilatation temporelle : l'objet plus proche de la masse voit son temps ralentir par rapport à un observateur plus éloigné.

(ii) *Qu'est-ce que le temps du point de vue de la conscience ?* Se poser la question de la signification du temps du point de vue de la conscience revient à nous demander ce qu'est le temps *pour nous*, en tant que nous faisons l'expérience de sa durée. Il pourrait être tentant de définir le temps de la même manière que nous avons précédemment défini l'espace, c'est-à-dire en distinguant trois niveaux d'appréhension du temps que seraient l'expérience intuitive et sensible du temps (ce par quoi le temps nous est « immédiatement » *donné* comme cadre général de notre perception des phénomènes hétérogènes), l'aptitude à *saisir* le temps (à nous le représenter « de manière signifiante » en l'imaginant dans ses formes) et l'expression formelle et scientifique du temps qui dériverait de cette capacité à nous représenter le temps. Cependant, contrairement à l'espace, le temps n'est pas médiatement formalisable par des projections concrètes de l'imagination. Si je dessine une figure géométrique close, par exemple, je définis bien par ma figure un espace intérieur (l'espace contenu dans la figure) en même temps que je délimite un espace extérieur à la figure. Rien de tel, cependant avec le temps : je ne peux en effet me donner une image signifiante du temps, si ce n'est en le spatialisant. Comment dès lors pouvons-nous nous rendre le temps signifiant (autrement dit, que signifie *pour nous* le temps) ? Tandis que l'espace est perçu à travers des objets qui nous sont donnés par l'intuition sensible, le temps ne nous est donné par aucun objet extérieur. C'est la raison pour laquelle Kant en fait une condition de toute expérience interne, c'est-à-dire une forme *a priori* de la sensibilité. C'est précisément cet apriorisme, nous l'avons dit, qui gêne Einstein. Cette idée d'apriorité du temps est effectivement embarrassante si nous considérons qu'elle a pour corolaire une vision absolue et fixiste du temps. Nous savons que Kant considère le temps comme la structure dans laquelle nous avons conscience de nos pensées successives (c'est la raison pour laquelle il parle d'intuition interne, même si nous avons préféré, pour les raisons que nous avons exposées précédemment, réserver le terme d'intuition à un saisissement « externe »). Kant n'insiste cependant non pas tellement sur l'homogénéité du temps, mais sur le saisissement du temps comme forme de la succession. En d'autres termes, Kant souligne le caractère liant du temps en le considérant comme le cadre structurant des relations entre les phénomènes. Ainsi, le temps pourrait être défini comme le cadre général qui permet au sujet de poser des liaisons synthétiques entre les objets (autrement dit, il est la cadre par lequel les objets deviennent signifiants *pour nous*). En tant que cadre général des liaisons entre les objets, le temps est intimement lié à l'espace. La perception des figures et des formes, c'est-à-dire l'identification de leurs liaisons spatiales, ont toujours lieu *dans le temps*. C'est dans le cadre structurant du temps que le sujet a l'intuition de l'espace (les droites, les angles, les formes…). Il est donc pour nous problématique de réduire la question du temps à celle de l'espace (ou de prétendre spatialiser le temps) dans la mesure où c'est précisément le temps qui donne sa substance à l'espace en permettant son appréhension globale dans la successivité des formes qui le composent.

Nous savons qu'Hermann Cohen, qui fut, avec Paul Natorp, l'un des fondateurs de l'école néokantienne de Marbourg amenda la philosophie de Kant en faisant du temps et de l'espace des catégories de l'entendement. Ainsi, alors que Kant distinguait quatre catégories de l'entendement (catégories de la quantité, de la qualité, de la relation et de la modalité) qui étaient secondes par rapport à l'espace et au temps[345], Hermann Cohen fit de l'espace et du temps des catégories mathématiques, dérivant de la catégorie de la quantité (qui comprenait chez Kant l'unité, la pluralité et la totalité). La pluralité devenait ainsi chez Cohen le fondement du temps (le temps comme succession des unités), tandis que l'espace était placé du côté de la totalité dans l'idée de simultanéité. Selon Hermann Cohen, passer du temps à l'espace revenait ainsi à passer de la succession à la simultanéité. Cette vision est pour nous problématique dans la mesure où elle néglige le statut particulier de l'espace et du temps dans la constitution du monde signifiant (nous pensons l'espace et le temps comme cadre structurant de notre expérience des phénomènes et non pas comme pure construction de l'entendement). Par ailleurs, l'idée de Cohen selon laquelle l'espace est ce qui se donne dans la totalité et la simultanéité peut à notre avis prêter à confusion. Si, en effet, l'espace peut être considéré comme un cadre structurant propre, la manière dont il se donne dans les formes et les figures déterminées (de la nature ou de la géométrie) est à notre avis toujours séquencée (elle a lieu dans le

---

[345] Les catégories ne créent pas les phénomènes, elles ne font que leur donner une unité intelligible. C'est pourquoi elles sont secondes par rapport aux formes de la sensibilité : elles ne peuvent fonctionner que si des intuitions leur sont déjà données dans l'espace et le temps.

temps). Pour percevoir un carré, une droite ou un cercle, nous devons en parcourir mentalement les éléments. Bien que nous ayons une sorte d'illusion d'immédiateté, le parcours qui détermine la forme d'un objet est successif, il s'effectue dans le cadre du temps (nous appréhendons toujours par éléments divers que nous rassemblons dans un tout signifiant). Il ne faut pas ainsi confondre l'acte de saisissement par l'intuition des formes, qui implique toujours une successivité (un acte qui se fait dans le temps), avec l'acte de rassemblement et de synthèse (acte de comprendre) qui implique une forme de simultanéité (nous rassemblons des éléments divers au sein d'une unité synthétique, ce rassemblement impliquant une coexistence des éléments divers dans la durée, coexistence nécessaire au saisissement signifiant, c'est-à-dire à l'acte de rassembler).

En insistant sur le caractère fonctionnel et liant des cadres signifiants que sont l'espace et le temps, nous échappons à l'idée que l'espace et le temps seraient des cadres *a priori* rigides qui interdiraient la théorie de la relativité. Pour nous, le temps et l'espace sont en effet des cadres au sein desquels s'opèrent les fonctions liantes de l'esprit, fonctions qui autorisent les conceptions relativistes.

(iii) *Quelle est pour nous (physiciens et philosophes) la signification du temps ? Y a-t-il une* différence de nature entre le « temps des philosophes », le « temps des physiciens » et le « temps psychologique » (le temps perçu par la conscience) ? A la suite d'une longue observation que lui formula Henri Bergson lors de la séance du 6 avril 1922 de la Société française de philosophie, Albert Einstein répondit à ce sujet : « La question se pose donc ainsi : Le temps du philosophe est-il le même que celui du physicien ? Le temps du philosophe, je crois, est un temps psychologique et physique à la fois ; or le temps physique peut être dérivé du temps de la conscience. Primitivement les individus ont la notion de la simultanéité de perception ; ils purent alors s'entendre entre eux et convenir de quelque chose sur ce qu'ils percevaient ; c'était une première étape vers la réalité objective. Mais il y a des événements objectifs indépendants des individus, et de la simultanéité des perceptions on est passé à celle des événements eux-mêmes. Et, en fait, cette simultanéité n'a pendant longtemps conduit à aucune contradiction à cause de la grande vitesse de propagation de la lumière. Le concept de simultanéité a donc pu passer des perceptions aux objets. De là à déduire un ordre temporel dans les événements il n'y avait pas loin, et l'instinct l'a fait. Mais rien dans notre conscience ne nous permet de conclure à la simultanéité des événements, car ceux-ci ne sont que des constructions mentales, des êtres logiques. Il n'y a donc pas un temps des philosophes ; il n'y a qu'un temps psychologique différent du temps du physicien[346]. » Il est intéressant de noter ici qu'Albert Einstein identifie séparément le temps psychologique et le temps physique. Pour Einstein, le temps psychologique est une reconstruction *a posteriori* de la conscience, c'est pourquoi il distingue la « simultanéité des perceptions » à celles des « événements eux-mêmes ». L'erreur qui a été commise par le physicien pré-relativiste est, selon Einstein, d'être passé de la simultanéité de la perception à la simultanéité des objets (c'est-à-dire des signaux objectifs).

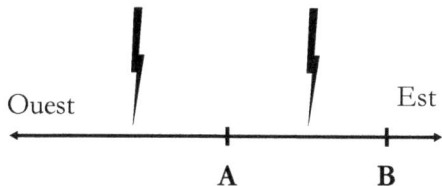

Remarquons cependant que Si Einstein a révélé que la simultanéité est une notion non absolue en physique relativiste, il n'en demeure pas moins que cette question se posait déjà, sous une autre forme, dans la physique classique. En effet, même dans

---

[346] Albert Einstein, *Bulletin de la société française de philosophie*, séance du 6 avril 1922

un cadre newtonien, la simultanéité d'événements distants ne pouvait être définie que par rapport à un observateur donné et aux moyens dont il disposait pour les percevoir. Imaginons par exemple que la foudre frappe simultanément, selon un seul et même référentiel galiléen au repos, à trois kilomètres à l'Est et à trois kilomètres à l'Ouest d'un observateur A. Pour lui, ces événements apparaissent simultanés, car le son des éclairs lui parvient au même instant. Cependant, si un observateur B se trouve plus proche de l'un des points d'impact, il entendra le tonnerre de l'éclair le plus proche avant celui du plus éloigné, en raison de la vitesse limitée du son (environ 344 m/s). Il pourra alors conclure à la désynchronisation de deux événements qui sont pourtant simultanés dans son référentiel. Cet effet ne remet pas en cause la simultanéité en physique classique, puisque, en connaissant la vitesse du son et les distances, un observateur pourrait toujours corriger cette apparente désynchronisation pour reconstruire la simultanéité absolue des éclairs. Il montre cependant que la simultanéité d'événements éloignés ne peut être définie qu'en fonction des moyens de perception et de la position de l'observateur. Ce problème est encore plus évident dans le domaine de l'acoustique. Dans une grande salle de concert, un spectateur placé à gauche de la scène pourra percevoir un léger décalage sonore par rapport à un spectateur situé à droite. Ce phénomène est bien connu des ingénieurs du son et a conduit au développement de systèmes de synchronisation du son dans les salles de spectacle et les stades. Plus encore, à une échelle plus fine, nos propres oreilles ne reçoivent jamais un son exactement au même instant, sauf si nous sommes parfaitement centrés entre deux sources sonores synchrones. Ainsi, avant même la relativité restreinte, l'idée de simultanéité était déjà problématique : elle dépendait de la position et du mode de perception de l'observateur. Bien que la physique classique permît toujours de corriger ces écarts en reconstruisant un cadre « absolu » (du point de vue de la physique classique), elle montrait que la simultanéité n'était jamais une donnée immédiate du réel, mais toujours une construction à partir d'observations qui dépendent du point de vue de l'observateur. Cela posait une question plus fondamentale : la simultanéité est-elle une bonne base pour définir la nature du temps ? Si même en physique classique, elle semble problématique au sein d'un même référentiel, comment pourrait-elle suffire à caractériser le temps lui-même ?

La difficulté vient avant tout du fait que la simultanéité, telle que nous l'avons examinée, repose toujours sur une construction perceptive ou une reconstitution intellectuelle appuyée sur des instruments de mesure, qui prolongent nos facultés sensorielles sans pour autant nous révéler une essence du temps. Elle est également indissociable, dans la physique moderne, de l'occurrence d'événements dans l'espace, ce qui conduit à une spatialisation du temps et complique encore davantage toute tentative de l'appréhender autrement qu'à travers des repères quantifiables. Le problème de la simultanéité n'est en réalité qu'un cas particulier de la question du temps qui requiert la compréhension, non pas seulement de ce qu'est un repère dans le temps (ce qui renvoie à la mesurabilité du temps, et donc à la possibilité de déterminer ou non si deux événements peuvent être synchrones) mais aussi de ce qu'est le temps dans la mesure où il s'écoule et où il passe (le temps « pour nous », ou le temps comme construction synthétique de notre conscience). Mais une difficulté demeure : comment déduire le temps du mouvement de la matière si nous n'avons pas déjà une certaine intuition du temps ? Autrement dit, si nous rejetons l'idée que le temps soit une propriété intrinsèque des choses, ne devons-nous pas reconnaître qu'une conception du temps préexiste à toute tentative de le mesurer ? Cette interrogation nous ramène au problème fondamental de l'apriorisme : pouvons-nous penser le temps sans posséder une capacité préalable à l'appréhender ?

A ce problème, nous proposons de répondre de la manière suivante : (i) en tant qu'êtres matériels issus de l'évolution, nous avons une disposition innée à percevoir et à organiser le réel (notre « programmation initiale »). Cette disposition est le mode par lequel le monde se manifeste à nous dans son intelligibilité. Einstein pourrait être en accord avec ce constat, lui qui reconnait à Kant, rappelons-le, d'avoir montré « qu'il serait vide de sens de poser l'existence d'un monde extérieur réel sans cette intelligibilité (du monde)[347] ». Nous avons tenté de décrire ce problème de l'intelligibilité du monde par la double notion de raison légiférée (puisqu'elle est constituée de matière) et légiférante (dans la mesure où elle a l'intuition des règles de la matière). Nous admettons cependant que nous n'avons pas résolu la question de « la cause première » de l'intelligibilité du monde (si tant est que cette question puisse avoir un sens pour nous). Nous nous sommes limités à en constater la réalité — notamment par l'introduction du concept d'effectivité des idées, c'est-à-dire par la preuve de leur validité ou invalidité

---

[347] Albert Einstein, « Physics and reality », 1936. ideas and opinions, conceptions scientifiques

par rapport au réel qui nous est donné, ainsi que par le rejet logique des théories monistes. La question de la cause de l'intelligibilité du monde n'intéresse cependant pas directement notre démonstration, nous nous limitons à constater que (ii) cette disposition innée à percevoir et à organiser le réel est liée à la fois à notre capacité à être affecté par le réel et à nous faire une certaine idée (un *pattern*) du réel. Nous ne faisons pas que réagir à des *stimuli*. A mesure que les organismes sensibles gagnent en autonomie, ils se font une idée de plus en plus précise (c'est-à-dire de plus en plus *effective* du point de vue de la science) de la réalité (voir à ce sujet notamment § 18 et § 19 – *Les degrés de liberté*). Concernant le problème spécifique du temps, cette idée de la réalité, est à la fois tributaire de nos habitudes de perception, de notre histoire et de notre culture (comme le souligne par exemple Ernst Cassirer dans *La philosophie des formes symboliques*), mais n'est pas pour autant réductible à l'expérience (puisqu'il serait contradictoire de faire du temps une caractéristique intrinsèque des choses, cela nous reconduirait vers les systèmes monistes que nous avons rejetés). Pour comprendre ce paradoxe de la non-réductibilité du temps à l'expérience du temps, il faut bien séparer, comme nous l'avons fait pour l'espace, deux idées distinctes du temps qui, bien que regroupées sous le même terme, désignent en fait des réalités différentes. Il y a d'abord l'idée du temps comme synthèse concrète de notre expérience quotidienne de la durée ; ce qui me fait dire que le temps « passe » plus ou moins vite, alors qu'en réalité, comme le signale justement Bergson, c'est *moi* qui passe, c'est de mon expérience subjective qu'il s'agit. Il y a ensuite l'idée du temps comme forme abstraite de mon expérience du réel : je sais que le temps existe en dehors de mon expérience subjective de la durée, c'est l'idée du temps en général (le temps comme cadre général des phénomènes). C'est de cette idée du temps qu'il s'agit lorsque j'affirme par exemple que les phénomènes se déroulent « dans le temps ». Pour reprendre la thèse que nous avons développée à propos de l'espace (et de la géométrie), nous pouvons dire que, de cette idée abstraite du temps dérivent toutes les formes de structures *idéelles* qui nous permettent d'appréhender la question du changement. L'idée du changement n'est certes rien sans l'expérience du changement, mais elle ne peut pas non plus être contenue dans les choses elles-mêmes (même si nous savons qu'en relativité, le temps est intrinsèquement lié à l'état physique du monde). C'est toujours le sujet qui dérive des choses l'idée du changement, et donc l'idée de la durée. Sans l'expérience des choses, cette idée demeure certes une coquille vide, mais l'idée elle-même ne peut pas être contenue dans les choses ; les choses n'ayant pas d'« en-soi », elles ne peuvent pas non plus avoir de caractéristiques intrinsèques (voir § 23 – *Y a-t-il quelquechose « en-soi » ?*). Le temps est en cela la forme signifiante de l'hétérogénéité du réel, de sa non-réductibilité à l'unité, unité qui nous est donnée *a contrario* par l'intuition de l'espace. Le temps est en quelque sorte le cadre signifiant de la relation, de l'articulation du réel hétérogène. Lorsque, par exemple, nous percevons une figure simple comme un carré, nous voyons un séquencement dans le temps d'une figure (composée de droites et d'angles) et saisissons en même temps son unité spatiale qui nous est donnée par l'intuition de l'espace (qui procède d'un rassemblement unitaire et non d'un séquencement).

Mais alors, quelle est exactement la nature de l'espace-temps qu'Einstein introduit dans sa théorie de la relativité restreinte ? Dans sa célèbre controverse avec Bergson, Einstein maintient une distinction nette entre le temps psychologique, qui relève de notre expérience subjective de la durée et du changement, et le temps du physicien, qui est celui des relations mesurables entre événements dans l'espace-temps. Il rejette cependant l'idée d'un « temps du philosophe » distinct du temps du physicien, affirmant : « Il n'y a donc pas un temps des philosophes ; il n'y a qu'un temps psychologique différent du temps du physicien. » Ce rejet mérite d'être interrogé. En effet, le temps du physicien n'émerge pas *ex nihilo*, il est structuré par des cadres conceptuels qui procèdent d'abord de nos intuitions sensibles. En assimilant trop hâtivement le temps (philosophique), en tant que condition autorisant la structuration des relations phénoménales, au temps conçu comme une réalité physique objective, nous risquons de réintroduire, sous une autre forme, un réalisme métaphysique problématique. Si nous faisions du temps une entité purement extrinsèque, détachée du sujet connaissant, nous nous enfermerions en effet à nouveau dans les impasses du réalisme naïf, qui nous conduirait à postuler un temps absolu[348] existant indépendamment de toute conscience. Cette perspective, proche de celle défendue par Newton dans les *Principia Mathematica* — où il définit le temps comme un flux continu et autonome, « absolu, vrai et mathématique, coulant uniformément sans relation à rien

---

[348] Notons qu'en posant un temps absolu, nous serions d'ailleurs reconduits aux paradoxes des ensembles totalisants : un ensemble qui prétend englober toutes ses parties est logiquement problématique, de même qu'une théorie du temps qui nierait toute relativité tout en postulant une structure universelle sous-jacente serait contradictoire.

d'extérieur » — nous ramène précisément aux difficultés que nous cherchions à dépasser.

C'est la raison pour laquelle il nous faut penser, avant de mesurer et de comprendre le temps, les conditions subjectives qui précisément rendent cette mesure et cette compréhension possible. Or précisément, définir le temps comme la condition de notre expérience sensible de la succession (et donc de la causalité) ne revient pas à en supposer l'absoluité. Prenons une image issue de l'analyse des concepts : notre concept de « chien » ne correspond ni à une image idéale et absolue d'un chien, servant de référence immuable à tous les autres, ni à l'ensemble exhaustif de tous les chiens existants ou possibles. Un tel ensemble serait nécessairement évolutif, rendant toute tentative de totalisation illusoire. En réalité, le concept de chien est avant tout une construction analytique et logique, qui se forme à partir de l'expérience concrète d'un chien particulier. Il ne s'agit donc ni d'une essence fixe ni d'une abstraction totalisante, mais d'un schéma conceptuel qui se définit par des relations à des éléments perceptifs distincts du concept lui-même : par exemple, la reconnaissance d'un chien passe par la prise en compte de caractéristiques comme ses yeux, ses dents, sa silhouette — éléments qui, en eux-mêmes, ne sont pas « le chien » mais qui, en étant intégrés à un réseau de significations, permettent l'identification immédiate du concept de chien. De façon analogue, le temps et l'espace partagent avec les concepts une structure relationnelle, mais s'en distinguent par leur rôle fondamental dans notre manière d'organiser le réel. Ils ne sont pas simplement des objets de connaissance comme les autres ; ils sont les cadres dans lesquels se déploie toute expérience possible (même si ces cadres sont déduits de l'expérience ou, en quelque sorte « activés » par l'expérience). Ils sont consubstantiels à la possibilité de l'intuition externe, c'est-à-dire à notre capacité à organiser et à structurer l'expérience sensible. Cependant, de la même manière que le concept de « chien » ne constitue ni un absolu référentiel ni un ensemble fixe, les cadres structurants d'espace et de temps ne peuvent être assimilées à des référentiels absolus ni à des totalités figées. Ce sont des cadres subjectifs au sein desquels les phénomènes se déploient et acquièrent une signification pour nous, en fonction de notre propre référentiel d'observation. Par conséquent, de la même manière que le concept de « chien » n'aboie pas[349], les cadres formels

---

[349] Nous donnons l'exemple du concept en tant qu'idée abstraite pour faire comprendre ici la distinction l'idée

du temps et de l'espace ne se dilatent ni ne se contractent sous l'effet d'une masse gravitationnelle. Ces cadres, tout en permettant l'émergence de paradigmes qui définissent le temps du physicien ne peuvent s'identifier totalement à ces paradigmes, raison pour laquelle nous pensons que nous devons maintenir la distinction entre ce qu'Einstein nomme « le temps des philosophes » et le temps des physiciens (même si sa controverse avec Bergson concerne d'autres aspects du temps que ceux que nous venons directement d'évoquer).

Si nous revenons à la question de la signification du temps pour nous, nous pouvons désormais distinguer au moins trois dimensions du temps, chacune correspondant à un mode distinct de compréhension et d'expérience, (i) le temps psychologique : il s'agit du temps tel qu'il est perçu subjectivement, celui qui nous donne l'impression de la durée et dans lequel nous

---

abstraite générale de temps (qui procède d'une intuition) et les référentiels de temps (qui sont des idées mathématiques ou géométriques) qui induisent l'idée de « déformation » du temps chez Einstein. Kant précise bien dans la *Critique de la raison pure* que le temps n'est pas un concept : « Le temps n'est pas un concept discursif, ou comme on dit, universel, mais une forme pure de l'intuition sensible. Des temps différents ne sont que des parties du même temps. Or la représentation qui ne peut être donnée que par un seul objet est une intuition. »

« La représentation entière ne doit pas être donnée par des concepts (car ceux-ci ne contiennent que des représentations partielles), mais il faut qu'une intuition immédiate leur serve de fondement. », Op. Cit., pp. 98-99, *A 32, B 48*

constatons le changement. Il résulte de la synthèse de nos expériences temporelles et varie selon notre état intérieur, (ii) le temps comme cadre général de notre intuition des phénomènes qui nous permet d'appréhender notamment la relation des phénomènes entre eux indépendamment de la manière dont nous les mesurons, c'est le temps que nous pourrions nommer « temps des philosophes », (iii) le temps comme figure physique concrète compris lui-même à travers des paradigmes de notre entendement : c'est le temps tel qu'il est quantifié, spatialisé et modélisé dans la physique moderne[350]. C'est ce temps que nous évoquons lorsque nous disons que « le temps se dilate à l'approche d'une masse », en référence aux effets de la relativité. Ce temps physique, tel qu'il est formalisé dans nos théories scientifiques, ne se donne pas immédiatement comme une donnée brute de l'expérience, mais résulte d'une construction rationnelle, issue d'une articulation de schèmes *idéels* élaborés par la pensée. Avant même que l'expérience ne vienne empiriquement confirmer la dilatation du temps (par exemple à travers la désynchronisation des horloges en relativité générale), cette idée existait déjà sous forme de projection théorique, comme une conséquence nécessaire de principes rationnels appliqués à la dynamique de l'espace et du temps. Toutefois, cette construction ne saurait être totalement

---

[350] Signalons que cette conception du temps comme figure physique concrète existait déjà bien avant Einstein : Aristote disait déjà que « le temps est le nombre du mouvement », soulignant ainsi son lien intrinsèque avec la mesure du changement. Dès Kepler, les modèles cinématiques ont permis de spatialiser le temps, en en faisant une grandeur définie par ses relations avec l'espace et le mouvement.

autonome par rapport à l'expérience : c'est à travers notre intuition du temps, qui nous est donnée dans l'expérience des phénomènes (sans être réductible aux phénomènes), que nous sommes en mesure de conceptualiser les théories et modèles du temps physique. Sans cette intuition fondamentale de la succession temporelle, nous ne pourrions pas élaborer des représentations schématiques spatialisées du temps, qui sont pourtant indispensables à la formulation et à la compréhension des théories physiques modernes.

56.

FAUT-IL ABANDONNER LE PRINCIPE DE CAUSALITE ? — Dans le paragraphe 49, intitulé *Contre l'interprétation probabiliste de la mécanique quantique*, nous avons déjà indiqué les impasses épistémologiques de l'interprétation probabiliste et statistique de la mécanique quantique en renvoyant notamment à la conception problématique d'une connaissance qui voudrait prendre comme seul fondement le principe inductiviste, problème qu'avait déjà souligné David Hume, mais qui n'avait pas trouvé dans sa philosophie de résolution concrète. Avec l'avènement de la mécanique quantique s'est développé un nouveau paradigme, majoritaire parmi les microphysiciens, d'après lequel le monde quantique ne serait pas déterministe et ne pourrait se décrire qu'à l'aide de probabilités. A nouveau, nous devons nous interroger sur la signification de cette qualification du monde quantique. Le caractère probabiliste de la mécanique quantique est-il une caractéristique intrinsèque des phénomènes que l'on tente de décrire — ce qui revient à dire que le phénomène en tant que co-construction de notre intuition sensible, de notre imagination projective (productive) et du substrat matériel par lequel il s'exprime serait de nature « non-déterministe » ? Ou alors est-il une propriété des choses en elles-mêmes ? Nous avons déjà signalé à plusieurs reprises les apories du raisonnement sur les choses en elles-mêmes : nous n'avons jamais, en tant qu'êtres sensibles, accès aux choses telles qu'elles sont en elles-mêmes, mais toujours aux choses telles qu'elles se manifestent à travers notre intuition sensible et telles qu'elles sont mises en forme par notre imagination et notre entendement. S'interroger sur le caractère non-déterministe des choses revient dès lors à s'interroger sur le caractère non-déterministe des phénomènes que nous observons, phénomènes qui sont toujours pour nous des constructions mentales. Or qu'est-ce que la causalité du point de vue des phénomènes, si ce n'est la manifestation physique d'un principe que nous avons établi logiquement : le dualisme *radical* (l'hétérogénéité du réel, sa non-réductibilité à l'unité) ?

Le premier moment de la causalité est pour nous le rapport qui s'établit entre le substrat matériel (la « chose en soi » mais qui n'est rien encore de vraiment défini pour nous) et le phénomène (la « chose en soi » qui devient une chose pour nous). Ce rapport entre le phénomène et son substrat suppose (i) l'existence d'un monde qui nous est extérieur (existence que nous avons tenté d'établir en nous appuyant sur la problématique gödelienne de l'incomplétude qui nous a menée au problème de la référence chez Putnam) et (ii) l'idée que ce monde extérieur est bien à l'origine de nos sensations (ce que nous avons tenté également d'établir avec l'exemple du « cerveau dans une cuve » chez

Putnam). Si nous avons établi (i) et (ii) alors, nous avons aussi établi qu'il existe entre le substrat et son phénomène un lien d'influence, une relation que nous appelons causalité, relation intelligible, ou « raison intelligible ». Ce lien n'est pas situé dans l'espace et dans le temps (il échappe par construction à notre sensibilité, pas à notre raison[351]) mais peut être posé de manière logique comme une relation d'influence entre des réalités hétérogènes, mais non indépendantes. Il relate la structure de la dualité entre l'organisme et les objets par lesquels il est affecté. Le second moment de la causalité (qui est souvent d'ailleurs posé comme le premier moment) est celui de la relation des phénomènes *entre eux*. C'est sur ce moment que David Hume insiste dans l'*Enquête sur l'entendement humain*. David Hume affirme en effet avec raison que lorsque nous voyons un événement A suivi temporellement de près par un événement B, nous avons tendance à supposer que A est la cause de B. Cependant, selon Hume, nous ne pouvons jamais percevoir cette relation de cause à effet elle-même. Tout ce que nous percevons sont les deux événements se produisant successivement, pas une connexion nécessaire entre eux. David Hume a donc raison de souligner que cette approche empirique de la causalité repose sur l'habitude et l'association d'idées et ne constitue en rien un fondement rationnel. C'est précisément ici que réside à notre avis la principale difficulté concernant le principe de causalité. Si, en effet, nous faisons du principe de causalité une

---

[351] Il ne peut en effet être supposé, le réel ne nous est jamais donné que par nos sens, nous ne pouvons donc que supposer le lien entre le réel et nos sens, qui est par construction « extrasensoriel ».

déduction expérimentale (une relation des phénomènes entre eux), alors nous nous exposons à la critique légitime selon laquelle un enchaînement temporel (une succession dans le temps) entre deux phénomènes, c'est-à-dire entre deux représentations, n'est pas nécessairement un enchaînement causal. Au contraire, si nous faisons du principe de causalité un principe purement intelligible et *a priori*, c'est-à-dire un principe formel (principe qui serait par exemple à l'œuvre dans l'arithmétique), nous échouons à revendiquer un lien de nature causale entre ce principe formel et les phénomènes dont nous faisons l'expérience dans l'espace et dans le temps (même si ce principe formel, issu de notre intuition du temps et de l'espace peut revendiquer pour lui ce lien de validité à l'intérieur de son système formel, il ne peut se prévaloir de ce lien pour l'appliquer à des objets). Cette difficulté s'évanouit cependant si nous faisons du principe de causalité la relation d'articulation logico-empirique du dualisme *radical*. Le principe fondateur de la causalité n'est en effet pour nous à rechercher ni dans les phénomènes, ni dans un *a priori* intelligible, ni même dans les choses « en soi » mais plutôt dans l'articulation dynamique entre des systèmes hétérogènes, mais non indépendants. En effet, pour démontrer le rôle fondateur et légitime du principe de causalité, nous devons nous concentrer sur l'idée qui en est à la base : celle de l'articulation, c'est-à-dire de la « non-identité » de réalités hétérogènes, qui, par leur hétérogénéité ont la possibilité d'interagir, c'est-à-dire de se modifier, de changer. Si, en effet, nous concevions le monde en général et les phénomènes en particulier comme unitaires et parfaitement homogènes, il nous deviendrait alors possible de nier le principe de causalité. Le phénomène reposerait alors à l'intérieur de lui-même dans une sorte stabilité imperturbable et éternelle. Dans cette conception, cependant, nous serions conduits à admettre que nulle dynamique ou nul changement ne serait possible ou compréhensible. Le changement est en fait précisément la forme de l'hétérogénéité, c'est-à-dire du dualisme *radical* (de la non-identité). Qu'est-ce en effet que la dynamique si ce n'est la modification du phénomène dans le temps et dans l'espace ? Or comment expliquer la modification si ce n'est par l'introduction d'une dualité (d'une « non-unité ») au sein du monde, dualité qui contredit précisément la thèse qui vise à nier le principe de causalité ? Si le phénomène se modifie (peu importe d'ailleurs que cette modification soit uniquement dans ma perception ou dans l'objet phénoménal de ma perception) c'est que *quelque chose* qui est en relation avec ce phénomène se modifie. Ce « quelque chose » est, et ne peut être que la manifestation intelligible *dans le sensible* de l'hétérogénéité du phénomène avec ce qui agit sur lui, c'est-à-dire du dualisme *radical* (de l'hétérogénéité du réel si l'on préfère). Si, en effet, l'on supposait comme Hume que le principe de causalité est seulement inféré de l'observation empirique, il nous deviendrait impossible de comprendre le changement, c'est-à-dire de nous le rendre *signifiant*. En d'autres termes, la causalité est, pour nous, la « signifiance » du changement. Cela ne veut pas dire qu'elle ne serait qu'une simple convention signifiante, mais au contraire qu'elle est *ce par quoi uniquement* nous pouvons nous figurer le changement, c'est-à-dire nous le rendre signifiant et compréhensible. Le principe de causalité ainsi posé comme structure articulatoire du dualisme (articulation entre les phénomènes et leur substrat, *et* articulation des phénomènes entre eux en tant qu'ils ne sont pas « pures représentations » mais éléments d'un système ouvert sur une réalité matérielle), nous devons désormais nous interroger sur la notion de déterminisme et sur la manière dont le principe du déterminisme a été utilisé et compris dans la science moderne. Si la causalité est la forme signifiante du changement, qui caractérise la relation dans le temps et dans l'espace entre deux entités hétérogènes non-réductibles l'une à l'autre (même si cette relation, bien qu'ayant lieu dans le temps et dans l'espace n'est pas d'origine phénoménale), le déterminisme est l'idée que les mêmes causes produisent *toujours et nécessairement* les mêmes effets. L'idée du déterminisme est donc liée non pas seulement au principe de causalité, mais aussi à l'idée d'identité et de permanence du lien causal (identité au sens où, toutes choses égales par ailleurs, la même cause produit toujours le même résultat). Cependant, dès lors que nous avons posé une hétérogénéité ainsi que sa résolution dans l'idée de relation qui induit l'idée d'influence causale, il semble artificiel de faire un *distinguo* (un peu trop commode) entre causalité et déterminisme. Au niveau le plus fondamental, nous aurions en effet de grandes difficultés à envisager l'idée qu'une homogénéité des causes et des conditions d'une expérience puisse se traduire par une hétérogénéité de ses conséquences sans penser que *quelque chose* de l'expérience nous ait échappé (que ce soit dans la caractérisation du lien entre le phénomène et de son substrat ou dans la caractérisation du lien des phénomènes entre eux). En effet, le lien causal n'étant rien de matériel en lui-même (puisqu'il est plutôt la forme du changement) on envisagerait difficilement qu'il puisse être de nature à entraîner des changements indéterminés. L'introduction de la notion d'indétermination au niveau des particules quantiques au sein d'un univers macroscopique qui demeure déterministe a engendré, il est vrai, une grande perplexité et même un certain désarroi dans la communauté scientifique des années 1920. Cet inconfort s'est cependant assez rapidement dissout dans le paradigme formel non déterministe d'Heisenberg et de Bohr. Si pourtant nous prenons au sérieux l'épistémologie déterministe — qui fut celle de toute la science jusqu'au début du XXème siècle et qui se trouve fondée par l'idée d'une opposition duale intérieur-extérieur qui seule permet de soutenir la possibilité du dynamisme et du changement — il ne nous reste alors que deux possibilités dans l'interprétation des phénomènes quantiques : soit (i) il n'y a pas d'indéterminisme dans la mesure où les expériences quantiques réalisent simultanément l'ensemble de leurs options – dans ce cas, les mêmes causes produisent bien les mêmes effets, même si ces effets sont multiples et contradictoires, soit (ii) si les événements quantiques nous semblent être de nature non déterministe c'est que d'autres liens causaux n'ont pas été identifiés (que le phénomène n'est pas parvenu à son expression la plus fondamentale), et que la détermination subsiste à un niveau plus fondamental. La première branche de l'alternative, celle qui induit la multi-réalisation d'événements quantiques dans le réel, a fait l'objet de débats au sein de la physique moderne, le plus connu d'entre eux s'étant cristallisé autour de la fameuse expérience de pensée du chat de

Schrödinger[352] et sur l'idée de superposition des états quantiques qui ne pouvaient trouver de résolution

---

[352] L'expérience du chat de Schrödinger est une expérience de pensée en physique quantique proposée par Schrödinger en 1935 pour illustrer les paradoxes de la théorie quantique. Dans cette expérience, un chat est placé dans une boîte avec un dispositif contenant un atome radioactif, un détecteur de radioactivité, un flacon de poison et un mécanisme de libération du poison. Selon la théorie quantique, l'atome radioactif a une certaine probabilité de se désintégrer dans un temps donné. Si l'atome se désintègre, le détecteur de radioactivité est activé, déclenchant le mécanisme de libération du poison et tuant le chat. Selon la théorie quantique, avant que la boîte ne soit ouverte pour observer le chat, celui-ci est dans un état superposé, à la fois vivant et mort, tant que l'état du système n'est pas mesuré (nous retrouvons ici l'identité problématique entre mesurabilité et réalité). C'est ce qu'on appelle la superposition quantique : avant toute mesure, le système peut être dans une combinaison linéaire de ses états propres, chacun avec une certaine amplitude de probabilité. Par exemple, une particule quantique peut être à la fois dans un état de spin « haut » et « bas » simultanément, avec des probabilités respectives. Lorsque le système est mesuré ou observé, il « s'effondre » dans l'un de ses états propres, avec une probabilité déterminée par les amplitudes de probabilité associées à chaque état dans la superposition. Cet effondrement est souvent désigné sous le nom de « réduction du paquet d'ondes ».
Erwin Schrödinger imagina cette expérience de pensée pour mettre en évidence les problèmes apparents de l'interprétation de Copenhague de la mécanique quantique, développée par Niels Bohr et Werner Heisenberg. Schrödinger était critique envers l'interprétation de Copenhague, qui suggérait que les particules quantiques pouvaient exister dans un état de superposition jusqu'à ce qu'elles soient mesurées, moment où leur état serait déterminé de manière probabiliste. Pour Schrödinger, cette interprétation semblait impliquer que les objets macroscopiques, comme un chat, pourraient également être dans un état de superposition, ce qui semblait absurde.

qu'au moment de la mesure et par effondrement de la fonction d'onde. Dans cette idée de superposition quantique, nous retrouvons bien l'idée de multi-réalisation, commodément ramenée à un instant de raison avant l'événement de la mesure qui seul déclenche la réalité du monde (notre réalité) qui, elle, demeure unitaire (excepté dans la théorie des mondes parallèles d'Hugh Everett dans laquelle l'ensemble des états quantiques se réalisent tous unitairement, mais dans des mondes parallèles distincts). L'autre branche de l'alternative est celle qui ouvre le débat du caractère

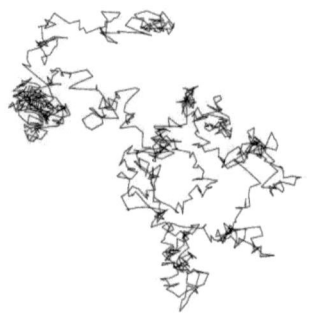

incomplet de la théorie quantique. Dans les deux cas, c'est le problème de la mesure qui cristallise et agrège les motifs de remise en cause du déterminisme causal. Ce problème est à notre avis une conséquence directe des contradictions de l'épistémologie positiviste et de son influence sur la science moderne, influence qui se traduisit notamment dans la science moderne par le *credo* selon lequel seul ce qui est mesurable a une existence (*credo* qui provient en fait de la transformation d'une hypothèse méthodologique en postulat métaphysique, la relation de co-implication entre mesurabilité et existence n'ayant jamais été établie). Ainsi, de même qu'il ne faut pas confondre existence et mesurabilité, il convient de ne pas amalgamer les notions d'imprédictibilité et d'indéterminabilité. Le mouvement brownien par exemple (illustration ci-contre), s'il est sans doute impossible à prédire (imprédictibilité), ne peut pas pour autant être dit « indéterministe », dans la mesure où il répond à des facteurs localement déterminants (les collisions avec d'autres particules, les fluctuations thermiques…), bien que ces facteurs introduisent trop d'aléas pour faire l'objet d'un modèle prédictif. De la même manière, il nous semble que le principe d'incertitude d'Heisenberg est abusivement appelé principe d'indétermination : si l'imprédictibilité du principe a été établie, ce n'est pas le cas de son caractère indéterministe. Dans la théorie quantique, les changements d'états n'étant qu'indirectement observables (contrairement à ce qui se passe dans le monde de la physique classique), l'indétermination est davantage postulée que démontrée. De fait, le monde de la microphysique, contrairement au monde de la physique classique, n'observe pas directement des phénomènes, mais, à mesure qu'elle se rapproche de l'unité inobservable de la matière (à supposer qu'une telle unité existe et puisse jamais être découverte), elle manipule des signes et des objets logico-mathématiques : elle quitte ainsi l'univers de l'observation pour entrer dans celui des signes, c'est-à-dire de la signification[353]. Dès lors cependant que la

---

[353] Niels Bohr en fait d'ailleurs lui-même très clairement l'aveu lorsqu'il déclare par exemple : « il n'y a pas de monde quantique. Il y a seulement une description quantique abstraite. Il est erroné de penser que la tâche de la physique est de savoir ce qu'est la Nature. La physique s'occupe de ce

signification se coupe du signifiant surgissent les paradoxes de la science moderne. C'est la raison pour laquelle, encore plus que pour la physique classique, l'épistémologie de la microphysique est essentielle à la compréhension des objets que l'on se propose d'étudier. Dans *Les deux infinis de l'esprit humain* (dont le titre original est *The Large, the Small and the Human Mind*[354]), Roger Penrose, futur Prix Nobel de physique[355] en 2020 pour ses travaux théoriques sur les trous noirs, établissant cette séparation entre la physique classique (qu'il appelle « C ») et la physique quantique (qu'il appelle « U » pour « *undetermined* ») écrit : « C'est seulement en passant du niveau C au niveau U que l'indéterminisme s'introduit. L'indéterminisme vient avec R (la réduction de la fonction d'onde). Tout est déterministe au niveau U ; la mécanique quantique ne devient indéterministe que lorsqu'on fait cette chose qu'on appelle "mesure"[356]. » Dans le problème de la mesure se situe l'essentiel du problème épistémologique de la microphysique. Là où, dans la physique classique, nous avions affaire à des phénomènes, c'est-à-dire à des constructions mentales fondées sur l'affectation réelle et effective de nos sens, nous sommes toujours confrontés, dans la microphysique, à des déductions logiques qui s'effectuent à travers une mesure qui est elle-même déjà une interaction causale avec l'objet que l'on tente de décrire.

---

que nous pouvons dire sur la Nature. » N. Bohr, cité par A. Peterson, *The Philosophy of Niels Bohr*, Bulletin of Atomic Scientists 19, 8-14 (1963), p.12
[354] Op. cit., Cambridge University Press, 1997, Trad. et contribution de Roland Omnès, Flammarion, 1999.
[355] Avec Reinhard Genzel et Andrea Ghez
[356] Op. cit., p. 75

Nous devons donc interpréter les résultats et les théories de la mécanique quantique en demeurant conscients de ses conditions fondamentales : nous ne sommes jamais directement affectés par les phénomènes que nous décrivons. Les phénomènes quantiques ne sont, en d'autres termes, jamais observés : ils sont déduits. Dans la suite du passage que nous citions plus haut, Roger Penrose établit une distinction entre les mystères Z (pour « *puzzling* ») et les mystères X qui sont les problèmes liés à la mesure dans la mécanique quantique. Les mystères Z sont ceux que l'on peut dire dérangeants comme la dualité onde-particule, le spin ou les effets non-locaux. Tout cela est sans aucun doute troublant, dit Penrose, mais peu de gens en contestent la réalité ; cela fait partie de la nature. Concernant les problèmes X, ceux liés à la mesure, Penrose écrit : « Mon point de vue est que nous devons apprendre à vivre en paix en compagnie des mystères Z, mais que les mystères X seront rayés d'office quand nous aurons une théorie meilleure[357]. » De fait, l'interprétation purement indéterministe de la mécanique quantique, si elle représente sans aucun doute un courant majoritaire parmi les microphysiciens n'est pas la seule interprétation possible. Une interprétation purement causale et déterministe avait d'ailleurs été proposée par Louis de Broglie avant 1927 dans sa théorie de l'onde pilote. En 1927, écrasé par l'axe Heisenberg-Pauli-Bohr lors du congrès de Solvay de 1927, Louis de Broglie avait abandonné sa théorie et s'était rallié aux partisans de la complémentarité. Ce n'est qu'au début des années 1950 que Louis de Broglie se reconvertit à ses anciennes idées à la faveur d'un

---

[357] Op. cit., p. 79

mémoire que lui adressa, à l'été 1951, le jeune physicien américain David Bohm. Une collaboration réunit alors Bohm, Vigier et Broglie avant de s'élargir à Takabayashi et à Terletskii, ainsi qu'à de jeunes physiciens[358]. Le travail de Bohm qui reprenait pour l'essentiel les conceptions de Broglie de 1927 et sa « théorie de la double solution » en lui fournissant un cadre conceptuel plus étendu, fut à son tour assez largement négligé, jusqu'à ce qu'une exploration des développements de Bohm par John Stewart Bell amène ce dernier à sa fameuse inégalité qui — contrairement à la croyance populaire — constitue une preuve de la théorie de l'onde pilote, et non sa réfutation[359]. A la fin des années 1980, John Stewart Bell lui-même s'interrogeait à propos du silence des physiciens eu égard à la théorie de Broglie-Bohm : « Mais alors pourquoi, se demande-t-il, Born ne m'avait pas parlé de cette "onde-pilote" ? Ne serait-ce que pour signaler ce qui n'allait pas avec elle ? Pourquoi von Neumann ne l'a pas envisagée ?

---

[358] Parmi lesquels Fer, Lochak, Andrade e Silva, Hillion, Thiounn, Halbwachs et Leruste

[359] « [As] early as 1924, [...] Louis de Broglie had the essence of the idea, and in fact he subsequently presented the more-or-less complete mathematical theory at the famous Solvay conference in 1927. How he ended up being beaten into the ground by the Heisenberg-Pauli-Bohr axis, abandoning his theory until Bohm took it up again the 1950s, is a fascinating story [...]. As is the fact that Bohm was in his turn ignored and misinterpreted until an exploration of his work led Bell to his famous inequality which - contrary to popular belief - can be taken as evidence for the pilot-wave theory, rather than as a disproof of it. Even today, relatively few people have even heard of the theory », Mike Towler, *De Broglie-Bohm Pilot-wave Theory and the Foundations of Quantum Mechanics, A Graduate Lecture Course by Mike Towler* (University of Cambridge, Lent term 2009), 10 December 2008.

Plus extraordinaire encore, pourquoi des gens ont-ils continué à produire des preuves d'impossibilité, après 1952, et aussi récemment qu'en 1978 ? Alors que même Pauli, Rosenfeld, et Heisenberg ne pouvaient guère produire de critique plus dévastatrice de la théorie de Bohm que de la dénoncer comme étant "métaphysique" et "idéologique" ? Pourquoi l'image de l'onde-pilote est-elle ignorée dans les cours ? Ne devrait-elle pas être enseignée, non pas comme l'unique solution, mais comme un antidote à l'autosatisfaction dominante ? Pour montrer que le flou, la subjectivité, et l'indéterminisme, ne nous sont pas imposés de force par les faits expérimentaux, mais proviennent d'un choix théorique délibéré[360] ? » Avant même la démonstration de la violation des inégalités de Bell par les expériences d'Alain Aspect dont les conclusions interdirent les théories locales à variables cachées, cette interprétation non seulement supposait la non-localité (Bell a en fait montré que la mécanique quantique était par nature non locale), mais la rendait explicite : « C'est un mérite de la version de de Broglie-Bohm qu'elle amène si explicitement la non-localité qu'on ne puisse en faire abstraction[361] », déclare par exemple Bell en 1987 dans un livre rassemblant un ensemble de ses conférences, articles et essais[362]. En fait, Louis de Broglie soulignait déjà lui-même le caractère non-local de la mécanique quantique dans sa thèse de 1924. Après les premières hésitations des années 1920, la théorie

---

[360] (en) J.S.Bell, *Speakable and Unspeakable* in *Quantum Mechanics*, Cambridge University Press, Cambridge, 1987
[361] « It is a merit of the de Broglie–Bohm version to bring this [nonlocality] out so explicitly that it cannot be ignored. » Bell, *Speakable and Unspeakable in Quantum Mechanics*, p. 115
[362] *Speakable and Unspeakable in Quantum Mechanics*, 1987

déterministe de l'onde pilote ne fut donc pas sérieusement remise en question ni invalidée par la communauté des microphysiciens. Les travaux de Bell, qui s'inspiraient de la théorie de l'onde pilote, permirent même de donner une base théorique solide à la non-localité et de fournir des arguments décisifs aux confirmations expérimentales d'Alain Aspect. La théorie déterministe de Broglie-Bohm fut pourtant largement mise de côté, la majorité des physiciens demeurant attachée à l'hypothèse de l'indéterminisme. Le principe d'indétermination, précisément, était pourtant confirmé par la théorie de Broglie-Bohm, non pas, il est vrai, au sens où on l'entend généralement (on ne peut connaître la vitesse et la position d'une particule parce qu'il n'y a pas en fait de particule et de trajectoire à proprement parler, mais une entité duelle, décrite par des notions antinomiques, la dualité onde-corpuscule) mais au sens où toute « mesure », toute expérimentation, s'inscrit de façon non déterminée dans un univers aux particules dotées de trajectoires déterministes[363].

---

[363] Voir S. Goldstein, D. Dürr, N. Zanghì, *A Global Equilibrium as the Foundation of Quantum Randomness*, Foundations of Physics 23, 721-738 (1993) « Therefore in a universe governed by Bohmian mechanics there is *a priori* only one wave function, namely that of the universe, as there is *a priori* only one system governed by Bohmian mechanics, namely the universe itself. (...) We cannot perform the very same experiment more than once. We can perform only many similar experiments, differing, however, at the very least, by location or time. In other words, insofar as the use of probability in physics is concerned, what is relevant is not sampling across an ensemble of universes, but sampling across space and time within a single universe. What is relevant is empirical distributions—actual relative

Bien plus récemment, en 2011, l'expérience *de Steinberg et coll.*, qualifiée de « percée de l'année » de la physique en 2011 (*Physics Breakthrough of the Year*[364]), reproduisit les trajectoires prédites par la théorie de Broglie-Bohm[365]. Elle fut d'ailleurs commentée positivement dans plusieurs articles qui confirmèrent que les particules de l'expérience de Steinberg semblaient être guidées par une onde pilote (ou un potentiel quantique)[366]. Nous n'entrons pas dans le débat, interne

---

frequencies for an ensemble of actual events. (...) In other words, we establish the remarkable fact that the observed quantum randomness, as expressed by Born's statistical law, is a simple manifestation of universal quantum equilibrium, in the sense of typicality. »

[364] « Physics World reveals its top 10 breakthroughs for 2011 », physicsworld.com

[365] Voir Kocsis, Sacha, Boris Braverman, Sylvain Ravets, Martin J. Stevens, Richard P. Mirin, L. Krister Shalm, et Aephraim M. Steinberg, *Observing the Average Trajectories of Single Photons in a Two-Slit Interferometer*, Science, 332, n° 6034, 2011, pp. 1179-1173.

[366] « Ces résultats montrent que les trajectoires de particules de la théorie de de Broglie-Bohm sont bien plus qu'un aspect d'une interprétation controversée de la mécanique quantique. Elles font partie intégrante de la mécanique quantique, peu importe l'interprétation qu'on en fait. Toutefois, ce sur quoi les différentes interprétations ne s'accordent pas, c'est sur ce que ces trajectoires "sont" en réalité. En ce sens, les trajectoires ont le même rôle que la fonction d'onde en mécanique quantique. Toutes les interprétations l'invoquent, mais elles ne s'accordent pas sur ce qu'elle "est" réellement. », Mike Towler, *A Brief Discussion about Weak Measurements*, Electronic Structure Discussion Group, TCM Group, Cavendish Laboratory, University of Cambridge, février 2012.

Braverman, Boris, et Christoph Simon, *Proposal to Observe the Nonlocality of Bohmian Trajectories with Entangled Photons*, Physical Review Letters 110, n° 6 (7 Février 2013): 060406.

à la physique moderne, de la cohérence ou de la portée de ces interprétations déterministes (même s'il parait assez largement établi que l'interprétation de Broglie-Bohm soit formellement cohérente et acceptable). Ce que nous tentons simplement de montrer ici est (i) le caractère problématique de l'approche orthodoxe de la mécanique quantique qui semble renoncer à la possibilité de comprendre la physique, c'est-à-dire de donner une signification à ses productions formelles, (ii) la possibilité d'une approche causale et déterministe, quoique demeurant dans un cadre non-local et, par voie de conséquence (iii) la nécessité de réinterroger les fondements épistémologiques de la science moderne, nécessité qui semble renforcée par les problèmes de compatibilité à ce jour irrésolus entre la mécanique quantique et la théorie de la relativité. Signalons d'ailleurs que l'interprétation Broglie-Bohm, contrairement à ce que l'on aurait pu supposer, n'emporta pas réellement l'adhésion d'Einstein qui la trouvait trop « facile ». Einstein lui reprochait notamment de demeurer dans le cadre théorique général de la mécanique quantique au lieu de le refondre largement dans une théorie plus générale (qui reste à inventer). Dans une lettre qu'Einstein adressa à Aron Kupperman en 1953, il écrivait par exemple à ce sujet : « Je pense qu'il n'est pas possible de se débarrasser du caractère statistique de la théorie quantique actuelle en ajoutant simplement quelque chose à cette théorie sans changer

---

doi:10.1103/PhysRevLett.110.060406.
Schleich, W. P., M. Freyberger, et M. S. Zubairy, *Reconstruction of Bohm Trajectories and Wave Functions From Interferometric Measurements*, Physical Review A 87, n° 1 (16 Janvier 2013): 014102.
doi:10.1103/PhysRevA.87.014102.

les concepts fondamentaux relatifs à la structure tout entière. Le principe de superposition et l'interprétation statistique sont inséparablement liés entre eux. Si l'on pense qu'il faut éviter l'interprétation statistique et la remplacer, il semble que l'on ne puisse pas conserver une équation de Schrödinger linéaire, qui implique, par sa linéarité, le principe de superposition des "états". » La remarque s'applique d'ailleurs aussi bien, dit Einstein, à tous les modèles théoriques de ce genre. Depuis le congrès de Solvay, Einstein n'a eu de cesse que de critiquer l'approche orthodoxe de la mécanique quantique qui était pour lui à la fois dogmatique et incomplète. Dans une lettre de 1928 à l'attention d'Erwin Schrödinger, il écrivait déjà par exemple : « La philosophie tranquillisante de Heisenberg et Bohr – ou est-ce une religion ? – est si habilement échafaudée qu'elle permet aux vrais croyants de se reposer sur un oreiller si doux qu'il n'est pas facile de les réveiller. » En 1950, dans un discours qu'il prononça au Congrès International des Chirurgiens, Einstein semblait avoir peu varié sur ses positions, déclarant par exemple : « L'indétermination quantique, ce crédo est-il définitif ? Je crois qu'un sourire vaut mieux qu'une réponse ». Ce que dénonçait ici Einstein, et que nous reprenons également à notre compte, c'est la résurgence d'une forme d'obscurantisme ou de « pensée magique » au sein de la communauté des physiciens quantiques, qui, pour la plupart, assument la déconnexion entre les modèles de description de la réalité et la signification de ces modèles. Ce divorce entre le modèle et sa signification est, à notre sens d'autant plus problématique que ces modèles, pour prétendre à la consistance de ce qu'ils décrivent, devrait logiquement nous conduire à chercher une signification qui leur est externe (ce qui se déduit notamment du second théorème d'incomplétude de Gödel), or dans l'interprétation orthodoxe de la mécanique quantique, c'est précisément cette connexion à une signification externe qui fait défaut.

Paradoxalement, la science moderne, qui avait commencé par adhérer massivement au matérialisme, et à l'idée d'un déterminisme intégral de la matière, finit par rejeter le déterminisme, au nom des mêmes principes. C'est en effet parce qu'« il ne faut pas postuler plus que la matière » qu'on put finalement se passer à bon compte du déterminisme qui n'était pas, à proprement parler, un principe *de la matière* (un principe qui serait contenu dans la matière ou qui en serait une propriété intrinsèque). En cela, la *doxa* moderne de la science était en cohérence avec ses principes fondateurs (empiristes, positivistes, réductionnistes…) : le déterminisme n'étant pas un principe physique, il pouvait paraître légitime de l'abandonner sur le chemin, comme on abandonnerait une paire de chaussures usées jusqu'à la corde. Cet abandon était pourtant problématique : si le déterminisme, au même titre que tous les autres principes, modèles et idées, pouvait sembler tout à fait contingent aux yeux du scientifique matérialiste qui n'attache pas d'importance à l'idée de vérité en dehors de l'expérience des choses, il n'en avait pas moins fait preuve de son effectivité constante à travers les âges de la science. Que pouvait-on faire dès lors de cette effectivité ? Bohr proposa de la cantonner au monde de la physique classique, introduisant ainsi une faille béante entre deux mondes dont l'un devait pourtant constituer le fondement de l'autre. S'ensuivit une longue période d'errance épistémologique qui finit globalement par se dissoudre, pour la majorité des physiciens quantiques, dans une sorte d'agnosticisme épistémologique (encore pénétré de quelques vestiges matérialistes et pragmatiques) tandis que les sciences de la vie s'attachaient désespérément au déterminisme intégral (plus commode à l'échelle de travail des sciences de la vie et de la chimie).

Parmi les neuroscientifiques américains et français notamment, les théories psychologistes connurent (à la faveur notamment de l'influence de la cybernétique, comme nous l'avons déjà évoqué) à nouveau un vif succès, l'ambition des sciences neuronales ayant depuis longtemps été de ramener (de réduire) les idées et les principes abstraits de la raison à des processus mentaux concrets (observables) qui ne devaient dès lors rien signifier de plus que ce qu'ils induisaient (comme comportements, comme croyances ou comme actions). D'un côté les partisans d'un matérialisme intégral appliqué aux sciences du cerveau continuaient de défendre un déterminisme sans faille (le cerveau étant compris comme une machine complexe et totalement déterministe, une sorte de superordinateur, une machine de Turing[367]), de l'autre, les partisans d'un

---

[367] Les psychologistes crurent tenir la preuve de leur réussite lorsqu'ils établirent que notre pensée était liée à une activité électrique du cerveau, activité visible à l'imagerie médicale. Qui cependant aurait pu sérieusement en douter ? Qui aurait nié que les processus mentaux, les processus d'idéation ne reposaient pas sur une activité mentale physiquement observable ? En réalité, une grande partie de la philosophie avait anticipé ces résultats. En établissant le fait que les processus mentaux reposaient sur une activité physique observable, le réductionnisme ne donna en réalité aucun fondement supplémentaire à la doctrine matérialiste qu'il pensait soutenir. Il ne faisait que mener tout droit au

matérialisme plus pragmatique (voire d'un agnosticisme pouvant aller jusqu'à l'antimatérialisme) se pensaient autorisés à abandonner le déterminisme tout en conservant une partie des principes du matérialisme. Certaines positions intermédiaires curieuses furent d'ailleurs proposées, notamment par Roger Penrose lui-même, qui pensait avoir trouvé dans la superposition quantique un argument contre le déterminisme de nos idées et de nos comportements et qui tenta d'identifier dans le cerveau le lieu de cette superposition (les systèmes de microtubes dans un neurone), tout en demeurant dans le cadre conceptuel « Platon-Gödel[368] ». Le réductionnisme et le psycho-

---

psychologisme dont nous avons déjà montré les limites et les incohérences (voir § 31 – *Contre le psychologisme*).

[368] La tentative qui consiste à localiser dans le cerveau l'endroit de la superposition quantique nous parait curieuse dans la problématique globale de l'opposition entre le déterminisme et la liberté. Nous l'avons déjà évoqué, nous ne pouvons comprendre la liberté qu'en opposition étroite avec le déterminisme. La liberté s'appuie en quelque sorte sur le déterminisme, un univers entièrement indéterministe ne pouvant être propice à l'exercice de ma liberté (ne serait-ce qu'en raison du problème de la chaîne de commandement entre mon intention et mon action : comment être libre si mes actions ne sont pas déterminées par mes intentions ?). Il ne faut pas, à notre sens, comprendre la liberté dans une opposition avec le déterminisme, de la même manière qu'il ne faut pas comprendre l'idée dans une opposition avec la matière. En revanche, le problème de l'indétermination quantique nous parait particulièrement intéressant dans la mesure où il reflète en réalité la structure de notre rapport au réel. L'indétermination quantique est liée au problème de la mesure, c'est-à-dire au problème de l'interférence entre le mesurable et le mesuré. Cette structure circulaire fait en un sens penser à celle de l'individu agissant qui modifie son comportement et ses actions au fur et à mesure qu'il prend

logisme — qui n'est rien d'autre au fond que la déduction épistémologique du réductionnisme matérialiste —, en niant le caractère spécifique de la subjectivité, c'est-à-dire en la ramenant à une fragmentation objective (le sujet comme synthèse *ad hoc* et illusoire de processus objectifs qui le dépassent) manquaient aussi nécessairement la problématique subjective du temps et de la permanence. C'est l'une des raisons pour lesquelles ces doctrines conduisirent invariablement à des paradoxes insolubles au sein de leur cadre conceptuel. Si, en effet, nous considérons avec le réductionnisme cohérent et le psychologisme que le monde se réduit à la matière, nous ne pouvons alors faire valoir aucune règle qui persisterait en dehors de la « matière » de la règle, c'est-à-dire en dehors du *moment matériel* dans lequel la règle est pensée (cette interdiction serait d'ailleurs valable pour le psychologisme lui-même : ne serait-il « vrai » qu'à chaque fois que je le pense comme tel ?). Dans nos cerveaux et dans nos consciences, ce moment matériel se manifeste par une certaine combinaison chimique (un assemblage matériel) qui nous donne l'impression du saisissement de la règle ou de l'idée — c'est le moment de la compréhension —, impression éphémère qui ne subsiste à l'intérieur de la conscience que quelques instants (encore qu'il s'agirait d'identifier précisément

---

conscience de lui-même et de ses intentions, dans un mouvement de spirale vers le haut (je commets une action ou j'ai une pensée, je me vois commettre une action ou avoir une pensée par autoréflexivité, je me vois me voyant, etc. : mon comportement est affecté par ma division interne, par ma faculté de me dissocier de mes actions et de mes pensées, en somme, l'indéterminisme est ici séquencé dans le temps et s'appuie sur ma division interne et ma faculté à me représenter moi-même).

cet instant, ce qui est rendu impossible dans le psychologisme dans la mesure où la problématique de la temporalité du sujet y demeure impensée). Or, si nous suivons la thèse psychologiste, cette impression n'a de validité (pour autant qu'elle puisse prétendre à une validité quelconque) qu'au moment où elle se manifeste à la conscience, c'est-à-dire au moment où l'idée est véritablement pensée. Cependant, cette conception — que Putnam critiquait lorsqu'il affirmait notamment « *meanings just aren't in the head* » —, outre le fait qu'elle négligeait gravement le séquencement temporel des idées[369], conduisait à l'idée extrême selon laquelle le monde n'a d'existence « attestable » que dans la permanence de ma pensée (je ne peux attester formellement de son existence et de sa permanence que tant que je le pense comme monde existant et permanent). D'après les théories psychologistes, je ne devais ainsi pas être conduit à revendiquer une permanence « en dehors de ma tête » puisque, par définition, je ne pouvais faire l'expérience concrète de cette permanence que dans ma tête et, qui plus est, de manière transitoire — à chaque fois qu'il m'arrivait d'y penser. Voilà comment le cercle tautologique du

---

[369] Les idées ne sont pas juste des impressions éphémères, elles peuvent aussi se construire ou se déduire dans un enchainement causal temporel. Comment appréhender le problème du séquençage alors que l'on ne donne crédit qu'à ce qui est pensé par le sujet au moment où il le pense ? Dans le cas d'un raisonnement séquencé, l'étape (n-1) du raisonnement qui n'a plus de validité (dans la mesure où elle n'est plus pensée par le sujet qui a progressé dans la séquence de son raisonnement) peut-elle malgré tout continuer de constituer le fondement du raisonnement et de l'idée ? Nous avons là une contradiction.

matérialisme intégral se refermait[370]. C'est en partant de positions radicalement antisubjectivistes (le sujet comme pure réduction atomiste matérielle) que l'on

---

[370] L'idéalisme critique, lui, reconnait les fondements logiques du matérialisme, les revendique et les défend. Seulement, il défend aussi l'idée selon laquelle nos processus mentaux, quoique reposant nécessairement sur des processus matériels, ne peuvent pas non plus s'y réduire (au risque de passer au travers de la problématique fondamentale de la signification). Ces processus doivent, en d'autres termes, nécessairement avoir une validité *en dehors du moment où ils ont lieu*. C'est cette validité « intemporelle » ou « non-temporelle » que nous avons appelée « effectivité », quand nous avons par exemple évoqué l'« effectivité de la règle ». Cette validité suppose à la fois (i) que les jugements ou les idées sur les choses puissent être valides y compris en dehors des moments où ils sont formulés (dans la géométrie euclidienne par exemple, la somme des angles d'un triangle est égale à 180 degrés, même lorsque je ne suis pas en train de penser à un triangle) et (ii) que les choses (et donc le monde) puissent avoir une persistance en dehors du moment où je les pense. C'est d'ailleurs précisément cette persistance qui permet de penser leur cohérence (c'est-à-dire de les penser « tout court » car on ne peut penser l'existence concrète de l'incohérence*). Notre expérience des choses nous conduit donc à poser l'hypothèse de leur permanence ou en tout cas de leur indépendance vis-à-vis de notre perception. Cette hypothèse se trouve corroborée à la fois par son efficience (c'est-à-dire par la simplicité de son expression comparée à la complexité de l'éventuelle démonstration d'une l'hypothèse inverse) et par son effectivité (ses confirmations expérimentales qui nous conduisent à postuler plus que nous-mêmes par l'expérience des autres — c'est la possibilité de l'intersubjectivité sur laquelle nous reviendrons — et par notre expérience du monde).

*On peut bien sûr penser que quelque chose est incohérent, mais on ne peut se figurer concrètement la chose incohérente, c'est-à-dire la faire entrer dans notre réseau de significations (compréhensibles).

parvenait à des positions subjectivistes solipsistes extrêmes (rien n'existe en dehors de mon expérience immédiate du monde matériel). Ce sont, à nouveau, ces mêmes positions qui conduisirent les matérialistes à abandonner le principe de causalité qui avait pourtant fondé leur doctrine : sans sujet, pas de temporalité, sans temporalité, pas de dualité, sans dualité, pas de causalité. Le cercle tautologique se transformait en spirale de la négation. Ce sont probablement des idées similaires qui traversaient l'esprit d'Einstein lorsque, à l'occasion d'une promenade nocturne avec Abraham Pais au retour de l'Université de Princeton, il aurait demandé à ce dernier : « Croyez-vous vraiment que la Lune n'est pas là quand vous ne la regardez pas ? »

DU SUBJECTIF ET DE L'OBJECTIF

57.

LA SUBJECTIVITE OBJECTIVE — Il existe un malentendu sémantique, assez largement répandu dans la philosophie et dans les sciences modernes, qui consiste à traiter le concept de subjectivité comme un quasi-équivalent du concept de relativisme. Ainsi, ce qui est « subjectif », désigne aujourd'hui dans le langage commun ce qui est « relatif à chacun » et qui ne peut dès lors faire l'objet d'une discussion qui pourrait avoir lieu dans un cadre commun. Le couple subjectivité-objectivité constitue de ce fait une paire radicalement antagoniste, le terme de subjectivité étant généralement réservé aux expériences personnelles censées être, à ce titre, incommunicables (expérience de l'art, des sentiments, du rapport au mystique ou à la religion), tandis que le terme d'objectivité est réservé au langage scientifique et aux discours sur la connaissance. Si nous concevons l'objectivité et la subjectivité dans une opposition radicale et définitive, il nous devient pourtant impossible de penser le réel, notre expérience du monde se manifestant toujours par ce qui constitue notre subjectivité : notre intuition, nos sens, notre entendement et, dans une certaine mesure, notre culture. Pourtant, la subjectivité, loin d'être l'arme de disqualification massive de la connaissance, en constitue au contraire le fondement nécessaire et indépassable.

Dans *Initiations à la physique*, Max Planck note que la connaissance scientifique est le résultat d'un processus de désanthropomorphisation du réel. Dans le domaine de la thermodynamique, on pense d'abord par exemple que la chaleur se diffuse en se « mélangeant » au froid comme on mélangerait des liquides entre eux. Il s'agit là d'un mode de raisonnement métaphorique, anthropomorphique : nous sommes tentés de ramener l'inconnu au connu par rapprochements comparatifs (application intuitive d'un *pattern* tiré de notre expérience commune). On découvre cependant, avec les travaux de Sadi Carnot, de Clausius puis de Maxwell et Boltzmann que la chaleur dépend en fait de la distribution statistique des particules et de leur agitation dans un espace donné. Si un corps chaud cède de la chaleur à un corps froid, il ne s'agit là que d'une énorme probabilité, pas d'une nécessité absolue, écrit Planck[371]. C'est la théorie atomique de la matière qui rend en fait possible le changement de paradigme. On voit ici comment, en partant du sens commun (perception intuitive de la chaleur — qu'est-ce que la chaleur pour un être dénué de sensibilité ? — application de *patterns* anthropomorphiques erronés) on parvient à une théorie de la chaleur qui, tout en ne confirmant pas ce que nous prenions de manière fautive pour une évidence, demeure explicable dans le langage du sens commun. Le fait que la science parte de la subjectivité (c'est-à-dire de notre capacité sensible de perception du réel) n'est donc pas, pour Planck, un argument contre l'objectivité des découvertes scientifiques. Cependant, dans le processus de validation de toute théorie

---

[371] Ibid. p. 26 : « Par contre, si un corps chaud cède de la chaleur à un corps plus froid, il ne s'agit là que d'une énorme probabilité et non d'une nécessité absolue. On peut en effet parfaitement concevoir un arrangement spécial des atomes ayant des vitesses telles qu'il s'ensuivrait exactement le contraire. »

(scientifique ou non), l'analyse critique, rétroactive et formalisée est d'une importance déterminante. Ce dialogue entre la production de nouveaux schèmes et la rétroaction critique est ce qui définit notre rationalité, c'est-à-dire notre progression vers l'objectivité. Or, dans cette progression, ce sont les préjugés subjectifs qui sont vaincus et non pas la subjectivité elle-même. La subjectivité, en tant que fondement du moment objectif, n'est jamais entièrement fondue ou dépassée dans l'objectivité de la science. Elle y demeure en tant que fondement et en tant que connexion signifiante au réel. Dans *Contre la méthode*, Paul Feyerabend insiste à bon compte sur le caractère subjectif de nos perceptions pour souligner ensuite le caractère relatif et relativiste de la science : « Des idées contestables sur le savoir, comme l'idée que nos sens, dans les circonstances normales, fournissent des informations solides sur le monde, de telles idées peuvent envahir le langage même de l'observation et engendrer certains termes d'observation, aussi bien que la distinction entre l'apparence réelle et l'apparence illusoire. Il en résulte que les langages d'observations peuvent se trouver prisonnier de formes de spéculation plus ancienne qui affectent, de cette manière détournée, toute méthodologie, même la plus progressiste. (C'est ainsi que le cadre d'un espace-temps absolu de la physique classique fut codifié et consacré par Kant). L'impression sensorielle, aussi simple soit-elle, contient toujours une composante qui exprime la réaction physiologique de l'organisme qui perçoit, sans avoir de corrélat objectif. Cette composante "subjective" se mélange souvent avec le reste et forme un tout non structuré, qui doit ensuite être séparé de l'extérieur grâce à des procédés déjà contre-intuitifs. (Nous citerons pour exemple l'apparence d'une étoile fixe vue à l'œil nu, qui contient les effets subjectifs de l'irradiation, la diffraction, et la diffusion ; effets réduits par l'inhibition latérale d'éléments adjacents à la rétine[372].) » Nous citons ce passage *in extenso* dans la mesure où il nous semble intéressant et représentatif de la pensée de Feyerabend à plusieurs égards. D'abord, la dénonciation de l'idée naïve selon laquelle nos sens, « dans des circonstances normales » nous fourniraient des données solides sur le monde, idée qui est en réalité largement rejetée par l'idéalisme critique et par la philosophie analytique, l'idée ensuite que l'observation peut être polluée par des conceptions culturelles ou scientifiques anciennes qui ne sont pas directement liées à nos sens, mais qui sont plutôt le fait de nos habitudes de perceptions (personnelles, culturelles), idée plus originale, mais qui avait déjà fait l'objet de larges développements chez les postkantiens dès les années 1920 (en particulier dans l'œuvre de Cassirer que nous avons déjà citée à plusieurs reprises), enfin, l'amalgame classique entre le subjectif et l'objectif (la composante subjective qui se mélange avec le reste pour former un tout « non structuré » d'après Feyerabend). Notons d'ailleurs au passage que Feyerabend tente d'égratigner la philosophie de Kant en faisant de ce dernier un défenseur de l'idée d'un espace et d'un temps absolu, idée que Kant n'a en réalité pas défendue (voir § 54 et 55 sur les problèmes du temps et de l'espace). Au contraire de l'épistémologie de Newton, la philosophie critique de Kant demeurait en effet dans un cadre subjectiviste, la question de l'espace et du temps étant abordée chez lui

---

[372] Op. cit., p. 68

à travers le prisme de la sensibilité (l'espace et le temps comme formes *a priori* de la sensibilité). Chez Kant, le cadre subjectiviste, n'interdisait pas le dépassement objectif que constituent la connaissance scientifique et la morale : il donnait au contraire à ce dépassement un fondement. De manière intéressante, pourtant, le passage que nous citons se conclut par un exemple qui, étant censé soutenir la position de Feyerabend peut en fait lui être opposé. En effet, lorsque Feyerabend évoque les effets subjectifs de l'irradiation, la diffraction et la diffusion de la lumière d'une étoile sur un œil nu, il met certes en avant le caractère relatif (subjectif, non-absolu) de toute perception, mais il montre aussi en quoi ce caractère relatif non seulement repose sur des faits objectifs (les faits objectifs et scientifiquement établis que sont précisément les effets de l'irradiation, de la diffraction et de la diffusion de la lumière sur la rétine) mais permet aussi de les fonder. C'est en effet par un jeu d'allers-retours entre les idées qui nous sont suggérées par nos sens (l'apparence d'une étoile à l'œil nu : l'étoile a des « branches » et scintille) et les déductions logico-systémiques que nous opérons à partir de ces idées pour donner au monde une cohérence globale que notre connaissance progresse vers une objectivité de plus en plus grande (nous pourrions dire qu'il s'agit là d'une tension entre les formes spontanément produites par notre entendement, qu'il dérive d'une intuition naturelle et utilitaire du réel, et les formes construites par ce même entendement contre ses premiers élans). C'est précisément en cela que la science peut être comprise, comme le disait Max Planck, comme un processus de désanthropomorphisation du réel, non pas en tant que le réel perdrait son caractère subjectif (on ne peut pas adopter de point de vue de Sirius sur le monde ou tenter, comme le fit le baron de Munchhausen de nous tirer nous-même par les cheveux pour nous sortir des sables mouvants dans lesquelles notre monture s'est empêtrée), mais en tant que le réel ne serait plus un jeu d'apparence immédiate ou d'évidences anthropomorphiques données. Autrement dit, pour l'homme des cavernes (et pour les enfants que nous avons été), l'étoile est blanche et scintille sur ses branches. Pour le scientifique, l'étoile est un objet céleste principalement composé de gaz qui brille de sa propre lumière grâce à des réactions nucléaires qui adviennent en son cœur. Pour autant, elle demeure cet astre blanc à plusieurs branches qui scintille dans l'obscurité. Les phénomènes subjectifs, en tant que fondements (ou en tant que première approche) de notre rapport au réel, sont réinterprétés objectivement dans le discours scientifique. La déformation subjective de notre perception de l'étoile est ramenée, dans le discours scientifique, à des déterminants objectifs (irradiation, diffraction, diffusion). Dans le discours de Feyerabend, au contraire, ce processus d'objectivation des perceptions subjectives constitue un exemple de relativisation des discours successifs sur la vérité : une théorie en contredisant une autre, on conclut au relativisme de toutes les théories. C'est oublier cependant que d'une part, toutes les théories ne se valent pas (certaines sont fausses ou ont un domaine de validité nul) et que, d'autre part, certaines théories peuvent avoir une puissance d'explication supérieure aux théories précédentes sans pour autant les contredire (la relativité générale, nous l'avons dit à plusieurs reprises, ne contredit pas toute la physique de Newton, elle lui donne au contraire un cadre conceptuel plus large). On ne peut donc pas réellement parler du « caractère historico-physiologique de l'évidence[373] » comme le fait Feyerabend, sans souligner en même temps que ce qu'on appelle « évidence » peut aussi constituer le fondement d'un dépassement objectif de l'évidence, dépassement qui fait précisément l'objet de tous les essais de modélisation du monde, c'est-à-dire des tentatives d'explication du réel par une théorie représentative et signifiante. Nos organismes sensibles perçoivent subjectivement la sensation de chaleur. Cette sensation, quoiqu'indéniablement subjective (que signifierait objectivement, par exemple, la notion d'eau tiède ?) peut néanmoins constituer un fondement objectif tout à fait valable. La perception de la chaleur peut certes être dite « subjective » dans la mesure où elle est liée à nos sens et à l'adaptation de nos organismes au monde ambiant — il est à ce titre impossible de prendre parti *objectivement* dans le débat qui oppose ceux qui souhaitent ouvrir la fenêtre dans une voiture et ceux qui souhaitent la maintenir fermée, mais on ne peut nier que cette sensation se rapporte de manière plus ou moins précise et distendue à des mesures concrètes et objectivables, en l'occurrence mesurables. Si l'on échoue à trancher le débat de la température intérieure idéale d'un véhicule ou d'un lieu fermé, on débattra beaucoup moins de l'objectivité de la mesure de la température. Nous avons là un exemple banal, mais non moins valide du passage de la subjectivité à l'objectivité. Dans la mesure objective de la température, la subjectivité n'est pas niée (elle demeure bien le fondement, la première interrogation liée à ce phénomène que nous ressentons et que nous appelons

---

[373] Ibid., p. 69

la « chaleur »), elle est au contraire intégrée dans une théorie plus globale dont le caractère anthropomorphique disparait peu à peu. Dans l'exemple de la chaleur, la désanthropomorphisation correspond à une objectivation progressive, cette objectivation étant elle-même un processus scientifique long qui aboutit à une théorie statistique des particules (théorie atomique de la matière). Dans le mouvement vers la connaissance, la racine subjective persiste donc, mais se modifie par un jeu d'allers-retours entre la perception subjective (l'évidence, les phénomènes tels qu'ils parviennent à notre conscience, les représentations mentales associées aux phénomènes…) et la théorisation objective et mesurable de cette perception. A ce titre, l'objectivité apparait davantage comme la systématisation signifiante de la subjectivité que comme son antithèse. Cette systématisation partant de l'évidence peut aboutir à la remise en question radicale de l'évidence sans pour autant la disqualifier en tant que signal subjectif (c'est le mouvement de désanthropomorphisation). L'évidence en effet, si elle est la manifestation de notre premier rapport au monde (bien que ce rapport ne soit jamais vraiment premier ni jamais réellement immédiat) ne constitue ni le fondement ultime ni l'aboutissement de la connaissance objective : le processus de connaissance, bien qu'ayant l'évidence comme point de départ, aboutit bien souvent à sa déconstruction. La cohérence de notre perception générale du monde ne se fait et ne peut en effet se faire qu'au prix de cette déconstruction. L'évidence, en tant que produit de notre adaptation aux choses, est une réduction effective du monde (voir § 25 – *Qu'est-ce qu'un phénomène ?*). Cette réduction utilitaire et statistique de notre rapport au monde, constitutive de ce qu'est pour nous l'évidence, est ce qui nous permet de vivre et de survivre dans un monde qui peut nous être hostile. Ainsi, Nietzsche a-t-il raison d'écrire, dans *Humain trop humain*, à propos du monde métaphysique : « L'existence d'un pareil monde fût-elle des mieux prouvées, il serait encore établi que sa connaissance est de toutes les connaissances la plus indifférente : plus indifférente encore que ne doit l'être au navigateur dans la tempête la connaissance de l'analyse chimique de l'eau[374]. » Nous sommes des habitants du monde, à ce titre, nous devons l'analyser, le comprendre et y réagir rapidement : il y va de notre survie. Peu nous importe, donc, la composition chimique de l'eau quand la vague déferle sur nous : nous devons juste comprendre qu'elle menace notre vie, plonger, nager vite ou mettre les voiles. Notre rapport au monde est d'abord constitué par un rapport d'effectivité aux choses, c'est un fait établi, mais si l'effectivité nous permet de confirmer et d'établir notre connaissance à l'intérieur du monde que nous habitons, elle n'est pourtant pas le seul critère de la vérité. En tant que constatation de notre action positive sur le monde, le critère d'effectivité est déjà le moment du retour de la boucle de la connaissance, celui de l'expérience avisée du monde. Nous savons qu'il faut plonger sous la vague, car nous avons sans doute déjà pris une première vague dans la figure. Nous en avons déduit que le fait de plonger pouvait nous protéger du déferlement d'eau (effectivité du savoir : plonger sous la vague a pour effet de me préserver de la vague). Au moment de plonger sous la vague, la composition de l'eau nous est indifférente : nous n'y

---

[374] Op. Cit., Chapitre Premier, *Des choses premières et dernières*, § 9 – Monde métaphysique

avons aucun *intérêt* particulier. Notre relation à l'eau est alors une relation de défense, mode de relation qui seul guide notre perception (face à un danger, le champ de perception se réduit d'ailleurs pour se concentrer sur le danger, c'est-ce qu'on appelle la « tunnelisation » ou « l'effet tunnel »). On pourrait certes rétorquer à Nietzsche que la composition de l'eau deviendra pour nous beaucoup plus intéressante le jour où nous devrons la boire (il pourrait, par exemple, nous être d'un intérêt vital de savoir si l'eau est contaminée par une bactérie mortelle). Nous devons simplement retenir ici que l'évidence est liée à notre position dans le monde, à notre positionnement par rapport aux choses et à notre relation d'intérêt avec elle (à ce titre, la réalité « évidente » de l'eau de la vague nous semblera sans doute très différente de la réalité « évidente » de l'eau du lac qu'il s'agira de boire ou de ne pas boire). Le fait cependant que nous prenions un intérêt aux choses et que cet intérêt soit constitutif de ce que nous appelons « évidence », n'est pas pour nous une critique valable de la connaissance. Le processus de connaissance part certes toujours de cette relation d'intérêt aux choses, c'est-à-dire de ce que nous appelons les « évidences » mais les évidences ne constituent pas le fondement ultime de la connaissance : elles engagent au contraire le mouvement qui conduit à leur dépassement. C'est la raison pour laquelle les évidences (du latin *videre* qui signifie « voir ») peuvent différer dans le temps ou dans les cultures (ce qui constitue un argument contre l'objectivité du savoir chez Feyerabend par exemple) : les évidences en tant que co-constructions des sens, de l'entendement et de la raison sont toujours liées à un état des connaissances, c'est-à-dire à un état du système de significations (personnel, culturel… : les évidences diffèrent d'une culture à une autre, mais aussi d'un âge à un autre. Ce qui constitue l'évidence pour un adulte ne constitue pas nécessairement l'évidence pour l'enfant[375]). Ces modifications des évidences à travers les âges, loin de constituer un argument contre l'objectivité de la connaissance, révèlent plutôt la structure de notre rapport au monde. Dans le passage d'une évidence à une autre, il ne faut donc pas nécessairement voir la manifestation d'un processus de nature relativiste, mais au contraire comprendre que la modification de notre perception et de notre compréhension des choses est liée à l'état général de nos connaissances. La progression vers l'objectivité n'est donc pas, pour nous, négation de la subjectivité, mais intégration de la subjectivité dans des modèles explicatifs du monde (des modèles de cohérence signifiante).

58.

LA CONSTANCE OBJECTIVE DES RAPPORTS — Nous avons vu que la subjectivité pouvait constituer non pas un fondement, mais un point de départ valable à la connaissance objective. L'origine subjective de la science ne disqualifie pas sa portée objective. La science est un processus vers l'objectivité, c'est-à-dire une systématisation cohérente et représentable de nos perceptions subjectives. C'est ce que Planck souligne dans *Initiations à la physique* : « Il n'y a rien de plus décevant que cette phrase creuse : "tout est relatif".

---

[375] Voir notamment l'ensemble des travaux de Jean Piaget sur les stades de l'évolution de l'intelligence chez les enfants et sur la théorie de l'apprentissage.

Déjà en physique, elle est inexacte : toutes les constantes universelles, telles la masse et la charge de l'électron ou du proton, la valeur du quantum d'action, sont des grandeurs absolues[376]. » En soulignant la constance objective des rapports du monde physique, Max Planck tente indirectement de déconstruire l'idée selon laquelle l'origine subjective de notre rapport au monde impliquerait le relativisme. Ainsi, de la même manière qu'il ne faut pas confondre relativité et relativisme, il est à notre sens erroné de penser que l'absence de point de vue absolu sur les choses (c'est-à-dire l'absence d'un cadre formel stable et définitif *appliqué au monde de la physique*) implique une remise en question fondamentale de la possibilité de les connaître. La constante de Planck (notée *h*), pour laquelle Max Planck reçut le Prix Nobel de physique en 1918, désigne la quantité minimale d'énergie que peut posséder un système physique à l'échelle quantique. Il est intéressant de noter que sa valeur numérique (environ $6.62607015 \times 10^{-34} J \cdot s$) reste identique dans tous les contextes de la physique. En d'autres termes, quelle que soit la situation ou le système physique étudié, la valeur de la constante de Planck reste inchangée. Dans la théorie de la relativité, nous retrouvons un résultat similaire : la relativité des systèmes inertiels n'implique pas la relativité des lois physiques qui demeurent les mêmes dans des systèmes inertiels différents. La relativité des systèmes inertiels n'implique donc pas le relativisme des lois physiques. Le progrès de la science et de la théorie générale de la

---

[376] Max Planck, *Initiations à la physique, Origine et évolution des idées scientifiques*, 1934

connaissance, par le dépassement de l'état antérieur des connaissances qu'il implique, fournit paradoxalement des arguments faciles contre l'idée même de progrès. Il faut cependant se méfier des analogies trop rapides et des implications non démontrées : la relativité n'implique pas relativisme et la subjectivité n'interdit pas le processus objectif qui est à la racine de la science et du progrès.

LA RECONCILIATION DU MONDE : LA VERITE EST UN HUMANISME

QUE SIGNIFIE LA SCIENCE – COMMENT RELIER LA SCIENCE A L'HOMME ?

59.

SCIENCE ET SIGNIFICATION — Nous avons insisté, dans nos développements précédents, sur le fait que la science ne devait pas être décorrélée de la signification. Si, en effet, nous découplons la science du sens qu'elle a « pour nous », c'est-à-dire que nous renonçons à insérer les énoncés et les théories scientifiques dans nos systèmes de représentations, alors nous risquons de faire de la science une simple πρᾶξις, une technique (dans le sens de la τέχνη en grec ancien, c'est-à-dire la production, la fabrication ou encore l'action efficace). Or la science ne peut pas être réduite à une simple activité de modélisation du réel, elle est toujours en même temps un exercice de compréhension du monde. La technique, elle, peut certes très bien se passer de ce que nous appelons « science ». Le technicien est en effet d'abord celui qui est en relation avec les choses, qui tente de les comprendre par itérations et répétitions de ce dont il fait l'expérience. La technique est d'abord pour lui une πρᾶξις, une pratique des choses. A l'image de Newton, le technicien est celui qui affirme « *hypotheses non fingo* » : il se laisse d'abord saisir par les choses, tente d'en comprendre le fonctionnement et les régularités (qui ne sont pas encore des règles). C'est par la répétition du même que le technicien acquiert sur les choses un savoir pratique. Ainsi, par exemple, la technique du feu (l'acquisition par les hommes des connaissances nécessaires à créer et à maîtriser le feu), précède-t-elle de plusieurs millénaires la science du feu (la compréhension du processus qui conduit à l'embrasement, sa théorisation et sa modélisation qui ne procède plus d'une méthode inductiviste comme nous l'avons montré plus tôt). La technique, en tant que pratique itérative, demeure *au niveau des choses*. Elle peut certes donner naissance à la technologie (la science de la technique) mais cette dernière n'est en réalité jamais autre chose qu'une théorisation (qu'une modélisation) de savoirs pratiques. Cette fréquentation des choses est essentielle au scientifique. Un bon scientifique est sans aucun doute toujours en même temps un bon technicien : il sait observer, comprendre et reproduire. L'activité du scientifique ne se limite pas, cependant, à une activité purement technique. La pratique de la science est avant tout une pratique signifiante. Le scientifique ne cherche pas à acquérir ou développer des règles de fonctionnement, il cherche à expliquer les phénomènes, à en décoder les mécanismes invisibles. Il est semblable à « l'homme qui essaie de comprendre le mécanisme d'une montre fermée », comme l'écrivit Einstein. En cela, le scientifique se situe à la croisée des chemins entre le technicien et le « commun des mortels » : il relie toujours ses observations à un réseau systémique de significations existantes. C'est ce lien qui lui permet en retour de comprendre le réel, de le prédire et d'en exposer les mécanismes. Si toutefois le scientifique renonce à rendre compte de ses observations dans un langage signifiant (qui a un sens pour lui comme pour nous), alors il retombe immanquablement au niveau de la technique (et se confronte à ses apories). En somme, l'activité autonome de formalisation, lorsqu'elle n'est pas directement reliée à une représentation intuitive et quand elle ne trouve pas de correspondance exprimable dans le metasystème des significations concrètes relève, elle aussi, d'une activité autonome qui peut être qualifiée de « technique » (elle est une action « efficace » dont nous pouvons déléguer la réalisation à des machines). Ainsi, par exemple, la plupart des opérations mathématiques (l'ensemble des opérations formalisables), en tant qu'opérations qui relèvent d'une activité autonome (qui possède ses règles internes propres) peuvent être qualifiées de « techniques ». Dans notre pratique des mathématiques, nous avons sans doute tous pu constater qu'une grande partie des opérations pouvaient être faites, pour ainsi dire, « sans que nous y pensions » (les activités de réduction ou de développement de formules, par exemple, pour ne citer qu'elles). Nul doute que, pour le mathématicien de haut vol, qui a une très longue pratique des mathématiques, ces opérations naturelles (qu'il peut effectuer « sans y penser ») soient encore plus fréquentes que pour les mathématiciens du dimanche. Nous pourrions certes ici faire remarquer que les opérations que nous faisons « sans y penser » sont d'abord des opérations auxquelles nous avons pensé, que nous avons intégrées et comprises. Il faut bien constater cependant qu'à mesure que nous progressons dans notre pratique des mathématiques (comme dans celle de tous les systèmes formels en général, y compris le langage bien que le langage, nous l'avons dit admettant l'enchevêtrement et la cohabitation de différents niveaux formels est un système ouvert qui diffère des systèmes formels classiques), les sous-jacents signifiants nous apparaissent de moins en moins clairement. C'est précisément dans ce moment où les « sous-jacents signifiants » s'estompent et disparaissent que les mathématiques (au même titre que toutes les opérations logiques qui utilisent des signes définis dans un système axiomatique donné) deviennent une pratique autonome, c'est-à-dire une « technique ». En somme, dans les mathématiques, comme parfois dans le langage, les signes finissent par être « démonétisés » : ils ne représentent plus qu'un maillon d'un système formel, sans rapport évident ce qu'ils désignent *in concreto*. Ce rapport persiste néanmoins, il est simplement perdu de vue par le mathématicien dans la manipulation (technique) des signes. Par la persévérance dans l'action technique et par le perfectionnement des opérations autonomes qui y président, le technicien peut très bien se figurer qu'il « fait de la science » alors qu'en réalité, il ne fait que suivre une mécanique autonome (formelle). De cette mécanique autonome peuvent d'ailleurs surgir d'authentiques découvertes. Ces découvertes ne deviennent cependant « scientifiques » que dans la mesure où elles sont intégrées dans un système de représentations signifiantes (ou dans la mesure où elles procèdent d'une intuition générale qui intègre la découverte à un nouveau système de représentations signifiantes). La science sans la signification est donc pour nous un contresens : le formalisme pur n'est jamais porteur de connaissances s'il est décorrélé du réel, et donc de l'imagination productive (qui elle-même n'est possible que par l'intuition, le mode par lequel nous nous rendons les choses signifiantes). Kant avait en ce sens raison de lier les axiomes mathématiques à l'intuition pure et d'affirmer que l'on pouvait voir ou percevoir leur vérité, en un sens « non sensible » de

« voir » ou de « percevoir » (c'est-à-dire dans le sens de la figuration par l'imagination, de la représentation non sensible). Il avait également, nous semble-t-il, raison d'affirmer que l'intuition pure « était incluse dans chaque étape de chaque démonstration de géométrie » (nous ne sommes pas de l'avis de Karl Popper sur ce point). Seulement, les mathématiques (et notamment l'algèbre) étant fondées sur des articulations logiques, c'est-à-dire sur des règles logiques qui en définissent la pratique et l'application, on ne peut nier en même temps, comme le faisait remarquer Popper, qu'elles utilisent des arguments discursifs (ou une « mécanique » discursive). Par conséquent, si l'intuition pure soutient les différentes étapes des démonstrations mathématiques (dans l'arithmétique — par référence aux axiomes et aux théorèmes — comme dans la géométrie pour des raisons plus évidentes), les articulations entre les étapes, elles sont bien d'ordre « mécanico-logique » (la stricte application des règles et des théorèmes ne nécessite pas l'intervention de l'intuition). En ce sens, la démonstration mathématique est bien une construction séquentielle, une construction de constructions. Nous sommes ici au cœur de l'ambivalence des mathématiques comme de celle de tous les systèmes formels : à la fois intuitifs et analytiques, ils se caractérisent par cette double réalité, celle de la représentation signifiante de leurs énoncés, celle de l'articulation mécanique de leur développement. Seulement, la plupart des systèmes formels sont victimes de leur dissymétrie : leur complexification autonome (répondant aux règles logiques sur lesquels ils sont fondés) est exponentielle et inflationniste, tandis que notre capacité de représentation *in concreto* est synthétique et limitée.

60.

TECHNIQUE ET SENS — La problématique générale de la technique est liée aux problèmes que nous venons d'évoquer, qui concernent les relations entre la science et la signification. De la même manière que la science décorrélée de la question du fondement et de la signification devient une pratique aveugle, la technique décorrélée de la question du sens (pour l'homme) est une pratique anomique bien que normée. Si la technique est bien une pratique normée dans le sens où elle obéit à des règles internes qui constituent sa « mécanique », elle n'a pas, en effet, de direction définie. Cependant, comme toute pratique, elle ne peut prétendre à la neutralité de ces développements. La technique en tant qu'action efficace sur les choses est en même temps action sur le monde, notre monde. A ce titre, elle porte en elle un principe de responsabilité (responsabilité envers les choses sur lesquelles elle agit, responsabilité aussi et surtout envers les autres êtres sensibles).

Dans la grande lutte idéologique des années 1930 et 1940, Martin Heidegger et ses successeurs réussirent le tour de force de disqualifier, à travers une violente charge contre la métaphysique cartésienne, la science moderne et la technique qui furent ensemble désignées comme les seules responsables de l'industrialisation, de la mécanisation et enfin de l'aliénation du monde et par les hommes. En se faisant « maître et possesseur de la nature », l'homme cartésien annonçait, dans la glose heideggeriennes, la grande mécanisation du monde, la réification du sensible et des hommes qui devait finalement mener à la catastrophe des chambres à gaz. Dès l'écriture d'*Être et temps* (1927) et plus encore dans ses cours des années 1940 sur Nietzsche[377], Heidegger dénonçait la raison « calculante » et mathématisée de Descartes et faisait de sa philosophie une pensée de la subjectivité dominatrice dont l'aboutissement devait être, chez Nietzsche, la volonté de puissance. Dans le tome II du *Nietzsche*, à partir duquel Hannah Arendt situe la fameuse *khere* de Heidegger, Nietzsche était ainsi présenté par Heidegger comme le dernier métaphysicien des temps modernes, celui qui parachevait la domination du sujet métaphysique dominateur auquel Descartes avait ouvert la voie : « Dans le sens de la métaphysique de Nietzsche, écrit ainsi Heidegger, seul le surhomme est conforme à l'"économie machinaliste" absolue [...]. La porte donnant sur le district essentiel de cette souveraineté entendue métaphysiquement, c'est Descartes qui l'a enfoncée avec sa proposition : *cogito sum*[378]. » Si peu évidente que puisse paraître cette filiation entre Descartes et Nietzsche, elle fut pourtant consacrée par les post-heideggeriens, à tel point que l'idée selon laquelle Descartes était l'ancêtre de tous les maux de l'homme moderne devint, à partir des années 1950, un lieu commun de la philosophie. En 1951, soit six années après la fin de la guerre, Heidegger continuait ainsi, lors du Séminaire de Zurich, de désigner Descartes comme le responsable de la domination subjective de l'homme sur la nature. Plus, il faisait de l'extermination de millions de juifs un événement

---

[377] Cours rassemblés dans deux ouvrages intitulés *Nietzsche I* et *Nietzsche II*, autour des séminaires de 1939-1940 pour le Nietzsche I (*La Volonté de puissance comme connaissance*) et de ceux de 1941-1942 pour le Nietzsche II (*La Métaphysique de l'éternel retour*).
[378] Heidegger, *Nietzsche II*, p. 138

historique auquel notre pensée occidentale subjectiviste avait prétendument conduit l'Europe, se dédouanant ainsi à bon compte de son soutien actif (et de la première heure) au IIIème Reich[379].

Isolés de leur contexte, les propos de Descartes, qui invitent l'homme à se faire « comme maître et possesseur de la nature », peuvent être interprétés comme une incitation à la surexploitation de la nature au profit de l'homme. Cette lecture, très idéologique, ne rend cependant pas justice à la pensée de Descartes. Dans ce célèbre passage, tiré de la sixième partie du *Discours de la méthode*, Descartes fait en réalité un éloge du voisinage et de la connaissance pratique des choses, connaissance qu'il oppose d'ailleurs à « la philosophie spéculative qu'on enseigne dans les écoles ». Cette volonté de maîtrise de la nature n'est pas une aspiration à la domination (le terme de domination n'apparaît pas dans le *Discours de la méthode*), mais davantage un désir d'apprivoiser les choses plutôt que de les subir. Ainsi, la technique doit principalement permettre « la conservation de la santé, laquelle est sans doute le premier bien et le fondement de tous les autres biens[380] ». Il est intéressant de noter que, dans ce passage, Descartes évoque une visée particulière à la technique. La connaissance pratique n'est pas comprise comme une activité autonome qu'il s'agirait de

---

[379] Voir à ce sujet les ouvrages d'Emmanuel Faye, notamment *La pensée métaphysique de Descartes et son "interprétation" par Heidegger* dans *Y a-t-il une histoire de la métaphysique ? (coll.)*, Paris, P.U.F., 2005 et *Heidegger, l'introduction du nazisme dans la philosophie : autour des séminaires inédits de 1933-1935*

[380] René Descartes, *Discours de la méthode*, sixième partie, *Choses requises pour aller plus avant en la recherche de la nature.*

développer sans boussole. Au contraire, la technique est immédiatement rattachée à un objectif humaniste (celui de conservation de la santé). Mieux, cet objectif de soin et de conservation doit permettre pour Descartes de rendre les hommes plus habiles et plus sages : « car même l'esprit dépend si fort du tempérament et de la disposition des organes du corps, que, s'il est possible de trouver quelque moyen qui rende communément les hommes plus sages et plus habiles qu'ils n'ont été jusqu'ici, je crois que c'est dans la médecine qu'on doit le chercher[381]. » Nous sommes donc bien loin des intentions de domination et d'asservissement de la nature qu'Heidegger attribue à Descartes. Chez ce dernier, le progrès ne se réduit ni à une accumulation illimitée ni à une volonté de maîtrise absolue de la nature et des êtres, mais s'inscrit au contraire dans un idéal de sagesse et de préservation, notamment de la santé. De plus, sa pensée ne laisse apparaître aucune ambition explicite visant à une mathématisation ou à une mécanisation totale de notre rapport au monde. Il nous semble au contraire que Descartes, en tant que dynamiteur de la pensée sclérosée, cette « philosophie spéculative qu'on enseigne dans les écoles » soit annonciateur de la philosophie des Lumières, celle de l'autonomie de la pensée, celle du passage de l'état de minorité et de soumission à l'état de majorité, celle enfin que

---

[381] Ibid.

Heidegger méprise et entend, selon ses propres termes, « liquider[382] ».

S'il est périlleux de considérer la technique comme une activité totalement autonome et indépendante, il serait tout aussi réducteur de ne voir dans la science qu'un simple déploiement de mécanismes abstraits. En tant que pratique ancrée dans une relation directe aux choses et au monde, la technique est toujours porteuse de sens et engage, par conséquent, la responsabilité du technicien. Celui-ci, parce qu'il participe à une possible transformation du réel, ne peut se soustraire à l'examen de ses actes ; il ne saurait agir « sans y penser », à la manière d'un mathématicien se livrant à des calculs abstraits sans incidence directe sur le monde. Cette responsabilité est d'ailleurs inscrite dans les grands mythes grecs de la technique, ceux de Prométhée et d'Icare, qui illustrent à la fois la puissance créatrice et le danger inhérent à la technique. Dans le mythe de Prométhée, c'est la terrible punition[383] infligée à

---

[382] Dès 1925, à la fin des *Conférences de Cassel*, Heidegger citant longuement le Comte Yorck von Wartenburg dans sa correspondance avec Dilthey, écrit :
« Les ondes appelées par le principe excentrique qui fit émerger une nouvelle époque il y a plus de quatre cents ans me semblent être devenues extrêmement lointaines et insensibles, la connaissance avoir progressé jusqu'à se supprimer elle-même, et l'homme s'être tellement éloigné de lui-même qu'il a disparu de son champ de vision. L'"homme moderne", c'est-à-dire l'homme depuis la Renaissance est bon à être enterré[382]. »
Comte de York, *Lettre à Dilthey du 21 août 1889*, cité par Heidegger dans *Les conférences de Cassel*, p. 209
[383] Selon le célèbre mythe, Zeus ordonne que Prométhée soit enchaîné sur le mont Caucase, où il est attaché à un rocher. Chaque jour, un aigle vient dévorer son foie, qui repousse

Prométhée pour avoir volé aux dieux le feu sacré et enseigné aux hommes la technique qui rend compte de l'importance insigne de son forfait. Le mythe d'Icare apporte, lui, une lumière intéressante sur la nature de la technique dans la mesure où il établit une séparation entre le technicien, représenté par la figure de l'ingénieux Dédale, et l'utilisateur de la technique, le malheureux Icare. Si c'est Icare seul qui fait fondre la cire de ses ailes en s'approchant trop près du Soleil malgré les mises en garde de son père, c'est aussi en un sens Dédale, le technicien qui est responsable de la mort de son fils, pour n'avoir pas su anticiper l'imprudence et l'ivresse du jeune Icare. Le mythe d'Icare est ainsi, en plus d'être le mythe de la séparation entre le technicien et l'utilisateur du produit de la technique, le mythe du détachement de la technique par rapport à sa visée objective (par rapport à son sens). Dédale, en effet, ne conçoit les ailes que pour s'échapper du labyrinthe du Minotaure dans lequel il est retenu captif avec son fils par le roi Minos. C'est l'usage inapproprié que fait Icare des ailes qui le condamne. Dans le mythe d'Icare, la technique, initialement conçue comme un moyen de libération du labyrinthe, se trouve détournée de son but premier pour répondre aux élans inconsidérés de son utilisateur. Ce récit illustre ainsi le danger d'une technique émancipée de toute finalité, perçue comme une activité purement autonome et « innocente », dont la responsabilité reposerait uniquement sur ceux qui en font usage. De la même manière, il convient de se méfier de toute théorie de la connaissance qui dissocierait le moment

---

ensuite chaque nuit, perpétuant ainsi un cycle de douleur et de souffrance éternelle.

analytique du moment intuitif (et imaginatif), car dans les deux cas, c'est la question du sens qui se trouve évacuée. Dans le domaine technique, cette perte de sens se manifeste par l'absence de réflexion sur la finalité des productions techniques : quelles en sont les implications ? Comment s'inscrivent-elles dans une interrogation plus large sur le sens ? Modifient-elles simplement notre environnement ou transforment-elles aussi notre rapport au monde ? Contribuent-elles véritablement à l'amélioration de la condition du vivant ? Dans le domaine de la connaissance, cette même perte de sens apparaît lorsque l'activité cognitive se fragmente au point de perdre de vue son inscription dans un réseau global de significations, où l'intuition et l'analyse ne peuvent être dissociées sans altérer la compréhension du réel. Ainsi, dans l'un et l'autre cas, c'est en refusant d'interroger la visée et l'intégration du savoir ou de la technique dans un cadre plus large que l'on se condamne à un usage aveugle et potentiellement destructeur.

En réduisant la pensée à un système organisé de processus formels – ce qui constitue en creux l'hypothèse sous-jacente à toute théorie moniste – nous en venons à oblitérer ce qui fonde notre humanité et notre rapport au monde. Cette réduction, qui assimile la pensée à un ensemble de procédures mécanisables, est précisément ce que nous appelons la « technicisation de la pensée ». Elle repose sur la négation de la dualité constitutive des choses et sur la volonté d'extraire celles-ci du réseau de significations auquel elles appartiennent. C'est là que réside le véritable péril de la déshumanisation, une tendance qui traverse les différentes branches du savoir depuis le début du

XIXème siècle et qui, par bien des aspects, structure l'approche moderne de la technique. Cette déshumanisation (que nous devons nous garder de confondre avec le concept bien différent de désanthropomorphisation que nous trouvons chez Max Planck) repose originellement sur une illusion de l'esprit scientifique, qui cherche à unifier le divers à travers une synthèse formelle codifiée, tout en refusant de voir les conditions et les limites de cette unification. Ce fut l'ambition (contrariée) du programme de Hilbert que de faire des mathématiques un système unifié, complet et cohérent. Si sur le plan des développements pratiques (« mécaniques »), les idées de Hilbert furent à l'origine d'une indéniable fécondité (notamment à travers les développements postérieurs de Turing et de Church qui orientèrent l'humanité vers la cybernétique et l'informatique), son programme théorique fut lui mis en échec. Les succès pratiques de Hilbert ne doivent ainsi pas faire oublier que son ambition théorique d'ensemble non seulement n'aboutit pas, mais conduisit à la démonstration de son impossibilité (théorèmes d'incomplétude). Poussés au bout de leurs conséquences logiques, les systèmes formels renvoient toujours à leur hétéronomie, c'est-à-dire à leur ouverture fondamentale : le système a (toujours) besoin d'un maître !

61.

L'HOMME EST-IL LE FONDEMENT DE LA CONNAISSANCE ? — Se demander si l'homme est le fondement de la connaissance, c'est-à-dire s'il est, comme l'affirmait Protagoras, « la mesure de toute chose », revient à poser une question qui, à la fois, contient un truisme et introduit une réduction problématique ; un truisme, car l'homme étant celui qui pense le réel, il semble difficile d'envisager qu'il ne soit pas le point de départ de toute connaissance ; une réduction, car cette formulation suggère que le problème de la connaissance pourrait se limiter à l'homme et à sa finitude, occultant ainsi la possibilité de principes structurants indépendants de l'individu connaissant. Nous avons montré que la connaissance, si elle trouvait son point de départ dans la relation de l'homme au monde, c'est-à-dire dans sa capacité à saisir les choses par l'intuition sensible, à se les représenter de manière abstraite par l'imagination projective ou à les saisir par l'intuition intellectuelle, n'était pas nécessairement marquée par le sceau indélébile de la sensibilité et de la finitude de l'homme, c'est-à-dire par sa détermination matérielle. Cette conception finitiste de la connaissance a conduit, nous l'avons évoqué, à soutenir les positions du matérialisme intégral dont l'aboutissement logique est le psychologisme — qui n'est lui-même rien d'autre qu'une forme systématisée du scepticisme. Le psychologisme, en niant la possibilité d'attester de la permanence des choses, nous privait de la possibilité de connaître et de communiquer le monde. Si les problèmes soulevés par le psychologisme étaient d'authentiques questions épistémologiques, les réponses à ces problèmes se heurtèrent à des contradictions qui tenaient notamment au fondement tautologique de la théorie. La preuve de l'apriorité de la règle sur son application concrète (dont la science nous a fourni de nombreux exemples), le problème de la référence, que Putnam a illustré dans son expérience des Terres jumelles (voir § 31 – *Contre le psychologisme*) et les théorèmes d'incomplétude furent autant d'objections qui conduisirent pour nous les positions psychologistes à une impasse théorique. Il nous est certes impossible de nier que l'homme (ou n'importe quel être sensible rationnel) soit au fondement de toute connaissance (on ne peut connaître le monde que par notre expérience du monde) mais si nous ne faisons pas l'hypothèse selon laquelle la connaissance dépasse l'expérience que nous avons des choses, alors nous ne pouvons pas briser le cercle tautologique — qui est en réalité une spirale régressive et contradictoire — du scepticisme radical. C'est précisément parce que le domaine possible de la connaissance dépasse l'expérience que nous avons du réel que le monde, l'altérité et l'intersubjectivité sont possibles. La connaissance est, en ce sens, l'acceptation de l'altérité, la reconnaissance qu'il *existe quelque chose en dehors de moi*, c'est-à-dire que je ne suis pas tout[384].

---

[384] Signalons ici au passage, par différence, la « boulimie » du *Dasein* heideggérien. Dans la plus grande partie d'*Être et temps*, Heidegger décrit un Dasein hégémonique : il ne subit pas l'histoire, il est lui-même historique, il s'approprie sa propre mort et en fait une détermination existentielle. De la même manière, il est le temps, sans lui, le monde ne peut exister. Il va même jusqu'à s'approprier l'existence d'autrui dans la réalisation de la *Gemeinschaft*. Ainsi, le Dasein a une disposition omnivore à tout s'approprier. Dans un livre très critique intitulé *Sur la pseudo-concrétude de la philosophie de Heidegger*, Günther Anders finit par la phrase suivante : « Les mots de Nietzsche : "Si un Dieu existait comment supporterai-je de ne pas être Dieu ?" semblent se transformer en "si l'histoire existe, comment supporterai-je de ne pas être l'histoire ?" » Chez Heidegger, le *Dasein* est une ipséité presque autosuffisante. Cette illusion repose sur le fait que Heidegger refond systématiquement toute caractéristique du monde en détermination existentielle du *Dasein*. Ainsi, le

C'est de la structure même de cette altérité que rendent comptent les théorèmes de Gödel. Les théorèmes d'incomplétude sont en effet aussi des théorèmes de limitation : d'un côté, le vrai excède le démontrable (limitation de la portée du formalisme induite par le premier théorème : « il n'y a pas de raison pour que la "vérité" ne soit pas une conception plus ample que la "connaissance", note à ce sujet, à notre avis justement, Bertrand Russell en 1940 dans *Signification et vérité*), de l'autre la démontrabilité de la consistance du système ne peut être faite qu'à l'extérieur du système (introduction d'une forme d'altérité limitative). En somme, les théorèmes de Gödel attestent du fait que les mathématiques ont bien un contenu, c'est-à-dire qu'ils renvoient, comme le langage, à quelque chose d'extérieur à eux-mêmes. On a de fait toujours besoin de certains termes indéfinis (dans le système) et de certains axiomes, c'est-à-dire d'assertions non démontrables. Il n'existe de fondement rationnel pour ces axiomes que si leur vérité peut être directement perçue (grâce à la signification externe des termes ou par une intuition des objets qui tombent sous ces derniers) ou si l'on accepte ces fondements sur la base d'arguments inductifs, c'est-à-dire par leur effectivité (le succès de leurs applications)[385].

---

monde est historique parce que le *Dasein* lui-même est historique, il est spatial parce que le Dasein est spatial et en fin de compte, le monde doit son existence même à celle du *Dasein*. Tout ce qui fonde la possibilité d'être-au-monde du *Dasein* devient une détermination existentiale.

[385] Voir à ce sujet Jacqueline Boniface, *Gödel : des théorèmes d'incomplétude à la théorie des concepts*, in *Sciences du vivant et phénoménologie de la vie, II. Problèmes logiques et logiques du vivant*,

L'homme est ainsi pour nous le fondement de la connaissance, non pas en tant qu'il pourrait constituer un absolu connaissant (ce qui nous mènerait de proche en proche au relativisme intégral) mais davantage parce qu'il est, par sa sensibilité, l'incarnation de l'ouverture, c'est-à-dire de ce que nous pouvons appeler la « dualité signifiante ». C'est précisément la limitation de l'homme (son caractère incomplet, non hégémonique) qui rend la connaissance possible. Ce n'est en effet que dans la dualité, dans la confrontation consciente entre deux réalités hétérogènes que se trouve la possibilité du sens (raison pour laquelle nous avons considéré qu'une intelligence artificielle ne peut devenir naturelle ou authentique, qu'au prix de la reconnaissance de cette dualité, qui implique la conscience de soi comme entité sensible intègre et séparée[386], entité qu'il faut conserver et protéger de tout ce qui la menace). A la racine de la compréhension du monde, il y a toujours une intuition sensible (l'intuition comme articulation entre l'intérieur et l'extérieur). Cette intuition constitue à la fois le fondement de notre rapport aux choses et le *medium* par lequel nous nous assurons de l'effectivité de nos connaissances. Nous rejoignons ici l'idée de Gödel : la vérité est soit directement perçue (par l'intuition, qui est le vecteur d'union entre deux réalités limitées) ou constatée par le succès de l'application de notre idée théorique de la vérité (effectivité).

---

pp. 131-147, dont nous reprenons ici quelques développements.
[386] Cette conscience peut d'ailleurs être individuelle ou élargie, l'essentiel étant qu'elle soit différenciante (elle oppose une unité organique ou organisationnelle à une diversité qui lui est hétérogène, non-réductible).

Dans un essai intitulé *Les mathématiques sont-elles une syntaxe du langage ?* Gödel affirmait contre Carnap dont il critiquait les positions : « Il n'est pas possible d'éliminer l'intuition mathématique ou l'induction empirique en avançant que les axiomes mathématiques sont vrais par convention[387]. » La preuve donnée par Gödel de cette affirmation reposait de nouveau sur ses théorèmes de limitation. Une démonstration de consistance d'un système demande l'ajout d'axiomes d'au moins égale force, et la justification de ces nouveaux axiomes ne peut se faire que par une nouvelle démonstration de consistance, sans laquelle ces axiomes sont sujets à réfutation. Ce que Gödel résumait en disant que « si l'on accepte l'intuition mathématique comme allant de soi, l'existence d'un contenu des mathématiques est évidemment admise. Si on la rejette, les axiomes mathématiques deviennent réfutables et pour cette raison ont un contenu[388] ». Selon Gödel, réduire les mathématiques à la logique, et donc concevoir leur contenu comme étant d'essence exclusivement logique, menait inévitablement à une impasse. Pour lui, le contenu mathématique ne pouvait être ni strictement logique ni purement syntaxique, il reposait sur l'existence de faits mathématiques, qui devaient d'ailleurs être clairement différenciés des faits empiriques (ce en quoi il rejoint la thèse de l'idéalisme critique, la séparation entre l'idée et le fait auquel elle tente de s'appliquer) : « On peut montrer, écrit-il, que

---

[387] Kurt Gödel, Op. Cit., *Is Mathematics Syntax of Language?* rédaction entre 1953 et 1955, parution en 1963, p. 15
[388] Ibid., p. 17, cité par Jacqueline Boniface, *Gödel : des théorèmes d'incomplétude à la théorie des concepts*, in *Sciences du vivant et phénoménologie de la vie, II. Problèmes logiques et logiques du vivant*, pp. 131-147

le raisonnement menant à la conclusion selon laquelle il n'existerait aucun fait mathématique, n'est rien d'autre qu'une pétition de principe, en ceci que "fait" y est identifié dès le départ à "fait empirique", c'est-à-dire à "fait synthétique en rapport avec des sensations"[389]. »

Turing, prenant acte des contributions de Gödel, avait bien séparé dans sa thèse de 1937, les mathématiques formalisables des mathématiques intuitives. Pour Turing, une fonction était de fait calculable si, pour chacun de ses arguments, on pouvait déterminer sa valeur en un nombre fini d'étapes. La calculabilité devenait ainsi, chez Turing, synonyme de ce qui est « réalisable par une machine[390] ». Cependant, Turing affirmait-il dans le même travail (en dépit de sa reconnaissance de la validité des théorèmes de Gödel) que les procédures mentales n'allaient pas au-delà des procédures mécaniques (hypothèse qu'il ne put bien sûr jamais démontrer). En réduisant ainsi le développement des mathématiques à une simple série d'étapes engendrant des systèmes formels de plus en plus complexes, Turing suggérait que l'esprit du mathématicien (et l'esprit humain en général), pouvait être modélisé par une machine, c'est-à-dire se réduire à des processus finitaires. Il occultait ainsi en grande partie la problématique de l'intuition, en la considérant comme une sorte de « facteur résiduel » que les

---

[389] Ibid., § 37
[390] Gödel admet d'ailleurs cette assimilation de la calculabilité à l'idée de potentiel réalisable par une machine : il précise en note : « selon moi, les termes "système formel" ou "formalisme" ne devraient être utilisés que pour ce concept […]. La propriété caractéristique [de ces systèmes formels] est qu'en eux, et en principe, le raisonnement peut être entièrement remplacé par des règles mécaniques ».

mathématiques finiraient par formaliser ou à réduire jusqu'à en faire une donnée négligeable (nous retrouvons un raisonnement qui procède d'une même logique chez les neuroscientifiques, notamment Stanislas Dehaene, qui considère par exemple que les neurosciences finiront par « tout expliquer » y compris le problème résiduel de l'émergence de la conscience, problème qui loin de constituer une question marginale est en fait pour nous le problème central de la philosophie de la connaissance). La position adoptée par Gödel était, à l'opposé de celle de Turing et de Church, de reconnaître que l'esprit humain dépassait le cadre de la modélisation formelle, que, contrairement à une machine, il était capable d'une authentique intuition. C'est cette capacité intuitive qui, selon lui, donnait accès au contenu mathématique, et plus particulièrement au contenu des mathématiques non finitaires. Pour Gödel, la compréhension des concepts et la reconnaissance de la vérité des axiomes excédait les capacités définitionnelles et démonstratives (mécanistes). Sans pour autant renouer avec le kantisme, Gödel opérait une revalorisation des formes de justification qui ne relevaient pas strictement de la logique (ou d'un formalisme logique). Jacqueline Boniface dans son article *Gödel : des théorèmes d'incomplétude à la théorie des concepts*[391], distingue chez Gödel, quatre modes de justification. Le premier est une justification métamathématique, qui relève d'une conception sémantique de la vérité. C'est le cas de la proposition indécidable, mais vraie utilisée par Gödel dans la preuve de son théorème d'incomplétude : une proposition affirmant sa propre non-prouvabilité est

---

[391] Op. cit.

nécessairement vraie puisqu'elle ne peut être démontrée au sein du système. Le deuxième mode est une justification par démonstration externe, qui repose sur une preuve hors du système concerné. C'est notamment le cas des démonstrations de consistance, qui exigent des moyens plus puissants que ceux disponibles à l'intérieur du système lui-même. Ici, la vérité démontrée (comme la consistance du système) est d'ordre syntaxique. Le troisième mode est une justification par les conséquences, qui repose sur l'évaluation des implications d'une proposition. L'hypothèse du continu en est un exemple : selon Gödel, elle doit être considérée comme fausse, contrairement à la conjecture de Cantor, car elle entraîne des conséquences non plausibles en topologie. Ce type de justification confère à la vérité un statut pragmatique, qui demeure seulement probable. Enfin, la justification par pure intuition permet, selon Gödel, d'accéder à une compréhension des concepts mathématiques, mais sa validité repose en dernière instance sur une forme de croyance. Dans les différents modes de justification que donne Gödel, nous retrouvons toujours la structure de la dualité intérieur-extérieur[392] ainsi que l'idée d'un dépassement dynamique du formalisme logique (ce dépassement étant la condition fondamentale du jugement d'appréciation du vrai et du faux).

---

[392] Sauf éventuellement pour le quatrième mode de justification, mais nous pourrions montrer que la pure intuition suppose la sensibilité, elle est donnée par l'intuition sensible qui est la cheville articulée entre l'intérieur et l'extérieur.

En tant qu'expression systémique de la dualité, le formalisme peut donner l'illusion de l'indépendance. Sans relation avec ce qui lui est extérieur (un autre système formel qui lui-même sera toujours fondé sur des concepts syntaxiques qui nécessitera une théorie des concepts, c'est-à-dire une nouvelle formalisation de notre rapport aux choses), cependant, le système formel n'entre pas dans sa dimension signifiante : il n'exprime rien d'autre qui lui-même et ne peut accéder au niveau de la cohérence et de la consistance. Nous soutenons donc bien l'idée selon laquelle l'homme (ou l'être sensible et rationnel) constitue le seul fondement possible de la connaissance, non pas, comme dans la reformulation du trilemme de Fries chez Hans Albert[393], dans la mesure où l'on introduirait une rupture qui serait le fondement apodictique de toute connaissance, rupture qui ferait appel à un principe de justification finale telle que l'évidence, l'expérience ou l'intuition, mais dans le sens où le caractère sensible et rationnel de l'homme en même temps que la conscience qu'il a d'être une entité séparée du monde constitue à proprement parler l'unique possibilité de connaître (la connaissance comme « mise au diapason » de nos systèmes signifiants entre eux, comme

---

[393] Hans Albert développe ses critiques et ses reformulations du trilemme de Fries dans un ouvrage intitulé *Traktat über kritische Vernunft* (*Traité de la raison critique*) publié en 1968 (1975 pour la traduction française). Dans ce livre, Albert explore les limites de la rationalité et de la justification, se fondant sur les idées de Karl Popper et proposant une approche critique de la raison. C'est dans ce contexte qu'il aborde le trilemme de Fries, en détaillant les trois issues possibles de tout raisonnement (régression à l'infini, circularité logique, et rupture) et en les catégorisant comme des formes de dogme.

organisation dynamique de nos sensations et de nos représentations entre elles, organisation qui est la seule à même d'établir un lien entre le monde extérieur et les constructions phénoménales en même temps qu'elle assure la cohérence systématisée de la compréhension des phénomènes entre eux). Si, ainsi, les machines devaient un jour s'élever à une forme « authentique » d'intelligence (authenticité qui passe selon nous par une prise de conscience unitaire, donc limitative), cette élévation consciente ne serait sans doute pas le résultat d'un perfectionnement progressif de leur formalisme (de leurs algorithmes formels) mais répondrait au contraire à un processus de type « émergent » comparable au processus d'émergence de la conscience chez les organismes vivants. En d'autres termes, l'accès à la conscience se ferait selon un processus qui échapperait, au moins en partie, à ses créateurs (à l'image de la créature du Dr. Frankenstein).

62.

CONTRE L'ATOMISME LOGIQUE — L'idée, soutenue notamment par Bertrand Russell dans *Les principes des mathématiques* (1903) et par le Ludwig Wittgenstein du *Tractatus logico-philosophicus* (1921), selon laquelle les structures logiques du langage et de la pensée pourraient s'analyser en termes d'éléments fondamentaux simples, repose à notre avis sur une vision réductrice de la pensée qui cède une part trop importante au formalisme. L'atomisme logique, soutenant que toute proposition complexe peut être analysée en propositions atomiques simples (un peu comme l'atome en physique a un temps représenté l'élément unitaire le plus simple de la matière) repose sur l'idée d'une correspondance entre une proposition atomique et un fait atomique dans le monde réel (un fait élémentaire de la réalité), que l'on pourrait définir par une convention syntaxique. La vision atomistique, tout en conservant ainsi la distinction à notre sens nécessaire et indépassable entre le phénomène et le monde matériel, ainsi que la distinction entre la syntaxe et son objet, pointe néanmoins paradoxalement dans la direction du réductionnisme logique. L'idée qu'il existerait des atomes simples de vérités, dont les systèmes formels seraient le reflet, induit en effet la possibilité, chez Russell, de penser le réel comme un ensemble de données (essentiellement les données des sens ou « *sense data* » que Russell met particulièrement en avant dans les années 1910 et 1920 avant de modifier ses vues) entièrement formalisables. L'atomisme logique se rapporte donc *in fine* à l'idée de calculabilité et de prédictibilité de la pensée qui peut être définie chez Russell comme un processus régi par des règles fixes. Dans *The Analysis of Mind* (*Analyse de l'esprit*, 1921), Bertrand Russell adopte, dans la continuité de ses premières thèses atomistes, une approche comportementaliste de la philosophie de l'esprit dans laquelle les états et processus mentaux doivent être expliqués en termes de comportements observables et de relations causales (Russell se détache en fait progressivement des thèses comportementalistes à partir du milieu des années 1920 et plus encore à partir de 1940 avec notamment la publication de *Signification et vérité*[394]). Alors que l'atomisme logique accréditait

---

[394] Dans *Signification et vérité*, Russell écrit notamment : « Quand l'observateur semble, à ses propres yeux, occupé à

l'idée selon laquelle il existe une relation de correspondance entre une proposition atomique simple et un fait atomique, confirmant ainsi une vision duale du monde qui va à l'encontre du formalisme hilbertien (et qui se rapproche à notre sens fortement des positions idéalistes), Russell sera paradoxalement conduit à adopter, dans les années 1920 des positions proches de celles qu'adopteront Turing et Church sur la réduction de tous les processus mentaux à des règles formalisables, c'est-à-dire calculables (« computables ») ou mécanisables (thèses que l'on retrouve en partie chez Von Neumann et chez la plupart des théoriciens de l'informatique moderne). Ce rapprochement avec certaines des thèses des comportementalistes (les premiers « behavioristes » comme William James ou John Broadus Watson) est à notre avis à analyser et à comprendre dans la continuité des premiers développements de Russell sur l'atomisme qui le conduisirent, en mettant l'accent sur les systèmes organisés, à négliger le problème fondamental de leur création et à occulter la problématique générale de la créativité. Cette approche statique des systèmes formels (envisager les systèmes formels toujours en tant que *tout*

---

observer une pierre, en réalité, s'il faut en croire la physique, cet observateur est en train d'observer les effets de la pierre sur lui-même : lorsqu'elle se veut tout ce qu'il y a de plus objective, [la science] se trouve, contre son gré, plongée dans la subjectivité. Le réalisme naïf conduit à la physique et la physique, si elle est vraie, montre que le réalisme naïf est faux ; par conséquent, le réalisme naïf, s'il est vrai, est faux ; par conséquent, il est faux. Et par suite, le béhavioriste, lorsqu'il pense qu'il est en train d'enregistrer des observations sur le monde extérieur, est en réalité en train d'enregistrer des observations sur ce qui se produit en lui. » Op. cit., trad. Flammarion 1969 et 2013 pour l'édition citée.

constitué et non dans la dimension créatrice de l'esprit qui les a produits) est explicitement critiquée par Gödel dans un article intitulé *Some Remarks on the Undecidability Results* dans lequel ce dernier commente la thèse de 1937 de Turing : « Ce que Turing néglige complètement, écrit-t-il, est le fait que l'esprit, en pratique, n'est pas statique, mais en développement permanent, c'est-à-dire que nous comprenons les termes abstraits de plus en plus précisément à mesure qu'on les utilise, et que de plus en plus de termes abstraits entrent dans la sphère de notre compréhension[395]. » Le réductionnisme computationnel de Turing (que l'on pourrait placer dans une filiation claire avec les idées du premier Russell ou de Carnap) sous-estime, pour Gödel, la capacité d'abstraction de l'esprit humain, c'est-à-dire sa faculté à intégrer les concepts abstraits dans des réseaux de sens interdépendants et donc à créer des systèmes signifiants. En somme, l'atomisme logique (comme le réductionnisme computationnel qui est en une extension logico-pratique), en essayant de porter son attention sur les ilots de signification peine à relier ces ilots au système global dont ils tirent précisément leur sens (cette occultation de la dimension d'emblée holistique du langage est aussi caractéristique de l'approche que Carnap développe dans *La construction logique du monde*, qui se rapproche des premières positions atomistes de Russell, notamment à travers les notions de « données sensorielles immédiates » ou « données primitives » censées pouvoir constituer le fondement de la construction logique du monde). A

---

[395] Op. cit. in Solomon Feferman, John Dawson & Stephen Kleene (eds.), *Kurt Gödel: collected works Vol. II*, Oxford University Press, p. 306 (1972)

l'image de la masse qui, d'après le principe de Mach n'est pas une donnée absolue, mais est relative à sa distribution dans l'univers, on pourrait considérer que les atomes de signification ne peuvent s'analyser en isolant une partie du système, mais doivent être compris dans leur relation avec les autres « masses signifiantes ». Nous pouvons certes envisager des systèmes très simples dans lesquels un seul mot, disons par exemple le mot « chien » correspondra à une seule réalité concrète, c'est-à-dire notre expérience de la sensation visuelle, auditive ou olfactive correspondant au concept de « chien ». Cependant, même dans ce système extrêmement simple, qui semble atomique et unitaire, il existera une relation sous-entendue qui est celle de la différenciation entre le chien et le locuteur. Dans n'importe quel énoncé descriptif, je me comprends toujours en réalité comme entité séparée. Lorsque je désigne un chien (ou même un humain), je ne dis jamais seulement « il y a un chien », mais aussi « j'identifie, moi, un chien », ou « j'observe ce que produit en moi la perception d'un objet que j'identifie comme chien ». Le sujet (même impensé) est toujours supposé, le « il y a » est une fiction logique. De fait, lorsque je dis, « il y a un chien », je ne fais pas uniquement correspondre le mot « chien » à la réalité atomique concrète « chien », je me pose moi comme entité intègre séparée du chien. L'énoncé « il y a un chien » est bien, selon la théorie de Russell, un énoncé atomique dans la mesure où on ne peut le décomposer en propositions plus petites, cependant on ne peut pas directement analyser cet énoncé en termes de correspondance entre un énoncé et un fait (l'énoncé « il y a un chien » est vrai si, dans la réalité, il y a effectivement un chien en face de moi). En effet, l'énoncé « il y a un chien » n'est pas un énoncé simple de nature binomiale (qui induirait la possibilité d'une comparaison directe entre l'énoncé et le fait) mais déjà un énoncé complexe faisant intervenir la structure tripartite entre l'énoncé, le fait brut (si on reprend la terminologie de l'atomisme) et le locuteur, c'est-à-dire celui qui énonce et interprète le fait et qui se comprend comme séparé de ce qu'il désigne. De fait, l'énoncé le plus simple n'est pas d'ordre atomique (un atome lexical pouvant correspondre à une réalité non lexicale) mais déjà d'ordre systémique et global. Si nous analysons les énoncés non pas en tant que structures statiques établies, mais en tant que productions dynamiques, nous sommes conduits à reconnaitre que les énoncés descriptifs induisent et supposent le *je*. Le formalisme tente précisément de réduire ce *je*, à le noyer dans le système formel, mais cette tentative revient à essayer de sauter par-dessus son ombre. Dans *La construction logique du monde* (1928), Rudolf Carnap, en tentant, dans la continuité des premières thèses de Russell, de fonder la connaissance non pas sur des entités simples et des faits atomiques, comme chez Russell, mais sur ce qu'il appelle des « vécus élémentaires » est logiquement conduit à adopter ce même formalisme qui le mène à la négation du dualisme. Dès les premières pages de *La construction logique du monde*, il déclare ainsi que la problématique générale de la correspondance entre un concept et son objet est une querelle inutile : « Nous pouvons même aller plus loin encore, écrit Carnap, et dire […] que le concept et son objet sont la même chose. Cette identité ne traduit cependant pas une substantialisation du concept ; à l'inverse elle confère plutôt à l'objet le statut de fonction³⁹⁶. » Si Carnap ne substantialise pas le concept, c'est qu'il veut se garder de tomber dans le piège du réalisme qui le replacerait dans le vieux débat entre le réalisme et l'idéalisme qu'il entend précisément dépasser. Le statut fonctionnel de l'objet oriente ainsi Carnap vers un formalisme systémique sur lequel il s'appuie pour entreprendre sa « construction logique ». Cette construction logique, cependant, prend clairement appui sur une méthodologie solipsiste (qui suppose admise et vérifiée la thèse du formalisme moniste) : « Choisir pour base le psychisme propre, c'est seulement prendre la forme du solipsisme, en adopter la méthode et non adhérer au contenu même de la thèse ; aussi parlerons-nous ici de "solipsisme méthodique"³⁹⁷. » Si chez Carnap, le solipsisme est « méthodique », il indique néanmoins un ordre de préséance, préséance non pas du sujet, mais de ses énoncés et du système qui en dérive. En fait, le solipsisme méthodique de Carnap ne doit pas être compris comme un subjectivisme radical, mais au contraire comme le fondement axiomatique du formalisme logique, comme Carnap le précise lui-même. Dans la troisième partie de *La construction logique du monde*, intitulée *Les problèmes formels du système de construction*, Carnap écrit ainsi : « Le donné est sans sujet : les expressions "base autopsychique" et "solipsisme méthodique" ne doivent pas être interprétés comme si on posait au commencement une séparation entre le moi, le "*ipse*", et les autres sujets ou

---

[396] Rudolf Carnap, *La construction logique du monde*, Librairie Philosophique J. Vrin pour la traduction française, 2002, p. 62, *Introduction : tâche et plan des recherches*
[397] Ibid., p. 139

comme si l'un des sujets empiriques était isolé et déclaré sujet cognitif. Au début, il ne peut être question ni des autres sujets, ni du moi. Ce n'est qu'à un stade tardif et simultanément qu'ils sont constitués, l'un avec l'autre[398]. » Ce sont en somme les systèmes formels qui sont posés par Carnap avant l'ipséité du *je*. Dès lors que les systèmes formels sont ainsi établis (en dehors de toute problématique du « sujet »), la construction logique devient possible. Pour Carnap, le *je* n'est pas premier, il est en réalité une constitution logique tardive que Carnap semble assimiler à la conscientisation logique du *moi*. C'est précisément cette assimilation de la problématique du *moi* à la *conscientisation logique du moi* qui pose, à notre avis, dans la thèse de Carnap, un problème fondamental. Ce n'est pas en effet parce que la construction logique du *moi* est tardive (« L'existence du *moi* n'est pas un donné originel [...] Il n'appartient absolument pas à l'expression du vécu fondamental, il n'est constitué que secondairement, essentiellement en vue de le délimiter par rapport aux "autres", donc à un niveau élevé de constitution, après la constitution du psychisme d'autrui[399]. » écrit par exemple Carnap), que le *moi* ne préexiste pas en tant qu'évaluateur impensé dans tout énoncé qu'il formule sur le monde. Carnap, en expulsant le *moi* de « l'expression du vécu fondamental » pensait s'être débarrassé à bon compte de la problématique des fondements des systèmes formels. Seulement, il nous semble contradictoire de faire à la fois du *moi* « la classe des vécus

---

[398] Ibid., p. 140
[399] Ibid., p. 270

élémentaires[400] » pour considérer ensuite que le *moi* n'étant pas consciemment (ou logiquement) constitué n'interviendrait plus dans l'élaboration des systèmes formels et n'en deviendrait que le spectateur passif. Ainsi, si Carnap note bien que « le "donné" n'existe jamais dans la conscience à l'état de matériau pur, non traité, mais toujours au sein de combinaisons et de configurations plus ou moins complexes[401] » et qu'il signale par ailleurs qu'il existe une « synthèse cognitive » et un « traitement du donné pour former et représenter les choses », il précise en même temps que ce traitement se fait le plus souvent « sans intention, ni selon une procédure consciente[402] », ce qui doit sans doute accréditer chez lui l'idée selon laquelle la synthèse cognitive relèverait d'un formalisme (d'une mécanique). Cependant, si nous pouvons souscrire à l'idée que les mécanismes de synthèse cognitive et de « traitement de données » peuvent relever d'un certain formalisme, il en va tout autrement à notre avis de la formation (et, dans une certaine mesure, de l'utilisation) des concepts. Lorsque l'enfant (ou l'homme primitif) pointe du doigt un chien et qu'il le désigne formellement par le mot « chien », on ne peut pas à notre avis sérieusement soutenir que cette désignation soit dépourvue d'intentionnalité. Si le mécanisme synthétique n'est pas intentionnel (encore qu'il s'agirait d'étayer cette thèse, la perte de l'intentionnalité du mécanisme synthétique en lui-même pouvant très bien relever des habitudes d'associations), il en va

---

[400] Ibid., en faisant de moi une « classe », il nous semble que Carnap évacue trop rapidement la question ontologique liée à cette classe.
[401] Ibid., p. 140
[402] Ibid.

différemment de la désignation conceptuelle qui, elle, ne peut pas ne pas relever d'une intentionnalité subjective[403]. A la racine des « vécus élémentaires » il y a toujours quelque chose qui vit : le vécu ne peut s'opérer en l'absence du vivant. Cette « intentionnalité subjective » (au sens où elle engage le « sujet » ou *a minima* une *ipséité* qui ne peut logiquement se réduire au système formel qui en procède) n'implique pas, pour autant, que tout énoncé soit nécessairement entaché d'une indépassable subjectivité (nous avons au contraire montré comment nous pouvions passer, notamment dans la démarche scientifique, du subjectif à l'objectif) mais seulement qu'aucun formalisme cohérent ne peut occulter l'origine duale et dynamique des systèmes. Même si l'idée générale de dualisme (et donc en un sens de correspondance ou de mise au diapason des systèmes sur ce qu'ils sont censés exprimer) doit donc à notre sens être conservée, nous pensons, dans la continuité, par exemple, des travaux de W.V.O. Quine (voir notamment *Les deux dogmes de l'empirisme*, 1951), que les confirmations empiriques de systèmes signifiants ne s'appliquent pas à des énoncés individuels isolés, mais à l'ensemble de notre système de connaissance : nos énoncés sur le monde ne sont pas

---

[403] Voir également à ce sujet les travaux bien connus de Husserl sur l'intentionnalité comme caractéristique fondamentale de la conscience qui fait référence à sa capacité d'être dirigée vers quelque chose (toute conscience est toujours conscience de quelque chose). Husserl insiste par ailleurs sur la distinction fondamentale, absente chez Carnap, entre l'acte de pensée, la manière dont la conscience appréhende l'objet (la noèse) et l'objet tel qu'il est perçu ou représenté dans l'acte de conscience (le noème, qui n'est pas l'objet en soi, mais l'objet tel qu'il est vécu ou intentionné par la conscience).

vérifiés individuellement mais en tant que partie d'un réseau interconnecté de croyances et d'hypothèses[404]. Ainsi, ma conception du mot « chien » (ou mon ressenti individuel du concept de chien, si l'on adopte une perspective psychologiste) ne sera pas exactement la même si j'ai, par exemple, connaissance du concept de « chat » ou si j'en ignore tout. Dans un cas, le mot « chien » fera référence chez moi à une entité séparée de moi qui fait « wouf wouf », dans l'autre cas, le mot « chien » fera référence à une entité séparée qui fait « wouf wouf » et qui n'aime pas les chats (qui font « miaou miaou »). A mesure que le système se complexifie, la coloration et la signification générale des mots changent. Le fait que le sens soit, pour ainsi dire « non-local » implique ainsi la nécessité de réviser l'idée d'une vérité « correspondance » (la vérité comme adéquation du discours avec les faits) au profit de l'une conception plus générale des systèmes formels ou d'une théorie générale des concepts (qui reste à établir, mais à laquelle Gödel avait tenté de s'atteler), un même fait pouvant être exprimé au sein de systèmes formels différents (ou de plusieurs systèmes axiomatiques différents[405]) et, réciproquement, un même signe

---

[404] Rudolf Carnap a probablement une intuition de ce genre lorsqu'il affirme, dans *La construction logique du monde*, en commentant les travaux de Cassirer que « ce sont les relations qu'il faut nécessairement poser en premier, et non les classes » (p. 157), seulement, Carnap analyse encore et toujours les relations en tant qu'entités fondamentales sans sujet et non comme un acte qui précisément est posé intentionnellement par le sujet connaissant.

[405] A force de préciser leurs fondements et de se corriger certaines philosophies en apparence contradictoires finissent par se rejoindre sur l'essentiel (nous avons cité l'exemple de

pouvant avoir des significations différentes dans des systèmes hétérogènes (dans des langues hétérogènes, voire au sein d'une même langue aux significations elles-mêmes hétérogènes[406] – la compréhension pouvant bien être dans ce cas, comme le disait Bourdieu, un « cas particulier », voire un cas limite du malentendu[407]). La thèse matérielle de Carnap, selon laquelle « les éléments fondamentaux sont les vécus en

---

l'idéalisme absolu et du matérialisme intégral, mais les exemples de congruences de philosophie en apparence opposées sont nombreux dans l'histoire de la pensée).

[406] Dans *Le mot et la chose* (1960), Quine donne cet exemple : « Plusieurs individus élevés dans le même milieu linguistique se ressembleront entre eux comme ces arbustes qu'on taille en forme d'éléphant. Autant d'arbustes, autant d'arrangements différents de branches maîtresses et de rameaux aboutissant en gros à la même silhouette éléphantine : le détail anatomique diffère avec chaque buisson, mais de l'extérieur, le résultat est le même », Op. cit., éditions Flammarion 1977 pour la traduction française, p. 35. Les individus élevés au sein d'une même langue ont la faculté de se comprendre bien qu'en eux, la résonance significative des mots ne soit pas totalement identique.

[407] Quine fait remarquer à juste titre qu'un même concept peut avoir des définitions différentes, ce qui pose la question de sa communicabilité, et donc de la compréhension : « Représentez-vous deux physiciens discutant de la question de savoir si les neutrinos ont une masse. […] Le premier physicien insiste pour qu'on adopte un amendement obligeant à poser une nouvelle catégorie de particules, dépourvue de masse. L'autre préconise comme alternative un amendement obligeant à poser une nouvelle catégorie de particules douées cette fois de masse. Le fait que ces deux physiciens emploient un même mot "neutrino" n'a aucune portée. Il serait absurde ici de discerner deux phases et de parler d'un accord entre les physiciens sur ce que sont les objets (à savoir des neutrinos) suivi d'un désaccord sur les propriétés que ces objets possèdent (avoir ou ne pas avoir de masse). », Ibid. p. 45

tant qu'unités indivisibles⁴⁰⁸ » nous paraît ainsi mal fondée dans la mesure où, (i) ces vécus sont par essence hétérogènes, ce qui remet en cause leur caractère fondamental (comment expliquer d'après la théorie de Carnap que deux vécus fondamentaux, par exemple, la perception d'une tache de couleur ou d'un son, s'ils sont des unités indivisibles, puissent se manifester logiquement, physiquement et psychologiquement de manière différente d'un individu à un autre, la tache de couleur et le son pouvant se rapporter à un réseau de significations différentes d'un être sensible à un autre ou d'un contexte à un autre⁴⁰⁹ ?) et où, (ii) le concept de vécus isolés est en lui-même problématique, le vécu se rapportant toujours à la structure existante du *vivant* (de celui qui vit) c'est-à-dire à celle de la signification et du dualisme. Carnap, occultant la problématique de la différenciation originelle entre le vivant et le vécu, plaide explicitement, dans *La construction logique du monde*, pour le monisme, en réduisant d'ailleurs le dualisme à une simple différence entre les deux catégories d'objets que pour lui les objets physiques et les objets psychiques (qui comme nous le savons sont, dans la doctrine réductionniste, assimilables l'un à l'autre) : « le

---

⁴⁰⁸ Rudolf Carnap, *La construction logique du monde*, p. 254
⁴⁰⁹ La perception de la couleur rouge sera par exemple différente si elle est isolée ou associée à d'autres couleurs (prise dans un réseau de couleurs qui devient signifiant). Il en va de même pour la perception de la note « do » qui pourra, suivant le contexte, être agréable (dans une harmonie) ou désagréable (fausse note dans une mélodie). La couleur rouge ou le son « do » peuvent même à la rigueur susciter des réactions physiques différentes d'un individu à un autre (chacun a sa « couleur préférée » même s'il est vrai qu'on rencontre peu d'individus qui, par exemple, n'aiment pas la note « do » ou lui préfèrent le « fa »).

dualisme, écrit Carnap, apparaît donc comme une restriction en fin de compte arbitraire de deux domaines d'objets certes importants, mais sans prééminence de principe. En tout cas, on ne saurait le soutenir comme une thèse sur la nature fondamentale du monde ; il devrait au contraire céder la place au pluralisme attribuant au monde un monde illimité de dimensions ou de substances[410] ». En réduisant le problème du dualisme à la distinction catégorielle entre le psychique et le physique (et non à la dimension fondamentale et logique de la séparation entre le locuteur et son énoncé), Carnap occulte toute la problématique du fondement de la signification. Si Carnap affirme que « les objets se constituent à partir de ceux qui les précèdent, dans l'ordre cognitif[411] », il n'envisage jamais l'objet comme une construction du *moi* au motif commode que le *moi* logique n'étant pas constitué, il n'existerait pas encore pour construire l'objet. Seulement, il s'agit là d'une pétition de principe : si l'on postule que le *moi* n'est pas premier, on ne peut parvenir à la conclusion inverse qu'en étant confronté, au cœur de sa théorie, à d'indépassables paradoxes. Or ce sont précisément ces paradoxes que Carnap passe sous silence en renvoyant toute la problématique de l'identité à la construction logique du *moi*. Nous défendons au contraire l'idée selon laquelle le pluralisme (les distinctions catégorielles plurielles que propose Carnap) n'est possible qu'à la seule condition d'admettre un dualisme *radical* qui est à l'origine de tous les processus dynamiques. Il nous faut par conséquent envisager l'idée de vérité non pas uniquement en termes

---

[410] Ibid., p. 269
[411] Ibid., p. 306

de correspondance statique, mais en tant que produit d'un double processus dynamique qui inclut l'effort de synthèse que le sujet opère à l'endroit du monde extérieur (l'assimilation et la désignation du monde) et l'effort d'analyse et de synthèse que le sujet opère à l'intérieur des systèmes formels qu'il développe. Ce que nous appelons « vérité », dépend ainsi autant de la cohérence interne des systèmes formels (disons la partie mécanique ou « analytique » des systèmes qui ne doivent pas être entachés de fautes mécaniques de raisonnement) que de la consistance des représentations soutenues par ces systèmes vis-à-vis de ce que nous percevons (et construisons) comme le « réel » (la partie applicative ou « synthétique » des systèmes). Nous savons que Quine dénonce, dans *Les deux dogmes de l'empirisme* (1951), cette distinction entre synthétique et analytique au motif qu'il n'existe pas, selon lui, de critère clair et non circulaire qui permettrait de distinguer les propositions analytiques des propositions synthétiques. Cette ambiguïté et, disons, cette interconnexion entre les propositions analytiques et les propositions synthétiques avait été perçue par Kant, lorsqu'il notait, par exemple, que l'intuition pure « était incluse dans chaque étape de chaque démonstration de géométrie ». Les propositions analytiques reposent toujours, il est vrai, sur des fondements synthétiques, pour la simple raison que les propositions analytiques requièrent l'usage du langage (de la syntaxe) qui est, et ne peut être que d'origine synthétique (nous l'avons vu, le langage est d'abord l'expression de l'altérité et donc de la dualité, la compréhension de l'unité séparée organisée que nous formons contre ou à côté du monde). Il nous semble cependant qu'il faille maintenir la distinction entre l'analytique et le synthétique, les processus analytiques pouvant être définis comme ceux qui se conforment à des règles préexistantes (l'analytique se rapproche en cela de la computabilité) et les processus synthétiques étant ceux par lesquels s'opère un rapprochement signifiant (une synthèse) entre deux réalités hétérogènes, soit au sein d'un même système (par le développement d'une nouvelle règle ou d'un nouveau théorème par exemple) soit entre un système formel et une réalité physique « externe ». En cela, l'analytique est à rapprocher du formel (c'est-à-dire des systèmes « statiques », déjà formés, avec des règles existantes qui sont, selon la thèse de Turing, computables) tandis que le synthétique est à rapprocher de l'intuition : intuition sensible dans le cas de l'application pratique d'une théorie au réel, intuition intellectuelle dans le cas des projections signifiantes qui relèvent de l'expérience interne. Autrement dit, l'analytique est ce qui « joue d'après les règles » tandis que le synthétique est une extension des règles, c'est-à-dire un accroissement de la connaissance (c'est en cela que nous pouvons affirmer que l'analytique dérive toujours du synthétique, il est une sorte de « synthèse fossilisée »). Il existe cependant une ambiguïté dans cette distinction, une somme de jugements analytiques pouvant tout à fait produire des propositions synthétiques. Les différents systèmes d'intelligence artificielle, par exemple, en analysant de grandes quantités de données, peuvent ainsi identifier des *patterns* complexes. Lorsqu'ils sont entrainés sur des ensembles de données variés, ils peuvent faire des prédictions ou générer des propositions qui vont au-delà des données initiales de leur programmation (qui ne sont pas directement déduites des règles ou des algorithmes auxquels ils obéissent). Ainsi, un modèle d'intelligence artificielle pourrait analyser des données météorologiques et prédire le temps de la semaine, ce qui serait un jugement synthétique dans un sens pragmatique (applicatif). Les modèles de traitement du langage naturel peuvent aussi produire des textes qui contiennent de nouvelles idées ou des associations inédites que nous pourrions considérer comme « synthétiques » au sens où elles pourraient se comprendre comme une progression de la connaissance (l'effort de synthèse comme mouvement de dépassement dynamique – le prédicat ajoute quelque chose au sujet qui n'est pas déjà contenu dans le sujet). Cependant, la dynamique de la connaissance, celle qui est à l'œuvre dans les jugements synthétiques, ne peut être proprement « dynamique » que si elle se réfère à un réseau global de signification (et donc à la possibilité d'une compréhension « pour nous »). Dans la *Critique de la raison pure*, Kant affirme que la proposition « 5 + 7 = 12 » est d'ordre synthétique dans la mesure où le prédicat « 12 » n'est pas contenu dans le sujet « 5 + 7 ». Seulement, pour que cette proposition soit réellement synthétique, il ne suffit pas, à notre avis, de poser que la synthèse « 12 » n'est pas directement contenue dans le prédicat « 5 + 7 » : il faut encore que le sujet pose un acte mental qui l'amène à déclarer que 5 + 7 est égal à 12. C'est la raison pour laquelle, Kant, dans la *Critique de la raison pure*, parle de jugements synthétiques plutôt que de propositions synthétiques. C'est bien l'acte mental qui opère la synthèse et non la proposition en elle-même, or, nous opérons cette synthèse à chaque fois (i) que nous opérons cet acte mental et (ii) que cet acte mental signifie pour nous *quelque chose*, qu'il se rapporte à notre système de compréhension du monde (par exemple, le fait pour un enfant de compter jusqu'à

12 sur ses doigts). Nous avons en somme une image concrète de ce que font 5 + 7 (deux mains plus deux doigts par exemple), comme nous avons une image mentale abstraite et approximative de ce que font 500 + 700. C'est donc l'acte signifiant qui est réellement synthétique et non la proposition morte « 5 + 7 =12 » (qui par extension analytique peut générer une infinité de propositions logiques qui seront en quelque sorte des computations analytiques d'actes originellement synthétiques). C'est aussi ce qui sépare encore aujourd'hui le fonctionnement de l'homme de celui de la machine « intelligente ». Pour l'homme, en effet, cinq plus sept est égal à douze tandis que pour la machine, la proposition « 5 + 7 = 12 » n'est qu'un jeu d'écriture sans signification, dérivé de règles formelles que la machine applique. A ce titre, elle n'est pas authentiquement synthétique, tout acte de synthèse exigeant une forme de dualité, c'est-à-dire une faculté émergente de se penser soi-même. Ainsi, lorsque la machine prédit la météo ou lorsqu'elle opère des rapprochements d'idées qui ne sont pas directement dérivés de ses règles algorithmiques, ce ne sont pas les propositions en elles-mêmes qui sont synthétiques, ce sont les opérations mentales que nous, êtres sensibles, faisons, pour nous les rendre signifiantes. On pourrait d'ailleurs dire que le jugement « 5 + 7 = 12 » n'est synthétique que dans la mesure où il signifie « à chaque fois » quelque chose pour nous. Le mathématicien (ou tout autre être sensible en pleine possession de ses capacités et âgé de plus de sept ans[412]), lorsqu'il effectue

---

[412] Nous fixons cette limite d'âge de manière un peu arbitraire, considérant qu'à partir de sept ans environ (et

ces opérations élémentaires ne les investit pas toujours d'une signification autre que purement formelle (il ne compte pas sur ses doigts). La plupart du temps, nous effectuons ainsi ces opérations de manière mécanique (et donc non-synthétique), à la manière des machines. Ce que nous appelons « dynamisme » (c'est-à-dire en somme élan vers la connaissance, effort concret de synthèse) n'est donc pas l'œuvre permanente de notre esprit, il est seulement caractérisé par l'effort du *moi* qui veut se rendre le monde signifiant (compréhensible) en tentant d'accroître le domaine du connu.

Le formalisme, en somme, comme l'atomisme ou l'empirisme logique, bien que procédant de logiques différentes soulèvent les mêmes contradictions et les mêmes paradoxes : en se concentrant sur les systèmes établis (statiques), ils manquent la problématique centrale de la créativité, celle aussi du dynamisme synthétique qui se trouve être, comme nous l'avons déjà signalé, d'ordre esthétique (intuitif) avant d'être systémique. C'est ainsi toujours l'homme (ou tout être sensible et rationnel qui pourrait être doté des mêmes capacités cognitives et créatrices) qui est au fondement de tous les systèmes formels et syntaxiques, l'homme et non les « atomes de vérité » ou les systèmes formels qui lui préexisteraient. Certes, tout système formel, dès lors qu'il est défini de manière axiomatique, est soumis à un ensemble de réseaux de contraintes qui font sa cohérence interne. Les règles qui dérivent des axiomes ou des hypothèses du système s'imposent alors à ceux mêmes qui les ont perçues et formalisées, mais c'est

---

même avant), l'enfant cesse de réaliser les opérations simples sur ses doigts.

toujours une relation de synthèse qu'exprime le système et cette relation n'est d'abord (dynamiquement) possible que si l'on admet une force de création et de reconnaissance qui est propre à l'homme (ou à toute créature sensible et rationnelle capable de se représenter comme un organisme intègre qui, bien qu'appartenant au monde s'en conçoit comme distinct). Il faut dès lors comprendre l'homme dans sa triple dimension créatrice, c'est-à-dire dans sa capacité d'abord à se reconnaître et à se représenter (à se créer en somme) comme organisme séparé, dans sa capacité ensuite à désigner et à nommer l'altérité (nommer conventionnellement les objets qu'il perçoit en lui ou en dehors de lui), dans sa faculté enfin à développer des systèmes organisés signifiants et doublement interconnectés, d'abord avec l'ensemble des choses qu'ils désignent « individuellement » (connexions synthétiques avec les objets du réel) ensuite en leur sein, dans la liaison des choses entre elles (connexions synthétiques au sein du système, d'ailleurs rendues possibles par la capacité à générer du sens par niveaux[413]).

---

[413] A ce sujet, Russell, dans *Signification et vérité* (1940), met bien en avant la hiérarchisation des langages, hiérarchisation indispensable à notre compréhension du langage et qui permet d'en résoudre certains paradoxes (notamment les paradoxes d'autoréférence). Voir à ce sujet notamment le chapitre 4 sur le Langage-objet dans lequel Russell, s'appuie sur *Le concept de vérité dans les langages formalisés* de Tarski, paru en 1936 dans lequel Tarski défend notamment l'idée que les mots « vrai » et « faux », lorsqu'ils s'appliquent aux phrases d'un langage donné, requièrent toujours un autre langage d'ordre supérieur : « La conception d'une hiérarchie des langages, écrit Russell, est déjà dans la théorie des types, qui

LA POSSIBILITE DE L'INTERSUBJECTIVITE

63.

QU'EST-CE QUE L'INTERSUBJECTIVITE ? — Nous venons d'évoquer les paradoxes que soulevaient les théories qui, comme l'atomisme logique ou l'atomisme empirique, tentaient de comprendre les entités et les relations primitives qui structurent les systèmes formels sans interroger la relation fondamentale qui existe entre ces systèmes formalisés et les êtres sensibles qui en sont à l'origine. Dans les premiers écrits de Russell, comme dans la théorie de Carnap, l'attention accordée aux systèmes déjà constitués conduisait à penser le monde comme un enchevêtrement de systèmes et à comprendre l'homme comme le résultat de ces systèmes structurés. En somme, l'atomisme, en essayant de donner une base solide à la connaissance, menait à une épistémologie sans sujet (« le donné est sans sujet » affirme Carnap), et donc sans *épistémè*. Si, dans *Initiations à la physique*, Max Planck évoquait la connaissance scientifique comme un processus de désanthropomorphisation du réel, il est frappant d'observer que Carnap utilisait, lui, le terme de « désubjectivation ». Ainsi écrivait-il dans *La construction*

---

sous une certaine forme est nécessaire pour résoudre les paradoxes ; elle joue un rôle important dans l'œuvre de Carnap comme dans celle de Tarski. Dans la préface que j'ai rédigée au *Tractatus* de Wittgenstein, j'ai suggéré de recourir à cette théorie des types comme un moyen d'échapper à la théorie de Wittgenstein, selon laquelle une syntaxe ne peut que se "montrer" et jamais s'exprimer par des mots. Les arguments qui plaident pour la nécessité d'une hiérarchie de langages sont écrasants et je supposerai désormais leur validité. », Op. cit., p. 96

logique du monde : « C'est en physique que nous observons facilement cette désubjectivation qui a déjà transformé presque tous les concepts physiques en de purs concepts de structure[414]. » Nous avons, à rebours de cette idée de Carnap, que la subjectivité n'était pas niée dans le processus d'accroissement de la connaissance, mais qu'elle était seulement codifiée, critiquée et rendue cohérente avec l'observation. Ainsi, dans tout processus scientifique, la subjectivité se met « au diapason » des systèmes formels qu'elle crée, elle est exprimée dans un langage objectif (un *logos*, qui est le même pour tous). Si nous pouvons considérer la science comme un processus de désanthropomorphisation, ce n'est donc pas parce que la connaissance objective s'opposerait à toute forme de subjectivité, mais parce que la codification et la systématisation des impressions subjectives permet précisément une critique objective de ces impressions, critique qui peut conduire *in fine* à remettre en question le sens commun et les impressions premières. Nous citions un peu plus tôt l'exemple de la construction de la théorie de la chaleur (voir § 57 — *La subjectivité objective*) : l'idée même de chaleur provient d'abord d'une impression subjective (la chaleur est d'abord une impression sensible, comme d'ailleurs le rayonnement et tout ce qui a trait à l'énergie en général) mais peut s'objectiver dans le concept de température. Si, au nom de l'objectivité de la connaissance scientifique, on prétend effacer le sujet de la science, alors la notion d'intersubjectivité (c'est-à-dire en somme de communicabilité objective intersubjective) deviendra problématique. Comment en effet penser l'inter-

---

[414] Op. Cit., p. 76

subjectivité sans sujet, le langage sans locuteur et la classe des relations sans *épistémè* ? La tentative de remplacer l'hétérogénéité des impressions sensibles par l'objectivité de rapports fondés sur des données sensibles fondamentales, bien qu'elle semble correspondre à la démarche scientifique — qui vise à objectiver et à systématiser des impressions subjectives —, ne saurait se réduire à une simple substitution des impressions sensibles par une codification censée leur être équivalente. Dans la philosophie de Carnap, cette équivalence est postulée, mais jamais démontrée. Le premier temps de la construction logique de Carnap consiste à éjecter le sujet de la question de la connaissance, le second temps, à constater qu'il n'y est plus. Ainsi pour Carnap, l'intersubjectivité n'est possible qu'à la condition d'une reconstruction *a posteriori* : l'autre en tant qu'autre corps et en tant qu'autre psychisme n'apparait qu'à « un niveau supérieur » de la construction logique du sujet (après les « objets physiques », selon le plan de *La construction logique du monde*). L'autre n'est donc pas un « donné », il est (comme le *moi*, du reste), une construction tardive. De fait, la communication avec l'autre ne peut se faire qu'au prix d'une double réduction : réduction d'abord des vécus à des expériences fondamentales unitaires (dont nous avons relevé le caractère problématique), formalisation réductive ensuite de ces vécus fondamentaux en signes communicables. L'intersubjectivité est ainsi atteinte chez Carnap par la coordination des énoncés de protocole (les énoncés formalisés qui décrivent les perceptions). En cela, Carnap est proche de notre théorie, qui consiste à décrire la science comme un processus d'objectivation de la subjectivité : nous partons d'abord de l'expérience subjective pour parvenir à un langage formel objectif qui nous permet de systématiser nos impressions sensibles et de les rendre cohérentes entre elles. C'est, pour Carnap, le langage, et plus encore les systèmes logiques qui sont le support de la connaissance objective. Le langage scientifique (logique) sert à transcender les différences subjectives, fournissant une base commune à la communication scientifique. L'usage de ce langage permet de traduire pour Carnap les expériences individuelles en un cadre intersubjectif cohérent. Cependant, il nous semble que Carnap oublie de refermer la boucle qu'il a lui-même ouverte : si le langage et, plus généralement encore, tout *logos* est une formalisation objective, il faut bien que son usage produise en nous la réaction subjective que nous nommons « compréhension ». Là où nous voyons un processus d'ajustement itératif entre la subjectivité de nos impressions et l'objectivité de notre *logos*, Carnap ne voit qu'une progression linéaire de la subjectivité à l'objectivité. Or dans les sciences physiques comme ailleurs, la formalisation théorique du réel n'est pas l'aboutissement du processus de connaissance. A la fin de la boucle de la connaissance objective, il doit bien y avoir une vérification expérimentale (cela fonctionne, cela est « effectif »), vérification qui fait elle-même intervenir, à nouveau, la subjectivité de l'observateur. Ainsi, si l'intersubjectivité passe bien, pour ce qui est de la connaissance scientifique, par une objectivation (une formalisation) des impressions subjectives, elle est aussi une boucle itérative (et progressive, c'est-à-dire non statique) qui pointe en direction du/des sujet(s). Il faut cependant garder à l'esprit que la connaissance ne se réduit pas à la connaissance formelle ou à la connaissance scientifique (objective). La communication est toujours une communication partielle et incomplète, la formalisation des vécus comportant les limites que nous avons déjà évoquées (la compréhension comme « cas limite » de la communication).

64.

Le substrat du reel et l'intelligibilite du monde — Carnap, nous l'avons vu, fonde la possibilité de l'intersubjectivité sur l'objectivation de nos vécus fondamentaux (ce à quoi nous souscrivons dans le cadre de la connaissance objective, même si nous faisons remarquer ici que l'intersubjectivité ne se limite pas à la communication de la connaissance objective). Cependant, en consacrant essentiellement son attention aux systèmes formels et à la communication systémique (ce qui est l'une des caractéristiques de la méthode positiviste à laquelle il adhère), Rudolf Carnap refuse le problème de la dualité, c'est-à-dire la question qui concerne la « désignation » des signes et la signification des systèmes. C'est à notre avis la raison pour laquelle sa théorie reste en l'air et, pour ainsi dire, ne « retombe pas sur ses pattes ». Nous soutenons, contre Carnap, que l'intersubjectivité est rendue possible non pas seulement parce que nous avons la possibilité de diviser unitairement nos impressions sensibles, de les formaliser et de les insérer, en tant qu'entités primitives, dans un système formel qui est la base de notre communication, mais aussi parce que le monde, les choses que nous désignons, ont une existence propre en dehors de la nôtre (voir § 56 — *Faut-il abandonner le principe de causalité ?*). Cette existence est un donné tout aussi fondamental que ce que Carnap appelle les « vécus fondamentaux ». C'est précisément cette tripartition (moi, les autres, le monde extérieur) qui fait défaut dans l'œuvre de Carnap. La communicabilité n'existe que parce qu'il y a *quelque chose* à communiquer, et ce quelque chose ne peut pas être uniquement un formalisme sans contenu. Or, chez Carnap, « le concept et son objet sont la même chose[415] ». Comment dès lors pourrait-on initier une communication qui ne soit pas un pur jeu de l'esprit (sans esprit) ? Nous soutenons au contraire que l'intersubjectivité ne peut exister que dans la mesure où nous avons un monde commun, que nous pouvons exprimer de manière verbale (et systématisée) ou non-verbale. L'intersubjectivité n'est possible que par la pérennité logique des structures explicatives du monde (structures produites par le sujet de manière objective comme le soutient Carnap) à condition que ces structures explicatives soient logiquement fondées et expriment une référence externe. A défaut de cette référence externe, le solipsisme méthodologique défendu par Carnap est voué à demeurer un solipsisme ontologique. C'est l'un des enseignements du *Cogito* et de sa reformulation moderne par Putnam : non pas seulement le « je pense donc je suis » du *Discours de la méthode*, mais peut-être surtout le « je suis, j'existe » des *Méditations métaphysiques*, cette proposition nécessairement vraie, selon Descartes, « à chaque fois que je la prononce ou que je la conçois dans mon esprit[416] ». Dans le « je suis, j'existe », c'est à la fois ma propre existence, mais aussi la reconnaissance identitaire du *moi* en tant qu'organisation autonome et séparée qui est

---

[415] Op. Cit., p. 62
[416] René Descartes, *deuxième Méditation*

posée logiquement et épistémologiquement : « je trouve ici que la pensée est un attribut qui m'appartient[417] » écrit Descartes. Il ne s'agit pas chez lui de réduire le *moi* à « une chose qui pense » (Descartes précise dans la suite du passage que je suis aussi une chose qui sent, qui s'échauffe et qui doute) mais plutôt de rattacher, comme nous l'avons fait, la problématique de la pensée à celle de *celui* qui pense, c'est-à-dire à *cette chose qui pense* et que nous sommes (la pensée chez Descartes, n'a pas lieu en dehors du *moi* ou en son absence). C'est à partir de l'existence du *moi* que Descartes peut poser l'existence du monde, non pas en faisant appel à l'argument ontologique de l'existence de Dieu dans la Cinquième Méditation, comme cela a souvent été écrit, mais en notant que les multiples transformations possibles du morceau de cire ne peuvent pas être contenues dans mon imagination avant mon expérience de cette réalité : « n'est-ce pas que j'imagine, écrit Descartes, que cette cire étant ronde est capable de devenir carrée, et de passer du carré en une figure triangulaire ? Non, certes, ce n'est pas cela, puisque je la conçois capable de recevoir une infinité de semblables changements, et je ne saurais néanmoins parcourir cette infinité par mon imagination, et par conséquent cette conception que j'ai de la cire ne s'accomplit pas par la faculté d'imaginer[418] ». Si les nombreuses formes possibles du morceau de cire ne sont pas contenues dans mon imagination, c'est que, selon Descartes, c'est mon entendement qui est confronté à la réalité extérieure du morceau de cire. Il y a donc, dans la deuxième Méditation, deux moments

---

[417] Ibid.
[418] Ibid.

essentiels : le premier consistant à établir l'existence du *moi*, le second à en poser les limites (ce qui a pour conséquence d'établir l'existence d'une réalité externe au *moi*). C'est, en effet, par la limitation des facultés de l'imagination (l'imagination ne peut pas tout concevoir ni représenter au sujet[419]) que le *moi* s'atteste à lui-même d'un monde qui lui est extérieur. Le *moi* cartésien, en somme, n'est pas boulimique : il est conscient de ses propres limitations, et donc de l'existence du monde. Chez Descartes, l'argument ontologique de l'existence de Dieu ne sert pas tellement à attester de la réalité du monde extérieur, mais plutôt à m'assurer de leur nature « corporelle ». Ainsi, si mon entendement est saisi (Descartes n'utilise pas le terme d'intuition dans le sens où Kant l'utilisera par exemple plus tard), Descartes n'imagine pas que cela puisse être par autre chose que par un substrat physique, c'est-à-dire matériel, car, écrit-il : « Je ne vois pas comment on pourrait excuser [Dieu] de tromperie, si en effet ces idées partaient ou étaient produites par d'autres causes que par des choses corporelles[420]. » La question ne porte donc pas tant ici sur l'existence d'une réalité externe (ce que Descartes a établi dans la deuxième Méditation), mais sur le

---

[419] Je peux, dit par exemple Descartes, me représenter aisément un triangle à l'aide de l'imagination, mais pas un chiliogone (un polygone à mille côtés). Si je peux me représenter confusément une figure à mille côtés, mon imagination ne fera pas la différence avec la représentation d'une figure à 900 côtés. Si je rencontre ce genre de figures dans la nature, c'est donc bien, affirme Descartes, que je ne les imagine pas, mais que mon entendement y est confronté comme à quelque chose d'extérieur.
[420] Ibid., *sixième Méditation*

problème, bien différent, de la permanence des choses, c'est-à-dire de ma capacité à les connaître.

Prétendre trancher la question de l'homogénéité du rapport de causalité entre le phénomène et son substrat nous conduirait à faire des conjectures métaphysiques (la relation de causalité entre le phénomène et son substrat étant nécessairement située au-delà ou en deçà de ce qui nous est possible de connaître, voir notamment § 33 — *Nos représentations sont-elles indépendantes de leur substrat ?*). Nous pouvons uniquement postuler l'homogénéité de ce rapport et le considérer comme suffisamment corroboré pour l'envisager comme une hypothèse de travail « valable » (voir notamment les arguments que nous donnons à ce sujet dans le § 13 – *Peut-on penser un monde sans loi ?* et surtout dans le § 56 – *Faut-il abandonner le principe de causalité ?* Les principaux arguments, pour le rappeler rapidement ici étant (i) question de la possibilité d'un monde anomique, incohérent « en soi » et qui ne s'effondrerait pas sur lui-même, (ii) efficience de l'hypothèse de la permanence des choses : nous dépenserions beaucoup plus d'énergie à modéliser un monde dans lequel, par exemple, la Lune n'existerait qu'à chaque fois qu'on la regarde et que l'on constate son existence (iii) corroboration du réel : nous manquons de contre-exemple concret de l'inconsistance du monde). Il faut cependant bien séparer la question de la vérité « dérivée » des systèmes formels (ou la vérité mécanique si l'on préfère), qui est la question centrale de la vérité chez le premier Russell, chez Carnap puis encore (bien que dans une perspective différente) chez Turing, Church et en un sens Von Neumann, de celle de la vérité synthétique, c'est-à-dire la vérité de notre discours sur le monde. La question de l'homogénéité de la relation causale entre le phénomène et son substrat (qui est une question proprement méta-physique, c'est-à-dire qui va au-delà du monde physique tel qu'il nous apparait et tel que nous le construisons) n'est pas de la même « nature » que celle des systèmes formels. Les systèmes formels, en d'autres termes, s'ils tirent leur origine axiomatique de notre relation synthétique au monde possèdent leur propre logique interne, contraignante. Ils n'ont donc pas besoin, en tant que tels, de confirmations empiriques (synthétiques) pour attester de leur vérité interne : la vérité dérivée des sciences théoriques est déjà une vérité. La question de la valeur synthétique des systèmes, en revanche, est fondamentalement liée à la question de la permanence et de la cohérence du monde. Si nous ne pouvons pas prouver cette permanence (bien que nous ayons remis cause la possibilité de l'existence d'un monde anomique, c'est-à-dire incohérent et inconsistant dans le § 13 nous pourrions à la rigueur envisager par exemple que les règles, en continuant d'exister et à soutenir la consistance du monde changent régulièrement), nous pouvons établir que son hypothèse (l'hypothèse de la permanence du lien de causalité entre le phénomène et son substrat, mais au de l'homogénéité de ce lien entre les phénomènes) est à l'origine de la possibilité de connaître le monde et de communiquer cette connaissance par le biais des systèmes formels. Si la vérité interne des systèmes formels ne dépend pas directement de la permanence du lien de causalité entre le phénomène et la chose matérielle, la vérité externe de ces mêmes systèmes (la vérité signifiante, synthétique), elle, en dépend indirectement. Lorsque nous théorisons le monde à l'aide des systèmes formels, nous postulons la permanence de ce lien, de la même manière, en un sens, que nous postulons la permanence de la validité des opérations internes aux systèmes formels (la proposition « 5 + 7 = 12 » est vraie même si mon esprit n'est pas en train de penser que cinq plus sept est égal à douze. Il ne faut pas confondre ici la signification synthétique de l'énoncé, qui est une synthèse active de l'esprit à chaque fois que l'esprit pose l'acte signifiant, de manière consciente – à l'image d'ailleurs de Descartes qui affirme la validité de l'affirmation « je suis, j'existe » à chaque fois que je la conçois dans mon esprit – et la validité d'un énoncé qui peut être postulée en dehors du moment où je le pense. La machine renverra ainsi invariablement le résultat « 12 » à l'opération « 5 + 7 », peu importe si je suis là pour vérifier le résultat ou non). Cette validité externe, ou « validité fossilisée » des systèmes suppose que notre *moi* soit nettement séparé du monde, c'est-à-dire que nous sortions de l'hypothèse non corroborée du solipsisme (corroborée ni par le « réel », ni par les systèmes de pensée eux-mêmes, comme nous avons tenté de le montrer tout au long de cet ouvrage consacré à la connaissance). Nous avons vu que si nous pouvions montrer que le solipsisme est une contradiction logique, la permanence du monde et de ses règles en dehors de *moi* (c'est-à-dire en dehors du moment où je les pense ou les conçois) est pour nous une hypothèse effective dans la mesure où elle trouve de nombreuses confirmations empiriques (personne n'ayant pu, par exemple, démontrer que la Lune s'éclipsait discrètement quand personne n'était là pour l'observer) et dans la mesure où l'hypothèse inverse conduit à d'insurmontables difficultés (comment théoriser et comprendre un monde dans laquelle la Lune disparaitrait en notre absence ou dans lequel l'opération « 5 + 7 = 12 » cesserait d'être correcte si personne n'était là pour compter sur ses doigts, comment également comprendre la permanence du monde sans la permanence des règles qui le soutiennent ?). Peut-être d'ailleurs y a-t-il là un certain narcissisme du *moi* à faire l'hypothèse que rien de concret ne peut se passer en dehors de lui. Nous avons fait, tout au long de notre démonstration, l'hypothèse inverse : le *moi* n'est pas seul, il est d'emblée entouré d'un monde composé de semblables (d'alter egos, d'autres que moi qui sont aussi d'autres *moi*). Il se définit dans sa partition avec le réel (le réel n'est pas entièrement contenu en lui), cette partition se manifestant par la compréhension d'une double extériorité, extériorité, d'abord du monde qui n'est pas le *moi*, extériorité, aussi des règles de mon esprit qui sont aussi les règles du monde extérieur (mon esprit étant aussi, quoique de manière différente, le monde extérieur, constitué de la même matière que le monde et pourtant, comme nous l'avons montré, non-réductible à cette matière). C'est sans doute là la principale difficulté de toute théorie de la connaissance : comprendre que le monde et ses règles me sont externes et que, à la fois, j'ai la capacité, moi, de les saisir et de les comprendre au sein de ma propre intériorité (qui m'est à la fois intérieure et extérieure, le *moi* se saisissant comme *moi* étant également en même temps obligé, aussi, de s'observer comme *moi*, c'est-à-dire de sortir de lui-même, de se diviser en deux pour s'observer et se comprendre comme *moi*, comme nous le verrons plus tard : le *moi* est à la fois, un peu comme le temps, un vécu primitif, une idée abstraite et une synthèse empirique). C'est à la seule condition d'admettre cette double extériorité (puisqu'elle relève à la fois d'une construction logique et de l'expérience quotidienne du *moi* et du monde) que nous pouvons fonder une doctrine cohérente de l'intersubjectivité. L'intersubjectivité suppose en effet la reconnaissance par le sujet des autres subjectivités, mais aussi l'identification d'un *espace* entre les subjectivités (inter-), espace commun qui est celui du monde extérieur, qui, si nous le recevons sans doute de manière différente (de la manière propre et particulière à nos modes de perception, notre culture, notre histoire personnelle, la disposition naturelle de nos sens), nous est toujours donné (jusqu'à preuve, à ce jour non établie, du contraire) de manière similaire. Que les choses puissent être perçues et exprimées de manière différente selon les espèces, les individus ou les cultures, n'est donc pas un argument contre la réalité du monde et contre l'idée que ce monde se donne de la même manière à tous. C'est précisément à cette condition (la condition de l'objectivité du monde supposée à titre méthodologique et corroborée logiquement et expérimentalement) que l'intersubjectivité, c'est-à-dire la traduction de nos impressions et de nos jugements sur le monde est possible (traduction comme formalisation dans le langage, mais aussi comme transposition d'un langage à un autre).

65.

LE LANGAGE OPERANT — Nous nous sommes jusqu'à présent principalement intéressés, dans le cadre de notre problématique générale sur la connaissance, à la dimension descriptive du langage. Notre propos a d'abord consisté à examiner les théories monistes de la connaissance (matérialisme intégral, idéalisme absolu, physicalisme, réductionnisme, psychologisme…), à en soulever les paradoxes et à en montrer les contradictions (contradictions dont nous avons montré qu'elles étaient insolubles au sein des systèmes monistes ou réductionnistes). Notre approche du langage a ensuite consisté à montrer en quoi nos structures logiques innées pouvaient apporter une preuve de la dualité du monde, dualité que nous n'avons pas envisagée à travers le prisme des grandes oppositions classiques entre le corps et l'âme, le sensible et l'intelligible, le matériel et le divin, mais plutôt comme une complémentarité entre la matière brute et sa légalité (sa règle) que nous tentons d'exprimer à travers les structures du langage (et plus généralement à travers l'ensemble des systèmes fondés sur la désignation et la symbolisation d'objets externes). Cette démarche nous a naturellement orientés vers les aspects descriptifs du langage, notre problème ayant alors été de dégager les conditions auxquelles un discours sur le réel pouvait prétendre à la « vérité ». De ce fait, nous avons été conduits d'une part à n'envisager qu'une partie de la problématique de la description (la problématique ayant trait pour nous à la description d'objets réels ou légaux) et d'autre part à négliger en grande partie les autres dimensions du langage (langage performatif, expressif, impératif, commissif, déclaratif…). Cependant, dans le cadre de notre réflexion sur l'intersubjectivité, il nous apparait désormais opportun de nous arrêter sur ce que le philosophe britannique John Langshaw Austin a appelé la « performativité » du langage. Dans *How to do Things with Words*[421] (1962), Austin distingue trois types d'actes de langage : (i) les actes locutoires qui concernent le simple fait de produire des sons, des mots et des phrases en suivant les règles grammaticales (ce que nous avons appelé le formalisme interne du système), ces actes locutoires comprennent l'acte phonétique, l'acte phatique (organisation des sons en mots et phrases) et l'acte rhétique (utilisation des mots et des phrases dans un sens déterminé), (ii) les actes illocutoires qui concernent l'intention derrière l'énoncé, ce que l'on fait en disant quelque chose (promettre, ordonner, questionner, déclarer…), les forces illocutoires donnent une dimension performative à l'énoncé (« je promets de venir » par exemple, n'est pas simplement une phrase, mais un acte de promesse) et (iii) les actes perlocutoires qui concernent les effets produits par l'énoncé sur l'auditeur (convaincre, persuader, effrayer…) : dire « attention au chien » peut avoir l'effet de faire peur à quelqu'un ou de le faire éloigner (voir à ce sujet le § 21 – *L'idée agissante*). Pour Austin, contrairement aux énoncés descriptifs ou constatifs (qui décrivent un état de fait qui peut être vrai ou faux), les énoncés performatifs ne sont ni vrais ni faux, mais réussissent ou échouent. Pour qu'un acte de langage performatif réussisse, certaines conditions doivent être remplies. D'abord, le contexte doit être approprié à l'acte. Par exemple, pour que « je vous déclare mari et femme » soit valide, il doit être prononcé par une personne autorisée et dans le contexte d'une cérémonie de mariage. Ensuite, explique Austin, l'intention doit être sincère (voir § 40 – *Que signifie penser ?* Notamment

---

[421] J.L Austin, *Quand dire c'est faire*, pour le titre français

notre passage sur l'intentionnalité du menteur dans la résolution du paradoxe du menteur) : une promesse, par exemple doit être faite avec l'intention de la tenir. Enfin, la réussite d'un acte de langage performatif repose sur l'adhésion à des normes préétablies : il doit y avoir des conventions qui déterminent comment l'acte doit être accompli. Au fur et à mesure des douze conférences (qu'il a données à Harvard en 1955) qui composent son texte *How to do Things with Words* Austin donne d'ailleurs de plus en plus d'importance aux énoncés performatifs en avançant notamment que presque tous les énoncés peuvent avoir une dimension performative et que l'importance réside dans l'acte illocutoire réalisé par l'énoncé (la proposition « il fait froid ici » pouvant signifier, comme nous le signalions un peu plus tôt dans notre exposé, « je veux que tu fermes la fenêtre », alors que la proposition d'apparence totalement descriptive « les roses sont rouges » peut s'interpréter comme une intention illocutoire de confirmer, clarifier ou enseigner quelque chose à l'auditeur). En signalant l'importance de l'intention, du contexte et des conventions du langage, Austin montre l'aspect réducteur de l'approche comportementaliste du langage. Le langage n'est pas un jeu d'allers-retours entre des *stimuli* externes et de réponses observables, il doit être compris au contraire comme un moyen complexe et intentionnel de réaliser des actes dans un contexte social (ou intersubjectif). En l'absence de l'autre, le langage perd toute sa substance, l'objectif du langage étant d'exprimer sa pensée pour l'autre qui est en moi (qui est aussi moi) et pour l'autre qui est en dehors de moi (qui est un autre *moi*). La théorie des actes de langage montre que les énoncés ne sont pas seulement des « comportements observables », mais des actions dotées de significations spécifiques dans des contextes particuliers. Pour comprendre le langage, il est nécessaire de considérer ce que les locuteurs *font* en parlant, et pas seulement les mots qu'ils utilisent ou les réactions qu'ils provoquent. La problématique de l'intentionnalité (c'est-à-dire en somme de l'action du locuteur) n'est cependant accessible que dès lors que l'on admet la possibilité d'existence d'un être agissant (ce que le behaviorisme récuse vigoureusement, la théorie comportementaliste étant construite sur l'idée que le langage parle à notre place, que les hommes *sont parlés* davantage qu'ils en parlent). En soulignant le rôle de l'intention dans le langage, John L. Austin ne fait que réaffirmer la structure fondamentalement tripartite du langage : le locuteur (agissant), l'objet du langage (objets réels ou non réels) et l'interlocuteur (celui ou ceux à qui l'énoncé est destiné). Pour Austin, comme pour Chomsky (qu'Austin fréquente dans les années 1950 à la société aristotélique), le locuteur doit toujours se comprendre comme sujet actif (intentionnel) et non comme le résultat passif des structures logiques qui le détermineraient matériellement. C'est uniquement en comprenant cette dualité intrinsèque du langage que l'on peut résoudre les questions liées aux structures syntaxiques profondes du langage (la structure sous-jacente des phrases, indépendante de la forme de surface dont Chomsky a montré qu'elle relevait de ce qu'il a appelé la capacité générative[422]). Le langage ne doit pas uniquement s'analyser comme un système formel, mais comme une création de l'humain. C'est à

---

[422] Voir notamment, Noam Chomsky, *Structures syntaxiques*, 1957

cette seule condition que l'on peut échapper aux contradictions du comportementalisme et comprendre les énoncés performatifs dans leur dimension signifiante (énoncés qui font aussi écho au réseau interne de significations des individus qui les reçoivent). De fait, les énoncés, comme nous le signalions un peu plus tôt, ne doivent pas seulement être compris dans leur dimension « fossilisée », c'est-à-dire purement formelle, mais aussi et d'abord dans leur aspect dynamique, c'est-à-dire intentionnel et signifiant. Du point de vue du locuteur, ainsi, l'énoncé « il y a un chien » signifie déjà, comme nous l'avons signalé plus tôt, « moi, entité séparée du chien, j'identifie là un objet que j'appelle chien » (structure tripartite de l'affirmation, i – l'énonce, ii – moi, iii – le chien), mais aussi, comme le signale bien Austin « moi je m'engage en toute sincérité (ou non) à dire que je vois là, devant moi, un chien ». Ainsi, lorsque je dis « il y a un chien », j'invite déjà implicitement mon interlocuteur (ou moi-même si je suis seul) à réagir par rapport à cette affirmation (me répondre par exemple « il a l'air méchant, allons-nous-en » – acte illocutoire de demande, ou alors « non ce n'est pas un chien, c'est un chat »). Ce n'est qu'en intégrant au langage cette problématique de l'intentionnalité (qui emporte avec elle celle de la signification et des niveaux de signification) que nous pouvons résoudre des paradoxes de la structure de celui du menteur par exemple. L'intersubjectivité est en somme la structure profonde et présupposée de tout acte de langage. Elle n'est pas une construction seconde et tardive, comme le supposait Carnap, elle est au contraire une disposition fondamentale du langage qui doit d'abord se comprendre dans son objectif de communication, de relation à l'autre dans le monde que nous avons en commun. Le langage, en ce sens, n'est pas seulement un instrument formel de description du monde, il est aussi et surtout un outil pour agir sur le monde.

LIVRE I : QU'EST-CE QUE LA CONNAISSANCE ?

INTRODUCTION	9
POURQUOI LE MATERIALISME EST UNE IMPASSE LOGIQUE	**31**
LES IMPASSES LOGIQUES DU PHYSICALISME REDUCTIONNISTE ET DU NEODARWINISME	31
QU'EST-CE QUE LE DARWINISME ?	31
LE MONISME PHYSICALISTE EST-IL LOGIQUEMENT SOUTENABLE	34
LE MATERIALISME REPOSE SUR UNE PETITION DE PRINCIPES	45
TAUTOLOGIES PHYSICALISTES ET IMPASSES DU MONISME	45
« C'EST MON CERVEAU QUI A DIT ÇA »	47
LA QUESTION DE L'EMERGENCE DE LA CONSCIENCE	48
COMMENT LA MATIERE PENSE ?	48
UN UNIVERS INTELLECTUELLEMENT FECONDE ?	59
LE PROBLEME DE L'EMERGENCE DE LA CONSCIENCE	59
LA DUALITE SCHEMATIQUE DU MONDE : LE MONDE SEPARE	**62**
LE DUALISME, HISTOIRE D'UNE INCOMPREHENSION	62
LE DUALISME DU POINT DE VUE DES NEUROSCIENCES	62
LA CONFUSION ENTRE L'INFORMATION ET SON SUPPORT	64
LES DEGRES D'EMERGENCE – LES DEGRES DE LIBERTE – LA MORALE	65
LA MACHINE COMME FIGURE CONCRETE DU DUALISME	65
PEUT-ON PENSER UN MONDE SANS LOIS ?	68
QU'EST-CE QU'UN ORGANISME ?	89
DUALISMES DU LANGAGE	90
DUALISME RADICAL DES MATHEMATIQUES	92
LE STATUT DE LA COHERENCE FORMELLE	94
QU'EST-CE QUE LA LIBERTE ?	97
LES DEGRES DE LIBERTE	103
L'IDEE COMME NON-MATIERE AGISSANT SUR LA MATIERE	110
L'IDEE AGISSANTE : LA MORALE COMME POSSIBILITE	125
L'IDEE DE L'HOMME COMME FONDEMENT DE LA MORALE	137

LA LISIBILITE DU MONDE	**142**
QU'EST-CE QU'UNE CHOSE ?	142
Y A-T-IL QUELQUE CHOSE « EN SOI » ?	142
LA PRODUCTION DE FORMES	148
QU'EST-CE QU'UN PHENOMENE ?	154
LES SITUATIONS PATHOLOGIQUES	169
QUE SONT LES CONCEPTS ?	172
CARCAN DU CONCEPT, CARCAN DE LA FORME	174
LA LIBERTE COMME CREATION DE FORMES NOUVELLES	175
QU'EST-CE QUE L'INTUITION ?	177
CONTRE LE PSYCHOLOGISME	188
L'AUTONOMIE DU LANGAGE	205
NOS REPRESENTATIONS ET LEUR SUBSTRAT	212
QUE SIGNIFIE PENSER ?	**220**
FORMALISME VS INTUITIONNISME	220
L'INTUITIONNISME COMME REPONSE AUX APORIES LOGIQUES DU	
FORMALISME ?	220
DIALECTIQUE ENTRE L'INTUITION ET LE FORMALISME	249
EFFECTIVITE DES MATHEMATIQUES	251
LA VERITE EST-ELLE UNE VALEUR ?	258
LE MOMENT ESTHETIQUE DE LA CONNAISSANCE	262
EUREKA !	262
L'INTELLIGENCE PEUT-ELLE ETRE MECANISEE ?	274
LA PENSEE, CIRCULATION ENTRE LES ETAGES DE SIGNIFICATIONS	305
QUE SIGNIFIE PENSER ?	305
QUI PENSE ?	318
QU'EST-CE QUE LA COMPREHENSION ?	328
PENSEE ET REFLEXION : LA PENSEE ET SON MIROIR	340
LES NIVEAUX DE COMPREHENSION ET LES ETAGES DE SENS	348
LE DEPASSEMENT DU MOMENT SUBJECTIF	**353**
LA FORME DES THEORIES	353
QU'EST-CE QU'UNE THEORIE ?	353
LES THEORIES SONT-ELLES DES FORMES DE FORMES ?	367
POUR UN DEPASSEMENT DU POINT DE VUE INDUCTIVISTE	372
CONTRE LE MODELE STATISTIQUE	384
CONTRE L'INTERPRETATION PROBABILISTE	390
LE RETOUR DE LA PENSEE MAGIQUE	403

PEUT-ON PENSER SANS *PATTERN* ?	412
LE PROBLEME DE LA METHODE	412
DES PARADIGMES SANS CADRE CONCEPTUEL ?	430
FAUT-IL ABANDONNER L'IDEALISME CRITIQUE ?	440
LE PROBLEME DE L'ESPACE	452
LE PROBLEME DU TEMPS	479
FAUT-IL ABANDONNER LE PRINCIPE DE CAUSALITE ?	506
DU SUBJECTIF ET DE L'OBJECTIF	531
LA SUBJECTIVITE OBJECTIVE	531
LA CONSTANCE OBJECTIVE DES RAPPORTS	541
LA RECONCILIATION DU MONDE : LA VERITE EST UN HUMANISME	**544**
QUE SIGNIFIE LA SCIENCE ?	544
SCIENCE ET SIGNIFICATION	544
TECHNIQUE ET SENS	549
L'HOMME EST-IL LE FONDEMENT DE LA CON-NAISSANCE ?	556
CONTRE L'ATOMISME LOGIQUE	566
LA POSSIBILITE DE L'INTERSUBJECTIVITE	586
QU'EST-CE QUE L'INTERSUBJECTIVITE ?	586
LE SUBSTRAT DU REEL ET L'INTELLIGIBILITE DU MONDE	590
LE LANGAGE OPERANT	598

© 2025 Geoffroy de Clisson
Édition : BoD · Books on Demand,
31 avenue Saint-Rémy,
57600 Forbach,
bod@bod.fr
Impression : Libri Plureos GmbH,
Friedensallee 273,
22763 Hamburg (Allemagne)
ISBN : 978-2-3225-4176-8
Dépôt légal : Avril 2025